格拉古軼事

——勞改回憶錄之一

張先癡——著

1954年，張先癡和胡君同時由西南軍區轉業到地方工作，這是他倆身著軍裝拍下的最後一張紀念照，雖然當時他倆互不認識。參見本書第一章〈恩恩愛愛與淒淒慘慘〉。

朱老弟於一九九五年八月二十一日專程到成都來看我，當晚因患腦溢血在華西醫院病逝（此照片為方明所攝）。參見本書第十二章〈朋友之間的尷尷尬尬〉。

四川省温江地区中级人民法院

刑 事 判 决 书

法刑（79）字第 808号

申诉人任世同，男，46岁，河北密云县人。

申诉人张先痴，男，46岁，湖北黄岗县人。

上列申诉人因反革命集团案，不服灌县人民法院1964年7月31日法刑（63）字第231、232号和温江地区中级人民法院刑 （64）字第60号刑事判决，提出申诉。

现经审理查明：

任世同、张先痴1958年被划为右派送劳动教养。1961年以来，任、张及周茂岐等人议论中，对1957年反右派斗争，对大跃进、人民公社、公共食堂发表过不同看法。同时，对彭德怀同志，对南斯拉夫总统铁托表示过同情、支持和赞赏。由於任、张、周感到劳教没有期限，对前途悲观失望，遂起逃跑念头，张先痴、周茂岐筹集路费，私刻公章、制造假证明，於1961年10月1日前往北京，欲去 南斯拉夫驻华使馆寻求“避难”。任世同积极支持，並亲笔书写信件由张先痴带去天津交其兄任孝亲，望给张、周以支援。

本院认为：任世同、张先痴划为右派问题，经原单位复查属错划已作改正。劳教期间，对一些问题发表过不同看法是允许的，实践证明，这些看法基本上是正确的。虽然其中有过偏激言词，属认识问题。原判认定，散布反动言论，攻击三面红旗，诽謗党和政府的各项政策，吹捧现代修正主义份子是错误的。张先痴同周茂岐前往北京，欲去南驻华使馆寻求“避难”，为其寻找出路，虽属错误，但不是以反革命为目的的投敌叛国。任世同对张、周上述行为积极支持並亲笔书写信件，由张先痴带去天津找到了任孝亲，目的是要任孝亲给予经济支援，原定去天津与“敌特挂勾联系”不当。据此，特判决如下：

一、撤销灌县人民法院1964年7月31日法刑（63）字第231、232号和四川省温江地区中级人民法院1964年11月28日 刑（64）字第60号刑事判决书；

二、无罪释放任世同、张先痴。

此 判

一九八〇年四月十六日

關於作者

張先癡，原名張先知，男，湖北黃岡人，1934年出生，晚年定居四川省成都市。

一九四九年歲末，因受中共地下黨學生蠱惑，與時任國民黨高官的父親政見之爭失和，被逐出家門。走投無路中輾轉進入黃埔軍校二十四期。二十天後，在總隊長率領下「起義」投共，轉入中國人民解放軍第二野戰軍軍政大學。在這所既無圖書館、實驗室，也沒有教授講師，卻掛著金字招牌的「大學」裡，只專攻一本俗稱猴子變人的《社會發展史》的小冊子。五個月後我畢業時，記住的金科玉律便是：「革命就是白刀子進紅刀子出」。

與此同時，頭腦簡單一身孩子氣的我，於一九五〇年被吸入「中國新民主主義青年團」（後更名為「共產主義青年團」）。

一九五〇年冬調至通信學校學習，畢業後分往第三通信團任電台報務員，派赴大涼山執行將原始奴隸「解放」成「現代奴隸」的「革命任務」。

一九五四年，按中央新政策我這種家庭出身的人不能在要害部門工作，便以轉業的名義清洗到四川省南充市地方政府繼續「革命」。一九五六年開始以張先癡為筆名，在報刊上發表些「不堪回首」的「黨八股」詩文，自此便進入「犬儒」行列。

一九五七年，在反右派運動中被劃為極右分子，隨即判處五年管制送勞動教養。三年後，因不堪飢餓與肉刑折磨，於一九六一年十月一日，以越獄逃跑的方式「歡度」了那個國慶節。兩個月後在天津市被捕。押解回四川，在灌縣（今都江堰市）看守所獨居關押長達三年零六個月，乃至聲帶萎縮幾近失聲。在其間秘密撰寫了長詩《嘉陵江三部曲》，回憶錄《逃亡者手記》及諷刺小品《英雄外傳》共百餘萬字，密藏於磚牆夾縫中，我服刑期中，得知該看守所推倒重建，所幸那批「罄竹難書」的「鐵證如山」已不知所終，張犯得免一死。

一九六四年，法院以叛國投敵罪對我判刑十八年，先後押往勞改煤礦和農場服刑。

一九八〇年八月，那時我正在大涼山雷馬屏農場服我最後四個月的刑期，我突然收到一張「徹底平反，無罪釋放」的判決書。按慣例，這意味著我將恢復公職，也意味著我不會得到分文賠償！雖然此時我的年齡四十六歲，正是我處以勞教時二十三歲的一倍。

復出後曾任南充市文聯《嘉陵江雜志社》編輯，《星星詩刊》函售部及四川省作家協會文學院函授部教務長，九十年代初隨改革大潮湧往北京，被某冒牌「伯樂」薦至一家二流報社任黨外副社長。於一九九二年提前退休。年逾古稀後，自知來日不多，乃告別消閑麻將，潛心書寫回憶錄，著有《格拉古軼事》和《格拉古實錄》兩本勞改回憶錄。二〇〇六年患眼底出血症，然仍以蝸牛速度在電腦屏幕上爬行，希望在完成個人傳記《格拉古夢魘》後再與世長辭。

二〇一三年八月修訂

「只要這世界上還有愚昧和困苦，那麼，和本書同一性質的作品都不會是無用的」。

雨果 《悲慘世界》序言

序　一個人的命運及其背後的社會體制的整體運動

——對張先癡《格拉古軼事》的一種解讀

錢理群

這個題目是從我的朋友張嘉諺的文章裡借用來的。他為貴州流亡詩人黃翔的自傳體長篇小說《靈肉史——天空下的一個人和一個人的天空》（又名《逃》，《自由之血》）寫的序言裡這樣寫道：作品「表現的是作家的『人身全體經驗』，是一個『人』生命本文的再現。它也表現了個體交融於群體之中，其背景呈現為一種社會體制的『整體運動』」[1]。這自然不是偶然的巧合：當詩人黃翔在貴州高原上流亡和監禁時，本書的作者就在其鄰省四川承受著同樣的生命苦難。這同一天空下的共同命運，是一個重要的提示：我們所要面對的不只是一個人，而是一個時代，一個時代的體制運動。那個時代對於我這樣年齡的人，是與我們自身的生命血肉相連的，因此，很容易就讀出本書的敘述背後或顯或隱的意味；但今天的年輕人，如果不是太敏感，就自然將其視為過去式的存在，不但陌生，而且荒誕，不可理解。這就需要作某種解讀，甚至作詞語的社會學解釋——作者自己也一再談到，他有一種「咬文嚼字」的「惡習」，喜歡作詞語背後的探尋與揭示。

現在，我們就來作這樣的嘗試：解讀作者的命運，並對可能涉及的某些時代詞語作某種考釋。

1 張嘉諺：《焚燒的教堂——〈自由之血〉或「人」的自由解讀》，載《藍》總第十期。

原罪、另冊

作者的人生故事的開端，和所有初參加革命的年輕人一樣，是單純而充滿夢幻的——這裡還有一個細節：本來，「在稍有教養的群體裡，長蝨子將被認為是一種羞恥」，但在革命隊伍裡，蝨子卻成了光榮蟲，在當時人們（包括作者本人）的認識裡，蝨子的地位的「置換」，是「證明著社會的進步」的；這樣的夢幻式的感覺到後來作者成了牢獄裡的罪犯，與蝨子結下了不解之緣，就自然破滅：再也無法從中尋找詩情了[2]。但真正將作者從雲端拉到地面的，卻是一九五五年的一紙文件：這是縣委書記向全體幹部正式傳達的中共中央肅反運動十人小組的文件[3]，其中規定凡有海外關係，或直系親屬被殺者一律不能在要害部門工作。——肅反運動本身就反映了執政者對敵情的嚴重估計，如毛澤東所說，「許多反革命份子『深入到』『我們的』『肝臟裡面』來了」，「我們的機關、部隊、企業或團體裡是有人偷竊機密的。這種人就是混入這些機關、部隊、企業或團體內的反革命份子」[4]，當時甚至規定這樣的暗藏的「反革命」數要「掌握在百分之五左右」，實際卻遠遠超過此數，毛澤東親自推薦的一個典型洛陽

---

2 參看本書〈我和幾群蝨子的分分合合〉。

3 據毛澤東：《中央轉發五人小組辦公室關於中央一級機關肅清暗藏的反革命分子的鬥爭情況簡報批語》一文的注釋，一九五五年五月中共中央成立了處理胡風反革命案五人小組，同年七月擴大為十人小組，以後實際上成為全國肅清暗藏的反革命運動（簡稱「肅反運動」）的領導小組。見《建國以來毛澤東文稿》五冊，一九六頁，中央文獻出版社，一九九一年版。

4 毛澤東：《為〈人民日報〉發表〈關於胡風反革命集團的第三批材料〉寫的按語》，見《建國以來毛澤東文稿》五冊，一五四頁至一五八頁，中央文獻出版社，一九九一年版。

拖拉機廠，四十八名科技人員中，肅反對象就達十三人，高達四分之一以上[5]，這就直接導致了肅反運動的擴大化，並成了後來鳴放時期人們意見最多的一個問題，許多人都是因此而被打成右派的。毛澤東在當時的一個內部指示中，曾規定對「有反革命的歷史問題和現實問題的人」，即使不逮捕，也要在單位處於「領導控制與群眾監督之下」[6]，而這裡卻將控制與監督擴大到「有海外關係者」與「直系親屬有被殺者」，將他們置於「准」專政的地位，其背後的理念則是因為社會關係與血緣關係而具有某種原罪。而剝奪其在「要害部門」工作的權利，則顯然是一個制度性歧視。這是一個開端：血統論從此越演越烈，並逐漸形成了所謂用人制度上的「階級路線」，一個建立在血緣關係與社會關係上的新的等級制度也在開始孕育。

這是直接改變了千千萬萬人在新中國的結構中的地位和他們的命運的。本書的作者即是因此而被迫從軍隊的要害部門「轉業」到了地方——一直到多年以後他才明白，這裡的「轉業」不過是「清洗」的漂亮說法，一個典型的詞語遊戲。它的深層意義就是「打入另冊」（另冊也是毛澤東從一九二〇年代的湖南農民運動中發掘出來的一個「革命語彙」，其含義是：放逐於社會結構的邊緣，甚至逐於「門

---

5 參看毛澤東：《中央轉發河北省委關於肅反鬥爭的兩個文件的批語》注釋2，二〇七頁；《中央轉發洛陽拖拉機廠肅反鬥爭情況報告的批語》，282頁。《建國以來毛澤東文稿》五冊，中央文獻出版社，一九九一年版。特別值得注意的是毛澤東親自批准的《建工部關於在設計部門發動設計人員開展肅反鬥爭》的報告裡，還特別地談到「技術幹部多從海外歸來，與海外聯繫廣，歷史不大清楚」，《建國以來毛澤東文稿》五冊，二七四頁，中央文獻出版社，一九九一年版。

6 毛澤東：《中央轉發洛陽拖拉機廠肅反鬥爭情況的報告批語》，《建國以來毛澤東文稿》五冊二八二頁，中央文獻出版社，一九九一年版。

外」，置於「無家可歸」的境地[7]，這正是「為若干年後當右派奠定了基礎」的[8]。作者當時因為年輕，當然無法預計以後會發生的一切，也就相對平靜地接受了這一逆轉。但同命運的好友卻因為比他更有社會經驗而陷於絕望，最後自殺身亡，「用果斷的方式了斷了他在未來的苟活中將要領教的那生不如死的感覺」（這自然是作者寫作本書時痛定思痛的認識），卻也因此揭示了另冊背後的血腥[9]。

或許為了掩蓋，又有「出身不由己，道路可選擇」的「諄諄教導」。但這不過是再一次地製造幻想。事實是本書的作者早已與他的「反革命」的父親「劃清了界限」，「選擇」了自己的道路，以至親眼看見父親綁赴殺場也毫不動心，還主動向組織彙報，表示「忠心不變」——這樣的「劃清界限」其實是逼迫人們背棄血緣之愛，從而越過做人的底線，是最無人道的。但即使如此，也不可能獲得信任，因為在「革命的邏輯」裡，出生在被鎮壓的「反革命」的家庭，就必然有「刻骨的階級仇恨」，也就天生的可疑，甚至有罪。這就是我們前面所說的「原罪」。

而本書的作者還是一個知識份子，這就又多了一層原罪，「書讀得越多越蠢」、「書讀得越多越反動」，這也是那個年代的革命邏輯。因此，本書的作者即使在監獄裡，也是最不被信任，視為最具危險性的，在〈頂頭上司們的是是非非〉裡寫到的那位識字不多的分隊長就認定他的勞改分隊裡的一切問題，從逃跑到偷吃生紅薯的「反改造」，無不根源於這個「有文化」的張某人，於是，「黑手」、「搖鵝毛扇的」、「坐山雕」這樣的惡名，就幾乎成了張先癡和那個時代知識份子的代名詞。這位囚犯中的「文化人」，也就因此承受更多的「階級仇恨」，那位「政府」（這是勞改犯人對管教者的稱呼）將

7 毛澤東：《湖南農民運動考察報告》，十四至十五頁，人民出版社，一九六五年版。
8 參看本書〈恩恩愛愛與淒淒慘慘〉。
9 參看本書〈三個自殺者的悲悲戚戚〉。

「堆砌如山的貶義詞」噴灑在他身上，以「蹂躪認識方塊字的人為樂」，當然不僅是個人品質問題：他執行的是一個體制的命令。

組織

如本書的作者所說，「組織」，這是五十年（實際一直延伸到以後）「使用頻率極高的詞彙」。其背後的理念是：一切歸於組織，一切聽從組織安排。這裡所說的「一切」並非誇大之詞，而是確乎如此，並且有實質性的內容與制度性保證：就連最具個人性的性愛與婚姻，也要由組織安排。

於是，張先癡的命運又出現了第二個逆轉：當他與自己的心上人胡君「明確了關係」（這也是那個時代的詞語），卻不能自行辦理結婚的法律手續，而必須向所在的單位的組織領導呈交「申請結婚」的「報告」；而命運卻偏偏捉弄他：領導經過政治審查，由人事科派人到胡君的組織，說明張某人的家庭與本人都有歷史問題，然後由組織出面，要求胡君「慎重考慮」。但胡君毫不動搖，在她不計後果的堅持下，儘管組織最後勉強批准，但卻著意降低婚禮規格——那個時代，連婚禮由什麼級別的領導出席講話，都是有等級性的規定的；這一次張、胡之婚，沒有一個副科長以上的領導光臨，就是表示了組織上的一種態度，一個警示，「這個結婚儀式的氣氛只是在婚禮和喪禮之間的檔次」，正是預示著以後的一切。

在本書中，還記載了一個聽從組織安排的婚姻悲劇：作者在某軍所轄的軍政大學學習時，軍內一個文工隊的區隊長和他當年的大學同學正在談戀愛，不料軍部的一位老領導看中了他的未婚妻，經過組織審查，得到批准，再由組織出面，要求這位女大學生聽從安排；當她說明自己已有意中人時，組織表示：「這些情況我們早已知道，你放心，我們會給他作工作」，並且指出，這是是否願意「為革命利益犧牲個人利益」的一個「考驗」。——這樣，對於個人婚姻的強行干預，既有了「革命」的神聖名義，又有了不可抗拒的組織安排，在這樣的體制下，人只有兩種選擇：或聽從而苟活，如那位女大學生一樣；或拒絕而死亡，還要背上「背叛革命」的罪名：那位區隊長就是這樣走上了引爆自殺之路。這是作者參加革命後所看到的第一個自殺者[10]。

當然，最重要的是政治上的組織安排，這更是必須絕對地無條件地聽從的。看起來，這似乎十分簡單：組織上叫你怎麼說就怎麼說，就行了，這是最省事的，是大多數「奴隸」的選擇，但卻未必安全，因為組織上如果為了某種需要有意要起「陽謀」（如作者所說，這也是最具有創造性的時代新詞語）來，也是要聽話者付出代價的。作者在勞教隊最好的朋友朱老弟，一位窮苦出身的農民子弟，就是組織上找他談話，安排他在全縣擴大幹部會上「作一個大鳴大放的典型發言」，並特意佈置：「內容不妨尖銳一些，反正組織上知道」。天真幼稚而又忠誠的朱老弟，聽從組織的安排，作了「內容尖銳」的發言，結果成了「面目猙獰，靈魂醜惡，暗藏狼子野心，忘本變質」的「反面教員」——組織也正需要這樣的「反面教員」，至於他個人及其家庭因此會受到怎樣的磨難，則是組織不予考慮的：這也是「為革命而犧牲個人利益」。在某種程度上，可以說一九五七年相當多的右派都是組織安排的。本書的作者就是因為響應黨的號召，在一次座談會上作了並不激烈的發言，卻被記者按照當時組織的需要將發言內容進行了「拔高」（即「拔」到鳴放時期組織的意志的「高度」），最後又在組織安排的「封閉學習」中，被同樣響應號召（這時的號召，已不是鳴放，而是反擊右派了）的積極分子揭發出來的：在張先癡

10 參看本書〈三個自殺者的悲悲戚戚〉。

「墮落」成右派的整個過程中，其中每一個環節，其實都可以看到組織的作用：數百萬的右派就是這樣被「網」進去的。

領袖

「組織」如何影響本書作者及中國人的命運，這是一個大題目，需要作多方面、多角度的研究。除以上的討論外，這裡，再試換一個角度：「組織」是需要實體來體現的。首先是「領袖」，他是組織的代表、化身，他集中了組織的意志和權力，這既是具體的，實質性的，同時又是象徵性的。他的操作性的實際影響主要體現在上層，對於底層的普通民眾，他是可望、可聽而不可及的，因此，就更具有一種象徵的意味，可以說是組織的「神體」。前述貴州流亡詩人黃翔有一首詩，寫到現實生活中領袖不斷發出的「指示」對自己的影響：彷彿是「從上蒼降下的指令」，「那個無形的人的臉上固執地傳出來的看不見的鈴聲」：「它彷彿隨時在不可知的遠處傳訊我。我總想抗拒它的牽制，竭力避免對他作出可悲的機械的條件反射，但我像一頭匍匐在主人面前的馴獸，不斷地接受他發出的信號。日復一日，我竟然慢慢地習慣了宇宙鈴聲的撫弄了。它已經變成了我每日不可少的樂趣，一種古怪的畸形的嗜好。每時每日我都像守著一闋美妙的音樂似的守著這該死的鈴聲。只要有一時刻聽不到它的聲音，我渾身就癱軟下來，落入無可名狀的空虛」[11]。這樣的一種幾乎是無可抗拒的精神的控制力，在普通民眾的感覺中，是具有某種神秘性的；而體制的統治利益也需要竭力製造與維護這樣的「領袖」的神靈式的神聖光圈，稍

[11] 黃翔：〈臉上的鈴聲〉，收《黃翔：狂飲不醉的獸形》，天下華人出版社，一九九八年版。

有褻瀆，就必加嚴懲。

本書的作者的幾個難友，本來，無論就其出身，還是文化程度，都不具有前面所說的「原罪」，但也被「網」進了革命監獄。他們的故事說起來都是超出了人們的想像力的：一個舊社會的殺豬匠，新社會的屠宰工，在饑荒年代他看見牆上掛著的馬、恩、列、斯的領袖像，好奇地問：「那個大鬍子洋人是哪個？」得知此人名叫馬克思以後，就開了一個玩笑，對著畫像吼了一聲：「你下來，看老子啄（四川方言，意為踢）你兩腳」，卻不料飛來橫禍：鬥了三天三夜之後，即鋃鐺入獄。還有一位小學教員，就因為一時興起，高舉鳥槍，在學校操場作射擊狀、偏偏前方正懸掛著一張「偉大領袖」的肖像，於是，就以現行反革命的罪名，成了大牢裡的「二十九號」，最後被判十年徒刑[12]。——這是在那個時代隨時都會發生的荒誕劇與悲劇，其所造成全社會的精神緊張與恐怖，正是維護精神控制的「神力」所必須的。

與其說這是「個人崇拜」，不如說是「組織崇拜」，從根底上是為了加強體制統治的合法性與神聖性，文化大革命期間所盛行的「早請示，晚彙報」、「背誦語錄」等儀式，就將這樣的神聖統治推到了「准宗教」的極端。但這對於普通的老百姓，特別是已經落入「地獄」的囚犯，卻是意味著一場空前的精神迫害與磨難。本書〈頂頭上司的是是非非〉裡敘述的那位我們已經熟悉的分隊長對犯人的精神蹂躪是令人髮指的：「在大背毛主席語錄的日子裡，他每每會指定些和他文化程度相當的半文盲站出來當眾背誦。如果背錯一字一句，將會被認為是篡改或者故意歪曲的政治錯誤，這壓力壓得背誦者戰戰兢兢，聲音顫抖，頭上冒汗。此時這位隊長會按亮手電筒，其光柱直射到背誦者的臉上，以便在這股強光的幫

12 參看本書〈我在看守所裡的日日夜夜〉。

助下，讓他那雙瞎湊合的眼睛，欣賞到背誦者那張因驚恐而變形的臉，而這位隊長的臉上，也會泛出一絲心滿意足的獰笑」。悲劇也終於發生：一位農民出身，精通農事，卻自稱「文蟒（文盲）」的犯人，因為背錯了語錄，慘遭毒打，過度緊張，睡夢中從床上翻滾下來，跌斷了腿，還嚇成了瘋子，不停地「用他那難聽無比的歌喉高唱語錄歌：『下定決心，不怕犧牲——』」，最後悲慘地死去[13]。——這領袖的聖光與無辜者的血，是互為表裡的。

領導

如果說「領袖」是組織的「神體」，那麼，各級組織的「領導」，即是組織的「肉身」。這正是反右運動中，所要反覆強調的：組織不是虛的，必須落實到每一個單位的具體領導，特別是「第一把手」；因此，聽從組織的安排，也要落實到聽從單位領導的安排。這裡，還有一個層層聽從的問題：每一個等級上的領導，都要聽從上一層領導的指示與安排，即所謂「下級服從上級，地方服從中央」，這又是與等級授權制相一致的：各級領導的權力來自上級組織領導的任命，自然有服從的責任。這樣，個人與組織的關係，最後就落實為個人與某個具體的領導的關係，並且極容易形成一定程度的人身依附關係。本書寫到的那位朱老弟與張部長的關係中，就明顯地蒙上了這樣的陰影。是這位「張同志」對他這個山區的窮孩子進行革命的啟蒙教育，後來又接受他作自己的通信員算是改變了農民身份，參加了革命。因此，朱老弟一直視張部長為恩人，他的命運也就隨著張部長的態度而變化：當張部長欣賞他時，

---

[13] 參看本書〈關於三個瘋子的生生死死〉。

他被推薦到縣委宣傳部當上了幹事，還在張部長的主持下，與縣婦聯的一位美女喜結良緣；後來，張部長需要他帶頭鳴放，如上文所說，他就作了一次奉命發言；但不料形勢變化，張部長又需要他當「反面教員」，就把他拋了出來；這一回，他不再馴服，居然在反省書上揭發了張部長的作風問題，張部長也就毫不猶豫地將他投進了監獄：張部長作為組織的代表、化身，掌握著生殺大權，處置一個不聽話、也沒有用的「工具」，真正是易如反掌！

朱老弟後來在獄中對本書作者說了一句一針見血的話，他說張部長是「公報私仇」。事實上，每一個組織發動的「革命運動」，不管有多麼「神聖」的理由，一落實到基層，就必然為無數掌握了權力的張部長們提供「公報私仇」的機會。革命口號下的個人恩怨的糾纏，幾乎是中國的「運動」的一個帶有本質性的特色。前面說及的那位小學教員的偶然的作射擊狀的動作，之所以會成為「現行反革命」的鐵證，就是因為他的校長早已看中了他的戀人，不過是想借機奪愛。不能把這些都視為個人的惡行，從根本上說，所有這些人為製造出來的「運動」（「運動」這一詞就含有「運作而使動之」的「操縱」的意思），都是通過對人的私欲，人的本性中惡的因數的誘發，煽動人與人之間的殘殺，特別是社會結構中的權勢者對弱勢者或不馴者的迫害，以維護統治的合法秩序。

身份：右派、勞教份子

在某種程度上，包括本書作者在內的右派就是這樣的「大義」與「私欲」相結合製造出來的。但這卻是古今中外歷史上從未有過的「壯舉」：數百萬人因響應號召，發表言論而獲罪。因此，對這些用「陽謀」製造出來的「反革命」，如何確定其身份，如何使他們的懲罰獲得某種合法性，運動的發動者還是費了一番周折的。右派這個命名就不是一開始就確定下來的，就我們現在看到的材料，最初是叫「右傾份子」[14]，顯然是從思想傾向的角度來命名；正式提出要給有些人戴「右派」這頂「帽子」，是毛澤東在一九五七年五月十五日寫的在黨內傳閱的〈事情正在起變化〉一文，同文中又有「右翼知識份子」的提法，因此，在隨後（五月十六日）所寫的《中央關於對待當前黨外人士的批評指示》裡，又有「右翼分子」這樣的命名，並為《中共中央關於加強對當前運動的領導的指示》（一九五七年五月二十日）所沿用[15]。而在社會上公開「右派」這一命名，則是通過何香凝這位國民黨左派元老，於一九五七年六月一日在中共中央主持的民主黨派座談會的書面發言提出來的；何從孫中山的國民黨存在左派與右派的分野說起，說到社會主義時代也有左、中、右，「大凡忠心耿耿願意在共產黨領導下，誠誠懇懇地幫助領導黨，我想這就是左派」，「對社會主義口是心非，心裡嚮往的其實是資本主義，腦子裡憧憬的是歐美式的政治，這些人我認為顯然是右派了」[16]。這裡談的也是政治傾向。因此，從一開始，對「右派」的劃分（即「什麼是右派」），就著眼於思想、政治的傾向。以至態度，具有很大的模糊性與主觀隨意性。毛澤東在前述〈事情正在起變化〉這一綱領性文件中，就提出鑒別「政治上的真假善惡」的兩大標準：「主要看人們是否真正要社會主義和真正接受共產黨的領導」，後來中共中央八屆三中全會通過的《劃分右派的標準》中最主要的就是這兩條區分「真假善惡」的標準，而非法律的標準。在同一文中，毛澤東又說：「右派的批評也有一些是對的」，那麼意見正確與否似乎又不是標準；還說：「什麼

---

[14] 見〈中共中央關於報導黨外人士對黨政各方面的工作的批評的批示〉（一九五七年五月十四日），轉引自薄一波：《若干重大決策和事件的回顧》（下冊）六一三頁，中央黨校出版社，一九九三年版。

[15] 同上書六一三至六一五頁。

[16] 轉引自朱正：《一九五七年的夏季：從百家爭鳴到兩家爭鳴》一一二至一一三頁，河南人民出版社，一九九八年版。

擁護人民民主專政，擁護人民政府，擁護社會主義，擁護共產黨的領導，對於右派說來都是假的，切記不要相信」，那麼，說什麼也不可信。劃分依據究竟是什麼呢？毛澤東說：一是「右派的特徵是他們的政治態度『右』」，二是「右派的批評往往是惡意的」，「善意，惡意，不是猜想的，是可以看出來的」[17]。而政治態度是否右，善意還是惡意，就完全取決於各級領導（他們中有無數的「張部長」）怎麼「看」了。而怎麼「看」，又是與他們的利益直接相關的。這一點，在後來公佈的前文所述《劃分右派分子的標準》得到了「准法律」的確認（這一標準是作為中共中央全會的文件正式規定的，具有法律的效用）。這一《標準》，實際上有兩個部分，一是根據前述區分「真假善惡」的標準而戴上的「大帽子」，如「反對社會主義制度」、「反對無產階級專政、反對民主集中制」、「反對中國共產黨在國家政治生活中的地位」、「分裂人民的團結」等等；一是具有可操作性的實質性的具體標準：除了反對（實際是批評）黨和政府的政策和制度（如統購統銷政策，人事制度和幹部政策等等），否認成就，攻擊各項運動（實際是提出批評意見）外，最重要的，就是「以反對社會主義和共產黨領導為目的而惡意地攻擊共產黨和人民政府的各級領導機關和領導成員，誣衊工農幹部和革命積極分子」，「蓄謀推翻某一部門或者某一基層單位的共產黨的領導」[18]。這裡規定得再明白不過：凡反對（批評）各級領導機關和領導成員，反對（批評）工農幹部和革命積極分子者，皆為右派——從表面看，似乎有一個是否「以——為目的」的限制，但這類屬於動機的標準是完全可以由掌權者的主觀意志來認定的，即說你有這樣的「目的」，你就有這樣的「目的」。這樣，包括本書作者在內的數十萬、上百萬的人們落入右派的陷

---

17 毛澤東：〈事情正在起變化〉，《毛澤東選集》五卷，四二六至四二八頁，人民出版社，一九七七年版。

18 轉引自朱正：《一九五七年的夏季：從百家爭鳴到兩家爭鳴》，五〇〇至五〇一頁，河南人民出版社，一九九八年版。

阱，就是不可避免的，可以說是「在劫難逃」。而這樣的右派標準的准法律的確認，對中國的社會政治生活的影響卻是難以估量的：它首先確立的是「組織」的不受限制、不受監督的絕對權力：不僅它所制定的政策、制度，它所做的一切事情（發起的運動，開展的建設等等）都不可批評，而且它的各級組織及領導成員，也不可批評，這是一種不可置疑的，超越法律的絕對的豁免權。而規定「工農幹部」與「革命積極分子」同樣享有不可批評、不受監督的權力，則是與在群眾中劃分「左、中、右相聯繫的；毛澤東在〈事情正在起變化〉一文中，即已提出「凡有人群的地方，就有左、中、右」的論斷[19]，以後又明確指示各級組織「在運動中，按左中右標準，排一下隊」[20]，並一再強調要組織「工廠主要幹部和老幹部」以及「黨團員中的積極分子」，「反擊右派分子的猖狂進攻」[21]。而左、中、右的劃分，除了政治態度以外，一個重要方面，就是其歷史，階級成分與出身。毛澤東在一個內部指示中指出：「在此次運動中鬧得最凶」的是「民主黨派、大學教授、大學生」中的「右派和反動分子」，「他們歷史複雜，或是叛徒，或是過去三反肅反中被整的人，或是地富資本家子弟，或是有家屬和親戚被鎮壓的」[22]，這其實與本文一開始談到的一九五五年肅反運動十人領導小組的文件精神一脈相承的，是一種血統論的「階級分析」。反過來，所謂「左派」就必然是「工農幹部」，以及後來所說的「根正苗紅」

19 毛澤東：〈事情正在起變化〉，《毛澤東選集》五卷，四二八頁，人民出版社，一九七七年版。
20 毛澤東：《中央關於加緊進行整風的指示》（一九五七年六月六日），轉引自薄一波：《若干重大決策和事件的回顧》，六一五至六一六頁，中共中央黨校出版社，一九九三年版。
21 毛澤東，〈組織力量反擊右派分子的猖狂進攻〉（一九五七年六月八日）《毛澤東選集》五卷，四三一頁，人民出版社，一九九七年版。
22 毛澤東：〈中央關於反擊右派分子鬥爭的步驟、策略問題的指示〉（一九五七年六月十日）轉引自薄一波：《若干重大決策與事件的回顧》，六一七頁，中共中央黨校出版社，一九九三年版。

的出身好、政治態度鮮明（絕對聽從各級組織領導）的「革命積極分子。這樣，按照家庭出身與政治態度在群眾中劃分左、中、右，實際上是一次重新劃分「階級」，同時又賦予左派（工農幹部與革命積極分子）以與各級組織的領導同樣的不可批評的絕對權力，又將右派列為專政對象，事實上剝奪其一切權利，這就建立起了一個新的上下有序的社會結構。在這樣的結構中，是存在著幾層等級關係的：一方面，如上文所分析，在各級領導之間是一個對上逐級依附、服從，對下逐級控制與發號施令的關係；而在每一個基層組織中，單位領導處於最高層，左派則處於雙重地位：一方面，他的左派位置是領導賜予又隨時可以收回的，因此，對於領導就先天地有一種依附性；另一方面，他又享有不受領導之外的任何人的監督、批評的特權，以及按照領導旨意任意監督、迫害右派的特權。處於最底層的右派則要承受領導與左派積極分子的雙重管制。

但要真正給右派定性、定罪也不那麼容易。第一次公開給右派定性是毛澤東為一九五七年七月一日《人民日報》寫的社論〈文匯報的資產階級方向應當批判〉，在那裡明確提出：「資產階級右派」就是「反共反人民反社會主義的資產階級反動派」[23]。而在沒有公開發表的文章裡就說得更清楚：「在我國社會主義革命時期，反共反人民反社會主義的資產階級右派和人民的矛盾是敵我矛盾，是對抗性的不可調和的你死我活的矛盾。向工人階級和共產黨舉行猖狂進攻的資產階級右派是反動派、反革命派」[24]。儘管話說得如此斬釘截鐵，但仍有一個事實難以迴避：右派都是因言論而獲罪：據本書作者回憶，當

23 毛澤東：〈文匯報的資產階級方向應當批判〉，《毛澤東選集》五卷，四三八頁，人民出版社，一九七七年版

24 毛澤東：〈一九五七年的夏季的形勢〉（一九五七年七月），《毛澤東選集》五卷，四五六頁，人民出版社，一九七七年版。

他被宣佈為右派以後，他的善良的妻子曾這樣安慰他：「領導說過，右派只是思想問題」[25]，可見當時即使是地方領導也不能否認這一事實。毛澤東對此的解說與應對卻頗耐尋味：他一方面斷言：「這種人不但有言論，而且有行動，他們是有罪的，『言者無罪』對他們不適用。他們不但是言者，而且是行者」。所以後來定《劃分右派分子的標準》，就特意加上一條「組織和積極參加反對社會主義、反對共產黨的小集團；蓄意推翻某一部門、某一基層單位的共產黨的領導；煽動反對共產黨、反對人民政府的騷亂」[26]，以說明右派確有反革命行動。但「推翻基層單位的領導」，還有「煽動——」云云，都是隨意上綱的分析，無法證實；只有「組織——小集團」似乎可以落實，因此，許多當年右派的罪名中都有這一條，本書的作者也是被宣佈為「南充市文聯的反黨集團」的首領的，儘管他當時只是一個業餘作者，曾被推舉為詩歌組組長，僅憑這一點，也可以當作「行者」而治罪了。但毛澤東又說：「可以寬大為懷，不予辦罪」，而且「仍然允許有言論自由」，「只在一種情況下除外，就是屢教不改，繼續進行破壞活動，觸犯刑律那就要辦罪」[27]，可見毛澤東自己心裡很明白；右派實際上並沒有「觸犯刑律」，要將其辦罪，並無法律依據。所以他後來又有「右派，形式上還在人民內部，但實際上是敵人」[28]這樣的說法。

[25] 參看本書〈恩恩愛愛與淒淒慘慘〉。
[26] 轉引自朱正：《一九五七年的夏季：從百家爭鳴到兩家爭鳴》，五〇一頁，河南人民出版社，一九九八年版。
[27] 毛澤東：〈文匯報的資產階級方向應當批判〉，《毛澤東選集》五卷，四三八至四三九頁，人民出版社，一九七七年版。
[28] 毛澤東：〈做革命的促進派〉（一九五七年十月九日）《毛澤東選集》五卷，四七八頁，人民出版社。

但對右派不進行懲罰與管制是不可能的：法律依據不足，就可以另定法律法規，反正權力在自己手裡。於是，在毛澤東宣導下，一九五七年八月三日國務院發佈了《關於勞動教養問題的決定》，規定對於下列四類人將「加以收容，實行勞動教養」：「1、不務正業，有流氓行為或者有盜竊、詐騙等行為，不追究刑事責任的，違反治安管理、累教不改的；2、罪行輕微，不追究刑事責任的反革命分子、反社會主義的反動分子，受到機關、團體、企業、學校等單位的開除處分，無生活出路的；3、機關、團體、企業、學校等單位內，有勞動力，但長期拒絕參加勞動和破壞紀律、妨礙公共秩序，受到開除處分，無生活出路的；4、不服從工作的分配和就業轉業的安置，或者不接受從事勞動生活的勸導，不斷地無理取鬧，妨害公務，屢教不改的」[29]。雖然讀不到「右派分子」的詞語，但其為懲罰右派提供法規依據的目的是一看即明的。八月四日《人民日報》社論〈為什麼要實行勞動教養〉中，也說得很清楚：「對於這些壞分子，一般地說，用說服教育的方法是無效的；採取簡單的懲罰辦法也不行；在機關、團體、企業內部也不能繼續留用；讓他們另行就業又沒有人願意收容他們。因此，對於這些人，就需要有一個既能改造他們，又能保障其生活出路的妥善辦法」。社論儘管強調「勞動教養與勞動改造罪犯是有區別的」，但同時又說：「勞動教養管理機關必須制定一套帶有強制性的行政制度和紀律，不能允許被勞動教養的人破壞這些制度和紀律。例如不准他們隨便離開農場和工廠而自由行動，不准破壞公共秩序，不准破壞生產，否則就要受到處分，情節嚴重的還要受到法律制裁」，在完全被剝奪了人身自由的情況下強制勞動改造，與勞改犯並無實質性的區別。區別僅在勞動教養者每月有二十元左右的「工資」，需交伙食費，勞改犯僅有零花錢一元五角，囚糧、囚服則不計價。而另一個區別則更帶實質性：

[29] 轉引自（英）納拉納拉揚・達斯：《中國的反右運動》，二〇二頁，華岳文藝出版社，一九八九年版。

勞改犯有明確的刑期，而勞教卻無具體期限（六十年代後才有期限），僅有「表現良好」者可「酌情批准」解除的籠統規定，這漫漫無期的勞教給受害者帶來的精神磨難與肉體痛苦，恐怕是更令人恐怖的。

這樣，本書的作者和一九五七年的無數受難者一起，獲得了兩個「身份」；「右派」與「勞教份子」。中國古代對於犯人要在其面部烙上罪惡的印記，而這右派與勞教的「身份」也就是這樣的印記，是永遠擺脫不了的。如本書作者所回憶，在他所在的勞教隊及以後的監獄，管教幹部經常發出的警告，就是「不要忘掉身份」，「這意味著不認罪，而不認罪是犯人的萬惡之源」。而認罪的表現，也是「改造」好了的標誌，就是「靠攏政府」。而所謂「靠攏政府」，一要會拍領導的馬屁，二要能夠檢舉同類，「立功贖罪」，也就是要放棄人的尊嚴與良知。這就是那個年代所謂「勞動改造」的實質：通過懲罰性的勞動，將「人」變成「非人」，這正是肉體和精神的雙重摧殘。我們說右派的苦難，其實是包括這兩個方面的。如本書作者所說，右派中也是有左、中、右之分的。所謂「右派中的左派」，就是從這樣的雙重摧殘與奴役中尋出美來，並從中獲利，其實就是魯迅說的「奴才」。而右派中的右派，就是不承認自已的「身份」，以各種方式進行抗爭者，在勞教所、勞改隊裡有一個命名，叫作「反改造份子」，對他們就要「大力挽救」——「在勞改隊，這是一個使用頻率很高的詞彙」，「大力二字用得尤其貼切」，所謂「大力」就是「往死裡整」。於是就有了本書作者所說的「挨繩子」的滋味，「其功能主要是緊緊捆住受刑者的手腕以阻止血液循環，讓疼痛來促使他『改惡從善』，進而落實『我們對敵人從來不施仁政』這一基本政策」。而這樣的肉刑還不必由主子（領導）自己動手，自會有「右派中的左派」主動而積極（甚至是創造性的）效勞。在本書作者的感覺中，這和「古代羅馬貴族在角鬥場觀看奴隸角鬥士相互廝殺」是有著「血緣關係」的。

單位證明，檔案

本書的作者在「挨」了一次這樣的繩子以後，決定要從勞教隊逃跑。這是他反抗體制給他安排的命運的一次悲壯的努力和掙扎。

但要掙脫體制的控制，可真不容易。遇到的第一個難關，就是沒有「單位證明」。在那個時代，人的一切行動，外出乘車購票，在旅館投宿，以至在報刊上發表文章，都需要單位證明：證明你的身份，政治的可靠程度。這就說到了中國的一個基本制度，即所謂「單位體制」。如一位研究者所說，「單位體制的成型與確立，是中國對這一超大型社會進行有效調控的制度化成果」，這一單位體制有兩個重要特點：「單位被認為是強有力的黨和國家的代理者，扮演著政治（或國家）和經濟（或社會）雙重角色」，「從單位和個人的關係來看，它充當了個人安身立命的公共空間這一特殊角色，任何一個中國人必須依靠單位賦予的身份才能獲得行動的合法性基礎」[30]。這裡當然不可能對單位體制問題展開全面的討論，只能就本文的討論所涉及的方面指出一點，即單位組織實際上是代表黨和國家對其成員實行從思想到行動的全面控制，由於每一個人都是納入某一單位的（農民也是納入生產隊的），因此，各類各級單位就構成了一個巨大的網，所有的中國人都被網入其中，受到嚴密的控制。前面所說的《勞動教養條例》，除了為懲罰右派提供合法性，一個重要的目的與功能就是要加強單位體制對其成員的控制：如不服從單位的工作分配，安置和調動，即所謂「無理取鬧，妨害公務，屢教不改」，或被單位開除，就要

---

[30] 劉建軍：《單位中國》，三頁，二頁，天津人民出版社。

送去勞教，甚至勞改，對之實行專政。這樣，全體中國人，只能有一個選擇：安心於單位的控制，老老實實地做好組織分配給自己的工作，無條件服從組織的任何調動與安排，就可以獲得基本的生活與發展的條件；一旦被單位除名，就只有被勞教甚至被勞改的唯一出路。即使要逃跑，僅沒有單位證明這一點，就在偌大的中國，找不到一處立身之地。像本書作者這樣鋌而走險，製造假證明，也很容易被警惕性很高的專政機關、人民群眾所發現，隨時捉拿歸案，收入網中。

單位控制的另一重要手段，就是單位組織對每個成員所制定的「檔案」。本書多處談到「檔案」，並且毫不諱言：「有我類似背景的人，可能都不喜歡檔案袋」，甚至提起檔案，都會頭皮發麻。檔案讓人恐怖之處有二，一是「檔案中都有社會關係這個欄目，凡有親人在歷次運動中被殺、被關、被管者，（還有所有的『海外關係』），都要老老實實填入其中，如有隱瞞，等於欺騙組織，也就等於自毀前程」；二是個人歷史與歷次運動中的政治表現，以及各個時期的政治鑒定。——這裡還要插述一點：在反右運動以後的「制度建設」中，除頒佈《勞動教養條例》以外，一九五七年七月十七日，國務院還通過了一個《高等學校畢業生分配工作的幾項原則規定》，要求對每一個畢業生進行政治審查，並作為制度固定下來，而且這樣的政治審查的結論是要裝入檔案的。當時的北京大學的領導這樣解釋政治審查的必要與作用：「我們決不能讓一個在政治上有嚴重問題的人，在工作崗位上擔任他所不應該擔任的工作」[31]。這裡說得很清楚：凡是在檔案上有「不良紀錄」，無論是個人政治表現，還是家庭關係與社會

[31] 轉引自（英）納拉納拉揚・達斯：《中國的反右運動》，二〇一至二〇二頁，華岳文藝出版社，一九八九年版。在本書一二七頁，還談到反右以後的另一個重要的體制建設，即一九五七年六月二十五日，根據毛澤東主席的命令，成立了一支新型員警部隊，即「人民警察」。除「鎮壓反革命；防備、阻止其他犯罪分子的破壞」外，還有一項特殊任務：「對於破壞公共秩序、危害公共安定的公民，儘管他們沒有犯罪，也可以制止，或給予行政處分。

關係的，都將打入「另冊」，控制使用。——這也有一個專用名詞，叫作「內控」，經歷過那段歷史的人，今天提起這個詞語，都會引起無盡的痛苦的回憶。本書的作者就提供了一個例子：一個出身農村的高中生，在建國初期，滿懷「保家衛國」的豪情參加了志願軍，後被美軍俘虜，他拒絕策反，毅然回到祖國。但因為他檔案裡有曾經被俘的記錄，就在政治上判了死刑，沒有一個單位願意接受他，只能在農村過著「二等公民」的生活。

盲流，「泡起」，收容所

也有在「單位」（包括容納農民的公社，大、小隊）與「勞教所，勞改隊」之間遊蕩的人群，這就是所謂「盲流」。本書的作者在成功地逃出了勞教隊之後，就加入了這個「盲流」大軍。中國的「盲流」的主要構成是由於種種原因，特別是饑荒，所造成的從農村向城市流動的農民。而中國政府是嚴加禁止的。在發動反右運動的一九五七年十二月十八日，中共中央、國務院還聯合發出《關於制止農村人口盲目外流的指示》，要求通過嚴格的戶口管理，做好制止農村人口盲目外流的工作。在此之前，即一九五七年十二月十三日國務院《關於各單位從農村招用臨時工的暫行規定》還明確規定：城市「各單位一律不得私自到農村招工和私自錄用盲目流入城市的農民」。這樣，實際上，就是要推行「城鄉隔離的二元對立」的社會結構，建立「非農業戶口」與「農業戶口」的等級身份制，將農民強制留在農村，一面承受國家工業化的代價，一面卻不能享受城市居民的許多權利，置於近乎二等公民的境地[32]。這也

32 參看何家棟、喻希來：〈城鄉二元社會是怎樣形成的？〉，《書屋》二〇〇三年五期。

是一種按「出身」劃分（農民，還是非農民）的制度性歧視，與我們在前文談到的以「家庭出身」（反動家庭，還是革命家庭）劃分的制度性歧視，是等級制社會結構的兩大支柱，它們都是在一九五七年以後得到強化並最後成型，這恐怕不是偶然的。在這樣的結構中，「盲流」的存在自然是非法的，是一個破壞性因素；但在二十世紀五十年代後期與六十年代初期的大災荒年代，這樣的盲流大軍卻一度發展到相當的規模，離鄉逃荒的農民之外，還有城市的貧民、遊民，以及本書作者這樣的逃亡勞教犯，以及勞改犯。本書的有關敘述提供了一幅相當真切的那個時代的「盲流」圖——這也是我們有關那個時代的歷史敘述中有意無意地遮蔽的。

於是，就有了盲流們聞之色變的「收容所」。作者介紹，當時的遊民中是有自己的一套特殊用語的，相當於今天所說的「黑話」，其中最具威脅性的詞語，就是「泡起」。所謂泡起，就是把你送到遊民收容所去關押。從表面上看，收容所是屬於「社會救濟」的範疇，由民政局主管，但為什麼竟使「盲流」如此恐懼呢？除了會遣送回原籍（這自然是盲流們所不願意的）外，看看作者的描述，就可以知道「泡起」的滋味了：「我被泡在二樓上，樓口有『可靠遊民』把守，除幹部帶領，任何遊民不得上下樓梯。上樓的時候，首先看到的是十多個躺在扶欄背後的水腫病患者，遊民稱這類人為『泡脹了的』，他們或躺在地板上呻吟，或靠在牆壁上歎息，他們現在唯一能做的事就是迎接死亡」，收容所完全無異於失去人身自由的監獄，而且幾乎成了「停屍房」，難怪在盲流們的眼裡，「『泡』幾乎成為死刑的代名詞，是不用子彈的槍斃」。收容所之外，還有遊民改造農場，那就更是變相的勞教農場，本書的作者很快就決定要再次逃亡，這是很自然的。——收容所的問題直到二〇〇三年才得以暴露與初步解決，其實是應該追溯到幾十年前本書所描述的那個時代的。

陷阱，檢舉揭發，群衆專政

本書的作者儘管成功地逃出了遊民改造農場，但最後仍被緝捕歸案。其中的關鍵是他所投奔的勞教隊的好友的哥哥的舉報。而且仔細考察本書作者的命運，幾乎他的所有的不幸，都來自舉報：一九五七年，使他成為右派的「鋼鞭材料」就來自他的一個好友的揭發與誣陷；一九六六年又是他的胞弟的檢舉，使他的本已改名換姓在新疆落腳的妻子被「清理」出來，並最終造成了家庭的悲劇。可以說，叫作張先癡的這個人在他的人生道路的每一道關口，都有一個「陷阱」在等著他，而陷阱的製造者往往是他所最信任的朋友和親人，他也終於落入深淵，幾乎永世不得翻身。本書一再地使用「陷阱」這一詞，其中是包含了無盡的痛苦，無奈與困惑的。但在反右運動的發動者那裡，卻另有說法。毛澤東在反右運動大功告成後，寫有一篇文章，「意氣風發」地宣佈：「過去的剝削階級（按反右運動的邏輯，右派不是『過去的剝削階級』，就是『剝削階級的孝子賢孫』，或者是他們在革命隊伍中的代理人——錢注）完全陷落在勞動群眾的汪洋大海中，他們不想變也得變。至死不變、願意帶著花崗岩頭腦去見上帝的人，肯定有的，那也無關大局」[33]。毛澤東將張先癡與數十萬、數百萬的右派命運中的「陷阱」，稱之為「勞動群眾的汪洋大海」，絕不是詩人的形容，而是體現了他的一種政治追求的，即所謂「群眾專政」。這也是「中國特色」：它以空前的思想控制力與社會政治動員力，煽動起全民族的仇恨與鬥爭狂

[33] 毛澤東：〈介紹一個合作社〉，《建國以來毛澤東文稿》七冊，一七七頁，中央文獻出版社，一九九二年版，下文所說「鬥志昂揚」一語，也來自此文。

熱（當時叫「革命激情」，毛澤東的用語是「鬥志昂揚」），用群眾運動的方式來進行階級鬥爭，參加者以千人、萬人、數十萬人、數百萬人計的群眾鬥爭大會遍佈中國每一個角落，真正做到了普天之下無一處不是鬥爭的場所。批鬥會也開到了勞教場所、勞改監獄：在犯人之間也要展開階級鬥爭，當時有個說法，叫作「狗咬狗」。其實這樣的全民性的鬥爭會，就是要把全民訓練成隻會撕咬同類的嗜血的動物。這也是一種「政治動物」，其革命警惕性之高，達到了不可思議的地步。本書中寫到了一個細節：一位政治覺悟極高的「革命群眾」畫了一幅漫畫，質問張先癡：「為什麼要裝一台礦石收音機？」這是懷疑他要和「敵臺」取得聯繫。還有一件事發生在勞改農場：張先癡因工受傷，在胳膊上纏了塊破布，在收工的路上，被管教股長看見，立刻厲聲問道：「你這是什麼聯絡符號？」這些革命聯想當然不只是荒誕，而是反映了一種社會心理，社會氛圍：凡是「敵人」，他的一舉一動，都無不暗藏「反革命」的陰謀；再進一步，所有的人，都可能是敵人，所有的小事，都可能反映了「階級鬥爭的新動向」（這也是那個時代使用頻率最高的詞語之一）。而這樣的心理、氛圍的背後，卻隱藏著一種普遍的恐懼心理和不安全感：既然可以懷疑別人是「反革命」，當然就不能避免自己被別人懷疑，這樣的人人自危，就逼得每一個人更加「革命」地去揭發別人，以示「忠誠」而自保，我們前面所說的舉報，在某種程度上，正是在這樣的恐懼氛圍中產生的。而張先癡的舉報者，大都是親密者，則更反映了「群眾專政」創造者更深的用心：只有將「專政」深入到、落實到被專政者的家庭、親屬、朋友內部，才能真正制敵於死命。因此，必要動用體制的強大力量，或進行「劃清界限，大義滅親」的思想灌輸，或施行「反戈一擊，立功贖罪」的誘惑，或利用人的私欲，朋友之間、家庭內部的矛盾，或發動「坦白從寬，抗拒從嚴」的恩威並舉的政策攻勢——，由此布下由親人親手製造的「陷阱」，從而將敵人置於孤立無援，走投無路的絕境，「不想變也得變」，如死硬到底，就真的只能如毛澤東所說，「帶著花崗岩腦袋去見上帝」。很顯然，張先癡及他的右派同伴命運中佈滿的「陷阱」，正是這樣的「群眾專政」的體制造成的；不僅被迫害者受盡精神磨難與皮肉之苦，參與者自身也為之付出了代價：本書即提到那位提供「鋼鞭材料」的右派「朋友」，後來在平反時，曾向領導表示，他曾經誣陷過一個叫張先癡的人，在張未出獄之前，他不願出獄。可以想見，這幾十年來，他的內心經歷了怎樣的煎熬。

網

在我們的討論，以及本書作者的敘述中，都一再提到了「網」這個詞。毛澤東在他的反右檄文〈文匯報的資產階級方向應當批判〉裡，也說右派是「自投羅網」[34]。「自投」云云，恐怕只在特定的含義下，適用於右派中的少數先覺者。他們對體制的弊端看得比較透，在提出批判時，即作好了犧牲的準備。但絕大多數右派，則是被精心佈置的「羅網」網進去的，本書的作者即是其中的一個。而且經過了反右運動的編織，這個「網」就日趨完善，成型：它網絡一切，全中國，每一個人，每一個家庭，每一個地方，全在控制之下，無一漏網；它極其嚴密，甚至達到了精緻的地步，用高度集中的權力，動員一切政治、經濟、文化、教育、法律、法規、政策、道德、觀念、輿論——的力量，將社會每一個成員的物質生活、精神生活，以至最隱蔽的私生活，都控制得嚴絲密縫，少有疏漏；而且有嚴厲的監控、懲治機制，不僅有監獄、勞教所、收容所這樣的專政和准專政的國家機器，還有群眾專政的系統，將「鑽網」的一切努力消滅於萌芽狀態之中，如有試圖「破網」者更是嚴懲不殆。這是真正的「天羅地網」，

[34] 毛澤東：〈文匯報的資產階級方向應當批判〉，《毛澤東選集》五卷四三七頁，人民出版社，一九七七年版。

使一切掙扎、抗爭都顯得無用和無效，所需要的只是「絕對服從」。

在文革（那是一個「大收網」的時代，「全民專政」與「全民被專政」的時代）剛結束時，曾有人寫了一首「一字詩」，用一個「網」字概括他的時代感受，引起了無數人的強烈共鳴。但也有人對其大加討伐，其實還是在顯示「網」的神威。魯迅早就為人與人之間的「不相通」而感慨不已：不同的人在「網」中所處的地位不同，自有不同的感受。但也有深受其苦的人，卻沉湎其間，彷彿離開了「網」就不知怎麼活了，於是仍然為「網」大唱讚歌：這也頗能顯示「網」的精神控制的神威的。

網不住的：思想與人性

但網的神威又是有限的。

本書特地引述了法國大思想家的一段話，是大有深意的：「中國的皇帝，印度的大莫臥兒，土耳其的帕迪夏，也不能向最下等的人說，我禁止你消化，禁止你上廁所，禁止你思想！」

思想是禁止不了的，這正是想控制一切的「帝王」與「聖人」所最感懊惱與無奈的。人生活在「網」的籠罩下，自然不免要受其精神的控制，但卻出於本能地要想「網」外的東西，這樣的「想」是怎麼也網不住的；而且「網」本身的邏輯、行為也會起一種「反面教育」的作用，即促使人們從另一面去想，懷疑一旦產生，「網」的精神神威就會弄出破綻，發生動搖。我們已經說過，右派中的大多數開始都是沒有覺悟的，是嚴酷的現實使他們中越來越多的人打破種種精神幻覺，開始了獨立思考。本書在這方面涉及不多，但也談到了自己在勞教過程中思想的某些變化，以至他在逃跑以後，自以為可以自由說話的時候，就在那位勞教隊好友的哥哥面前，「為彭德懷大鳴不平，認為他才是關心人民疾苦的忠臣，又說所謂的『自然災害』純屬政策失誤的藉口，情緒激動之中，甚至把大救星比作焚書坑儒的秦始皇」。儘管他沒有想到這位哥哥是奉命套他的話，這些「反動言論」後來都成了他的鐵的罪證；但這樣的對中國現實與社會的認識，卻不是經過反右以及以後的種種批判鬥爭，年輕單純的張先癡所絕不會有的；也就是說，正是勞動教養將他從一個糊糊涂涂的右派，改造成了一個有自覺意識的真正的右派。這大概是改造者未曾料及的。至於本書提及的勞教隊裡成立的「列寧共產主義聯盟」的數十個參加者，更是「網」自身培育出來的「衝決羅網」的戰士：這是足以使「網」的製造者膽戰心驚的。

還有，人要消化，要上廁所，這也是禁止不住的。人要活著，這種人的日常生活的力量，生命的力量，比一切體制的力量都要強大。本書中有一章，叫作〈難以忘懷的吃吃喝喝〉，詳盡地敘述了在勞改農場中，圍繞著「吃吃喝喝」所展開的生死決鬥：一方面，體制的力量要這些犯人死：饑餓也是一種懲罰；另外一方面，犯人們用自己的全部智慧和勇氣，千方百計尋找各種吃食，以維持生命，而且這是一個完全自覺的努力：「一個人為了自己的生存（僅限於吃飽肚子），他採取的一切手段都是合理的，因為生存是他不可褫奪的最基本的權利」。作者說得很好：活著，維護人的生存權，而且「在生活的那個瞬間，活得像個人的樣子」，「這既是最低標準，在某些特殊背景下，還可能是最高境界」。因此，作者說那些在饑餓的年代，為了尋食而不惜冒險的犯人身上，有一種「勞改英雄主義」，儘管不無調侃之意，卻也有相當的真實。

仔細考察本書作者的個人命運，還有一個頗耐尋味的現象：在他命運的每一轉折點上，不僅如前文所說，處處充滿陷阱，而且總有人暗中相助：他和妻子雙雙被打成右派的時候，一對老紅軍夫婦自願免費為他們帶孩子，還為他們的秘密相會打掩護；在他從勞教隊、收容所逃出以後，又得到了一對青年農民夫婦、「可愛的農民伯伯」、「重慶的『表嫂』」、「成都的『大姐』」這些並不相識的好人的幫助，那位重慶的「表嫂」還因此為此付出了五年有期徒刑的代價；在他天津因舉報而被捕時，公安分局的張副局長竟含蓄地對他表示同情、理解並特意給予關照，那「深情的目光」給他以極大的慰藉並終生難忘；在作為「要犯」獨自關在黑牢裡時，也有兩位看守兵冒著絕大的風險和他秘密交談，並主動提出要幫助他逃跑；在勞改農場裡，他更得到了彝族分隊長一家的多方照顧，才得以熬過那些最艱難的歲月。這些暗中相助者，並不是民間傳說中的「貴人」，而是普通老百姓，其中也有不少體制中人；他們的相助，多數不是由於意識形態的共鳴，而是出於人的善良天性，出於同情落難者的民族傳統。如作者所說：「支撐受難者活下去的一個重要因素，就是好人的存在。在他們的身上閃耀著人性善良的光芒，其魅力無窮無盡」，「這些好心人可能早已忘掉了他們所做的善事，他們本著自己的良心生活著。這些良心構成了我們這個古老民族的美德——那是一座美德的萬里長城，它頑強而又不露聲色地抵禦著邪惡的入侵」。

這人的天性，人的良知，是任何力量與體制也「網」不住的。於是，就有了本書中最為動人、最震撼人心的篇章：兩位「一網打入法網的網友」，兩個獨居犯人長達七個月的秘密通信。作者說他們是「內心深處的難友」：這內在心靈的力量比任何外在的強制力量要強大得多。極權暴力可以奏效於一時，甚至可以奪去人的生命，但人對自由與獨立的渴望與追求卻是永遠壓制不住的，並且是代代相傳的：在這場自由的人與專制體制的持續搏鬥中，無數的先驅者與無辜者已經付出巨大的血的代價，這是我們這些「倖存者」的內心永遠也無法安寧的，於是就有了這本血寫的書，以及我的這些泣血的文字，這將是一個證明：爭取自由與獨立的信念沒有喪失，因為人還在，而人將是最後的勝利者。

二〇〇三年六月二十四日～七月五日

謹以此書獻給在中國大陸
被殺死、打死、累死和餓死的幾千萬勞改犯

目次

一、恩恩愛愛與淒淒慘慘

——謹以此文獻給我失去的妻子

精神上的創傷有這種特性，——它可以被掩蓋起來，但卻不會收口，它將永遠痛苦，永遠一被觸及就會流血，永遠鮮血淋漓地留在心頭。

（法）大仲馬《基督山伯爵》

「窈窕淑女，君子好逑」

四十八年前的一九五四年，我們三十多個從中國人民解放軍西南軍區直屬隊轉業到地方工作的年輕人，來到了四川北部重鎮南充市。

這三十多名男女青年人中，我是男軍人中年齡最小的，剛好二十歲，女軍人中則有一個名叫胡君的最小，她十八歲，是四川長壽縣人，原來在西南軍區保育院當保育員。包括鄧小平賀龍李達這些司令員政委的適齡小孩，都在她所在的那個保育院裡就讀，為了對這些功勳顯赫的領導人的子女負責，保育員在部隊的女同志中百裡挑一，不論出身經歷、文化素質、談吐儀表都得經組織人事部門層層把關，嚴肅審查，這些道理不言自明。

我和胡君這種「像早上八、九點鐘的太陽」那樣蒸蒸日上的年輕人，在部隊急需文化知識的情況下，怎麼會突然「淘汰出局」，當時不諳時事的我們並不知道，也不曾深思。一年以後，在一份向全體幹部宣講的中共中央十人小組文件中說，凡有海外關係，或直系親屬被殺者一律不能在要害部門工作，不得接納入黨……（原文記不清，但大意不會錯）。我以前在電臺當報務員，絕對屬於要害部門，胡君為高級首長「保育」革命接班人，其工作性質也接近「要害」。我們兩人的父親都是在一九五一年開展的鎮壓反革命運動中先後被槍斃了的，但我們並沒有對黨懷有以後所指稱的「刻骨仇恨」，兩人都是虔誠的青年團員（現在叫共青團，當時叫新民主主義青年團），也都虔誠地相信「出身不由己，道路可選擇」的諄諄教導，事實擺在面前。在光芒四射的中央領導人中，又有幾個是出身於無產階級的，他們難道不是「道路可選擇」的實例麼？

五十年代初期的部隊裡，男女軍人間談戀愛雖未明令禁止，但絕不會得到贊許，通常組織上以「不得影響工作」給予婉言勸告。雖然國家頒佈了婚姻法，規定男性二十歲、女性十八歲即可登記結婚，部隊則有「八年以上的連級，六年以上的營級，四年以上的團級」即軍齡和軍階相結合的結婚條件限制，但只限男性軍人。因此三十歲左右的大齡男青年未婚者比比皆是，其中也有吊二話的說這種軍齡和軍階僅僅對男性幹部的限制是「不平等條約」。和我一起轉業的同志中最少有二十個這種想找老婆的「迫不及待份子」，有的竟在我耳邊悄悄說：「十八歲的胡君是組織上（在五十年代這是一個使用頻率極高的詞彙）按結婚年齡給你配了對一起分到南充來的。」這些話也確實撩撥著我那顆青春萌動的心。

胡君能歌善舞，十足的窈窕淑女，一雙大而明亮的眼睛流露出的是純真和坦誠，說話的聲音輕細而柔和，像哼吟的小夜曲一樣令人陶醉，我對她幾乎是一見鍾情。我躁動不安的目光一有機會便在人群中尋覓她的身影，看不見她就彷彿自己身上缺了什麼「零件」似的不自在，隨時隨地想出各種理由以便能在她面前站得住腳。在學生時代，我也曾和一些女孩有過些似愛非愛朦朦朧朧的交往，並在心中暗暗定下某某是我的女朋友，甚至和幾個鐵哥們交流該「女朋友」的「動向」，曾有過費盡心機去接近「女朋友」的歷史經驗，也喜歡在「女朋友」面前海闊天空滔滔不絕，顯示自己才華出眾以贏得她的好感。但喋喋不休中絕對沒有勇氣說出「愛」這個夢寐以求的關鍵字彙，上述經歷證明，我實際上從來沒有進入過真正意義上的初戀。

我們這三十多個轉業幹部，住在南充地委黨校那空蕩蕩的校舍裡，等待分配工作單位，偶爾也有地委派來的幹部給我們介紹些農村情況，閒置時間比較多。那年頭我愛好文學，暗自裡以詩人自詡，行裝裡少不了幾本普希金、萊蒙托夫、雪萊、拜倫、伊薩科夫斯基的著作，這些書裡洋溢著的青春活力的詩句，便成為我在胡君面前滔滔不絕的重要話題。加上她也有這方面的愛好，也願意和我交談，從言談舉止中，我似乎感覺她對我也有點好感。但我並不願意在人眾面前和她過多的接觸，心害怕萬一追求失敗被人嘲笑。

她和我們稱呼為顏大姐的同志同住一間宿舍，那天，我瞅見顏大姐走出校門，估計宿舍裡只有胡君一人，便找了個藉口敲門進去和她聊天。她拿出一本影集給我看，上面貼著許多親朋好友的照片，我特別注意那些青年男子的照片，總擔心他們是否已「捷足先登」。動輒以戲謔的口吻問上一句：「他是不是你的男朋友？」她說不是，在我這樣指著照片問過兩三次以後，她紅著臉小聲說：「我沒有男朋友。」這時我的心跳得撲撲地響，可就是沒有先人毛遂的勇氣進行自薦，說出那個關鍵性的詞彙。

「明確關係」？

第二天，我取出那本《普希金詩選》，翻到那首題名為〈我愛你〉的詩頁，夾上我剛剛寫好的一張便條，上面表達了我對她的仰慕之情，邀約她今晚八點在她宿舍樓下的拐角處相見面談。她應約來到，我們站在一株小樹下，那年代談戀愛的關鍵字彙叫「明確關係」，意指男女雙方明確了戀愛關係的事實存在。年輕人性子急，我迫切的希望她對這個關鍵字彙表明是與非的態度，要求她對我給她那張求愛便條作出明確的答覆，她就是一言不發，只是不停地用大拇指甲在樹幹上刻劃，這時已到了熄燈就寢的時間，我只有帶著失望的心情和「也許是默認了」的自我安慰躺到床上去輾轉反側。

第三天，她分配了工作，安排到南充專區人民醫院，她悄悄對我說叫我送她去報到，我簡直求之不得，心中暗想，莫非她想借這一行動向未來的同事們顯示「名花有主」？這似乎又進一步證實了我那「默認」的自我安慰並不荒唐，一種甜滋滋的感覺油然而生。

我和她都是在軍事共產主義的環境裡長大成人，一床被子和兩套換洗衣服便是我們這類革命者的全部家當。我背著她的小背包，意氣風發地跨進了醫院的大門，恨不得在門前大呼一聲：「我是她的男朋友！」

她到二樓辦公室去辦理手續，我在樓下守候著她的「全部家當」，直到把她送到她所住的集體宿舍裡安頓下來，我才離去。

五十年代的幹部都得遵守服從組織分配這個原則，南充專區下轄七個縣，我最擔心把我分配到那些距南充市較遠的縣，當然能分到市內就更好。總算上帝保佑，第二天宣佈我被分配到距南充市最近的南充縣，當時的南充縣級機關設在距南充市約三十華里的龍門場，縣上安排我在縣委辦公室工作。

那年頭汽車很少，龍門場甚至連公路都沒有，到南充市還得步行十多里才到達渡口，再坐小木船渡過嘉陵江，上岸後再走十多里才能進入市區。在以後的日子裡，我和胡君常常相約在各走一半路程的渡口處相見，然後在沿江的小道上並肩散步，潺潺的江水伴奏著我們的情話綿綿，和所有熱戀中的情人一樣，她送我一程，我又轉身送她一程的難捨難分，一直送到黃昏籠罩，渡船停開，我倆才依依惜別。

南充市的四周，除少數幾個郊區鄉鎮以外，其餘廣大鄉村都屬於南充縣管轄，其中嘉陵江兩岸分別佔有大約一半的面積。我上班不久，全國開始實行糧棉統購統銷，這是一個新政策，要全體幹部下鄉去向農民宣講。像這類全黨一起抓的工作被稱為中心工作，縣級機關絕大部份幹部都被分配下鄉，和農民同吃同住同勞動。

應該再次向仁慈的上帝致謝，我被分配到距南充城最近的一個鄉中的最近一個村，而且不需要坐渡船過嘉陵江，從我所工作的木老鄉第二村走石板路到南充市內，按我當年迫不及待健步如飛的速度，四十分鐘就能出現在南充專區醫院的門口。但是，我確實是一名循規蹈矩令組織上放心的幹部，我決不會在工作時間未經上級批准去探視朝思暮想的情人，如果我這樣做，即便組織上沒有發現，我會見的胡君也會鄙視我，認為我是一個對組織不老實的人，因為她也是一名循規蹈矩令組織上放心的幹部。組織上多次用革命領袖列寧的名言教導我們說：「要當黨的馴服的工具。」我也心甘情願地去當馴服工具，深害怕各種個人主義的私心雜念突然冒出來干擾了我的馴服。我寫出這些，也並不擔心二十一世紀的青年人會嘲笑當年的我們像「原始人」一樣簡單愚昧，因為歷史事實如此。

尷尬的擁抱

當年在農村工作是沒有星期日這個概念的，除了縣、區級機關裝有電話以外，鄉政府連電話都沒有，更不用說我所在的這個只配有一個幹部的小村子。我們只有靠密集的情書往返來表達相互的思念之情。她的鋼筆字寫得還可以，從這時起，她偏要從我給她的信箋上學習我的字體，乃至若干年後，我開始寫作投稿，同一篇稿件有一部份是她替我抄寫的，即使是很熟悉的編輯朋友也沒能分辨出是兩個人的筆跡，這是後話。

胡君在城市裡工作，她能享受星期天的假日休息，便常常到鄉下來看我。當年的農村十分封閉，一位城市姑娘的到來簡直像村子裡突然出現了一頭熊貓般稀罕。我的視窗上佈滿了一雙雙姑娘大嫂的好奇目光，雖然她穿的只是一套褪了色的舊軍裝，頭上梳著兩條單純的小辮子，那年頭的漢語裡似乎還沒有發明隱私權這個詞。事實上我們還從來沒有觸摸過對方身體的任何一個部位，雖然我給她的情書可以大膽地用吻你二字替代流行的此致敬禮作為結束語，真正要付諸行動，那還得給我身上注射若干劑量的「勇敢素」。

有一個星期天，我們戀戀不捨的時間太久，天都快黑了，她才想起要回去，我就取出手電筒，以應付那彎彎曲曲的田間小道。我倆走到市郊都尉壩時，道路變得寬敞平坦，在卿卿我我的情話中，在茫茫夜色的掩護下，我們才在行進途中，第一次依偎在一起。我情不自禁地對她說：「你還從來沒有對我說過一句你愛我。」她低聲回答我說：「你還要我怎麼樣，未必要我把心掏出來給你看嗎？」這是貨真價實的一句頂一萬句，字字叩擊著我的心弦，令我激動萬分。我飛快地轉身伸出雙臂去擁抱她，她卻從我的懷中掙脫。幾個月後，當我們的關係已發展到親吻自如時，我問她為什麼那晚上不讓我擁抱，她回答說：「把我嚇壞了。」可我卻一直弄不懂怎麼會把她嚇壞，多年以後我才明白，那是因為人類還沒有發明電視的緣故。

眼裡出現灰塵

胡君剛到專區醫院時，分配在辦公室分管人事，屬於「准要害」工作，不久就調她當了業餘學校的文化教員，離開了「准要害」部門。我雖然在中共南充縣委辦公室，成天在鄉下配合中心工作，除了偶爾回到縣上開會或彙報工作以外，從來沒有在辦公室辦過一小時的公，只是機關的名稱屬於核心領導而已。不久我也調到了縣人民政府民政科當科員，搞點社會救濟復員軍人安置之類的雜務事，我和胡君的頻繁調動似乎證實「組織上」正致力於一步步將我們向「另冊」裡推進。但沉迷在如癡如醉熱戀中的我們，從來沒有什麼危機感，因為我們不相信共和國的天空會有烏雲。

大約在一九五五年春夏之交，我們由部隊的供給制改為地方的薪金制，也就是說由過去每月發津貼費八元改為領工資四十八元，月收入突然增加了六倍。在兩分錢一個雞蛋的當年，這是筆相當可觀的數字，我倆一直穿著舊軍裝，過著簡樸的生活，現在收入增加了，便購買了些書籍和日用品，胡君甚至買了一口木箱，在她往箱子裡裝東西的時候，我發現她竟然有一條半透明的紗裙和一件紅豔的上衣，當時我幾乎不相信自己的眼睛，胡君怎麼會有這類資產階級小姐太太才擁有的東西？記得一九五〇年，我在大足縣警衛營二連當文化教員，有個戰士的背包裡藏有一床紅色的花被面，被認為是資產階級腐化思想的鐵證，還專門為此開過這個腐化戰士的鬥爭會。我皺著眉頭問胡君，哪來的這玩意，她說組織上發的，因為每個星期六都有汽車來保育院接她們到李家花園去陪首長們跳舞……作為軍區直屬隊的幹部，當然知道李家花園是頂尖級首長的居住地。這個解釋的結果是由剛才的不相信自己的眼睛變成了不相信自己的耳朵。老實說這件小事對我的刺激非常非常之大，因為我很容易把喜歡花被面的戰士和喜歡花裙子的將軍並列在一起，於是乎就會產生像眼睛裡夾著一粒灰塵一樣不舒服的感覺。

那時我太單純了，也把革命看得太聖潔了。

關於八妹

熱戀中當然相互要談一些家庭情況，我曾告訴她我兄弟姊妹有八個，其中我最疼愛比我小十五歲的八妹。她一歲左右我就喜歡抱她，哄她睡覺，甚至我和母親一同拍手逗著要抱她時，她竟願意張開小手，投向我的懷抱。一九五〇年我在大足警衛營工作時，有天下鄉徵糧，在一個農戶家裡我發現一個小女孩長得很像八妹，我把這小女孩抱在懷裡的時候，竟情不自禁地落下了眼淚。一九五五年春，胡君到成都參加四川省業餘文化教育會議，她專程去到我家裡，看望了我的母親和幾個弟弟妹妹，當時的八妹已滿五歲，聰明伶俐，深得胡君喜愛，正是她應該上幼稚園的年齡。那時我母親靠替區政府幹部洗衣服的微薄收入加上少許軍屬優待款養育五個從五歲到十四歲的弟妹，過著上頓不接下頓的艱難生活，八妹進幼稚園的困難已擺在面前。

胡君不好意思告訴母親我和她已經「明確關係」，是母親從在市場買東西時胡君老是爭著付錢這個動作中看出來的。胡君開完會將回南充時，主動提出來要把八妹帶到南充來讀幼稚園，為了減輕母親的負擔，也為了給我帶回一份驚喜。

雖然我和胡君還未正式結婚，八妹的到來使我和胡君更像一個家庭裡的人。八妹和她稱呼為姐姐的未來二嫂一起住在專區醫院的宿舍裡。胡君在部隊幹的是保育工作，帶孩子很有經驗，她把八妹培養得能歌善舞，打扮得漂漂亮亮，幾乎是人見人愛的童星，使我們這個「准」家庭充滿了幸福和溫馨。

八妹進幼稚園時，我為她取了個張蓉君的名字，蓉是成都的簡稱，意思是由胡君從成都帶來，以資紀念。現在年逾花甲的八妹定居在北京，膝下一兒一女均事業有成，晚年生活十分幸福美滿。她丈夫是位品德高尚的戲劇家，也曾經在全國五十多萬名一度令人唾棄的右派「席位」中竊據了一把「交椅」，我和他這份「同志加兄弟」的情深誼重當然不言自明。家人間天各一方，偶爾見面，只要有八妹在場的談話中提到她「失去」近半個世紀的二嫂，她仍止不住老淚縱橫。也許是老年人喜歡懷舊的特點所致，她對現任的這位二嫂即我再婚的妻子始終格格不入，甚至有點輕度的「感冒」。我除了今天把這事寫在這裡以外，從來沒有對八妹作過隻言片語的解釋，因為我應該尊重八妹的感情，它體現著八妹的質樸和善良，我愛這種質樸和善良就像愛我現在的妻子一樣。人，難道不正是因為他具有獨立思考和判斷的能力才被譽為萬物之靈的嗎。

一九五五年，我和胡君懷著喜悅的心情，按當時的婚姻程式，各自向自己所在的單位領導呈交了一份申請結婚的報告。

所謂「歷史複雜」

終於一件令人極端噁心的事情發生了，這件事對我最大的意義在於它迫使我產生了「如夢初醒」的感覺。

表面上看這件事又非常簡單，領導在收到我們結婚報告以後，並沒有作出同意或不同意的批示，縣政府人事科派了一名姓許的科員專程去到胡君所在單位，向他們單位介紹說我父親是解放後被殺的罪大惡極的反革命份子，我本人也有歷史問題，要胡君慎重考慮她的婚姻選擇等等。當胡君一改過去那甜蜜溫馨的笑臉，十分嚴肅地告訴我組織上向她說的這些話時，彷彿晴天霹靂般令我大吃一驚，原來平常間聲聲喚著的同志，背地裡卻可以如此這般地「暗藏殺機」，特別是非同小可的「組織出面」，更使我覺得心如死灰。

我究竟有什麼重大問題，值得組織上提醒她「慎重考慮」。事實是這樣的，我讀高中的時候，在我酷愛的文學作品的影響之下，不論在江西牯嶺還是在湖北武漢的學校裡，我都是一個比較激進的學生，像絕大多數在獨裁統治下讀書求學的青年學生一樣，反對黑暗嚮往光明。我於一九四八年剛滿十四歲就參加了當時享有「進步」聲譽的武漢學生聯合劇團（負責人周蕪，現為西南政法大學退休教授），劇團裡教唱的歌曲直到我參加解放軍後才知道，都是共產黨大力傳唱的歌曲。一九四九年共產黨佔領武漢前夕，我作為未成年人當然只有隨父母來到重慶，住在江北九龍巷，我便在一牆之隔的江北中學讀高中二年級。在學校裡我邀約幾位同學組織了一個「號角」文藝社，我任社長，胡俊德（長壽縣渡舟鄉人）任文字編輯，項廷柱（湖南人）任美術編輯，在我們不定期編出的壁報上，不論文字和漫畫都對國民黨獨裁統治下的腐朽現象盡情嘲諷。因為我父親是國民黨的高官，學校也不便對我怎麼過不去，這文藝社聲勢越來越大。

十一月下旬的某夜，我父親從廣州飛回重慶，當晚他對我態度如常，還拿了一支派克牌自來水筆給我，說是朱鼎卿（當時的湖北省主席，與我們是黃崗同鄉，那時正在廣州）送給我的。第二天，估計我就讀學校裡的老師，在我父親面前告了我的刁狀，父親便突然發作，對我進行了一場空前絕後的辱罵，當然不排除在國民黨行將崩潰的危急形勢下，利用我的「過失」來發洩他的苦悶和絕望。記得爭吵中曾經有幾句令我終生難忘的「經典」話語。如當我說到國民黨還是被共產黨打垮了時，他卻說不是共產黨打垮的，是國民黨腐朽了自己垮的。當他說共產黨搞土地改革慘無人道殺人無數時，我偏偏挑釁說共產黨至少沒有特務（在我心目中他就是特務）。他惱羞成怒大聲嚷著說：「你懂個屁，沒有特務，他每一個黨員都是一個特務！」吵得不可開交時，他勃然大怒地吼道：「你給我滾！」我痛哭流涕地空著一雙手離開了家。

此後我分別在幾個同學家裡住了四、五天，但終非久留之地，而我的自尊心又不允許我回家。走投無路之中，我在重慶街頭看到一份張貼在牆上的招生廣告說，國防部高級政工人員訓練班在流亡學生（家鄉被共產黨佔領時逃亡到重慶來的學生的泛稱）中招收六十名學員，要求年滿十八歲，大學肄業以上的文化程度等等條件。我的一個好朋友花兩塊銀元替我買了一張武漢中華大學肄業的假文憑，我便冒充十八歲，帶著假文憑，前往招生地點，大什字大華飯店報考。訓練班採取報名即考試的方法，筆試完畢後立即進行口試，考官問到家庭情況，我不得不說出我父親的名字，在場官員無一不目瞪口待面面相覷，他們問我：「你父親同意你來嗎？」我謊稱說同意了的。

兩天後我在同學家裡收到了入學通知書，叫我於某日之前到磁器口造時場報到，我並不十分想去，因為我內心深處知道，我那吊二郎當的公子哥兒德性並不是當兵的材料。但離家出走的現實和十六歲男孩的不知天高地厚，敢於承擔任何風險的特徵驅使著我。在截止日期最後一天的傍晚時分，我在那裡穿上了國民黨的軍裝。第二天每個學員發了一隻卡賓槍和一隻可爾特手槍，並在課堂上由教官上課講授了這兩種槍的結構和使用方法。另外，那天早上還令一位東北籍同學教我們唱了一首歌，我僅僅記得其中有一句歌詞是「黨的新生民族的復興全在我們肩上。」因為唱歌時我忽發奇想：我又不是國民黨，你們黨的新生憑什麼放在我的肩上？所以留下了特別深刻的記憶。除此以外，再沒有受過任何訓練，因為這時的重慶已處在兵臨城下的危急之中。

次日清早，開來四部軍用大卡車，把這個訓練班的師生員工及家屬統統裝上車後向成都方向開去。到成都後，我們住在一個廟宇裡（彷彿記得是文殊院）待命，那天正好我挎著槍在門口站崗，突然我父親的副官成己仁，他穿著羅斯福呢的美式軍裝，肩上扛著少校軍銜，像幽靈一樣突然出現在我身側，嘻皮笑臉地說：「二少爺，太太問你要不要換洗衣服？」我一見我父親的人就怒火中燒，瞪著他大聲吼道：「你給我滾！」街上的行人都驚訝無比地停下來觀看，很可能是因為他們從來沒看到過一個小不點衛兵敢於這樣斥罵一名少校軍官。

兩天以後，上面傳話下來說，訓練班不辦了，將給每名學員發五塊銀元的遣散費，有三條去路可以選擇：一是到金堂縣去參加反共救國軍打游擊；二是轉入黃埔軍校二十四期就讀；三是自謀出路。我們絕大部份同學都去了黃埔軍校。

當時軍校校本部在皇城，我在那裡只住了一夜，第二天清早就出發行軍去向雙流縣，以後的日子，全都在成都附近的郊縣內走走停停。事後方知，我們二十四期的總隊長徐幼常少將（此公也未得善終），早已和地下黨取得了聯繫，約定於十二月二十日在大邑縣蘇場起義，兩軍交接時因銜接有誤打死了少數同學，除這些橫陳在田野裡的屍體以外，活著的全部編入中國人民解放軍第二野戰軍三兵團十二軍隨營學校。

參軍半年我在軍政大學參加了青年團，三個月候補期滿按時轉正後，我一直擔任了好幾年的團支部副書記，一九五三年還立過一次三等功，我的表現按說還是不錯的。部隊裡也搞過清查個人歷史的民主運動，那似乎都是一九四九年前就有「歷史」的人的事，一九五五年全國機關又搞了一次內部肅反的封閉學習（一律不准邁出大門），我是縣政府民政科最先結束審查的一個，只學了十天左右，有的人在裡面關了一年多才交代清楚。我走出封閉學習的大門以前，組織上找我談話，給我看一份有關我歷史問題的「組織結論」時告訴我說：「如果沒有異議就在上面簽字。」

這份頗為冗長的結論書，更像是給我父親的歷史下的結論，絕大部份內容都屬於他的簡歷。老實說，如果不是領導這場運動的五人小組辦公室，集中了那麼多所謂「歷史清白品質優良」的幹部，內查外調地鐵鞋踏破，我簡直難以相信一直住在武漢的父親，竟然官至「中央」，不過，我也沒有更多的理由置疑。我知道我父親是個大官，家裡有兩部小汽車可以作證，還有一個名叫小林少雄的日本戰俘替我父親開車（這違反戰俘遣返規定的事全武漢只有三名高官敢做而無人追查），如果全家眾多人口傾巢出動，或到白崇禧「華中剿匪司令部」的游泳池去游泳，或到中山公園去遊玩，我父親和日本司機就各開一部浩浩蕩蕩前行，父親身邊有副官，家裡有勤務兵，這些都是當官的證明。但我小時候成天只忙著玩耍，根本不關心大人的事，所以當我讀了結論書上寫著我父親是國民黨中央委員，中央員警總署副署長時，雖然疑竇叢叢，但還是簽字認可，因為這是組織上經過調查瞭解而後下的結論，更何況這一切畢竟是我死去多年的父親的事，至於我本人，也就是那穿著國民黨軍裝東奔西走的二十五天。

「異類」婚禮

當胡君十分嚴肅地向我轉告了組織上的「忠告」後，我便怏怏離去。

我並沒有直接回到龍門場縣政府所在地，而是回到我每次到南充都住的一家設在禹王後街的簡陋旅館，因為經常住，服務員對我已很熟悉。

我鎖上房門，獨自一人伏在床上痛哭流涕，我想不通組織上為什麼對我進行這種精神虐待，我知道組織談話在胡君心目中佔據著多麼重要的位置，為了給胡君留下思考的空間，我噙著淚水給她寫了一封訣別信。信中回顧了我與她的相識相知和相愛的歷程，有「嘉陵江邊那一連串急切的腳印」，有「醫院大門上印著我期待的目光」，「我將把這一切作為我生活經歷中最為美麗的篇章，珍藏在記憶的相冊裡……」。我要求她不要為了我犧牲她的錦繡前程，在信的末尾，我痛心地寫道：「我再也不會來打擾你了。」

我所在的民政科有一項重要工作，即處理人民來信。我們有一位事必躬親的老科長，在我的訣別信寄出三天以後的一個清晨，照例坐在辦公桌前，拆閱當天送到的人民來信，當他拆開其中一封信，讀完了第一句以後，他知道他做錯了一件事。他把寫給我的一封私人信件當成一般人民來信拆開了，信上頭一句話寫的是：

「**親愛的先癡：讀了你的信，我的心碎了……**」

這一句話，在我看來，它不像是人類的語言，而更像是天使的聲音，直到四十八年以後的今天，這句話仍然是那樣栩栩如生，光彩依舊。

在胡君不計後果地堅持下，我們的結婚報告終於批准了。我到南充市找她商量結婚的事，仍舊住在那間簡陋的旅館裡，相擁相吻之中，我感情衝動，曾要求和他做愛，但被她溫柔地拒絕，理由是還沒有拿到結婚證書，由此不可低估那薄薄的一張紙在她心目中的重量。

我見過些五十年代革命同志的婚禮，其中似乎也有某些可以咀嚼的味道，這就是結婚者的背景和婚禮的規模氣氛有著十分微妙的關係。如果是科級以上的幹部結婚，必有縣級領導出席講話，祝願這對新人攜手並肩為共產主義的實現而共同奮鬥。一般幹部只是主持講話者的級別高低和出席婚禮人數多寡的變化，其它如分食象徵甜蜜的糖果，表演些找新娘新郎逗趣的所謂節目，則大同小異的俗不可耐。而那類不為組織所器重的「另類」人士的婚禮則一切從簡。從我內心來說還真害怕那所謂熱氣騰騰的婚禮，讓靦腆害羞的胡君去忍受那些善意的折磨。

我的婚禮對我來說可以稱之謂如願以償，但並不是刻意製造的效果，實際上多多少少有點封建社會違抗父母之命私下成婚者而倍受冷落的味道。十多位我請來的賓客，稀稀拉拉地圍坐在會議室那張大條桌的兩側，桌子上放著一個熱水瓶和兩盤糖果兩包香煙，沒有一位副科長以上的領導賞臉屈就光臨，也沒有歡聲笑語，僅有一兩個湊趣的聲音要求我倆談一談戀愛過程，談或者沒有談我已回憶不起。總之，這個結婚儀式的氣氛只是在婚禮和喪禮之間的檔次，反正三十分鐘以後，她就成了有夫之婦，我也就成了有婦之夫，那年我二十一歲，胡君十九歲。

我們這對新婚夫妻不僅沒有自己的一間房，甚至沒有屬於自己的一張床，這在今天看來幾乎十分荒唐的物質基礎，在當年卻是普遍存在。因為我們頭腦中對私有這個病毒有防範心理，在那時我們也並沒覺察出什麼不妥。結婚那天我正在距離縣政府最近的小龍鄉搞中心工作，婚禮完畢便帶著新娘回到鄉政府，在一個不知是誰的房間裡，也不知是誰的床上，更不知是誰的被窩裡，度過了我們的洞房花燭夜。

我倆都是生平第一次和異性發生肌膚之親，印象最深的是田野裡鼓噪了一夜的蛙鳴聲，此起彼伏，徹夜歡呼，似乎是上帝派來的合唱團，為我們這對純真的夫婦高唱頌歌。

兒子

一九五六年初，南充縣人民政府由龍門場遷到了南充市中心的「五星花園」一側，當年的政府機關還未惡性膨脹到今天這個程度，整個縣級機關各部門的全部人馬，也只容納在一幢五層大樓內，而且毫不顯得擁擠。政府在大樓左面，黨委在大樓右面。這意味著我和胡君都住在這同一個城市裡，再不像過去那樣城市鄉間隔江相望。

這時的胡君已懷孕在身，她的編制仍在專區醫院，只是上班和住宿都搬到了新近成立的「地專級機關業餘文化補習學校」，這是一所將地專級機關下屬各單位的文化教員集中在一起教學，學生也集中在一起上課的夜校。胡君是語文教師，學校除了給她分了兩間房以外，還給她分配了兩張床和桌椅板凳之類的簡單家具，這就是說我們終於有了一個自己的家，雖然家裡的「裝備」都屬於公家。

因為懷孕帶來的生活不便，我們就將八妹臨時交給胡君一個同事的姐姐代管，食宿都在她們家裡。那時南充有一所公安軍官學校，培訓省內公安部隊的一些初級軍官，其中有幾位是我昔日在公安十七團時的戰友，每到週末或節假日，他們都帶著八妹四處遊玩，八妹則為他們表演些在幼稚園學會的歌舞節目，令這些單純的軍官們喜笑顏開。

現代人又將難以置信以下這個事實，即我雖然有一個屬於自己的家，但並不是每天下班都可以回到自己家裡，而仍然得住在單位裡的集體宿舍，只有星期六下班後才可以回家住上一晚，並為這一晚設下專用詞彙叫「過禮拜六」，除非你是縣級以上的領導幹部才可以每天下班後回到自己家裡。哪怕我的家就在距離我的單位不足一華里的咫尺之內，我們都十分自覺的遵守這個不近人情的制度，別說當代的年輕人，就連生活在今天的我這個七十歲老翁，都懷疑當年的我是不是智商有問題。

一九五六年初夏的某一天，共青團支部組織團員到南充絲二廠去參觀，並和廠裡的工人進行聯歡活動，下午五時左右，我們才從三十里以外的絲二廠步行回來，在大門口，收發室的同志遞給我拆疊成火柴盒大小的一張小便條說：「給你的。」我打開一看，原來是胡君的一位同事寫的，她通知我說胡君已到醫院生孩子去了，條子落款的時間，則是前天的日子，我顧不得這類「時差」問題，在門口大叫了一聲：「我當爸爸了。」便向專區醫院大步跑去。

我生平第一次走進婦產科病房，印象最深的是病房裡那一堆堆浸血的草紙和空氣裡飽和著的血腥味。胡君顯然正生我的氣，她坐在病房門口的一張小板凳上，眼睛盯著地上的一團泥土，聽著我反覆向她解釋，因為外出過團日，我十分鐘前才看到那張被粗枝大葉的收發室忽視了的便條，沒能及時趕到醫院來。胡君知道我不是撒謊騙她，但還是做著一副生氣的樣子，甚至我問她生的是兒子還是女兒她也不理不睬，令我十分痛苦，也十分尷尬，只好默默地離去。

第二天中午上班不久，科里的一位副科長笑嘻嘻地對我說：「你老婆打電話來叫你回去啃雞腦殼。」按南充人的習慣說法，這句話有取笑丈夫的含義。即妻子坐月子喝雞湯，丈夫專啃雞腦殼，我認為是這位副科長在取笑我，仍舊辦著手邊的事，他見我毫無動靜，便再一次地說：「不是和你開玩笑，胡君真的打電話來了，說她已經出院，叫你回去一下。」這回我深信不疑，便向這位副科長請了假。

這時我們的家已搬到了蓮池幼稚園，那年頭的中國人很笨，不知道居室可以弄成什麼一套二、一套三，前兩年因其落後而被淘汰的福利分房制度，當時作為先進事物還沒有開始懷胎，至於胎期多長以及什麼時候誕生，我因為以後在勞改隊也不得而知。總之，我們這個家就住在一間偌大的教室裡，因為家庭設備的簡陋，「家」只佔據了這間大教室的一個角落。在這個角落裡的一張床邊，坐著胡君，她懷裡正抱著我們的兒子，他的小手小腳還有證明他性別的小雞雞。我瞅著孩子彷彿在自我欣賞地說：「真乖！」睡著的孩子真乖。

按我們當時的經濟條件，完全可以請一個奶媽來餵孩子，我便對妻說：「請一個奶媽好嗎？」胡君立刻回答說：「不，我要自己餵他。」其口氣的堅決似乎是為了捍衛她餵孩子的權利，我看見胡君用手指輕輕撫弄著孩子的眉毛，我伸手抱過孩子，在他的小臉上親了又親。

我們給孩子取了個張浪的名字，不知道是不是受到當年風行一時的印度電影《流浪者》的影響。

誤入「文」途

有一天，我在《四川日報》上看到一則徵稿啟事說，四川省文學藝術界聯合會將創辦一個名為《草地》的文學月刊，並開始徵集稿件。我十分高興，便將在涼山當兵的經歷整理成稿，起名為《金沙江邊送別》送了去。沒想到很快地便在創刊號上發表了出來，不久編輯部來信告知說，他們已將我的四十元稿費寄到了南充市文學藝術界聯合會，讓我去取。那年代的統治機器還不怎麼龐大，除重慶、自貢、南充三個省轄市外，便沒有文聯這個單位，我這個縣級機關的土包子還費了點勁才找到這個只有兩名工作人員的市文聯。

文聯的工作人員告訴我，他們收到稿費後一直找這個作者，因為這篇稿件的內容涉及軍隊，便到軍分區通過宣傳部去瞭解，軍隊也不知道有個張先癡，正準備把這筆稿費退回去。說著在遞給我稿費的同時，還給了一頁南充市文聯的會員登記表，希望我填寫後加入，這番盛情，當然不應拒絕，這樣就算進入了文學這個圈子。

我從小愛好文學，在湖北恩施讀小學四年級時，有一天我父親帶我到圖書館，替我辦了一個借書卡，推薦我看少年文庫中各國童話的專輯，印象最深的是我每次借書還書都得踮起腳尖才能夠得著那張桌櫃。小時候挨打的原因最多的也是看書，我住在樓上，吃飯時母親在底樓餐桌前叫我，我應聲回答：「來了！」可是這時手中那本書中主人公的命運正在千鈞一髮之際，我豈能丟下不管，就在這最後幾分鐘裡，母親已輕聲上樓來到我身邊，我除了挨一巴掌外，還被擰著耳朵來到餐桌前接受兄弟姊妹們的嘲笑，我邊吃邊哭，只是事隔五、六十年，記不清這淚水是為書中主人翁的命運或者為我的不幸而流淌。

所以我母親一直擔心我會變成個書待子，母親是南京人，說一口南京話。我不會說任何一句南京話，但是我如果用南京話說「書待子」三個字，其發音吐詞絕對純正，因為她用這三個字罵我罵得太多。

我在涼山當兵時便立志寫作，為豐富生活素材交了一些彝族朋友，從他們嘴裡掏出來不少彝族民歌，我整理了三十首左右，有一次省軍區派了一名叫蔣楚平的攝影記者來到我們連隊採訪，我從其中選了幾首請他帶到成都給四川日報社，後來音訊杳無。不久，我偶然發現，四川日報陸續發表了這些彝族民歌，署名為楚平，下面加了個輯字，似乎也順理成章。我想補充說明的是五十年代的稿費比二十一世紀的稿費低不了多少。

在《草地》上刊出我那篇稿件後，對我的鼓勵很大，我便把蔣楚平沒有帶走的那部份彝族民歌寄給北京的《民間文學》雜誌社，不久也刊出了一部分，寄來稿費幾乎是每行一元，當收發室的女孩把匯款單交給我時，對著這筆當時認為十分巨大的數字，她發出了「我的媽呀！」四個字的感歎。

我的創作熱情空前高漲，大有一發不可收之勢，又開始創作一部題為〈一朵巍峨的白雲〉的敘事長詩，這首詩的內容是以彝族的一個民間傳說為基礎，採用我比較熟悉的彝族民歌風格寫的，當我寫了一百多行的時候，《草地》編輯部派遙攀（潘克廉）來南充組稿，他來我家找我時，我因事外出，胡君接待了他，交談中他順便看了這首詩的前半部分，當即留條給我表示讚賞肯定，叫我寫好後即寄他們的編輯部，兩個月後我便寄了去。

一九五六年，中央提出「百家爭鳴，百花齊放」的口號，年底四川省文學創作會議在成都召開，會議通知要求，參加會議者要在省級以上報刊上發表過文學作品。南充專區大約有十五、六人參加，我是其中之一。與會後，我被編在詩歌組，在會上我一言未發，因為在嶄露頭角的文學新人中，我的確也算不了老幾，同組的孫靜軒、流沙河一直在閃閃發光。會上聆聽了巴金沙汀等老作家的報告很受啟發。

回到南充後，市文聯要組織一次會議精神的傳達，在決定傳達人選的時候，沒想到大家一致推選的竟然是我，根據我的年齡和資歷，根本不應該由我來擔任這個「出頭鳥」，這種類型的角色在毛澤東時代十之八九都變成了倒楣鬼。

一九五七年三月或者四月，我的那首五百多行的長詩在《草地》雜誌上發表，我用稿費買了一部自行車，那個年代買自行車可能比現在買轎車還要風光，在縣級機關的幹部中，我是唯一擁有「私家車」的人，因此也可列為「首富」。

山雨欲來

胡君的老家在長壽縣一個很偏僻的農村，在那裡她受著傳統習俗的影響，認為家務事應該由她做，即便是搓洗一條小小的手絹，她調皮地說：「我喜歡看你讀書寫字的樣子。」在家裡，我除了偶爾抱抱孩子，只好當「懶漢」一個。她產假滿了不久，因八妹和孩子均需照顧，胡君工作又忙，家裡便請了一個保姆。為了居住的方便，我們在單位上買了一床農民曬穀子用的大曬席立在這間教室的中間，將這間諾大的教室一分為二，保姆和八妹住在隔壁。

我當兵時，在涼山生活了一年多，積累了不少素材，便開始動筆寫我構思已久的長篇小說《涼山恩仇》。總之我們這個充滿青春活力的家庭，像一艘開足馬力的航船，在平靜的海面上，向著自己選定的目標前進著。

一九五七年的春天，正如《人民日報》當年的一篇著名社論的標題〈不平常的春天〉說的那樣不平常，共產黨將開始整風，要求各界人士給黨提意見幫助黨整風，社論號召說應該「知無不言，言無不盡。」又說「言者無罪，聞者足戒。」其態度之誠懇著實令人感動。

小時候，我家裡長期訂有一報一刊，即上海《大公報》和一本名叫《觀察》的雜誌，《觀察》雜誌薈萃了一批學者名流，中共在大陸建政後，為這些人定名為愛國民主人士的基本作者隊伍，如儲安平、費孝通等等，我偶爾也囫圇吞棗地翻一翻，內容似懂非懂，作者的名字倒記下了幾個。我在《人民日報》、《光明日報》上讀到他們給黨提的各種意見，想到這些人一九四九年以前為共產黨奪取政權奔走呼號，組織學生運動反對國民黨一黨專政，為建立新中國立下汗馬功勞的民族精英，現在為共產黨克服官僚主義而坦誠直言，其錚錚忠骨令我佩服之至。

我當然不知道如此沸沸揚揚的各種意見只是「陽謀」的一個階段，（我過去不知道漢語詞彙裡有陽謀這個詞，只是在《人民日報》另一篇題為〈文匯報的資產階級方向必須批判〉的著名社論裡有這樣一句名言，依稀記得是：「有人說這是陰謀，不，這是陽謀。」我才知道這個詞的經典意義），這個讓大家幫助整風，「言無不盡」的階段的名字叫鳴放階段。既然有第一階段，必然會有下一個階段，突然有一天《人民日報》又在頭版頭條上發表了一篇也是十分著名的社論，題目是〈這是為什麼？〉，社論告訴善良的人們，有人在利用整風的機會，向黨發動猖狂進攻，當然它預示著在面臨國家生死存亡的關鍵時刻，共產黨只有「被迫」還擊了，事實上整風運動進入了第二階段，我將它暫時定名為還擊階段，這便是「陽謀」的兩個核心步驟。

南充縣兵役局有一位參加過二萬五千里長征的老局長，作為頂頭上司的上司他對我這個小不點的態度十分和善，估計是他從我經常穿著的舊軍裝上早已判斷出我是一個轉業軍人，多多少少有那麼點「戰友情」的原因吧。有一天他來到民政科，交給我一本黨內機密文件，名叫《四川工作》的期刊，這是黨的區委委員以上的領導才能閱讀的重要文件，我是非黨員，我們民政科里有黨員科長，他不交給他而交給了我，因為局長已去世多年，這也許是一個永遠無法解開的謎團。

給我的理由是這本《四川工作》上，登有一篇當年中央分管復員軍人工作的傅秋濤將軍，在上面寫了一篇重要文章。但是我在閱讀中還發現了一篇更重要的文章，依稀記得在這本期刊中題名叫〈鯊魚浮出了水面〉，後來選入了《毛澤東選集》題名為〈事情正在起變化〉。其中心意思是鳴放中那些心懷叵測的提意見者像深潛在海底的鯊魚一樣，終於在大鳴大放中浮出了水面，以後的事情就好辦了。我看了之後除了要求自己謹言慎行之外，又作為機密告訴了和我一起到成都參加過省文學創作會的名叫寇某某的朋友，他是南充蠶桑學校的教師，我聽說四十歲出頭的他，早年參加過國民黨，有點歷史問題，我自作多情地擔心他在整風中惹麻煩，便以我所知道的機密為根據勸他也謹言慎行，沒想到給我自己惹了大麻煩。在以後開展的整風運動中，他率先就此「洩密」問題對我進行檢舉揭發，並在《整風簡報》上刊出這則「消息」，在相互撕咬的運動中，其啟發誘導作用則不言自明，這也是後話。

在北京沸沸揚揚熱鬧了多日以後，四川省甚至南充市也開始各式各樣的座談會，邀請具有各種頭銜的社會名流進行「知無不言」。某日，南充市委宣傳部組織文聯的成員參加一個座談會，在會上我也有過一段簡短的發言，其中有幾句關於文學作品是否應該揭露生活中的陰暗面問題的話，可能涉及到些非主流意識。沒兩天，《四川日報》在並不顯眼的位置用並不顯眼的標題報導了這次座談會，報導在引述詩歌組組長張先癡的發言時，這篇報導的作者，《四川日報》駐南充記者站站長楊庚虎對我的原話進行了修飾拔高，刻意增強了原則性，我讀後頗感不妥。因畢竟事隔四十多年，我已記不清文字內容，但卻記得我看到這篇不實的報導後，曾給這位站長打了電話，認為這種篡改是不應該的，他在電話上解釋說：「一兩句話嘛，不是什麼了不起的事，鳴放階段各抒己見嘛，你看《人民日報》上那些意見多尖銳，嘿嘿嘿……」一笑了之，我總之也奈何不了他。

此時的胡君沉浸在初為人母的喜悅之中，不知「山雨欲來風滿樓」的「天候」變化。

封閉學習

二十一世紀的現代人對封閉學習四個字一無所知，如果我對它進行一番解釋，說當年的封閉學習就是將參加學習者禁閉起來，不准回家也不准親屬前來探視的學習，他們或許對這種剝奪人身自由的做法不可思議，然而五十年代的人就是這樣生活在不可思議之中。那時有一本十分流行的紀實性文學讀本，書名就叫《把一切獻給黨》，我讀過這位類似保爾的「英雄人物」寫的這本傳記似的作品，也曾用他的精神來激勵過我自己。

現代人也十分強調什麼生存權，自由權，如果把一切獻出時，單單把這兩樣「權」留下來不獻出，那就不能稱為全心全意，也不叫大公無私，甚至不夠資格當「馴服的工具」。因此，組織上安排你參加封閉學習，你想也不會想到不讓你邁出大門一步，是限制了你的人身自由，相反那時我們的想法是，這是組織上對我們的關心，給了我們這個學習的機會。

前文談到一九五五年內部肅反時我就「封閉」過十來天，一九五七年暑假，南充地區所轄的幾個縣的中學教師共數百人都封閉在南充市小西街師範學校的校舍內「幫助黨整風」，負責領導這場整風的南充地委整風領導小組辦公室為推動學習，還辦了一份名為《整風簡報》的八開小報，胡君被臨時抽調到該辦公室工作，像胡君那種直系親屬被殺的政治背景，按常規她是沒資格進入這種「准要害」單位的，能夠進入不外是三個原因：一是醫院畢竟是一個技術性較強的單位，除了醫生護士之外，其他各類人員均具有「閒雜」之嫌，「閒雜」人員去參與這類與醫療無直接關係的閒雜工作，合情合理；第二個原因是胡君參軍時是一個不足十五歲的高中學生，轉業後專區醫院的孫院長（據說是參加過二萬五千里長征的紅軍女戰士）對她印象很好，曾一度安排她分管人事工作；另外在剛剛結束的地專級機關內部肅反的封閉學習中，胡君一直在辦公室整理被審查者的材料，這個新成立的辦公室和那個辦公室一脈相承，繼續留在辦公室也順理成章。除了上述這些帶有技術性的原因之外，真正起決定作用的原因，應該是在反右鬥爭之前，也就是階級鬥爭的弦還沒有繃得那麼緊的歲月，對胡君這樣的人還有一點彈性。

參加南充地區首批整風學習的這些中學教師，特別是文科教師，許多都是文聯會員。像文聯這樣的單位，也就是以後曾被權威所判定的「知識份子成堆的地方」，這句話甚至可以直接演繹成「滋生右派的土壤」，以後的事實也可以證明這個演繹並非無稽之談：南充文聯的成員在反右運動中幾乎「全軍覆沒」。

當年《人民日報》上大塊大塊的文章批判著的邵燕祥、王蒙、劉賓雁，不都是些青年作家嗎？這些封閉學習中的文聯會員，在心懷叵測者誘導下，某人登高一呼說：「市文聯有一個以張先癡為首的反黨集團」，這句話第二天就成為《整風簡報》上、以特大字型大小登在頭版頭條的通欄大標題。緊接著在中學教師中凡認識我的人都要對我進行檢舉揭發，以表示他們和我劃清了敵我界限。已經被揪出來的右派份子，或者自願、或者在外力推動下，紛紛交待說是我在幕後指使他們進行的反黨活動，個別的甚至「主動」揭發我指使他去幹了什麼什麼，而這一切幾乎全是些無中生有、似是而非的捕風捉影。我因為屬於縣級機關，此時並未開展整風運動，從組織狀態上看，我似乎還是局外人，這種背對背的所謂檢舉，使嫁禍於人者更減輕了心理負擔。可悲的是，其中許多來自國民黨時代，由傳統道德哺育成人的知識精英，在黨化洗腦中蛻變成為損人利己的勢利小人。

胡君在地委整風領導小組辦公室工作，每期《整風簡報》她都會帶回家裡，我自然會讀到這些關於我的「新聞」，我對胡君說：「這幾乎都不是事實。」看著我憂心忡忡的樣子，胡君安慰我說：「要相信黨是實事求是的。」又說：「領導上說過，右派只是思想問題。」——任何一個妻子也不願意看丈夫那張愁眉苦臉。

好友的意外

胡君在西南軍區保育院工作時，有一個最好的朋友，名叫黃代玉（事隔四十多年，這名字都有點模糊了），黃代玉那美麗的微笑，曾多次在胡君那本珍貴的相冊上展現。巧合的是，黃代玉父親和胡君的父親一樣，也是在五十年代初的鎮反運動中被槍斃，有了這一背景的巧合，他們就同時由部隊轉業到地方，這顯然是同一政策執行的結果而並非巧合了。這位比胡君大一歲多的美麗女孩被分配到成都某單位。

如前所敘，保育院的保育員是專門給高級首長帶孩子的，每到週末或節假日，他們還有陪首長們跳舞的「第二職業」，後來伴舞的範圍擴大到蘇聯專家和著名戰鬥英雄之類。這批保育員的身材臉蛋等外觀素質條件不言自明定是非同一般，黃代玉更是這一批年輕漂亮的女孩中的佼佼者，她對胡君幾乎是無話不談，親如姐妹。

黃代玉在某次伴舞中，結識了大名鼎鼎的西南軍區戰鬥英雄劉子林，當年劉子林三個字的顯赫度甚至不會低於今天的鞏俐。就像古今中外流傳的愛情故事一樣，英雄和他摟著跳舞的美人也一見鍾情，出於對英雄的仰慕，黃代玉接受了他的愛。

在「明確關係」的程式中，當然男女雙方當事人都得向組織上彙報。不久，為了對「戰鬥英雄」這四個響噹噹的字負責，組織部門找劉子林談話，告訴他黃代玉的家庭出身等背景情況，認為這種關係不宜發展下去。戰鬥英雄的組織觀念肯定高於凡夫俗子，毫無疑問，黃代玉便從甜蜜的情網中墜入了失戀的苦海。唯一的原因是她身不由己地出生在那樣一個家庭，有那樣一位無法選擇的父親。

一九五五年胡君到成都開業餘文化教育會議時，當然得去造訪黃代玉，無話不談的姐妹肯定會談到自己的白馬王子，這時，屬於黃代玉的白馬王子是他們單位的保衛幹事，我們都知道，搞保衛工作的在政治上肯定是打了保票的。小夥子對黃代玉體貼入微，黃代玉沉浸在美好的憧憬之中。胡君當然也向黃代玉介紹了我的情況，臨別時，黃代玉讓胡君帶了封私人信件給我，對她說：「我給小張的信，你不准偷看。」其實這封所謂的信只寫了一句玩笑似的話：「請善待我的小妹，她怕老鼠。」我們結婚時，黃代玉也曾寫來一封熱情洋溢的賀信，並寄了一床紅緞子的花被面表示祝賀。

在大鳴大放的日子裡，很難刊登負面新聞的《人民日報》，也許是為了「引蛇出洞」的需要，偶爾也出現了些非正面新聞。那天我突然發現人民日報駐四川記者李策（此公後調四川日報社任記者部主任，八十年代初，因工作關係我與他有過交往，現已去世多年）寫的一篇約兩千多字的報導，那個年代，這篇報導的題目就是非同一般的七個字：〈他們為什麼自殺？〉，似乎是在向社會質問，其內容竟是報導黃代玉和她的未婚夫相擁著在成都東門大橋投河自盡的事。原來二人申請結婚，組織上認為黃代玉家庭出身不好，不宜與幹保衛工作的共產黨員結婚，對那位未婚夫進行了一番勸阻，黃代玉的感情生活一再受挫，其痛不欲生便可想而知，結果便演出了一幕現代版的梁山伯與祝英台。

胡君讀這篇報導時淚如雨下，我只感歎了一句：「紅顏薄命。」現在想來，用這個陳詞濫調來概括黃代玉的死，只證明當年的我是一個不折不扣的糊涂蟲。

若干年後，有一個老態龍鍾的勞改犯對我說：「說到底，世界上的罪不外乎就是兩種，死罪和活罪。」黃代玉用勇敢地殉情承受了她的死罪，卻把那漫長的活罪留給了我和胡君。

友誼與陷阱

五十年代，在我狹小的文學圈子裡，有一位筆名水村本名漆少懷的朋友，一九五六年在成都開創作會議時，他也是南充地區的代表之一，我因而與他結識。那時他是南充縣龍門中學高中部的語文教師，在《紅岩》雜誌上，他發表過些短篇小說。他比我大十多歲，已經是六個孩子的父親了，妻子在一所小學教書，由於孩子多，負擔重，家庭經濟也就比較困難。

水村的愛人和前文提到的《草地》編輯遙攀都是南充人，解放前他們都在成都南虹藝專學習，既是同鄉，又是同學，關係很好，一直以姊妹相稱，遙攀稱她為七姐。而遙攀對我可以說有知遇之恩，在一定程度上，我把對遙攀的感激之情轉移到水村夫婦身上，精神上我把水村視為兄長，對他妻子也以七姐相稱，物質上我知道他負擔重也贈以布料文具等日用品。此外，為了讓他有更多的時間從事創作，我動員胡君替他批改那一摞摞的學生作業。

在「百花齊放」的高潮中，曾經有人提到由三五知己共同辦一種文學刊物即所謂同仁刊物，喜歡異想天開的我，曾異想天開地想和水村等幾個朋友夥辦一個這樣的刊物。四月份的某一天，我下鄉檢查工作時，曾順便去龍門中學，並在水村的宿舍裡與他長談，除了談些寫作體會外，也淡淡地提到過同仁刊物的想法。

萬萬沒想到的是，在中學教師整風反右中，水村被鬥，他一口咬定我是他的幕後指使者，又據說龍門中學有學生醞釀罷課，水村承認他是罷課學生的幕後指使者，不過這一切都是在我的指使下行事的，會寫小說的水村，把整個情節安排得合情合理。

我對這一切卻什麼都不知道，而恰好辦同仁刊物被視為集團活動，煽動學生罷課是現行活動，因此這兩件事被認為是我的要害問題，也是我在日後的被鬥中，永遠也交代不清的問題。我為它付出的代價相當大，給我的教訓是把我尊崇的友誼這個純潔的詞彙，和象徵恐怖的陷阱兩個字劃上了等號。

事實上在那種人為災難面前，誰也不能保證自己不犯錯誤，我也檢舉過別人，甚至檢舉過好朋友，當然也就傷害了被檢舉者。聊可自慰的一點點也僅僅是，我從來沒有捏造事實嫁禍於人，應該說這只是做人的起碼要求，而在那污水四濺的年代，它竟然像似一個優點，有理由對這個現象進行深思。

水村最後被判刑十五年，送到青海去勞改，滿刑後留在那座勞改農場當就業員，一九七八年三中全會後平反回到南充。一九八〇年我平反出獄回到南充後，曾去找過他，那天他不在家，他離了婚後又復婚的原配妻子告訴我，水村平反時曾向領導表示，他曾經誣陷過一個名叫張先癡的人，在張未出獄以前他不願出獄……。此時的我，一改二十四年前的淳樸天真，一臉奸笑，明知這是個崇高的謊言而不置可否，但我仍舊原諒了他。沒有他的「誣陷」，還有許多人的誣陷，我也仍然逃不脫當右派的命運，因為反右運動是全國範圍內的誣陷運動，使五十多萬右派和他們的親屬子女蒙受苦難的運動。據說只有五個不能改正的真正右派，最後以自欺欺人的「擴大化」三個字加以了結，可想其「擴」其「大」之百分比，其小數點前後的數字魔術，該是多麼微妙的數學遊戲啊。

「就是他」

縣級機關的整風運動開始了，妻子反覆對我說：「要相信黨。」

是上天刻意的安排嗎？學習的地點安排在我和胡君相識相戀的地委黨校，不同的是當年的黨校冷冷清清，今日的黨校沸沸揚揚，全體參加者熱血澎湃，準備在這裡和萬惡的右派份子展開一場所謂的生死搏鬥。

按反右運動的步驟第一階段為鳴放階段，接著便是反擊階段，在中央和地方報紙上鋪天蓋地的批判各種右派言論以後的幾個月，這時才在縣級機關開展鳴放，除非他迫不急待地想當右派份子，誰會鳴，誰敢放？雖然書記在動員報告中，懇切希望大家「知無不言，言無不盡」，號召大家相信「言者無罪，聞者足戒」，但《人民日報》那篇批判右派的著名社論不是說過一句：「他們不是言者，是行者」，言和行的概念被巧妙地進行了統一，不知哪一條傻蛇還會被引出洞，與會者「鳴放」的內容盡是些「下班時記住關好門窗」，「洗碗後要關好水龍頭」之類的無關宏旨的意見。我早已在地委《整風簡報》上得知自己的危機四伏，知道我絕對處在「先天不足，後天失調」的不利地位，當然更是在雞毛蒜皮上做文章的作者之一，更何況我當時對大政方針並沒有什麼值得一提的意見。

其實不鳴不放根本不重要，你平時的一言半句牢騷話早已有人彙報在卷，整風領導小組對那些「看不順眼份子」已進行了摸底排隊，成竹在胸。

我所在的小組由以下幾個單位組成，即公安局、檢察院、共青團縣委和我所在的民政科，除民政科之外，那幾個「准要害」單位的工作人員都是高品質的鬥士。樓內樓外，床頭床尾，我的大字報小字報，橫的條幅豎的標語，彩色漫畫黑白速寫，打油詩小品文鋪天蓋地洛陽紙貴。鬥爭矛頭的指向都是喪心病狂的右派份子張先癡，可當年幼稚的我，一百個相信這是黨對我的誤會，我決不承認我是反黨反人民反社會主義的右派份子，我越不承認鬥爭越激烈，曠日持久，不獲全勝決不收兵。但並沒有像若干年後的文化大革命那樣，或者打翻在地，或者吊在空中。唯一打過我一記耳光的竟然是一個未婚女孩，因為我生平只挨過兩個耳光，女孩子打我的耳光更是她創造的奇跡，這並不美麗的女孩是團委的幹部，名叫雷某某，我平反後曾一度想找她聊聊天，結果老同事們告訴我，在以後開展的一系列運動中，她累累挨整，又遭離婚之苦，命運十分淒慘，我反而失去去看她的勇氣，我害怕她見到我會感到慚愧更增添她的痛苦。

一九八〇年我平反出獄以後，出於一種懷舊心理，曾對當年同組學習過的鬥士們的情況作過些瞭解，那四十多人中，真正修成「正果」的，或者通俗地說當了個像模像樣的什麼官的，可以說一個都沒有，有的人在以後的運動中遭了厄運，甚至不得善終。大部份人不過是碌碌無為地在各種運動中麻木不仁地跟著吼一陣口號，直到白髮蒼蒼老態龍鍾，我對他們反倒有幾分憐憫之情。如果一個人，了其終生而沒有一天在精神上獨立過，這種人生在我看來絕對是悲劇性的。所以歸根結底我應該感謝反右運動，它喚醒了我，使我重新估量我的生活道路。我的基本觀念是，如果我真心地投入一個「理想」，而這個「理想」卻把我斥為敵人，那麼這個「理想」就像一個患了某種心理疾病的人一樣不正常，是它的問題而不是我的問題。

當年的民政科有七個幹部，其中揪出兩個右派份子，到今天還能在地球上呼吸空氣的也只有這兩個曾經受人唾棄的前右派。現年八十二歲的蕭遠耀和六十八歲的張先癡，我從不相信因果報應之說，我只是陳述這樣一個事實，如果一定要找出個什麼原因，很可能我們兩人長期從事體力勞動，身體得到鍛煉，不知道這算不算壞事變好事之又一實例。

生於一九一九年的蕭遠耀多年來我一直對他以大哥相稱，我非常敬重他。上世紀三十年代，他在成都建國中學讀書時，參加了中共地下黨，與田家英（原名曾正昌，以後當了毛澤東的秘書，在「文化大革命」時自縊身亡）之胞兄曾正全是一對密友。大哥在他從小熱愛的文學作品的影響下參加了地下黨，並將他的兩個弟弟蕭遠勳和蕭遠烈送到了延安（中共建政後一個在哈爾濱航校、一個在北京市委《前線》雜誌社擔任領導。兩個地下黨弟弟在「文化大革命」中均死去活來。其中從空軍部隊離休的那位晚年定居成都，在大哥刻意安排下，我與他有過一面之緣）。作為長子，按當年普遍遵從的民族傳統，他要供養寡居的老母，只得留在國民黨統治區的成都，後來因故脫黨，肯定屬於歷史複雜的類型。我和他在勞教期中可以說相濡以沫，感情深到什麼程度可舉一例佐證：在餓死幾千萬同胞的所謂「自然災害」年代，人們為了生存，都千方百計地從別人的牙縫裡挑出幾粒米飯，而我和他每頓吃飯都同坐在一起不分彼此，我們倆的飯菜互相推讓常常吃不完。現在他定居在南充，我每次去看他，談及那些令人毛骨悚然的往事他都會老淚縱橫。

反右鬥爭中，我和他同在一組，積極份子曾多次啟發我，叫我檢舉他的反動言行以爭取立功，但我反覆回憶，想不起他在我面前有過什麼反黨反人民的言行。只有一次，那就是我看完《人民日報》那篇〈這是為什麼？〉的社論以後，心想在大鳴大放中出現這樣的社論似乎不對勁，便把報紙遞給了坐在辦公桌對面的他，他看完後扔下報紙憤憤地背誦了一句魯迅的語錄：「沉默是最高的諷刺。」當時只有我們倆人在場，但我還是把它揭發了出來，蕭大哥也坦然承認。當時我簡單的想法只認為對黨應該老老實實，是什麼就是什麼。多年以後，我才從實踐中悟出真知：如果「組織」已經認定你是個右派份子，老實這個褒義詞將永遠不會再屬於你。所幸蕭大哥毫不計較我那幾乎是「賣友求榮」的做法，反而安慰我說：「哪怕我是個啞巴，也會把我劃成是右派」，聽口氣十分輕鬆。

一九五八年秋，我和他在同一個勞教隊修內昆鐵路，我們的工地在雲南鹽津縣的崇山峻嶺間，那裡有一條江，名叫橫江，我們正在江邊淘洗日後用於混凝土的河沙。工間休息時，我倆遠離眾人地坐在河灘上，我悄悄地對他說：「我相信我們挨整的事是下面的人幹的，毛主席一定不知道。」而他卻用斬釘截鐵的口吻對我說：「就是他！」說這話時，我忽然發現他的眼眶裡竟閃著淚花。於是這怒吼般的三個字，這怨我麻木不仁的閃閃淚花，對當年幼稚天真的我，真正是振聾發聵的劃時代的怒吼，使我銘記至今。

我是右派

我每天站在房間的中央接受批鬥，散會後就在一位精選過的幹部的「陪同」下，書寫交代材料，這樣一個多月過去了，我始終不能接受反黨反人民反社會主義這頂大帽子。

按當年的常規，一個正在被鬥的人是絕對孤立的，沒有人敢接觸你，好像擔心你身上的反動瘟疫通過語言傳染給了他，被鬥者也不願主動去接觸別人，怕對方給以白眼自討沒趣，也不願意給對方添麻煩或者誤會；平常稱兄道弟的知心朋友，更害怕你交代出某年某月某日你與他某次談話中曾有過某種越軌的言論。如果與你關係較好的某君劃成了右派，他主動交代了你們之間某次談話，而你卻忘記了這次談話，便會落得「不老實」三個字的評語。那年代我很害怕組織上認為我不老實，所以我說過的話和別人說過的話要反覆回憶費盡思索。

團委有一位名叫傅某某的幹部（唉！二十多年後我回到南充得知這位仁兄也未能光宗耀祖），他用他的政治敏感在封閉學習以前，在全國批判右派時，率先在民政科辦公室的牆上，以《人民日報》那篇〈這是為什麼？〉的社論相同的標題，為我畫了一組漫畫，共五幅。分別向我提了五個為什麼，我也不知為什麼，我現在只能回憶起其中一個為什麼，那幅漫畫問我：「為什麼要裝一台礦石收音機？」這個問題可以簡單地用「我喜歡」三個字作為回答，但漫畫作者的用心卻十分可怕，似乎是影射我要和「敵臺」取得聯繫，其荒唐已達到令人笑掉大牙的程度。那時我還可以回家，我把這漫畫的事對胡君說了，她天真無邪地問我：「漫畫把你畫成什麼樣子？」我輕輕鬆鬆地回答她：「醜八怪，反正你看了肯定不願嫁給我。」

兩句對話證明我們對即將開展的這場鬥爭可能導致的悲慘結局毫無思想準備，沒想到對待所謂的人民內部矛盾，可以嚴酷到我們想像力達不到的程度。從客觀上證明我和胡君在政治上還是沒有脫掉胎毛的初生兒。

也就是這位傅某某，這次他用他的聰明才智，將別人檢舉出來的那些我私下所說的一言半語，還有那些被別人誣陷出來的一言半語，和報上批判的右派言論進行類比，寫成一張洋洋萬言的大字報，貼在我的床頭，其中許多話我根本回憶不起，只覺得我與檢舉者無冤無仇，他們不會無故傷害我，我也就承認下來。這些言論和曾經批判過的右派言論對照起來，連我自己都看自己像是一個真正的右派份子了，況且我也被沒完沒了的大會小會鬥爭折騰得精疲力盡，我也就當眾承認了我是右派。

其實我承認與不承認並沒有什麼實質意義，當領導已經圈定你是一個右派份子以後，除了等待勞教勞改二十三年後給你「改正」，不會有第二個解決問題的辦法。即便是自殺，也只得戴著右派帽子去見閻王，也就是那句名言所說的「帶著花崗岩腦袋去見上帝」。

這一切是四十五年前的歷史，近半個世紀的沉重歲月已艱難地走過，我變成骨灰已是指日可待的事。在回顧毀了我一生的那場運動時我要說，人的生命是那樣的短促，為什麼一定要用一些神聖的名義，讓不容易來到人世的人去承受肉體和精神的折磨？對這個涉及政治和哲理的深奧問題，如果僅僅用遺憾兩個字來回答，是不是太輕鬆了，因為世界上實實在在是沒有比理想和生命更值得珍惜的東西了。

同歸於盡

當我承認我是右派以後，我提出要求要請假回家一趟。

領導上特意派了一位我從未見過的幹部「陪同」我回家，我們所住的幹部業餘文化補習學校距離黨校步行不過十分鐘路程，這時胡君已搬到二樓，記得我和陪同者在傍晚時回到了家中。孩子被保姆抱出去了，胡君從我的頹喪的面容上似乎已看出我的大禍臨門。她背朝著我坐在寫字臺邊聽著我的訴說，當我伴著一聲號啕大哭說我已承認了我是右派份子時，她猛然站立起來把臨窗的寫字臺邊的筆筒墨水嘩啦啦一起掀下了樓底，隨即她伏在寫字臺上嚶嚶地哭了起來，共同的哭聲向上帝訴說的是，在由一位「權術專家」編導的一部名叫《陽謀》的大戲裡，又一個家庭遭遇了滅頂之災。

永遠忘不了坐在屋中間目睹這萬劍穿心的悲痛場面的陪同者，他那張冷漠無情的臉，那是一張令人不寒而慄的臉。

離開房門之前，我委婉地對胡君說，目前事已至此，她可以重新考慮她的未來：「不論你作出什麼樣的決定，我都毫無怨言地接受。」

我表示認罪以後，對我的管理稍稍鬆了一點，可以走出房門散散步。兩天後的一個下午，剛剛吃罷午飯，我看見八妹從操場那頭東張西望地走過來，估計她是來找我的，便迎了上去，這時的八妹才六歲多，她紅著眼對我說，姐姐哭得很傷心，又說姐姐叫我帶了張條子給你，她說別讓旁人看見了，我看她右手握著小拳，便故意去牽她的手，這時我手心的感覺告訴我，小手裡夾有一張紙條，我趁勢夾入我的手心，對八妹說，叫姐姐不要哭。因為我怕八妹來時看見我挨鬥，叫她以後不要再到這裡來，便讓她回去了。

在廁所裡，我流著眼淚讀完了這張只有一句話的小字條，彷彿聽見胡君在哭著念讀字條上那句話：

「生是張家的人，死是張家的鬼。」

事後我聽說，天真幼稚的胡君在得知我劃成了右派份子以後，立即向她所在的整風領導小組辦公室呈交了一份書面報告，說她以朝夕相處的妻子對我的瞭解，可以向組織保證，張先癡決不是反黨反人民的右派份子。胡君的這個類似殉情的行動，按當今已經進化了的漢語詞彙來表述，無疑就叫作「頂風作案」，第二天她就成為鬥爭對象，就成為右派份子。我們當然被嚴格的「隔離」著。

三個月後的某個清晨，當我和縣級機關揪出的幾十個右派份子，一起去某工地勞動的途中，從胡君所在的幹部業餘文化補習學校的大門邊經過時，我看見門旁的一堵牆上，還張貼著一張未被風雨撕掉的舊大字報，醒目的標題是〈一個能幹的女將——右派份子胡君的反動嘴臉〉，「能幹的女將」是反右時，《人民日報》那篇毛澤東親自撰寫的社論，在批判《文匯報》的「資產階級方向」時，給該報駐京辦事處主任浦熙修賜下的一個封號，現在被他的徒子徒孫們鸚鵡學舌般移植到這個年僅二十二歲、文靜羞澀的女孩身上，這個做法本身就十分殘忍。心如刀絞的我，想到的是她的純真，她的善良，她為拯救我而燈蛾撲火般付出的犧牲，我淚如泉湧。

我們幾乎同時失去了工資，只發少許生活費，也就無力供養八妹了。胡君與八妹情誼深重，在抱頭痛哭以後，讓組織上派的人帶回了成都，這都是很久以後我才知道的事了。

有家難歸

縣級機關揪出來的四十多個右派份子一起下放到西興鄉的一個村子裡，在那裡修堰塘修排水溝，由兵役局派了一位名叫王海的上尉軍官來管理我們（真如常言所說的地球太小了，二十多年以後我在雷馬屏農場服刑勞改時，他又當了我的中隊長，見到我的第一句「情深義重」的話竟然是：「你燒成灰我也認識你。」這是多麼美麗的開場白）。幾個月後，舉家團圓的傳統節日春節來臨，這群右派住在農村多有不便，便令我們遷回南充市，住在西橋河邊合作社幹部學校那空蕩蕩的校舍裡，任何人不得走出大門一步。現在想來這種未經任何法律程式就剝奪人身自由的做法似乎欠妥，但我們都心甘情願地接受了，因為我打心眼裡也認為自己是犯了錯誤的人，一切懲處都是我罪有應得的。

春節之夜，我和眾右派蜷縮在床上，想到自己受難的妻子，還有嗷嗷待哺的嬰兒，心中翻滾著酸楚的波濤，愁緒萬千，匯合在周邊那此起彼伏的哀聲歎氣中。

過完春節，這群右派又被派往金城山去開荒種地，金城山在南充縣和蓬安縣交界的興隆場附近，山頂有一座廢棄的舊廟，相當龐大，除了已劃成右派的份子以外，還有十多個組織上認為值得考驗考驗的很可能屬於內控右派的份子也摻雜在其中，六十多個人只佔據了這龐大的廟宇的一角，這些長年坐機關的幹部，多數是學生出身，而且一開始便是用鋤頭開墾荒地，從早到晚大汗淋漓，掌心磨起了水泡，但絕大部份人都是懷著虔誠的心在贖罪，此情只有蒼天可鑒。

沒多久就安排我和兵役局的一個名叫張恒的右派份子專門負責運糧食等給養上山，每天到興隆糧站去挑米或者運副食品上山，大約來回六十華里左右。雖然沒有規定我每天挑多少斤，我還是自覺地盡力而為，開始時每天只能挑五六十斤，一段時間後，體力增長能挑到七十斤甚至更多一點。

像這樣幹到一九五八年三月二十四日，突然來通知叫我和蕭遠耀帶全部行李回單位。在下山的途中，蕭大哥對我說：「這次回去，肯定是接受處理。」我問他估計會怎樣處理，他回答說：「可能不會很輕鬆。」蕭大哥比我大十多歲，再加上他年輕時參加過共產黨，我認為他的政治經驗比我豐富得多。

我們步行到長樂區公所，那裡有兩個像是幹部似的陌生人，「陪同」我和蕭大哥登上一部過路的卡車，下午四時左右回到縣政府；又據說整風運動已進入整改階段，機關恢復了正常工作狀態，我和蕭大哥仍住在民政科宿舍裡各自的床上，沒有人理睬我們，似乎是兩個與單位無關的人，也沒有人來向我們宣佈注意事項之類的事。

我躺在床上想來想去，也許明天我會被逮捕判刑，或者送勞動教養，我在臨行前為什麼不回家去看看我的妻兒？只要有那份勇氣，十多分鐘以後就能見到我魂牽夢繞的骨肉。想到我再怎麼老實規矩，別人也不一定領你的情，過去你膽小怕事，不敢越雷池一步，結果事情還是找到你的頭上，弄得有家難歸，前景兇險。私自外出，充其量也只是回一趟自己的家，這又算犯了哪一條？我也不能活得太窩囊了。

患難見人心

因為我歷經患難，在我國那堆積如山的格言警句中，「患難見人心」這一句對我的影響極大。

在我和胡君雙雙劃成右派，就像一位偉人嘲諷的那樣「變成了不齒於人類的狗屎堆」的時候，周圍人等投向我們的目光是鄙視的，回答我們提問的語言是惡毒的，在我們參加革命的短短幾年裡，都曾見到過若干同事因受不了這種精神折磨而自殺，自殺被認為是「背叛革命」或者「自絕於人民」，有時還專門組織對死者的批鬥並宣佈給予「開除軍籍」「開除黨（團）籍」等處分，不過這一切對死者來說，都已經不重要了。

我從來沒有想到過自殺，我覺得胡君也沒有動搖過她活下去的願望，雖然我們正經受著各種各樣的精神折磨。

支撐受難者活下去的一個重要因素，就是好人的存在，在他們身上閃耀著的人性的善良光芒，其魅力無窮無盡，他們的光輝將與日月同在。

在胡君所在單位附近，住著一位老紅軍和他的妻子，據說這位老紅軍在長征中擔任飼養員，曾為某中央領導同志牽過馬，五十年代，已經六十多歲的他身體不怎麼好，加上他缺乏行政工作能力，就不再工作了。退下來後，給老紅軍定了個較高級別的養老金。他的妻子五十歲左右，我們喚她叫嚴姨，這對老夫妻沒有生育過兒女。

因為他們住在胡君所在單位，我們常見面，但從來沒有交談過，關於他們的情況，都是胡君告訴我的。

胡君劃成右派以後，工資停發，只給生活費，八妹送走了，保姆辭退了，我們的生活仍然相當窘迫，當時的浪兒剛剛蹣跚學步，正是身邊離不得人的時候，而胡君每天須參加的各種勞動任務，又不便帶著孩子參加。這時，老紅軍和嚴姨商量後，主動提出替我們帶孩子，因我們付不出這筆費用就謝絕了，但擔心老夫婦多心，只得實話實說地告訴他們，我們給不出這筆費用，嚴姨說：「你說到哪裡去了，我們又不缺錢用。」

從此以後，孩子早出晚歸，沒讓胡君操心，不僅伙食包乾，甚至換洗衣服乃至玩具，都由老夫婦操辦。胡君的領導得知這一情況後，故意找到老紅軍，嘻皮笑臉地問：「他們給你多少錢一個月？」老紅軍所答非所問地回答她：「校長，這事還忘了向您請示一下……」一個老紅軍對一個小不點用上請示兩個字，無異於讓她碰了個軟釘子，這位領導只得嘻皮笑臉地走開。

傷心夜歸人

傍晚七點多鐘，機關早已下班，天也黑盡了，我獨自一人跨出了縣政府的大門，在路上，我沒忘記幾度回首看是否有人盯梢，似乎一切平靜。

我心想，最危險的地段就是我跨進胡君他們學校大門的那幾公尺，門上有個「光彩照人」的大燈泡，門邊有類似門衛的收發室，那老頭認識我並知道我是右派份子，因為胡君的大字報像牆紙一樣貼滿收發室的外牆。不知道是上帝刻意的安排還是魔鬼的一時疏忽，這時坐在收發室門口的竟然是老紅軍。我的突然出現使他瞪大了吃驚的眼睛，待他清醒過來確認無誤後，便環顧四周看還有沒有第三雙眼睛，肯定安全後，便翹著嘴唇指著胡君所住的二樓的一扇窗戶，意思好像是告訴我說：「上去吧，她在家。」

胡君的窗正對著學校的大門，屋裡沒開燈，開門的聲音驚動了坐在寫字臺前的胡君，看見站在門邊的我，她簡直像被彈簧從凳子上彈起來一樣，直撲到我的懷裡，嚶嚶地流著淚把我抱得死死的，似乎在說：「你不要再離開我了，我們就這樣一生一世地抱下去。」

這時，我想起從成都東門大橋相擁著跳下河去的那一對戀人，現在讓我們來承受他們擺脫了的活罪吧！

已經有半年多沒見到我的兒子了，我問她：「孩子呢？」她向我講述了嚴姨和老紅軍的事。

我坐在寫字臺前，向她說道很可能我和蕭大哥明天就會受到處理，我說：「作為一個二十多歲的年輕人，我的生活已不算平淡，當過公子哥兒，吃過山珍海味，當過大兵，經歷過槍林彈雨，愛過也被愛過，如果說有什麼遺憾，那就是我還沒有坐過牢……」說到這裡，胡君猛一伸手，用她的手掌將我的嘴緊緊捂住，她不願那可怕的事在想像中出現。

突然有一個熟悉的嗓音在大門邊響起，那是我們科里一位積極份子急促地問話：「張先癡回家來沒有？」老紅軍回答說：「沒有。」似乎他擔心對方不相信，特意又補上一句「我們一直坐在這裡的。」我站起來透過窗戶朝光彩照人的大門口看去，積極份子的背影告訴我，他正急匆匆的去往另外的可疑據點，還看見老紅軍夫婦坐在收發室門前的小板凳上，嚴姨的懷裡，正抱著我的兒子。

不一會，樓板上響起了急促的腳步聲，嚴姨推開門，她的聲音都在顫抖：「單位派人來找你了。」我說我聽見了，便上前把孩子親了又親，對嚴姨說：「多虧您和叔叔的照看。」然後我回頭對胡君說：「我走了，再見！」

回單位的路上，我心情十分輕鬆愉快，似乎是為我慶祝這次「越獄」的成功，也似乎認為我已安排好「後事」，便特意到路邊的一個酒館買了一瓶酒，切了些許滷肉，準備來個一醉方休——平時我可是個滴酒不沾的人。

慘絕人寰

大約在反右運動前一年左右，我作為縣上派出的工作組，在青居區檢查工作。有一天，區委書記把我叫到辦公室對我說：「今天要逮捕一批人，區上人手不夠，希望你配合一下。」說著遞了一張逮捕證給我。

我的任務是到溪頭鄉去逮捕一個偽保長，通過前幾年減租退押清匪反霸等政治運動，還能存活在農村的偽保長，應該說是所謂劣跡較少的類型。據說這個偽保長只是在中共建政前夕，原先當保長的地主見勢不妙，找了他這個中農出來當了三個月的替死鬼。通過區鄉間的電話聯繫，鄉幹部早就知道我的使命，再經由田地裡一陣呼喊，偽保長渾身發抖地站在我的面前。他似乎才從水田裡起來，挽著褲腿，打著赤腳，頭上纏著白布帕，留著山羊鬍子，約摸四十多歲，簡直是個地地道道的老農民。我向他念讀了逮捕證，一字不識的他不會簽名，就伸出大拇指在逮捕證上蓋上了指紋，這時我看見兩滴淚珠跌落在逮捕證上，雖然我當時絕沒有想到這兩滴淚珠有一天會屬於我，但我確實被它觸動了一下。

這是一個炎熱的夏天，驕陽似火，鄉上派了兩個持槍民兵押送，他倆用一根棕繩將偽保長雙手捆在背後。當我們走出鄉政府不遠處，突然有一個中年婦女匆匆跑來，手提著一個小包袱，裡面是兩三件破舊的換洗衣服，顯然是這個偽保長的老伴，她哽咽著要求我允許收下，我當時絕沒有想到類似的場面有一天會屬於我，但她哽咽的聲音確實觸動了我某根神經。

這是一段發生在一年前的親身經歷，冥冥之中它似乎向我昭示著什麼，我才會那麼深刻的記下每一個細節。

第二天清晨，機關裡懸浮著一種十分嚴肅的氣氛，預示著將有什麼重大的事情發生。果然有通知說，九點鐘在大禮堂開會。

今天開會和以往開會除了人們神情異常莊重以外，還有一個重大區別，那便是警衛連大約兩個多排的兵力荷槍實彈地坐在會場的前幾排，向人們顯示著武裝實力。看這架式我知道今天必是處理我的大會無疑，心情十分緊張，以致主持會議者講了些什麼我一點也不記得，只記得第一個進行逮捕的是農業科一個名叫任曉某的科員，屬於招搖撞騙的壞份子，當場由兩個武裝員警將他捆走。

第二個就喊到我的名字，我在主席臺下站定以後，臺上便開始宣讀我的罪行，其中的四組詞彙給我的印象極深，其一是「混入革命陣營」；其二是「劃為極右份子」；其三是「開除革命陣營」；最後是「建議法院採取強制措施」。立即兌現的強制措施，便是法警走來給我戴上了手銬，並將我押出會場。在我即將跨出會場大門時，我聽見擴音器在喊蕭遠耀的名字，這時，我想起了那句俄羅斯諺語：「下地獄也得有個伴。」

我怎麼知道蕭遠耀會是我的伴，因為我看見法警正在把玩著手上的一副和我所戴那副相同型號的手銬，我肯定這副銀光閃閃的手銬一定屬於他。

這時，我突然想到一個問題，那便是我印象極深的四組詞彙的第一二兩組——即「混入革命陣營」和「開除革命陣營」。我參加解放軍後並未隱瞞任何歷史問題，以便混入這個也許是有利可圖的陣營，以後即便說了點錯話，那也是以後的問題，怎麼能說當初是混入？另外，我覺得決定給我這個處分的中共南充縣委似乎不具備代表革命陣營的資格，因為革命陣營應該說包括了世界各國的革命政黨，甚至遍佈地球的廣大革命群眾，這樣龐大的陣營要開除區區的張先癡雖然微不足道，但你一個區區的縣委會能代表這個龐大陣營作決定嗎？革命陣營的總部（如果有的話），是否委託你或者授權你代表該陣營作出此項決定，均屬於丈二和尚摸不著頭腦的問題（我有咬文嚼字的惡習，即便大難臨頭，仍然咬嚼不誤）。

就讓這些問題困擾我吧，反正蕭遠耀銬出來了，法警帶著我倆走進了馬路對面的南充縣人民法院。法警為我倆打開了手銬，令我們等著，我倆在法庭外面的階沿下並肩席地而坐，我順手從腳邊拾起一塊破瓦片，在泥地上寫下「慘絕人寰」四個大字給蕭大哥看，他噙著淚水微微點頭。

有關大哥大嫂的題外話

開庭審問了十分鐘左右，宣讀了早已印好的判決書：「管制五年送勞動教養。」這九個字，我和蕭大哥的判決書上印得一模一樣。

走完過場，法警把我和蕭大哥帶回縣政府，叫我們清理自己的東西，令我們從辦公室、從寢室搬來自己的所有衣物等日用品，堆在飯堂與洗碗槽之間的空地上，哪些是我們將要帶到勞教隊去的，哪些是應該扔掉的由我倆自主決定。四周有十多顆好奇心在圍觀，人事科派了兩位幹部在一旁不懷好意的監視著，看我們是否會偷走機密文件之類的東西。其實我的抽屜已被搜查過，明顯的證明是我的兩本價值不菲的集郵冊早已不翼而飛足以證明，我當時的心境根本顧不上這些身外之物，只假裝不知道這件事。

這時蕭大哥的愛人來了，她愛人是南充人，名叫謝增德，五十年代初，在某鄉小學當代課教師，年輕漂亮，為許多幹部仰慕的美人一個。在眾多的追求者當中，她竟然委身於其貌不揚，年齡比她大近二十歲左右的蕭大哥，在許多人看來簡直是鮮花插在牛糞上的典型實例。更不可思議的是，當她一九五三年遞交結婚報告給「組織上」時，有關方面曾採取類似對胡君的作法，派員找她談話，告誡她蕭某有歷史問題，讓她慎重考慮，然而她也和胡君一樣，毅然嫁給了蕭大哥。一個明顯的後果是，再也沒讓她代課了，從此開始了她的零工生涯。直到七十年代，她當上了石油工人，現在的退休工資幾乎比我高一倍，令我垂涎三尺，這也是後話。

謝增德這時手上牽著一個，懷裡抱著一個，家裡還有由外婆照看著的一個，已經是三個孩子的母親了。她紅腫著眼站在一邊，看著蕭大哥清理他簡單的衣物，大哥的工資級別比我還低一級，每個月在發工資前幾天經常會出現「青黃不接」的經濟危機，有時也找我借貸一點，但他每借必還，如果想周濟他故意說沒有借過錢，他還會生氣地說出時間地點，迫使你收下，這足以證明蕭大哥的自尊自重。

我想到大嫂日後帶著三個孩子，失去了大哥那份每月四十三元的工資來源，生活將如何過？這時，我看見我的衣服中，有一件襖毛嗶嘰的中山服，是用我一個月的工資做的一件「禮服」，因為那年代興穿布鞋，許多婦女也都會做布鞋，有的甚至以此為生，而毛嗶嘰做鞋面的鞋可稱為鞋中精品，想到我今後當勞教份子，再也用不著穿這個檔次的衣服了。因此我拎著這件毛嗶嘰，遞到謝增德面前說：「送給你吧，還可以做幾雙鞋面。」

這裡面有一件只有我和蕭大嫂兩個人才知道的秘密，就是在這件衣服的荷包裡，我用一個裝膠捲的小鋁盒裝有一百多斤高面額的全國糧票。我存這批糧票的原因是這樣的，前文提到的一位名叫遙攀的文學編輯，對我有知遇之恩，他有三個侄女在成都讀書，但戶口都在南充李渡鄉，那年代沒有戶口就沒有糧食供應，我得不定期的弄些糧票給他寄去。當年辦遷移證由民政科開證明，再交公安局去辦手續。反右前我終於找了個機會，給他三個侄女開了證明，把戶口遷到了成都，這一百多斤糧票就沒必要寄去了，不如轉贈給大嫂。一九八〇年我平反後去看大哥大嫂，大嫂特意把她三兒子蕭詩禮叫來，也就是那天她抱在懷裡的那一個，現已是二十多歲的小夥子，對他介紹說：「這就是救了你的命的張叔叔。」我和大哥都不知究底。

原來就是那一百多斤糧票幫助這個當時的乳兒度過了隨之而來的所謂的自然災害。對我來說大嫂的話也使我受之有愧，因為一九五八年的糧票也並不十分珍貴，如果我有一雙慧眼，能預見到那場餓死幾千萬同胞的「自然災害」會那樣迅猛地橫掃神州大地，也不一定會無私慷慨地饋贈給她，這才是真實的歷史。

乳香催淚

在我身邊盯著我收拾東西的就是那位姓許的人事科幹部，我呈交結婚報告後也是他到專區醫院去「介紹情況」的，在我那一堆散亂的書刊雜誌中，突然發現有一本《避孕手冊》，我心血來潮地取出這本書，遞到姓許的手邊對他說：「看來這本書我是用不著了，送給你吧。」引來他一臉尷尬，這可能是我在南充幹的最後一樁「劣跡」，特借此機會作補充交代。

兩位人事科幹部隨即把我和蕭大哥送到了專區招待所，在一間大房間裡，我看見幾十個垂頭喪氣的右派勞教份子正等著我們兩個「入伍」，我剛跨進門，迎面就看見一個老熟人，他便是來管理這批人的張桂亮，原來是南充縣檢察院的幹部，後來據說上調到地區檢察院，有一年我們一同抽調到長樂區去搞社會調查，我和他分在同一個小組，過了一段嘻哈打笑的快樂時光。他似乎早已知道我的到來，毫無驚詫表情，只是用嘴唇向房中間的開水桶輕輕努了努，暗示「喝口水吧。」我也暗暗點點頭表示謝意，我倆心照不宣，裝著不認識。

定下床位以後，我決定想辦法通知胡君我的離去，我相信與我心照不宣的張桂亮一定能幫助我做到，我便去到對面的辦公室裡，當著眾人的面，一臉嚴肅地向他反映說，我沒有棉被，請通知家屬送一床來。事實上我有一床部隊發的薄棉被，是在集體宿舍裡用的，我扛來的行李中有它的存在，但張桂亮仍然心照不宣如故。

傍晚時分，張桂亮給我抱來一床棉被，但它的被麵包單和棉絮早已解體，顯然是胡君拆開來準備第二天清洗的髒棉被，正因為如此，在我蓋上它的時候，棉被上散發著一陣陣乳香，那是胡君奶孩子留下的，它勾起我對妻兒的無限懷念，化著串串淚珠在棉被上浸灑。

以後很久很久，因為我捨不得離開這透人心脾的乳香，便刻意地不去洗它。直到我在肩挑背磨的勞累中，濃濃的汗臭徹底污染了那一份乳香，我才拆洗了這床棉被。雖然不再有乳香，但那妻離子散的刻骨銘心，將會終生揪住我不放。

逃出農村

幾過月後，胡君通過我在成都的家人，得知我在雲南鹽津的崇山峻嶺間修築內（江）昆（明）鐵路，她來信告訴我，她受到了開除公職（不是開除革命陣營）的處理，帶著孩子回到長壽縣華中公社的偏僻農村。她父母雙亡，孤單地住在一間即將倒塌的茅屋裡。她還告訴我，我有幾件毛料衣服和羊毛背心都被村幹部搜走，藉口是你身邊沒有男人，為什麼有男人的衣服。後來我寫信到公社並匯去郵寄費用，公社才給我寄到勞教隊來，這批衣服在隨之而來的三年「自然災害」中，或變賣或調換成各種粗製濫造的食品，短暫地安慰過我的腸胃。

一九五八年秋開始，全國開展了一場轟轟烈烈的大躍進的運動，不知是不是想創造什麼經濟奇跡以證明反右運動的英明正確。有權威聲音號召，在鋼產量上五年超英（國），十年趕美（國）。人民公社充分發揮把農民組織起來的力量，夜以繼日地打著火把，在地裡敲鑼打鼓地耕作以免疲憊的人們打瞌睡，並冠之以「夜戰」的雅號。

突然間一聲號令下達，讓這群組織起來的人奔赴一個嶄新的工地，在那裡興建土高爐，令全國人民交出鍋瓢鐵鎖等金屬回爐煉鋼，也就是煉成一堆堆廢鐵。於是乎人山人海地湧向挖鐵礦石的工地，又一些人去到提供燃料的森林，那年代在高瞻遠矚者的詞彙庫裡，「生態環境」這四個字還不曾組裝完成，所以中國樹林以躍進的速度還原成了荒山禿嶺，而那些「夜戰」戰出來的紅苕洋芋任其在地裡腐爛，給「自然災害」到來後的物資匱乏奠定了基礎。

這很可能是在古老的中國農村進行的一場空前絕後的胡作非為，它向全世界展示了「與天奮鬥」的「其樂無窮」。但自然規律對敢於向它挑戰的狂人的懲罰也是嚴厲的，幾千萬馴服的中國同胞變成肚皮貼著背脊的餓死鬼。

就在統一號令下胡作非為的億萬農村人口中，胡君是其中之一，之二就是她背在背上才兩歲多的孩子，在難以忍受的勞累和饑餓中，她給我來信說：「我真想和你一樣的勞動。」我知道她的意思是暗示，她願意判勞教也不願像這樣待在這胡作非為之地。我想如果那時她身邊沒有一個嗷嗷待哺的乳兒，說不定我們真會在勞教隊來「同學」一番（「同學」是政府規定的勞教份子相互間的稱謂）。

終於這個不會大聲說話的柔弱女子，跨出了她經歷中最勇敢的一步，在一個伸手不見五指的黑夜，背著她沉睡的孩子，逃離了據說是希望的田野。

遠走新疆

沒有戶口，也就沒有了糧食關係，這意味著國家供應給城市人口的那份口糧也沒有，雖然一個月就那麼十來斤，在沒有副食品供應的災荒年代，這點供應糧吃十天都不夠。

胡君帶著兒子像兩個乞丐一樣來到成都我母親身邊，在饑餓中掙扎的家庭，突然增加兩副渴望填充的腸胃，簡直像災難中又遇到災難那樣可怕，但是我慈祥的母親毫無怨言地承擔了這一切，因為她喜歡賢淑的兒媳，也喜歡她為張家生下的第一個孫子。

一九五九年，我二妹高中畢業後考取了大學，到校兩天後，校方發現她有個二哥是右派勞教份子，便令其退學回家，大哭一場以後，便由前景輝煌的大學生變成了垂頭喪氣的待業青年。在尋找工作中得知新疆某建設兵團的一所技工學校在成都招收一批學生，二妹不願意到那遙遠的地方去，閒談中胡君得知這一資訊，立即心生一計並付諸了行動：她用二妹的高中畢業證書冒用二妹的名字去報考而且被錄取了。新疆因地廣人稀，迫切需要外來人口，辦不辦遷移戶口對新疆來說都無所謂，這恰好解決了胡君沒有戶口證明的「要害」問題。

從此，在盛產階級敵人的中國土地上，一個名叫胡君的階級敵人消失了，而且好像消失得無影無蹤。只是在我家的兄弟姊妹的序列裡，又似乎「克隆」出了一個二妹。

這時我正在旺蒼縣修築一條從廣元到旺蒼的鐵路支線，有一天我突然收到一封來自新疆某縣的信，我一眼看出那是胡君的筆跡，奇怪的是她稱我為二哥，落款又是用二妹的名字，我知道其中定有奧妙。來信告訴我她考取了技工學校，因為不知道畢業後分配到哪裡，所以幾個月沒有給我寫信，「直到昨天正式分配我到這個拖拉機修配廠，當上了一名銑工，才能告訴你我確切的地址。」她叫我好好改造，希望我以後也到她那兒去工作，在談到二嫂時，她說二嫂說過，她生是張家的人，死是張家的鬼，我知道胡君已改名換姓在新疆落戶。

兒子在他奶奶身邊，我當然放心，但只要一想到「天有不測風雲」這句老話就難免牽腸掛肚，一九六一年的某一天，當時在青海工作的我的大妹妹突然回到成都聲稱，她要把母親接到青海去，因為她要上班，沒法照顧她那日益增多的革命接班人，但母親身邊正帶著一個沒有戶口的右派後代，面對這個難題最後作出的決定是，把右派後代送回鄉下去。

胡君在得知這一晴天霹靂似地安排後，很快地來信叫我阻止這一行動說：「千萬別把孩子送到火坑裡去。」我能阻止得了嗎？況且我大妹夫還是管勞改隊的一位不大不小的領導幹部，在我們八個兄弟姊妹中，他們屬於精英型人物，值得我們景仰。

胡君的胞弟胡輝，中專畢業後，分配到蘭州鐵路局工作，反右運動中這個剛剛二十出頭的小夥子也當上了右派，留在單位改造了一段時間後，不知什麼原因，也受到開除回家的處理。我妹妹把孩子送回長壽鄉下後，就交給了這個舅舅，如果沒有這個右派舅舅，興許我兒子會成為一個無人認領的孤兒。不知道這算不算哲學家們所說「壞事變好事」的又一實例。

如果說這個壞事變好事的實例能成立，這樁變成的好事最終又變成了壞事，這個在今天已到了知天命年齡段的兒子，基本上是一個文盲，不過這件壞事又像魔法似地變成了好事，這個文盲似的孩子將永遠不可能從這篇文章上得知他父母的淒淒慘慘切切。

可怕的刑期

一九六一年秋，這時我已勞教了三年多，當年的勞教沒有年限規定，按幹部們的說法是：「好久改造好了好久解除勞教。」按勞教份子的說法是：「這等於無期徒刑。」而近兩百人的一個中隊，僅僅解除了一個並非右派份子的偷摸扒騙類的壞份子，它給我的啟示是前景黯淡，不知何年何月才能實現按當年流行話語所說的「回到人民懷抱」的願望。

這時，胡君有了工作，經濟條件有些改善，她不斷用二妹的名義給我寄些日用品，特別是災害年代市場上奇缺的維生素之類的補藥，幫助我度過災害難關。

自一九六〇年開始，也可以說與「自然災害」同時降臨到勞教隊的，是捆綁吊打的各類肉刑的出現，因為想填飽肚子，有些勞教份子便用自己的衣物找住地的老百姓換取些瓜瓜菜菜，這種行為被稱為違犯勞教紀律，肉刑就是杜絕這種違紀行為的常用手段。這對昔日這批白面書生來說，肉體和精神的摧殘上都是十分可怕的，這些在一九四九年前的白色恐怖中敢於抨擊國民黨的法西斯獨裁，謳歌共產黨的民主自由的莘莘學子，終於品嚐到中共施以肉刑的滋味，便從中領悟了「專政」的其味無窮，開始了一種嶄新的「反思」。

與此同時，關於彭德懷元帥在廬山會議上因說真話而遭貶的小道消息，通過前來探親的家屬口頭傳達，震動著這批身陷囹圄的熱血青年。如果說反右的蒙冤刺激過他們麻木了的政治神經，這「自然災害」和「廬山上發生的事」便真正地動搖了頭腦中那座迷信的神殿，某些人甚至在獨立思考的道路上學步，我便是學步者之一。

一九六一年九月，一樁微不足道的生活小事，也就是花三元錢找住地附近的老鄉買了一碗米飯，當晚的鬥爭會上對我實施了捆綁，也算是對這一肉刑的抗議，我竟夥同另一「同學」從勞教隊越獄逃跑。一個多月後，在河北天津市我尋求幫助的過程中，被另一同學的胞兄任孝親出賣，將我抓捕歸案，押回四川。當時我所在的勞教隊已遷到灌縣（今都江堰市），便將我關在當地的看守所，長達三年多的獨居關押，自認為真正進入了三十而立的境界。一九六五年灌縣人民法院以「叛國投敵罪」判處有期徒刑十八年，我提出上訴後，溫江地區中院裁定維持原判，也就是說，到一九八〇年我四十六歲時才能刑滿，這意味著我的整個青壯年時期，都將在暗無天日的勞改隊裡度過。

和我一起承受這場災難的，無疑將包括我所有的親人，其中受害最重的就是胡君，她是百分之百的無辜者，她唯一的錯誤就是愛上了我。因為她已改名換姓，以至於和我正式離婚從法律上說幾乎都難以辦到。我在勞改隊也曾多次以二哥的名義暗示她：「我欠你二嫂的已太多，她隨便怎樣安排她今後的生活，我決不會有絲毫異議」。

胡君卻作了另外的安排，這時她已是廠裡的播音員，和領導接近比較多，通過努力在一九六二年暑假，把我剛剛高中畢業的五弟接到了他們廠裡，讓他學習鉗工。在告訴我這個安排的來信中，還特別意味深長地附了一句：「讓張家的人看到我的光明磊落。」體現的是十八世紀中國女性的道德風采。兩年後五弟返回成都，後在棉紡廠工作，三年前退休。我們經常見面，為寫這篇稿件，我特意請他來我家，談一談他在新疆隨二嫂工作時的情況，他竟然聲淚俱下地說胡君是他見到的最賢慧忠貞的女人。

艱難的抉擇

當時的胡君已二十六、七歲，像她這種年齡段的「未婚」女性，社會早已為她們定下了一個略帶貶義的泛稱叫「大齡女青年」。按六十年代的社會風氣，如果堅持不嫁人甚至拒絕交男朋友，就必得忍受婆婆媽媽們風言風語的壓力，不是說你生理上有問題就是說你心理上不正常。事實上先後有幾位同廠的大齡男青年曾苦苦地追求過她，熱心的介紹人接二連三地為她的個人問題操心，以關心職工福利而著稱的工會和熱心於女職工權益的婦聯也都為胡君的終身大事處心積慮，胡君在四面夾擊之下處境艱難。

她能向任何一個熱心人說出她結過婚，生過孩子，有一個昔日的右派今日的勞改犯丈夫的爆炸性新聞嗎？甚至貼出我也是個右派份子的自殺性的安民告示嗎？她什麼也不能做，也不敢做。就在這種左右為難的境地中拖到了一九六五年初，這意味著胡君即將登上了大齡女青年的頂峰年齡，跨過三十歲的門檻，她將變成超大齡的「不受歡迎的人」。

胡君最後不得不作出痛苦的決定，嫁給了一個技術員。不久他們生下了第一個孩子，一年多以後又生下第二個。

雙職工家庭帶孩子是個問題，大約在一九六八年，胡君寫信向我的母親求援（當然也就是她的母親），我通情達理的母親便由青海西寧千里迢迢地去了新疆，這不僅僅是個地理概念問題，因為像我母親那種出生在民國初年的的老古董，不但不反對兒媳婦的再婚，而且還願意去照看兒媳婦和「別的男人」生的孩子，這件非同小可的移風易俗最少可以說明一點，那便是我母親是多麼愛胡君，更重要的是，她不僅僅是因為胡君曾經是她的兒媳婦而愛她。

厄運再次降臨

一九六六年震驚地球的「文化大革命」爆發了，廣大的中國同胞被告知，走資本主義道路的當權派正在瘋狂地反對毛主席的革命路線，國家又面臨生死存亡的緊要關頭，熱血澎湃的紅衛兵小將率先喊出了「誓死捍衛毛主席」的響亮口號。幾年前在反右鬥爭中立下赫赫功勳的戰將，一夜之間又變成了這場鬥爭的戰俘，他們所受的折磨比當年的右派更有過之而無不及。兩千年前的孔夫子彷彿說過一句「愛人者人恒愛之」的話，兩千年後，從實踐中給人的感受卻是「整人者人恒整之」的惡性循環。

我有個時年二十歲左右的弟弟在青海，他知道母親到新疆去是給昔日的二嫂今日的「二姐」帶孩子，也知道胡君的來龍去脈，因為家庭內部的一些小矛盾，他就寫了一份檢舉材料，揭發出胡君是個埋名隱姓的右派份子，寄給了胡君所在的單位。可以想見，在階級鬥爭據說是尖銳激烈到十二萬分的文化大革命中，挖出了一個埋名隱姓的階級敵人，這必然是鼓舞鬥志的勝利成果，胡君又該下地獄了。

事發後，蹂躪這柔弱女子的不僅是當年所謂的「廣大革命群眾」。我平反後，曾專程到青海看望母親，從母親口中得知，胡君的丈夫是山東人，中專畢業生，嗜酒成性且脾氣暴躁。這位丈夫自認為是個雙重受害者，在政治上和婚姻上他都中了右派份子的圈套，經常借酒撒野對胡君拳打腳踢使胡君頭破血流，慘不忍睹，罵胡君是他身邊的一條毒蛇，要胡君通宵罰站在床邊反省。甚至母親也受到連累，攆出家門搬到廢窯洞裡去住，後來老人家才輾轉返回青海。聽母親轉述這些情況，我心如刀絞。

可以想像，胡君對她丈夫隱瞞她結過婚並生過孩子的經歷，這對任何男人都是難以接受的。但是，胡君如果向他坦白這一切，這意味著她承認她是潛藏的右派是個勞改犯的妻子，總之是「不齒於人類的狗屎堆」，意味著將重新去過那倍受凌辱的生活。胡君跟著他並共同生下兩個孩子，應該說是絕對鐵了心與他共同生活下去的，這種隱瞞實在是迫不得已的選擇，雖然在夫妻間的這種行為是很不應該的。

這位先生未必不可以因為這迫不得已而少打她兩拳，她畢竟是替你生過兩個孩子屬於你的女人呀。

題外之戀

我絕大部份刑期都是在四川省大涼山裡的雷馬屏農場度過的，我也是從這個農場平反出獄的。一九七九年，共產黨的十一屆三中全會以後，開始了右派的「改正」（這是個政策性很強的詞彙，它騎牆在平反和不平反之間而使受眾哭笑不得）。眾所周知，我曾經是個右派份子，除了需要改正以外，還有十八年刑期的法律問題需要解決，因此，一直到一九八〇年八月才拿到溫江地區中級法院給我的平反裁定書，那時距我滿刑也只差四個月了。

那時，監獄裡的右派大部份都得到平反，幹部們似乎也知道，我的平反只是個時間問題，對我的管理不像過去那樣劍拔弩張。我在一位好心醫生的說明下，人為地製造了一種傷病，於那年冬季住進了農場醫院。住院期間，醫院裡有一位領導幹部倡議，辦了一個英語學習班，這似乎是一樁與改革開放這個時髦詞彙沾親帶故的好事。還令我這個在押犯臨時當教師，我教的學生全是國家工作人員（按勞改隊規定，凡是領國家工資的人，犯人都得尊稱他們為國家工作人員，包括護士、勤雜工和炊事員），十來天後，這個佔用休息時間的學習班便無疾而終。

在我所教的三十多名學生紛紛散去的時候，唯有一個年齡不到十九歲的女護士卻留了下來，我也就一直教這個女孩，最後發展成年齡差距大得驚人，身份懸殊到不可思議的師生戀。但我們之間從沒有發生過任何越軌的肌膚之親，也許正因為這份純潔，使我們在變成朋友關係以後，感情綿延至今。這位非同尋常的女孩的父母都是管勞改隊的幹部，她卻偏偏愛上的是人所不齒的犯人。我離開農場以後，她最終還是愛上了一個當時還在服刑我也相當熟悉的犯人醫生，這位醫生滿刑後，他倆終結連理，這場婚姻在勞改農場幾乎引發一場地震，現在這對恩愛夫妻定居成都。前年我母親病逝前，曾經由他們夫婦幫忙以他們家屬的名義住入其職工醫院，享受到住院費用的七折優惠，使我萬分感激。當我下定決心，開始動筆寫這本《格拉古軼事》之前，我估計書中的某些章節，難免會涉及到我和她早年的一段戀情，便專程去向她說明，她十分爽朗地回答我說：「你隨便寫，我相信你」，使我倍受感動。

別無選擇

我和這位非同尋常女孩分手的重要原因之一，是已經先期平反的朋友曾陪同我的妹夫走訪對我判決的溫江地區中級人民法院，得到的答覆是鼓舞人心的：「案件是有些問題，目前正在進一步複查當中。」與此消息同時得到的傳聞說，中央有政策規定，凡屬因右派原因而離異的夫妻，原所在單位均應盡力協助其恢復關係。我當然會想到為了我而受了半輩子活罪的胡君，我不可能在等待與胡君破鏡重圓的同時，和另外一個女孩肝膽相照，雖然她是那樣出類拔萃。

一九八〇年八月二十三日我收到了平反裁定書，我真正的二妹和她的先生穿過崇山峻嶺，從成都到涼山來接我，回成都途中，二妹向我談到胡君的情況，並建議我不要直接給胡君寫信，以免影響她的家庭關係。我想到他們畢竟結婚十幾年，兩個孩子都十多歲了，不通過組織直接面對面弄不好還會惹麻煩等等，覺得急於求成也的確不是辦法，幾十年都過去了，還在乎這三兩個月，也就沒有採取任何行動。

回到南充，在原單位辦完手續以後，我特意去看望了分別近二十年的蕭大哥和大嫂子，大哥平反後就沒有回到民政科，而是改行在南充市吉慶巷中學當上一名英語教師，並勸我也改行教書，他說：「世界上沒有比和孩子們生活在一起更快樂的事了。」我覺得他說得很有道理，加上我從文化大革命的悲劇中感到，在中國如一團亂麻似的問題中，關係著人的素質問題的是教育，我也願意從我做起，改行教書。便向原單位表態，我自行聯繫工作單位，哪知像我這類離開南充二十多年，像生來乍到地球的「外星人」似的沒有什麼人際關係，找單位也不是輕而易舉的事，三個多月後才落實到一所工廠的技工學校，當了一名基礎課教師。

眾所周知，在那個年代沒有單位的人什麼事都不好辦，更何況是涉及政策甚至法律方面的婚姻問題。眼看春節快到了，這是我出獄後的第一個春節，當然應該和久別的親人團聚團聚。我有三個妹妹（包括八妹）和一個弟弟在青海，胞兄在黑龍江，老母親正住在青海的八妹家，姊妹們相約在西寧相見，只是成都的五弟和二妹因各自家裡另有安排不能前往。

過完春節，我從青海回到四川，準備回南充上班，途經成都時，照例住在二妹家裡，想不到二妹給了我一句令我目瞪口待的話：「胡君來過了。」原來在我前往青海時，早已「改正」了的胡君帶著她一對兒女來到了成都，據二妹說，胡君的丈夫最擔心她和張家的人取得聯繫，特意派兩個孩子來「護航」。奇怪的是，胡君並沒有到二妹住家的音樂學院來找她（怕在家裡遇到了我而抱頭痛哭讓兩個孩子心靈受傷嗎？），而是到二妹上班的毛巾床單廠找到二妹，背著她的孩子遞給二妹一封給我的信件，還是近似我的字體，一切彷彿在昨天：

親愛的先癡：

我們還能同時活在這世上，便是一個最大的安慰，南充有朋友來信告訴我，你渴望著與我團聚，為此我也感到欣慰。坦率地說，我身邊這位丈夫給我的傷害比給我的愛多得多，只是我實在捨不得我這一對兒女，他們是無辜的，我相信你也不忍心讓他們在小小的年紀去經受失去母愛的痛苦。思之再三，我決心繼續把自己釘在受難的十字架上。

原諒我吧，如果你認為我有什麼過錯的話。

我希望你不要心灰意冷，要重新站立起來，自強不息，不管是事業上，還是私人生活上。你事業的成功，家庭的幸福就足以陪伴我心力交瘁、病弱衰老的風燭殘年……

永遠愛你的　君

生活裡的悲劇似乎就此落幕。心靈上的悲痛將與日月並存。

二〇〇二年六月八日成都寓中

二、「叛國投敵」途中的點點滴滴

在這個世界上，只有淪落到受屈辱的最底層，比乞討還要卑下，不僅毫無社會地位，並且被看做失去了人最起碼的尊嚴——理智的人，只有這樣的人，實際上有可能說真話，其他的人都在說謊。

西蒙娜・薇伊《信仰與重負》

引子

一九六一年春，我們這些右派勞教份子來到了旺蒼縣快活場，修築一條從廣元到旺蒼的鐵路支線。自一九五八年三月成立四川省公安廳築路二支隊開始，這幾千名「白面書生」開始了嶄新的生活方式，領導者說他們好逸惡勞，說他們是剝削者，必須通過體力勞動才能改變自己的反動立場。這些三年前的教授、醫生、工程師和幹部們全都心悅誠服地變成了今天的炮工、石工、抬工或勤雜工。先修內（江）昆（明）鐵路，再修成（都）昆（明）鐵路，只可惜這些花了大量人力財力修成的半成品，遵照擅於「瞎指揮」的領導者的決定，扔在那裡交由「大自然」去「營運管理」。這些不可理喻的事發生在遍地「土高爐」、「全民大煉鋼鐵」的同時，書生們按照已相信黨是絕對英明正確的慣性思維方式，不去思考探究，以免因獨立思考而重蹈覆轍。

慢慢地書生們遭遇著一種不期而遇的煩惱，那就是在他們因重體力勞動而飯量激增的時候，糧食標準卻不斷下降，由一九五八年每月四十八斤降到現在的三十五斤，副食品也早變成尋常百姓的奢侈品。中江縣一位原小學校長在排隊打飯時輕聲感歎：「我活了五十歲，到今天才聞到大米飯的香味」。鐵的事實終於證明，報紙上吹噓的大躍進所創造的畝產幾萬、十幾萬斤糧食的神話，還有某些領導者對「糧食吃不完怎麼處理」的憂慮，看來都只是些假話大話或騙人的鬼話。為了掩人耳目，把自己頭腦發熱、超英趕美。骨子裡想當地球球長而犯下的低級錯誤，推給了永遠保持沉默的大自然。說什麼是「自然災害」造成的，在連篇累牘的報紙宣傳中，輿論一律地在「自然災害」四個字的前面，加上「特大的、嚴重的、持續三年的、百年未有的」四個刺人耳目的定語，為無辜的大自然製造了一樁空前絕後的大冤案。我們在轉移工地的汽車上，目睹了公路邊的餓殍，勞教份子的家屬來信也露出些蛛絲馬跡，原南川中學教師韋凌雲的女兒來信說：「爸爸，媽媽在臨死的時候只是說她想吃一個包子。」我們幾千萬兄弟姐妹，竟是帶著這樣可憐巴巴的遺恨，被難以命名的惡魔剝奪了至高無上的生存權。

面對這民不聊生的社會現狀，也面對勞教了三年多仍然看不見一點解除勞教曙光的嚴峻（一九五七年公佈的勞教條例沒有勞教期限的規定），許多勞教份子頭腦裡的神殿終於坍倒，他們在「實踐是檢驗真理的唯一標準」的知識份子良知召喚中，終於從騙局中驚醒，斗膽地說出過去連想都不敢想的話：「我不相信」！

就在這我不相信時候，我所在的築路二支隊一〇八中隊來到了旺蒼縣快活場。

難以啓齒的小插曲

過去不論在雲南鹽津還是四川喜德修鐵路，都是住在自己臨時搭建的簡易工棚裡，遷到這裡後，我們卻住進了當地農民的房子，因為餓死的人多，空房子也多。我們全中隊包括幹部兩百多號人分住在相鄰的兩座大四合院裡，小地名叫侯家扁，當地農民大部份也姓侯。院子前面是一條彎曲而下的小河，背後是一座海拔三、四百米的小山。我們施工的工地則在河對面的快活場附近。以前我們是個隧道中隊，這裡沒有隧道可打，改作土石方工程，勞動強度相對小一些，饑餓的壓力有所減少，不過減少了的饑餓並沒有遠離饑餓，它帶給人的煩惱依舊折磨著你。有些勞教份子便偷偷地用自己的衣物找當地老鄉換些吃食，對人的生存而言，吃顯然比穿重要得多。雖然幹部們明令禁止，但地下市場一直悄悄運轉著。

有一天，我用自己的一件毛衣找一個女老鄉換了一隻雞，雙方約定，她煮好後晚上下了學習我就去吃。這類夜間離開宿舍的違紀行為，很容易被懷疑為逃跑等惡性事件，惹來更多麻煩，我就主動邀約了我們這個班的班長一起去吃，如出什麼問題，他那班長的「長」字興許可以為我分擔一點風險，況且他與我的關係還過得去。

這位煮雞的女老鄉不到三十歲，紅光滿面的身體很好，身邊帶著個一歲多的孩子。在被饑餓摧殘得十分凋零的農村，她卻能健康地存活並生兒育女，實在是十分稀有，也可能是她在外地打工的丈夫給了些援助的緣故。後來她丈夫還是患了水腫病，黃皮寡瘦的他也曾回家來休養過兩天。

當晚，我和班長如約前往，她把燉好的雞放在後房臥室裡，那裡當然更能避人耳目，我和班長狼吞虎嚥地飽餐了一頓。這女老鄉的孩子已在床上睡著，她便一直守候在旁還問我們好不好吃，那個年代問這種問題簡直是無話找話。吃到所剩無幾的時候，班長也許為了對得起我的毛衣便提前離開了雞湯，我獨自一人喝盡最後一滴油珠珠。這時那女老鄉突然緊緊把我抱住，她那滾燙的臉也貼緊了我的臉，隨後她脫下褲子到床頭邊的尿桶裡撒尿，撒完尿，一隻手提著褲子一隻手拉了我一把，便裸著下身橫躺在床上，我卻感到極度緊張，勞教份子幹這類事是非常危險的，又加上我對這種粗糙的作愛方式似乎還有些為難。但我畢竟不是坐懷不亂的柳下惠，便也脫下面子準備如此這般地來個婚外性行為，沒想到當了父親的我，竟然象一個陽萎病患者那樣無能為力。她在下面不停地悄聲喊著：「展勁！展勁！」（四川方言用力的意思），我卻展不起勁，後來我終於知道，這也是「自然災害」留下的「後遺症」。

從此以後，我再也沒能看到這位女老鄉過去那嫣然的笑容，哀怨的目光對我說的是：「你這個不中用的東西」。

你知道「挨繩子」的滋味嗎？

這時，斷斷續續有些家屬來勞教隊探親，是妻子的也可以和丈夫一起住上幾天（請上帝保佑他們不要和我一樣是一個「不中用的東西」），算是對這些有選舉權的份子的寬大（我曾聽幹部說過，你們還有一半公民權，我一直弄不懂的是公民權怎麼可以一分為二，我判的是管制勞教，連百分之一的公民權也沒有）。我的妻子因為她過份天真地給領導打報告，證明我決不是反黨反人民的右派，第二天清早就當上了右派份子，同樣被開除公職開除團籍，若不是帶著一個乳兒，說不准我們還得到勞教隊來「同學」一番（同學是幹部規定的勞教份子之間的稱呼）。這些家屬帶來的消息最使我們震驚的是，在廬山會議上，彭德懷元帥因反對大躍進和浮誇風而劃為右傾機會主義份子並遭貶，演繹了昏君害忠臣的歷史悲劇，我心中為彭總憤憤不平。

有些事其實只是常識，如果從偉人嘴裡說出，就被捧為格言警句。比方說：「凡有人群的地方就有左、中、右」就是一例。勞教隊可以說是裝右派份子的集裝箱，如果得出結論說，這箱子裡裝的全是右派，這個結論就犯了一個常識性的錯誤。這些右派人群中確有若干「左」派，我親眼見過每天最少寫一份檢舉材料左得十分頑強的大組長，也見過在鬥爭會上出手麻利的積極份子。我和幾個觀點比較接近的「同學」的言行，早已被這幾位右派中的左派同學呈報到管教幹事的手中，是所謂「惡有惡報」，只是時間未到而已。

大約在九月上旬的一個中午，我在施工工地附近的一個農民家裡，花三元錢買了一碗米飯。正吃得高興，突然我們隊上唯一的一個解除了勞教的積極份子闖進門來，他氣勢洶洶地奪下了我手中的碗，我當然不服，因而發生爭吵，就為此事，當晚開了我的鬥爭會。

像我這樣一個極右份子，在正式命名以前，原單位精心安排的鬥爭會，小到十多人，多到上千人，挨鬥的次數多得難以計數，以毒攻毒似的讓眾多右派、來鬥我一個右派這還是第一次，這也不足為怪。使我不可忍受的是，我生平第一次受到了刑具的折磨。這件事有必要說明一下：如果將一位學富五車的大學者，和一個一字不識的文盲兩個人的文化知識加在一起，然後以二除之，所得的得數就是我的文化水准。在這個知識文化層面上，我最欠缺的就是法律知識，甚至我被依法懲處了二十三年乃至到了「人之將死」的今天，我仍然為許多法律問題所困擾。

比方說我依法判了刑，卻又靠黨的十一屆三中全會的政策平了反，這就意味著政策能糾正法律所犯下的錯誤，顯然政策在法律之上，能約束法律。政策是黨的政策，聽黨的話就遵守了黨的政策，黨叫我幫助她整風，叫我大鳴大放，黨叫我們暢所欲言說：「言者無罪、聞者足戒」。那時我是一個年輕的基層幹部，大政方針聽從上級佈置後照辦，提點意見也不外乎雞毛蒜皮，什麼縣委書記作報告要避免讀錯別字之類的無關宏旨。然而膽大的法律又竟敢置言者無罪的政策不顧，說我向黨猖狂進攻判處五年管制送勞動教養。從這一點看，似乎法律又在政策之上，我在這個「哥德巴赫猜想」一樣深奧的難題裡冥思苦想了幾百天，後因用腦過度患上了神經衰弱症，我擔心發展成精神病，從此就遠離一切法律資料。平反歸來後，我愛書如命的舊病復發，家中藏書數千冊，就沒有一本法律書籍，我也幾乎成為人所不齒的法盲一個。

閒話少說書歸正傳，我也曾道聽涂說地聽人擺道：刑法中有過刑具方面的規定，如手銬、腳鐐等可稱為法定刑具，遺憾的是這類刑具的使用頻率低得可憐，這決不是因為應該受刑具懲處的人很少，而是這種刑具給受刑者帶來的疼痛感太少，對施刑者來說太不過癮、不足以洩憤。因此最受施刑者鍾愛的首選，仍然是具有中國特色的、攜帶方便或可以順手拈來的一根繩子。它比起臭名昭著的老虎凳、名聲顯赫的辣椒水，可以說默默無聞，但它在專政中所起的作用和它給受刑者帶來的痛楚不會低於那些知名度很高的刑具。也因為法律條文上沒有這種刑具的名稱，經常受它「教育」的人，只得給這位「無名英雄」取個「挨繩子」的綽號。

其功能主要是緊緊捆住受刑者的手腕以阻止血液循環流動，讓疼痛來促使受刑者「改惡從善」，進而落實毛澤東語錄中那句「我們對敵人是從來不施仁政的」這一基本政策。在技術上要求繩子一定要質地上乘，以免加力捆綁時突然斷裂影響效果，為增強疼痛效應，繩子既要求細又要求彈力小，繩子在胳膊上所繞圈數不能太多，多則容易將受刑者臂骨捆斷，使勞動力受損失……這種技術性問題還多，足夠寫一本小冊子。據說寫文章忌諱偏離中心，如果對繩子方面陳述過多，豈不寫成了有關挨繩子的科普讀物，看來只能暫時打住。

鬥爭大會是在隊部門口的一個石板地壩上舉行，指導員講了話之後那位解除勞教份子和炊事班長兩位營養過剩的份子，取出一根質地精良的細麻繩對我實施捆綁，解除勞教份子那段時間因為協助政府懲處各類違紀份子，已積累了相當豐富的捆綁經驗，加上他奪我的飯碗時，我對他既不恭敬又不從命，他豈肯放棄這個提高他「威信」的機會，當然將其技能發揮到極致。炊事班長心靈手巧力大無比配合得絲絲入扣，很快便達到入「骨」三分的理想境界。不到十分鐘我已大汗淋漓醜態百出，呼媽喊娘丟人現眼，到了這個地步那位解除勞教份子還去舀了一盅水來澆在麻繩上，使它進一步收縮以便入「骨」四分。多年來，一直使我感到納悶的只是這類可圈可點、精美絕倫的肉刑代表作，常常出自受凌辱的同類之手，幹部們通常只是在一旁欣賞這「狗咬狗」地表演。不知道這件事是不是和古代羅馬貴族在角鬥場觀看奴隸角鬥士相互撕殺有血緣關係。總之，我被捆以後，在我兩支手腕上都留下三圈血痂，後來血痂脫落，又變成三圈黑色的疤痕，歷時兩年多才慢慢褪淨。

教科書上說，事物從量變到質變都有一個過程，而造成突變也常有一些契機或稱導火索，如奧國皇儲斐迪南的被暗殺成為第一次世界大戰的導火索。這一根質地精良、使用到位的細麻繩，便是我踏上「反改造」道路的嚮導。

我把我自己解放了

我產生了非常極端的抵觸情緒，殺人放火、同歸於盡，只要能洩憤，能體現士可殺不可辱的事，我都願意幹，我在等待時機，我在尋找機會。

勞教隊的編制有些雷同於軍隊，中隊相當於連，下設大組（排），大組下面是班，中隊部的幹部都是國家幹部，大組長以下則全為勞教份子，我們中隊有四個大組，我在一大組。整個中隊右派份子約占百分之七十五，全都是在勞教的死胡同裡期待了三年多仍然看不見盡頭的「元老派」（中華人民共和國第一批勞教人員）。他們都受著饑餓的折磨，身心痛苦，情緒低沉，我的受刑贏得了許多關心和慰問，有的甚至流出同情的淚水。

朋友中有人悄悄告訴我，二大組的周茂歧正準備逃跑，我與周茂歧雖然毫無交往，但畢竟在同一個中隊，是所謂低頭不見抬頭見的熟面孔。從我在鬥爭會上「享受」的待遇，他也可以看出我不是那種賣友求榮的人，經朋友介紹後我倆一拍即合。在殺人放火既無機會更無勇氣，又一心想洩憤的情緒支配下，逃出勞教隊，看看大千世界，給隊上添點麻煩，何嘗不是好事一樁，我倆一起逃跑就這樣定了下來，這種聯手逃跑甚至還蘊含著一加一不等於二的誘人之處。

那個年代沒有身份證，社會管理卻十分嚴格，不論買車票船票或住旅館，都必須出示你所在單位專門為你的旅行所開具的證明（農民由人民公社開），勞教隊當然不可能為我們出具一張逃跑證明。周茂歧說他會刻公章：「找塊肥皂，最多兩小時解決問題。」我簡直有「得來全不費工夫」的幸運感，當即商定就刻「四川省地質局一〇八勘察隊」幾個字，這顯然是因為與地質勘察常年在外奔走有關。

我倆商定的逃跑時間是十月一日國慶日，選這個特殊日子，其實並沒有用越獄逃跑的實際行動，向國慶十二周年獻禮的意思，而是因為節假日放假監管比較鬆懈不易被人發現罷了。倆人以破釜沉舟的決心，找老鄉幫忙賣掉了一切能賣錢的東西，買了些全國糧票（那年頭上館子吃飯，除付錢外還得付等額的糧票）。在進行這些準備時難免暴露出一些可疑痕跡，加上好友中一個傳一個，同隊的勞教份子中除積極份子以外，幾乎成為半公開的秘密，能達到這個程度而不被當局者發現，既可以證明勞教政策的不得人心，也足以證明我倆的「反改造」行為深得人心。

因為是不出工的節假日，人員分散無法清點人數，發現時間越晚對逃跑者越有利，這意味著他更加遠離了警戒區域。我與周茂歧丟下吃午飯的碗筷，便先後向住地背後的那座山頭爬去。山上有條小路，路旁有些稀稀拉拉的灌木，山下便是我們所住的農家四合院，院子裡的人能發現我們的機率並不高，因為誰有興趣抬著頭費力地欣賞一座荒涼的山巒，只要翻過了這座山，山下必有無限風光。

在這個以右派分子為成員主體的勞教隊裡，像逃跑這類事件，發生在右派們身上可說絕無僅有，而出現在那些偷、摸、扒、騙被稱為壞分子的勞教人員中，則並不鮮見。因為他們跑到社會上、混跡在人群中，可以憑他們的「技術特長」，生存或短或長的時間。我們這個築路支隊成立三年多來，我和周茂歧算是首先吃螃蟹的人，那年我二十七歲，周茂歧二十九歲。

根據經驗，那些壞份子的逃跑路線，往往直奔距住地最近的廣元火車站，自認為可以從那裡登上南來北往的火車，把他帶往那夢寐以求的自由之鄉。殊不知築路支隊常年有「專業人士」在火車站守候，不論哪個中隊有勞教份子逃跑，緊急電話在你進入火車站之前早已到達，逃跑者的姓名年齡身高體型面貌特徵便已記錄在案，「專業人士」在旅客叢中進行一番「依樣畫葫蘆」，等待他們的常常是手到擒來。

周茂歧並沒有辜負大夥贈給他的「老狐狸」的戲謔綽號，他選擇了一條與眾不同的路線，我們翻過這座山后，步行到蒼溪縣城，然後乘汽車經南部到南充，再由南充到重慶，那裡的交通能通向海角天涯。

我登上山頂後，回頭看見身高一點六米的周茂歧，穿著他那件常年不換的ＡＤＫ牌風雨衣，氣喘吁吁的爬了上來，最後一步我伸手拉他並趁勢擁抱歡呼。我們身後的山腳，是我倆深惡痛絕的勞教隊，我們前面的山腳，是一條通向自由的石板路，我們再也不會為完不成生產任務而挨罵受氣，為一句失言的話語被捆綁吊打……，我終於品嚐到「我自己就是我的主人」這句話的鮮活甘美。兩個「地質隊員」腳步輕盈歡聲笑語，似乎是找到了一座金礦，不知不覺就到了一個場鎮，看看天色已近傍晚，便準備找一家旅店住下。

這是屬於蒼溪縣管轄的一個場鎮，街上冷冷清清，依然是毛澤東製造的「自然災害」留下的蕭條景象。我們先在國營食店用糧票吃了一頓泡菜下稀飯，然後住進街上唯一的一家旅館，這偌大一個旅館就只有我和周茂歧兩個顧客。我們去登記室辦理了住宿手續，回到房間，我把剛剛用過的這張假證明拿來仔細看了看，我發現他刻的假公章根本不像仿宋體的字形。我說這種公章在小地方還可以魚目混珠，在城市裡別人一眼就能識破。周茂歧解釋說，他躲在蚊帳裡刻的，怕被發現，手都在發抖，咋可能雕好，看來只有將就用算了。

當晚我在煤油燈下，給我流落到新疆的右派妻子寫了一封信，頭一句話是：「十月一日，我把我自己解放了」。

終生難忘的午餐

第二天下著雨，因為兩個陌生人在這小鎮上逗留過久，易於吸引些好奇的目光，對我倆有點不利，雖然沒有雨具，還是冒雨向蒼溪縣城走去。誰知途中雨越下越大，才走了十幾里地，我倆的衣服都已濕透，便決定找個單家獨戶的農民家去避避雨，烤烤衣服，我說：「如果環境條件許可，也可以重新刻個公章」。

不遠處，正有這樣一家農戶，一對青年夫婦和一個五歲左右的瘦娃娃，我們給了主人一斤糧票一元錢，請他為我們生一堆火烤衣服，中午在他家搭個夥，男主人面有難色，囁嚅著說：「我們農村，沒啥吃的。」我想起當年搞土地改革，領導要求我們和農民同吃、同住、同勞動，脫口回答：「沒關係，你們吃啥，我們吃啥」。

周茂歧在裡邊屋裡刻公章，我坐在外屋替他烤衣服，同時站崗放哨逗孩子玩，為他提供一個「手不發抖」的環境。只是他刻出的公章仍然是「魚目」，在那物資極端匱乏的年代，肥皂也是稀世珍品之一，再也找不出一塊可以刻公章的了，只好選出一枚最近似「珍珠」的「魚目」，蓋在空白信箋紙上備用。

這時雨已停了，主人叫我們去堂屋裡吃飯，我們早已餓了，便尾隨主人來到餐桌前，原來所謂的飯，只是桌子上的幾個小碗裡，裝著些什麼野草摻和著紅苕葉子煮成的湯，只不過專門為我和周茂歧盛的兩碗裡固體物更多一些，主人的碗裡盡是些湯湯水水，這足以證明主人的真誠憨厚，令我十分感動。儘管是所謂「災害」年代，我和周茂歧也沒有吃過這樣劣質的「飯」，我們驚愕的表情顯然也刺激了主人，女主人低著頭暗暗抹淚，我則強忍著將這毫無鹽味略帶苦澀的「草葉湯」閉著眼睛吞了下去。周茂歧挑了兩筷子便托口說：「我不餓」，我倆即起身給主人付了錢、糧並道謝、告辭。

誰知出門才走了十幾步，那男主人在身後一邊喊著：「同志，同志」，一邊急匆匆地追了上來。他手裡攥著我們剛才給他的一斤糧票和一元錢，執意要退還，並堅持說我倆什麼也沒有吃。要知道他只要帶上這斤糧票，用幾角錢就可以到國營糧店買回一斤大米，煮成一大鍋貨真價實的稀飯，讓他們一家三口脹出個滿面紅光，實現他睡夢中才能出現的歡樂。然而他卻不要，而我們執意要給他，拉拉扯扯之中，我們幾乎都快流出了眼淚，他眼中含著的淚，是為送這份「厚禮」所運載的善意所感動，我們眼中的淚，則是為這位農民的淳樸高尚而感動——那些年代，我們中華民族善良秉性，還沒有被邪惡滌蕩乾淨。

我和周茂歧在趕赴蒼溪的途中默默無語，心情異常沉重，也很沉痛。

反右前我在南充搞民政工作，主要工作內容是烈軍屬優撫和賑災救濟，蒼溪縣隸屬南充專區，我當然知道它是著名的革命老區之一，在共產黨自我吹噓的二萬五千里長征隊列裡，無數的蒼溪兒女懷抱著美好理想倒在了雪山草地裡，他們唯一的遺願，就只是希望活著的戰友們能為貧困的祖國贏得富足安寧，可惜「中國人民站起來了」十多年，他們竟然還是過著這樣淒慘的生活，在死者的英靈面前，能不感到羞愧嗎？

周茂歧和我想得不同，他說：「我們都是貴族，倒了楣的貴族也比農奴運氣好。」——他喜歡看俄羅斯小說。

忘了姓名的人

六〇年代四川有這樣的習俗：旅店的標誌是在門前掛一個大紅燈籠。我們到達蒼溪縣城時，天已經黑盡了，在一盞紅燈籠的指引下，我和周茂歧跨進了一家旅店。我取出事先準備好的證件，站在登記室的窗前，昏暗的煤油燈下，坐著一個「孔乙己」模樣的老「秀才」，戴著一副老花眼鏡。他的身後，竟坐著一個肩上扛著上尉軍銜的軍官：「該不是來抓我們的吧」？我在心裡顫抖著說。這時，那「孔乙己」竟把證明上的公章拿到煤油燈下仔細辨認，我知道他對手上的「魚目」產生了懷疑，嚇得我差點轉身就跑，在這千鈞一髮之際，突然我聽見上尉軍官用一口地道的河南口音說：「瞅、瞅、瞅啥哩，還不快登記？」，「孔乙已」這才提起了毛筆。

當年的軍官，許多都是在部隊的速成識字班突擊掃盲學的文化，由文盲到識別仿宋體畢竟還有一段差距，這位在登記室裡閒聊的上尉，用他的差距拯救了我們。

第二天我和周茂歧登上開往南充的汽車，周茂歧十分神秘地對我說，為了防止萬一，我們必須每天更換一個名字，你今天的名字叫李金生，叫我牢牢記住，我也確實記住了。

到南充時還不到下午兩點，因為反右運動時，我的名字在當地報紙上累累竊據頭版頭條位置，知名度被大大提高，鬥爭會上我的「猙獰面目」又多次「暴露無遺」，我是很容易被逮個正著的。便只能「潛伏」在旅館裡，買飯購票都只好由周茂歧一人去操勞。我閒來無事，躺在床上看我隨身攜帶的那本《歌德短篇小說集》。正在故事情節裡騰雲駕霧，忽聽得門外有什麼人在喊什麼人的名字，因與我無關，我繼續看我的書。不一會，突然一記重拳打在我的臂上，周茂歧手裡揚著兩張到重慶的汽車票，瞪著眼吼道：「李金生，我叫你你為什麼不答應？」這時，我才猛然想起，我今天的名字叫李金生。

南充到重慶一百多公里，車行到合川附近，必須乘汽車輪渡過嘉陵江。我們在碼頭上等輪渡的時候，有一位農民大娘提著一籃「使君子」來賣，這種菱形的黑色乾果，據說能驅蛔蟲，其果仁還有點類似板栗的味道，多年前我曾經吃過，我買下一些準備和周茂歧打夥吃，誰知他不吃這玩意。「自然災害」年代的中國同胞，有一個共同特點，便是一天到晚肚子都餓，即便是剛剛吃完飯扔下碗。在這種「共同特點」驅使下，我就在汽車上左一顆右一顆把這些「使君子」吃得一乾二淨，車到青木關時，我就想嘔吐，但我克制住了。下汽車後，警惕性超標的周茂歧提出分住兩個旅館，以免一網打盡，我們約好明天上午十點到新華書店門前會面，共商下一步去向。

分手後我想嘔吐的症狀更加嚴重，那時，我並不知道「使君子」含有一定毒性，吃多了便有中毒症狀，為克服這種症狀，我甚至不惜花三元錢買了一兩當年「貴族」才吃得起的所謂華山玉牌高級糖（相當於世紀末的低級糖），想借此把嘔吐慾望壓了下去。吃了之後，似乎還真有效果，但胃子裡總還是有不舒服的感覺。此時夜幕已經降臨，我必須找一個旅館住下才行。那年頭在民族路有一家名叫夜間服務部的旅館，實際上是一個洗澡堂，半夜十一點以後，沒人洗澡了，便將洗澡的顧客休息的單人床位，提供給旅客住宿，價格比帶房間的真正的旅館便宜得多。我帶著一肚子嘔吐願望去到登記室（現在的名字叫服務台或總台），負責登記的老先生簡直像蒼溪縣那位「孔乙已」的孿生兄弟，他低著頭從老光眼鏡的上方對我掃描，我因為腸胃不舒服面部表情肯定不自然，加上那枚魚目混珠的公章，這位「孔乙已第二」的革命警惕性已緊緊鎖定了我，地方公安對各式「孔乙已」有在這方面配合的要求，但是我懷著僥倖心理還是住下了。

倒在床上我便呼呼大睡，半夜裡突然感到極度想嘔吐，我翻身下床，飛快地跑到廁所，「哇哇哇」一陣翻江倒海，把使君子和高級糖全都吐進了便池，人也輕鬆了許多，返回床上很快地又睡著了。

睡夢中似有人在拉我，睜眼一看，我床的兩側分別站著三個彪形大漢，左側的一個說：「證明？」同時向我伸出索要的手，我掏出證明遞給了他，他拿著證明看了看，接著問道：「你到底叫什麼名字」？該死的我竟然忘了當天周茂歧給我取的什麼名字，正在腦子裡搜索著，他卻對另外兩個彪形大漢發出了命令：「帶走！」

有語言障礙的落網者

我被帶到了龍門浩派出所，在我之前，這個過道裡的兩排條凳上，已坐了六個等待審查的人，他們都很年輕，年齡大概在十六歲到十八歲之間，其中還有兩個像學生模樣的女孩子，她倆坐在對面那排條凳上竊竊私語，這六個人的共同特點就是若無其事或者滿不在乎，似乎是這類單位的「常客」。

有一個先來的小夥子被叫到裡面去搜身訊問，我知道這個過程遲早會輪到我身上，便一邊打著回答的腹稿一邊想著自己的不利因素，想到了我的小掛包裡藏有幾張蓋著肥皂公章的空白證明，便悄悄取出揉在手心裡，然後起身要求上廁所，去到廁所便將這一團「鐵證」扔進了糞池。

三年多被禁錮在勞教隊的集裝箱裡，外部社會在「自然災害」的蹂躪下已發生了深刻的變化，特別是新一代年輕人，當他們需要用自己的尊嚴去換取生存的時候，便毅然地走上了所謂的邪路。在等待審訊的過程中，我身旁的一個小夥子問另一個：「吃啥錢？」對方回答：「鉗工。」這些簡單的對話我竟然不懂其真正涵義，這就是說，連語彙都發生了變化。十多天後我才能「翻譯」出這個對話的原意，問：「你幹什麼營生？」答：「扒手。」我對面坐著一個十六、七歲的女孩，我問身邊的「鉗工」，這女孩為什麼弄進來，他答道：「五五信箱的。」當然，那年頭被稱為信箱的保密單位很多，我本人所在的勞教隊前不久才宣佈對外一律改稱四一五信箱。只是這位「鉗工」回答的語氣帶著戲謔的味道，我就補充了一句：「哪個五五信箱？」他不耐煩的說：「梭梭，梭葉子，這點都不懂還『操社會』（這是重慶方言，即闖蕩江湖之意）。」接著一聲冷笑為滿臉鄙薄配了音。我自知淺薄無知，不敢還以顏色。事後我才知道，梭葉子是重慶人對妓女的代稱，又稱梭梭，而五五在簡譜裡的發音就是梭梭，其所在「單位」，當然是五五信箱了。鉗工接著歎息：「這回肯定要遭泡起。」這「泡起」二字我又不懂，想起剛才那聲冷笑，我只得不懂裝懂的點頭贊同。

輪到我了，問得到很文明，不知是不是搜查中發現我帶著兩本書和一支英雄金筆的緣故，但搜查得卻格外精細，連自來水筆的內膽都用手指捏了又捏，可以理解，那年代有文化知識的人很容易和陰險、狡詐這類詞彙銜接。我已回憶不起那晚上我是怎樣交代的，只記得訊問者一再叫我老實交代，否則就要把我「泡起」。剛才那位「鉗工」害怕「泡起」，面前這位公安用「泡起」來威脅我，但我並不知道什麼是「泡起」，又怎樣「泡起」？

你知道「泡起」的滋味嗎？

當我弄懂什麼是「泡起」的時候，我已經被「泡起」了。

所謂「泡起」，就是把你送到遊民收容所去關押，因為你既沒有逮捕又沒有拘留，這種關押就與公安部門無關，而是交給民政部門進行收容加以救濟。說具體些吧，收容所上午九點和下午四點，將分別為遊民提供二兩玉米粥，外加一小勺食鹽，用這個一天四兩的糧食標準救濟你。時間長一點你自然會患上一種水腫病，在忍饑挨餓的「自然災害」年代，這種病比傷風感冒更為普及，別看那患病者白白胖胖，恰似泡菜罈子裡泡脹了的白蘿蔔，實際上他卻是餓死的前兆。如果編一本俗語辭典，對「泡起」這個條目的解釋應該是：「重慶方言，流行於『自然災害』年代，意指被收容所收容救濟」。

我被泡起（收容）在郵局巷遊民收容所了，並非我有咬文嚼字的怪癖，而是在實際生活裡，我們從經常接受的詞彙中，會發現許多令人深思的東西，啟發我重視詞彙運用技巧的原因是這樣的：大約是一九五八年七月某日下午，我在雲南省鹽津縣修鐵路打炮眼，這個工種的特點是兩個操作者一人坐在地上掌炮釬，一人站著掄二錘。我手邊帶著一張舊《四川日報》，用以坐在地上掌炮釬時墊墊屁股。工間休息時，我從屁股下抽出這張黨報看著玩，上面登載了時任美國總統艾森豪的一篇國情咨文，他的一句話引起我的警覺。他說：「我們這個時代有許多名詞正被人濫用著，他們把員警統治稱之為解放……」。（原文可能有出入，但大意不會錯）這話顯然是針對當年高喊「解放全人類口號」的蘇聯和中國、這兩大赤色帝國而說的。不過從那時起，我對詞彙的產生和運用就開始注意了，不能再像過去那樣稀裡糊涂連陰謀和「陽謀」都搞不清楚。

所以我對遊民這個詞略略推敲了一下，從字面上解，似乎有「遊蕩的人民」的意思，仔細一想，人民是國家的主人，主人都遊蕩起來那成何體統，顯然有點欠妥。有可靠消息來源說，首都北京就不稱遊民而稱為盲流，明知盲目流動的不是什麼液體也不是什麼珍稀動物而是人，但偏偏不說「盲流人」或者「盲流民」，故意對被訴主體模糊化，以免露出對國家的主人不尊重的痕跡，可見京官比地方官水准高得多。我進入遊民收容所還暗自有點慶幸，因為「遊蕩的人民」無論如何也比勞教的份子要高一個檔次。如果我被關在北京的盲流收容所，我只能解讀為盲目流動的勞教份子，就將迫使我失去那一點點可憐的慶倖感。

郵局巷距離長江不遠，是沿石級而下的一條狹窄小巷，收容所設在這巷子的中段，估計一九四九年以前，這裡是船碼頭上一個頗具規模的倉庫，有高高的風火牆，這高牆原本是防止外面的火源進入倉庫，而今天則足以防止遊民翻牆逃走。因為不是關押只是收容，雖然都是限制人身自由，這裡卻沒有武裝看守，而是由遊民中選拔出來的「可靠遊民」（此詞係本人杜撰）赤手空拳地站崗放哨甚至押解，所謂的「空拳」並不意味著是「吃素」的拳頭。我進來後，發現這高大的庫房裡人丁甚是興旺，男女老少熙熙攘攘走去走來，並不像泡菜罈子裡蘿蔔辣椒的景象。

我和今天剛剛送到的幾個遊民坐在門邊的長凳上等候入所登記，我則又一次絞盡腦汁編造謊言來隱匿真實身份，以便在訊問者面前一錘定音。突然我看見一個戴眼鏡的幹部手裡拿著一張紙，將一個妙齡女郎叫到一個牆角說話，那女郎態度傲慢挺胸抬頭滿不在乎，「眼鏡」頓時暴跳如雷，揚起手上那張蓋有公章的紙吼道：「我問你，你現在還叫不叫江青，叫不叫江青?!」當年的江青在普通老百姓中知名度幾乎等於零，只是一九五八年新華社發過一篇通訊，好像記敘那個叫毛澤東的「當代帝王」在家裡請一個什麼人吃飯的事，文中淡淡地提到過第一夫人的名字為江青。可這位在社會上打濫仗（四川方言，意為鬼混）的妙齡女郎，她為什麼會化名江青？真是天下之大，無奇不有。

終於有聲音呼喚李金生，這個名字幾經折騰我已經很熟悉了，我被抓的原因是使用偽造的證明住旅店。此刻得老實交代「真實身份」，我便按照腹稿陳述，實際是我五弟的背景情況。說我真名叫張勇武，川大附中畢業後沒找到工作，想到天津去找表兄學開汽車，因家長不同意街道上不出證明，只好花幾元錢買了張假證明等等花言巧語。我本是湖北人，童年時代因是抗日戰爭時期，跟隨父母逃難到了重慶。抗戰勝利後回到武漢讀書，口音比較複雜，但絕對不具備成都語音特色，審問者經驗十分豐富，知道其中有詐，故意問我：「成都有幾個區？」雖然我母親弟妹都是成都戶口，我也曾多次出差到過成都，卻從來沒有關心過成都有幾個什麼區，只好推託說：「我只管讀書，從來不管外頭的事。」他接著又問：「簸箕巷在哪裡，鑼鍋街在哪裡？」我當然回答不出來。事後我才知道，他故意把簸箕街說成巷而把鑼鍋巷說成街，看我這個冒牌貨糾不糾正，這樣出名的街巷真正的成都人肯定會糾正，我這個冒牌貨卻一言未發。只聽審問者鼻孔裡哼出兩聲冷笑，嘴唇間便對左右吐出兩個字：「泡起。」

我被「泡」在二樓上，樓口有「可靠遊民」把守，除幹部帶領任何遊民不得上下樓梯，上樓的時候，首先看到的是十多個躺在樓口扶欄背後的水腫病患者，遊民們稱這類人為「泡脹了的」，他們或躺在地板上呻吟，或靠在牆壁上歎息。只要有食物，這種病不吃藥也可以自愈，而他們的病卻一天天的加重，現在唯一能做的事就是等待死亡，或者夢想在臨死前能吃上一個包子，這是一個奢侈的夢想。冷酷的現實卻是一床破草席，裹著僵硬的屍體，拖走了事，一個活生生的人，在這個自詡為「幸福的新社會裡」消失得無影無蹤，他留下的空位很快就有新的水腫病患者來填充。

遊民們怕「泡起」，公安用「泡起」來威脅對手，因為「泡起」幾乎成為死刑的代名詞，是不用子彈的殺害。更令人不寒而慄的是，這一切都屬於「社會救濟」的範疇。

被逮著的「小偷」

當然，絕大多數遊民還是活著離開了遊民收容所，因為大部份的人都會如實交代自己來自某縣某鄉某某公社，當某縣的遊民積累到一定數量時，重慶市民政局就派人將他們遣送回原籍，外省的遊民則一律送到綦江縣九鍋箐遊民改造農場。一天四兩的糧食標準，「泡起」的時間越長，對身體威脅越大，我必須設法儘快離開這個可怕的地方。

一九四八年，江西省立廬山中學曾到湖北武漢來招收學生，我知道廬山牯嶺是著名避暑勝地，仰慕已久，貪圖遊山玩水的我便去報名投考，未料到竟以第二名的成績被錄取，又在《武漢日報》把我這個「探花」的名字登了出來。當我洋洋得意地把這個令我揚眉吐氣的「探花」喜訊，不無自豪地告訴我父親時，他卻冷冷地反問我：「是不是只錄取了兩個？」但是，在我那一群嘻哈打笑的夥伴中，還是鬧得滿城風雨，我只得背井離鄉去了江西牯嶺。這個地方與湖北黃梅縣僅是一江之隔，口音極為近似，為了獲得外省人的稱號，以便去到遊民改造農場，早日結束這「泡起」生涯，我寫了一份要求「坦白交代」的書面報告，呈交所領導。

第二天，穿著整潔中山服、四十多歲的所領導接見了我，他身旁的桌邊，坐著一位年輕幹部拿著自來水筆準備對我的交代作記錄。所長對我從頭到腳仔細審視了一番，甚至伸手觸摩我身上那件羊毛背心，然後哼出一句意味深長：「還是毛貨。」當然，在「卡嘰」布料都是稀世珍品的「災荒」年代，這純毛背心的嘩眾取寵應該順理成章。結束這番見面禮儀，接著我就開始「坦白交代」，所長面無表情地傾聽，記錄專心書寫。

我用一口純正的湖北話說，我是江西九江市人，畢業於牯嶺廬山中學，真名叫黎維民（狼狽至此，還是想盡力為人民），我高中畢業後沒找到工作，做打火石生意來到重慶，初次做生意沒有經驗，受了騙，流落街頭……。這一切是我近期和遊民們交談中學到的「經歷」，當年做打火石生意被認為是投機倒把行為，視情節可判五年以下有期徒刑。我敢於冒充犯法，是因為我認為有刑徒刑比無期勞教強，就算判我個三五年，滿刑時我也才三十出頭。所長很滿意，並對我能主動交待罪行的態度表示歡迎，但聲稱政府還要調查核實。

表示歡迎的具體證明是第二天早飯後，宣佈了外出勞動人的名單，共十二個，其中就包括了昨天剛剛命名的黎維民，也就是本人。外出勞動是眾遊民夢寐以求的幸運，重點在外出，而不在勞動，因為外出可以見到久別的街道、人群乃至藍天白雲。外出的優點太多了，運氣好可以在路上撿到煙屁股，甚至會碰到個熟人給你施捨點什麼，就算這一切幸運都輪不到你，勞動一天，按所上規定，也可以領到一碗糖渣（熬糖剩下的腳子）。帶隊的「可靠遊民」如果好說話通商量，還可以請他代買點食物香煙，如機會好甚至可以逃跑。

兩個二十多歲的「可靠遊民」，帶領著十二個蓬頭垢面的不可靠遊民向某個河壩走去，帶隊的說今天的任務是從船上卸貨，沒有躉船的江邊，充其量在小木船上卸貨，估計不會太繁重，我們坐在江邊的鵝卵石上，等待著那一碗糖渣。

我旁邊坐著一位二十多歲的陝西人，彼此都是「外省人」，也就有了一個溝通的管道。一陣稱兄道弟之後，由於我逃跑心切，便向他鼓動說，這次外出簡直是天賜良機：「只要我們倆一起行動，兩個帶隊的若是去追，誰看管那剩下的十個？」他也點頭稱是，我又說：「回收容所途中，我喊一聲跑，我倆就同時行動，你向左我向右衝出隊列。」他說：「行。」我就遠離了他，以避嫌疑，同時也暗暗盯著這位老陝，看他是否去向「可靠遊民」檢舉邀功，他十分鎮定的看著江面。

直到下午一點多鐘，江邊有人傳話說船不來了，我們便列隊返回，帶隊者首尾各一個，當隊列走到一個十字路口時，我喊了一聲：「跑！」隨即衝出隊列向右側人行道奔去，這時只聽得身後有人高呼：「逮小偷，逮小偷！」在那饑寒起盜心的災荒年代，小偷多如牛毛，而被小偷偷過的人，可能比牛毛還多一倍，小偷為眾矢之的，民憤極大。迎面幾個見義勇為者早已把我攔住，我自知寡不敵眾，只好俯首就擒以免卻皮肉之苦。

在押歸隊列的途中，我偷偷地瞟了老陝一眼，他規規矩矩地站在原地盯著前面那個遊民的後腦勺，就像先前坐在江邊鎮定地看著江水一樣：「可能他捨不得今晚上那碗糖渣。」我心裡這樣想。

天下之大，無奇不有

回到收容所，我們在樓下等待點名交人。不一會所領導鐵青著臉走了過來，一雙眼睛惡狠狠地盯著我，牙縫裡咬出一句：「你是有刑事罪行的人！」這著實嚇了我一跳，因為我不知道他說的刑事罪行是指我的前科——管制勞教；還是現行——販賣打火石。不管哪一樣，我現在都只有聽候發落，最後所領導當眾對我宣佈的處分竟然是：「晚飯不給他糖渣！」這個處分對我來說簡直是福音，這也是我真正從內心感受到的一次「寬大處理」。更何況到開晚飯的時候又臨時宣佈：「今天外出勞動的人沒有勞動，不給糖渣。」更令我感到對我有點「寬大無邊」了。我真正的損失只是從此喪失了外出勞動的機會，因而留下了我終身沒有嚐過一口糖渣的遺憾。

從這以後，遊民中有許多人都喜歡找我吹牛聊天，因為我大膽逃跑的行為，在他們心目中認定我是「一條漢子」，或者按他們慣用的四川方言說：「是個角色。」

從他們那裡，我獲得了不少有關小偷扒手的生活經驗，行規黑話，但也付出了一些代價。比方說我去上廁所，順手將我的小掛包交給一張熟面孔，裡面有兩本書，半截肥皂和盥洗用具，幾天之後，只剩下了一個空包。在這個「垂死掙扎」的環境裡，友誼、真誠都是一種奢侈品，就像洗臉刷牙在這裡是一種奢侈的生活習慣一樣。

這樓的內側有一個缺口，像一個樓內的「天井」，三面有木質欄桿，扶著欄桿能看見底樓的一些情況，不是一般的情況，而是孔夫子說過的「食色，性也」的情況。先說食，廚房在底樓，雖然只能看見廚房的一排玻璃窗，但是每天早上從窗子裡飄出來的炸油條的香味令眾遊民想入非非，中午那大米飯的香味、回鍋肉、魚香肉絲的香味更令人饞涎欲滴。遊民們說：「日他媽，給老子們的一份供應品全被這些當官的吃掉了。」我相信這話；再說性，我有把握斷言，中國一九六〇和一九六一年肯定是出生率最低的年份，在那所謂的災害年代，年輕女人不來月經，年輕男人普遍陽萎，連生存都成問題，發展就失去了基礎。不過我周圍這一群小偷扒手，他們和貪官污吏一樣擁有揮霍不義之財的權利，雖然貪官可以養尊，但小偷可以處優，不然那大量湧現的妓女到哪裡去找嫖客？樓下是女遊民上廁所的必經之道，男遊民站在這欄桿邊上，看著來來往往的妙齡女郎，鼻孔裡裝著回鍋肉的香味難道不是不幸中之大幸麼？

某日，我和幾個遊民一起站在欄桿邊看下面的「風景」，突然看見我進所那天被工作人員逼到牆邊，大吼大叫地問她：「你現在還叫不叫江青？」的那個女遊民，年齡估計二十五、六歲吧，雖然算不上絕代佳人，但也可稱有幾分姿色，她身材窈窕，衣服乾乾淨淨，頭髮也梳理得整整齊齊，不像那些「五五信箱」的進到收容所就邋遢無比。此刻站在我身邊的人名叫陳一林，著名江洋大盜，曾四次

「泡」進收容所，對社會底層而言他可以說「知識淵博」。我指著「江青」問他：「那姑娘吃啥錢？」他十分神秘地小聲說：「他叫戴萌，是沙坪農場跑出來的勞教，右派份子，現在夥同西昌的四大美人在火車上網軍官。」他所謂的網，就是勾引的意思，我則又一次感到天下之大，無奇不有。

嚇跑了的官員

收容所裡也常常有些搞偵察工作的幹部光顧，一個個胳膊裡夾著大皮包，在遊民叢中辨認他們需要緝拿的對象，或者是通緝犯，或者是勞改逃跑犯，如果發現有遊民低著頭，這些幹部並不叫他們把頭抬起來，而是翹起一支腳，用皮鞋的尖頭去撥這個遊民下巴頦，使這遊民抬頭仰面，他的「醜惡嘴臉」便暴露在他那火眼金睛之下。我對這個侮辱性的動作十分反感，因為遊民同樣是共和國的公民（除我之外），他們的尊嚴不能任意踐踏。除了這個冠冕堂皇的原因之外，也不排除我一直耿耿於懷的個人感情因素。那就是一九五三年，我隨部隊去「解放」彝族聚居的大小涼山，有時對彝族奴隸主做統戰工作，談話時偶然會遞一支香煙給他們。可是，在這些奴隸主的心目中，漢人都是卑賤骯髒的，他們不願伸手去接這支煙，而是用腳趾來接（彝族人全打赤腳），以免玷污了他那高貴的身份。那年頭我還不到二十歲，肝火正旺，恨不得一拳打在他那臭腳板上，但「三大紀律八項注意」的軍紀迫使我忍受了這個侮辱。我懷疑這些用腳尖掰下巴的大皮包擁有者，和當年那些奴隸主有近似的心態。

有一天，突然宣佈要為遊民們理髮，有傳聞說，有領導要來視察收容所。四、五個想吃糖渣的遊民冒充理髮師，拿著理髮推子將每個遊民腦袋的兩鬢和後頸窩附近胡亂推了一下，留下頭頂那一堆頭髮，修整成俗稱馬桶蓋的那種髮型，醜陋無比，但仍有煥然一新的感覺。

第二天中午，遊民們奉命集合席地而坐。不一會，從樓梯口慢步上來一位深入基層的官員，他大腹便便，年近五十，身著銀灰色毛呢風衣，身後還緊跟著兩個年輕隨員。只見他一臉嚴肅地踱到遊民隊列前面，正欲開口說幾句什麼，突然間，遊民中有人高呼：「我們要餓死了！」這一聲嚎叫，真像是一個火種點燃了一桶汽油，眾遊民像瘋了一樣，紛紛從地上站立起來，雜亂無章地喊著同樣一句話：「我們要餓死了！我們要餓死了！」並緩緩向「大腹便便」面前移動，那官員臉色煞白，張開雙手示意遊民後退，隨員又高叫：「不要鬧，不要鬧！」但遊民們不管他是包青天還是劉青山，執意要表達自己的痛苦和憤怒，不斷向前移動著，呼喊著。這官員一定知道饑民和暴民之間只是一字之差，急切中他終於想起了三十六計中的最後一計，左顧右盼地隨同左右倉皇離去。

事後我曾想過，在骨瘦如柴的饑民面前，突然站出一個大腹便便的官員，這個反差是不是刺激性太大了。

尷尬的「天使」

十多天後，我們十幾個外省藉遊民被帶到二府衙遊民收容所，在那裡住了一晚，以便會同二府衙收容所的外省籍遊民一起去遊民改造農場。

凌晨五時左右，我們即被喚醒並奉命在院壩裡列隊報數，然後用點名的方式向押送幹部交人。儀式完結，在三名接收幹部帶領下，三十多名外省藉遊民穿過二府衙的小巷來到大街上再次列隊，原來是押送幹部要對我們講話。夜色中只聽隊前有人說：「你們將到綦江縣九鍋箐遊民改造農場，那裡就是你們自食其力的新生之地，前途光明」。他要求我們在途中要聽從安排，不要逃跑，最後他說：「我們不會給你們打麻煩，大家都是中國人嘛」。

「大家都是中國人。」這簡單到不能再簡單，樸素到無法再樸素的七個字，在我的心中卻像一擊炸雷一樣地轟響，久違了，「中國人」。這意味著血肉相連、親情相繫的神聖詞彙啊！這些年你躲到哪裡去了？是因為我們經年累月地在猜忌、仇恨的冰窖裡掙扎而忘掉了自己民族的高尚傳統，還是什麼惡魔施了什麼魔法冰凍了我們的熱血？此時此刻，似有一股暖流在我的體內奔突。對的，「大家都是中國人」！她呼喚著中國人的良知，中國人的尊嚴，中國同胞間的友愛善意。她使現實生活中，人們在匱乏的物質生活面前，在人人自危的政治陷阱中，顯現出的爾虞我詐、落井下石、自相殘害的醜陋行徑，在堂堂正正的中國人三個字面前，羞愧得無地自容。

感謝你，為我散佈福音的中國人，你是我心目中的天使。

晨曦中，我仔細端詳了這位散佈福音的天使幹部，他約摸三十多歲，中等個頭，論年齡他可算是我的兄長，個頭雖然比我矮一點，但他的形象應該是高大巍峨的，他給了我們溫暖。

我們在菜園壩火車站登上了從重慶開往趕水的那趟車，當年這種在支線上運行的列車，使用的是一種老式車廂，與現今的客車車廂最顯著的區別是，旅客的座椅是靠著車窗橫向排列的長座椅，乘客並不多，毫不擁擠，出於一種尋找知音的心理，我特意坐在這位傳播福音的天使幹部的身旁。

他溫文爾雅，一看就是個從舊社會過來的讀書人。他告訴我，他在重慶市民政局工作，祖籍廣安，他剛剛回老家掩埋了餓死的父親回局裡上班。他說：「家鄉裡很難找到一個完整的家庭，有的甚至全家死絕，真是慘不忍睹。」他也認為所謂的「自然災害」只不過是政策失誤的遮羞布，我倆的觀點相當一致。我甚至告訴他我原來也是搞民政工作的，在南充民政局，後來劃成右派，送了勞教，是從勞教隊逃跑出來的。這對於我來說是頭等機密了，既然大家都是中國人，怎麼能不以誠相待？

有人來把這位天使幹部叫走，我便獨自一人回味我和他的談話。

過了一會兒，列車上開始供應吃食，每個乘客兩個雜糧餅子，一兩一個，製作粗劣。我們看見周圍的旅客或狼吞虎嚥給腸胃以迅速地填補，或細嚼慢嚥給味覺器官以充分享受，我們只有一口一口地吞咽著貪饞的唾液。

突然，我們這夥人中的一個十三、四歲的小遊民竄到一個工人裝束的旅客身前，猛伸手竟搶走了他正準備享受的第二個餅子，那不幸的旅客用拳頭連連擊打這小小的土匪，「小土匪」則彎著腰埋著頭不顧外來干擾一股勁地把餅子往嘴裡塞，車廂裡頓時混亂，其他乘客見形勢嚴峻，都以最快的速度吞下這珍貴的餅子，免遭不測。

包括我在內的多數遊民都認為，我們這夥被押送的二等公民可能被剝奪了享受這兩個餅子的權利，但遊民中也有久跑江湖的老手，三、五個竟向列車員提出質疑，沒想到列車員的回答竟是這樣令人吃驚：「早就交給你們的負責人了。」

遊民們喧鬧起來，從另一節車廂裡過來了我們的負責人，也就是我崇敬的天使幹部，在嘲諷的目光和一片譴責聲中，他顫巍巍地從他的提包裡取出了本該屬於我們的幾十個餅子，只是他已狼吞虎嚥了四個。為避免事態擴大，遊民們每人兩個照發，只是苦了他同行的兩位幹部，兩個一言不發的中國人，一個人只能得到一個。如果我沒有勞教逃跑的殺手鐧在他手上，我一定會狠狠地譴責這個用神聖的中國人的名義來騙取了我的信任的「天使」幹部，我和他心照不宣地相互不再對視一眼。

細想起來，他也十分不幸，也十分可憐，是誰讓我們去接受這麼殘酷的現實？

可愛的羊毛背心

「解放」前夕和「解放」後的一九五一年到一九五三年我在部隊期間，都曾滯留在重慶，在新社會和舊社會的對比中，我對這座城市迅速改變的社會面貌有著良好的印象，其中十分突出的一點，便是「解放」前到處都能看到蜷縮在街頭巷尾、跪伏在大街小巷的男女老少乞丐們，他們衣衫襤褸，蓬頭垢面向路人乞求施捨。「解放」後，似乎一夜之間這些乞丐就消失得無影無蹤，我從來沒想過這些有礙市容的乞丐到哪裡去了，只認為這足以證明新社會的優越性。當然，更不會想到，在九鍋箐遊民改造農場，我會成為這群乞丐中的一員。

在綦江縣興隆場下了火車，步行六、七華里就到了我們這批人被分配到的第三連，宿舍在一幢兩層樓房的樓上，上樓前要經過一個過道，在過道旁邊我忽然看見用一床破草席裹著的一具屍體，草席用草繩捆紮著，但頂端卻露出了死者的頭頂，其醒目的特徵是那上面有許多長過癩子留下的疤痕。這種俗稱瘌痢頭的瘡疤是舊社會乞丐的共同標誌。

這農場估計有一千多人，編制像軍隊那樣班、排、連、營，班長排長都由改造好了的遊民擔任，連長以上就得由國家幹部充當，據說個別表現好的「新生遊民」可以當到副連長。我不禁想起一九五一年，我就讀在一所軍事院校，有一天校長作報告時宣佈了一項新政策，他說：「以後青年團員最高可以當到副連長。」這兩個政策簡直有異曲同工之妙。

第二天早上就出工，任務是挖花生，不管新遊民老遊民偷吃花生全面進行，排長間或吼一聲：「快點挖，不要光顧吃！」其含意似乎是可以吃，但也得挖，眾遊民嘴唇上沾滿泥巴仍然喜笑顏開。這時，從山上走下來一個幹部模樣的人，遊民們嘴上的泥巴就是偷吃了生產成品的鐵證，但他卻不呵斥不追究，只是佯裝不見。有人告訴我：「這是新生遊民副連長。」我看他白白淨淨，服裝整潔，儼然一尊改造好了的標本。他走過我身邊的時候竟然停下，我發覺他的目光正撫摸著我的羊毛背心，他問道：「昨天來的嗎？」我答：「是的。」「叫什麼名字？」「黎維民。」對答就此終結，只是他向山下走了四、五步，又調頭回來看了我一下，目光對著羊毛背心戀戀不捨。

第二天早上列隊開飯時，值勤排長宣佈：「黎維民不要出工，飯後到連部去。」因為我才來一天，估計不會有什麼不測風雲，只暗暗為今天吃不成花生而遺憾。

原來蘇聯十月革命節來臨在即，當時中蘇關係早已破裂，甚至有一種說法稱：中國人餓肚皮除了「特大的、嚴重的、百年未有的、持續三年的自然災害」（由這四組定語修飾而成的自然災害，是當年全國報紙的統一口徑）之外，就是蘇聯逼還貸款的結果，可見該蘇聯之可惡。但這個農場的建場紀念日，早已定在了十月革命節，似乎很難找到更改日子的藉口，只好照例慶祝一番。我被告知：「今天不出工，在家寫標語、黑板報」。好在十二條標語由上面發下，黑板報也是照抄油印的宣傳品，不需我作文章，這是一種貌似腦力勞動的體力勞動，在國內十分普及。

正在我一筆一劃寫字的時候，「新生遊民」副連長踱到我身邊微笑著說：「寫得不錯。」我說：「瞎湊合。」說話間我發現他的目光無時無刻不在撫摸我的羊毛背心，他小聲地說：「中午到我家裡來一下。」

近年來流行一個新詞彙：「包裝」，這詞如果撇開其服裝、髮型之類的外表意義，核心內容用我這類老古董的話說，就叫作培養典型。領導對原遊民今副連長精心「包裝」，也就是培養典型，讓廣大遊民產生副連長的今天就是我們的明天的感覺。副連長回家鄉結了婚，而且把老婆孩子接來了，甚至老母親也接來了，一家人團團圓圓地住在連隊後面一幢「獨立茅屋」裡。只可惜全農場這種海市蜃樓似的副連長只有一個，一個展覽品而已。

他家裡的設備比較簡陋，介乎農戶和幹部之間的檔次，叫我來是為了招待我吃一頓飯，這頓飯給我留下印象的是吃了一種包了心子的米粑粑，心子是用炒南瓜籽磨成麵加糖精水調和而成（估計不會用白糖，「災荒」年代憑他那二等公民的身份是不可能弄到那奢侈品的），我吃了不少，甚至在臨行時還讓我帶幾個回宿舍，只是叮囑：「吃的時候要注意。」

三、四個家常菜可算一頓豐盛的宴席了，席間閒談中他問了我的出身和經歷，我照「原稿」背誦了一遍。我知道遊民們都有一段不光彩的歷史，對他這類游離在人鬼之間的兩栖類更不能揭瘡疤，只問了問他的籍貫，想不到他竟是南充人。我說我做生意到過南充，隨即談了一些當地的風土人情，氣氛和諧融洽。這時他輕聲告訴我，遊民中有文化的人很少，你還是個「人才」，今後像寫寫畫畫之類的輕活還可以照顧我，說這話的同時他不斷用目光撫摸我的羊毛背心。

吃完飯，已是我應該離去的時間，我向他表示，目前我的處境很狼狽，患難中能得到他的關心萬分感激，我準備將這件羊毛背心贈送給他，只不過穿過幾天，請不要嫌棄。說完就脫去罩在外面的茄克衫。他問我，你穿什麼？我推託說，我有衣服。說著就讓他用手撫摸羊毛背心了。為了進一步表示感激，他又說：「隊上還缺一個搞文化工作的幹事，你的條件還不錯。」，最後竟現身說法：「我也是遊民出身嘛。」

沒兩天，農場開始登記需要棉衣的人，我當然首當其衝，買棉衣的錢日後從工資中扣還，遊民工資和勞教份子差不多，都是二十二元，可能分兩個月扣完。

很快地棉衣發下來了，但全隊只有十件，聲稱是解決最困難的人的，我雖然脫掉了羊毛背心，比起那些乞丐型的遊民還不算最困難的，但副連長的心畢竟是肉長的，他在黎維民的名字上畫了個圈，我就成為眾遊民羡慕的對象之一，穿上了新棉衣。使我特別滿意的是這棉衣上沒有任何記號標明它是遊民服，其樣式更接近學生服，布料則是一般的平布。

我難道可以埋名隱姓的當一輩子遊民嗎？這個不需答案的問題一直提醒著我。

可愛的農民伯伯

這是個星期天，工休日，我穿著新棉衣，外面再罩上一件特大號的帆布工作服，空無一物的掛包夾在腰間，找副連長請了假，聲稱到興隆場去理髮，副連長叮囑說：「早點回來。」我已決定外逃，想的是千萬不要回來。

老遊民自由得多，三三兩兩行進在去往興隆場的羊腸小徑上。我因才來幾天，本連隊的人都認識不多，更何況其他連隊的。但我仍儘量與前後人等保持一定距離，以免節外生枝壞了我的好事。真是越怕越有鬼，就在接近興隆場街口的時候，恰巧遇見一個「早點回來」的老遊民。民諺說：「耗子洞耗子才鑽得過。」可能我神色不對，他覺察到我是要逃跑的，假笑著問：「遠走高飛？」這時我如果向他爭辯解釋，反而是對他智商的蔑視，更易敵對，於事無補，不如孤注一擲地掏出身上全月飯菜票雙手獻上：「請老兄高抬貴手放兄弟一馬。」他接過飯菜票，一言不發，揚長而去。

此前，我在農場早已探好了路線，在興隆場等火車是絕對不安全的，便走出街口朝一個名叫萬盛的火車站走去。

幾經折騰的我，此刻身上剩下的錢只夠買一張從萬盛到重慶的火車票。我既無證明也無錢，當然不敢再進旅店去重蹈覆轍，只好一個人寂寞地走著。

走過了青年煤礦，我知道已進入了著名的南桐礦區，這裡的公路路面似乎也被煤炭染黑，來往的煤礦工人的臉上也滿布煤灰。萬盛到重慶的火車主要是運送煤炭，客運量並不大，我也搞不清這趟車到萬盛的時間，萬一晚上沒有客車，我又到哪裡去過夜？在車站徘徊引起懷疑我又拿不出身份證明怎麼辦？我估計時間已接近下午五點了，這樣走下去可能到萬盛的時間是晚上九點鐘左右，我必須想一個辦法度過今晚這個難關。

黃昏前，在地裡幹活的農民們紛紛回家，在我的前面就有一個老大爺扛著鋤頭緩緩地走著。我走近他也用他的緩慢速度並肩行進，一路上我向他問這問那，前三皇後五帝擺著龍門陣，他指著離公路約百米左右的茅屋說：「我的屋攏羅。」我趁勢說：「天晚了，反正也趕不到萬盛，乾脆到你家歇歇腳，我喜歡聽你大爺擺龍門陣。」

大爺家有一兒一女，大的男孩已是十六、七歲的小夥子，女兒才八、九歲，雖然住的是茅屋，但整潔寬敞，屋簷下掛著一串串晾乾的葉子煙，屋角堆放著大大小小的南瓜，一看便知道是一個比較殷實的農戶。除大娘在廚房裡忙乎外，一家人圍坐在方桌邊擺談今天的所見所聞，我乘機向他們表白說：我是重慶搪瓷廠的工人，這次來興隆場看我的哥哥，他在供銷社工作，哥哥又出差去了，我等了兩天，假期滿了，只好趕回單位，但錢已用完，十分困難。我表示，今晚若能在他家住宿，願把我身上這件棉衣送給他的孩子。

說話間便脫下棉衣遞給了大爺，大爺一邊吸葉子煙一邊靠著煤油燈，用農民的精明從面料到襯布仔細品評，顯然是一件剛剛上身的新棉衣。他順手將棉衣遞給了兒子，小夥子在他父親察看時已從旁看過，便抱著衣服去廚房請大娘過目，這樣我也就告別了這件來之不易的棉衣。

晚飯吃紅苕稀飯，其中米粒只占十分之一，每人都用大碗盛著，我發現我這一碗裡的米粒比周圍任何一碗都多，我深知淳樸憨厚的中國農民，他們寧可自己少吃也給客人最好的款待。我也瞭解這個小夥子，很可能這是他一生中第一次擁有的一件屬於自己的棉衣，那年頭，一家人全年的布票，加起來也不夠做一件棉衣。

睡前，這位老農來到我床邊，遞給我一捆大約兩斤重的葉子煙。在「自然災害」年代，一切農產品的價值都是昂貴的，這兩斤煙賣的錢，足足可以供我十天的用費，而我又是一貧如洗。大爺說：「小夥子，我們農民沒有現金，我送給你兩斤煙吧。」我說：「煙你留下吧，我說過這棉衣是送給你們的。」大爺有點生氣，說：「不行不行，要不你就把棉衣拿回去。」我只好向他道謝，把這捆煙放進我那空無一物的掛包裡。大爺露出慈祥的笑容，便在煤油燈上吸燃了他剛剛裹好的葉子煙對我說：「按村上的規定，來了外人要到村上去報告，前不久我們這裡還抓到過逃跑的遊民，你到底是幹啥子的喲？」我故作鎮靜地笑著問：「你看我像遊民嗎？」他卻用模棱兩可的外交辭令回答說：「當然，當然。」看來他並沒到村上去報告。

第二天大清早，我挎上裝有葉子煙的掛包向主人道別，膽小怕事的主人也希望我這位來歷不明的不速之客按客去主安的傳統辦事。大爺在屋門口送我，我剛剛走到房屋牆角的拐彎處，突然從牆邊遞出一根一斤多重的大紅苕，我迅速伸手接過，眼角的餘光看見他大兒子的身影。這位寡言少語的小夥子還捨不得穿那件寶貴的棉衣，這畢竟是他夢寐以求而又意外獲得的「奢侈品」，除了費盡心機背著嚴厲的父親選一根最大的紅苕向我表示感謝外，再也找不到更好的方式了，這個意外的細節在我喜愛的誠摯善良的農民蕭像上，又添上了一筆亮色。

謝謝你，可愛的兄弟。

這次遇見的是大嫂

大約十點多鐘，我終於到了我嚮往已久的萬盛。

看得出來，正常年景中的萬盛場，應該是一個相當繁榮的鄉村集鎮，又寬又長的街道和又大又多的商店門面可以作證，「自然災害」像一場颶風掃蕩了她的繁榮，留下的只是冷清和蕭條。

我挎包裡有兩斤葉子煙，價值三十多元，還有一根大紅苕，這意味著我已經是既有錢花又有東西吃的「中產階級」份子了。

想起昨夜老大爺提到逃跑遊民的事，雖未挑明，但看得出來，他對我還是有幾分懷疑，究其原因，估計問題很可能出在頭髮上。前面說過，我是在郵局巷遊民收容所為迎接領導視察由一些混糖渣吃的遊民剃的頭，除了在腦袋頂部留著一圈頭髮以外，下面一掃而光，沒有從長到短的過渡區域。這種奇形怪狀不倫不類的髮型在正常人中是很難找到的，我必須找個理髮店重新剃個頭，更何況這也是我離開遊民改造農場的「正當理由」。

很快地找到了理髮店，我首先把這根大紅苕埋在燒理髮用水的炭火灰裡，等它烤熟後充作我的早餐，同時也是午餐，然後坐在理髮椅子上。作為一個內行，那理髮師一摸到我的頭髮就笑了起來，笑聲引來了周圍顧客和夥計們的目光，我擔心這目光演變成革命警惕性，只好扯謊說：「學校搞勤工儉學，老師的頭就成為學生們的試驗品，被弄成這個樣子。」這似乎也是一個站得住腳的「正當理由」。

付了理髮錢，我便從爐膛裡掏出紅苕，也許是火力不足，也許是紅苕太大，也許是時間太短，總之，這紅苕的中間部份完全是生的，農村有民諺說：「生苕甜，熟苕粉，只有夾生苕最難啃。」我還是把它啃到了火車站。

列車時刻表告訴我，萬盛到重慶的客車分別是上午十時和凌晨四點三十分。我想，我若在這冷清的街道上遊蕩到凌晨四點三十分，必然會招惹許多懷疑的目光，而這小小的火車站空無一人，我坐在這裡等到明早火車開來也純屬不正常現象。反正我輕裝上陣，沿著鐵路走去，走到哪裡就在那裡上車，還可以少花點車票錢。我自己就是自己的「一把手」，不是說了算，想了也得算。

悠悠閑閑，觀山望景，走到下午四點多鐘，忽然看見前面有個背背篼的婦女，顯然她因為背負過重而艱難的行進著。我剛剛超過了她幾步，她就在後面喊：「同志！」問我到哪裡去，我說我到前面去趕火車，同時放慢了腳步。她告訴我，她回娘家轉來，背的東西太多太重，實在走不動了，如果我能幫她背回去，她可以送我兩斤從娘家帶回來的小米。我簡直認為自己在走財運了，兩斤小米可以讓我脹飽兩頓，那是多麼舒服的味道。我欣然同意，這六十多斤的重量對於一個修了三年多鐵路的小夥子只算是小菜一碟。我們邊走邊聊，她告訴我她家就住在鐵路旁邊，我靈機一動，何不今晚就在她家借宿一夜，明天早上三點左右起床趕到火車站也很合適，便向她提出這個想法，她也同意了。

實際上她家住在一座大山的半山腰，到家的時候，太陽早已下山，接近黃昏時分了，站在她家門口到也能看見鐵路在山下蜿蜒，這大概就是「家在鐵路旁邊」的根據。年輕力壯的我，背這一背篼東西爬這樣陡峭的山也累得大汗淋漓，她逢人便說：「如果不是黎同志幫忙，我簡直無法背回家。」

她丈夫在南桐煤礦挖煤，家中只有兩個十歲上下的女兒，女兒看見媽媽從外婆家回來，又帶回那麼多吃的東西，高興得又叫又跳。不一會，左鄰右舍的鄉親們也來看望問好，當然也會暗藏一顆打量外來人口的好奇心。婆婆媽媽問長問短熱鬧了好一陣，主人終於端出一大籠以南瓜拌玉米粉佐以鹽巴、海椒面蒸成的美餐，我因勞動量大，除那根夾生苕外沒吃過任何東西，早已餓得肚皮巴到背脊，趁機脹了個天翻地覆慨而慷。吃完飯，女主人遞給我一包小米，我們對答了幾句客氣話，我請她明早三點左右一定叫醒我，便倒在她指定的床上，鑽入蚊帳（四川農村一年四季都掛蚊帳）呼呼入睡了。

睡夢中忽聽得女主人在身旁喊：「黎同志，黎同志！」我醒來發現，她帶著女兒竟睡在我旁邊的一張床上，因為大家都沒有手錶，可能是她估計的三點鐘吧，我匆匆穿衣，心中不禁納悶，這個地方風俗真怪，丈夫不在家，竟可以讓一個陌生男人同住在一間房內，雖然隔著兩床蚊帳，畢竟是相距咫尺。不過，此刻決不是研究民俗的時候，我得趕緊下山，誤了火車那才是添麻煩的事。

依然是一無所有

天空漆黑，女主人幫助我點燃了昨晚準備好了的火把，我往山下走去，因擔心在陌生的田野裡走錯路浪費了時間，我的原則是見坡就下，心想這樣總會下到鐵路邊上，大約經過半小時的東竄西跳，火把也早已燃光，總算看見了鐵軌，對於我，它就是陽光大道。

我朝著前方一個名叫蒲河的車站走著，遠遠地我看見有一盞馬燈朝我晃晃悠悠地走來，原來是一位巡道的鐵路工人。我向他打聽我能趕得上開往重慶的這班車嗎？他搖頭回答說：「可能來不及了吧。」我便加快了腳步，但幾分鐘後，身後便有轟隆隆地火車奔馳的聲音傳來，我心急如焚，開始加速奔跑，火車帶著一陣疾風卻從我身邊飛馳而過，直到我目送著最後一節車廂那紅色尾燈從我眼前消失，我還是抱著最後一線希望奔跑著。誰知一不小心，我便一筋斗摔下了鐵路路基，小腿上劃開一條四公分長的口子，鮮血流到了鞋底，疼痛難熬，眼前那長長的鐵軌告訴我，這趟車我再也趕不上了。

天朦朦亮了，我一跛一跛地向蒲河方向走去，快到街口時，我看見緊靠鐵路邊有一個小小的工棚，一位三十多歲的鐵路工人正在裡面烤火，為了緩解疼痛，也為了休憩片刻，我也湊了進去，這位工人態度和善十分好客，很快地我們聊起天來。我向他訴說今早上趕掉車的苦惱，他向我訴說餓肚皮的煩悶，說他妻子患著水腫病，躺在床上啥也幹不了，四歲多的孩子骨瘦如柴又無人照看，說著說著這七尺男子漢竟嚶嚶地哭了起來。我費盡口舌，苦苦地勸慰了一番才稍有緩解。他說要看看我摔傷的創口，我撈開褲腿，他看後大吃一驚，說這樣大的口子不包紮一下肯定要灌膿，乾脆到我家裡去弄一下，我家裡有碘酒紗布。我再三推卻，他說：「就在這背後，只有幾步路。」

他家的景象真可以用淒涼兩個字來形容，特別他那患水腫病的妻子，想從床上撐起來和我打個招呼都十分艱難。四歲的孩子瘦得像隻小猴子，坐在床邊連喊「叔叔」的聲音都像蚊子叫，難怪這七尺男子淚如雨下。七尺男子細心為我包紮了傷口，他還得回工棚去上班，我也得去火車站瞭解一下情況，臨別時我掏出昨天掙來的一包小米送給他妻子，一家人瞪大了眼睛，千恩萬謝。我發現七尺男子又快哭了，便趕緊辭別而去。

在與鐵路工人交談中，得知今天是蒲河鎮趕場的日子，我準備到街上買點東西吃，同時賣掉掛包裡的葉子煙，換取點伙食費。很快地我捲入了擁擠的人流，吃了一個燒餅便去到葉子煙市場，摸了一下行情，出手也十分順利。剛把錢揣進腰包，忽然有「便衣」拍我的肩膀，並要我隨他前去，一看大門上掛著一塊蒲河鎮稅務所的大牌子，我反而鬆了一口氣，因為它畢竟不是公安派出所。我從來沒想到賣兩斤葉子煙還得完稅，更沒想到其稅額高得如此驚人，還有一個沒想到的是六十年代的稅票體積之大，上三次廁所也可能用不完。我按蝕財免災的原則照交不誤，如果和他爭吵，他把我留下來進行一番稅法教育，弄不好早班火車又得趕掉。

就這樣告別了我昨天暗自慶幸過的「財運」。

重慶的「表嫂」

我在大渡口站下了火車，然後過江乘短途汽車去到了苦竹壩。

和周茂歧一起逃離勞教隊的時候，完全沒想到會發生這一個月來的意外遭遇，雖然臨行前許多「同學」或出於友誼，或出於正義感，都曾對我以逃跑行動來抗議肉刑表示了支持。有的甚至把家庭地址都告訴了我，叫我有困難去他家，因為我知道這種作法弄不好會連累家人，基本上是不可取的，從沒記下其中任何一個人的家庭位址。

但是，在我走投無路的情況下，分別在重慶和成都去找過個兩位「同學」的家屬，這兩位家屬在我決定逃跑期間，都曾經到旺蒼快活場勞教隊來探親，並經由她們的親人特意介紹我認識，以便今後好聯系，其中一位還因此而遭到不幸，雖然以後也平了反，但癒合了傷口也癒合不了傷痕，特別癒合不了我對這位無辜者的愧疚和遺憾。

她是我當年最好的一位朋友的妻子，美麗忠貞，善良誠懇，還是個慈祥的母親。她在這個工廠的一個車間搞醫務工作，帶著一個四歲的女兒住在這個車間的宿舍裡，她對同事們宣稱，我是她丈夫的表弟以搪塞那些愛管閒事的耳目。

這個車間距離廠部有十多里路，規模並不大，人也不多，市場的不景氣迫使這個國營企業陷入半停產狀態，廠裡靜悄悄地一片蕭條。偌大一間集體宿舍裡，約二十多張放著臥具的床卻只住了兩個人，其中還得把我這位身份可疑的外來人口算上。我睡在某位不知姓名的工友的床上，我身上成群結隊的蝨子，肯定有一些「走失」在他的床上，這也是我深為抱歉的難言之隱。

車間裡人手不夠，我這位「表嫂」除了負責清閒的醫療工作以外，還得在車間辦公室兼一份寫寫算算的差使，車間的公章也由她保管。

雖然「表嫂」對我的到來表示熱情歡迎，但這決不能成為奪取從她母女倆口糧的理由，何況她倆的口糧加起來也只能供我個半飽。我背著她早晚到市場上去買最便宜的紅苕葉子，在正常年景這是最常用的豬飼料，最貧困的農戶也不會吃的。我在車間的一個小煤炭爐子上煮熟當飯吃，只對她撒謊說：「我吃過了。」我唯一的要求是向她借一百元錢給我，這個不小的數目相當於她兩個月的工資總額，她慷慨地同意了。我當著她的面給我在新疆的妻子寫了封信，叫她匯來付還（很快匯來還了）。

錢借到了，證明怎麼辦，當年蓋有公章的一紙證明，相當於今天的身份證，沒有它將寸步難行。「表嫂」說：「有辦法。」當晚她把我帶到辦公室，打開抽屜，取出車間的公章。但是，車間的公章對外不起作用，「表嫂」便開始實施她的「辦法」。她先給這枚公章蘸上印泥，然後用一個小紙片把中間豎著刻的「第二車間」四個字貼蓋上，印出來便是一個像模像樣的廠級公章了，她順手給我蓋了三張備用。「表嫂」還輕鬆地說：「各車間為了買特價白糖，造廠級證明都是用這個辦法蓋的。」似乎這個半公開的秘密像兒童遊戲一樣地簡單。我們當時都還是比較幼稚天真，沒想到會出多大問題。

後來，單純誠摯的「表嫂」，為此付出了被判五年有期徒刑的代價，在那個「以階級鬥爭為綱」的年代，雖然刑期只有五年，而那「賤民」的身份必將終身蹂躪著她。二十年後，涉案的人雖然都得以平反，但殘缺家庭留下的創口將永遠流血，那是萬能的上帝也無法修復的了。

如果悔恨可以進行衡量，我可以毫不誇張地說：我對「表嫂」帶來的傷害，是我一生中最大的悔恨，對這位比一切無辜者更無辜的善良母親，我的悔恨，恰似一江春水。

成都的「大姐」

重慶給我的麻煩夠多了，兩天後，我逃到了成都。

在我逃離勞教隊的前幾天，恰逢黃澤榮「同學」的胞姐黃澤芳從成都來旺蒼探親。我與黃澤榮一同出席過一九五六年四川省文學創作會議，並兩度在同一期刊物上發表過作品。雖無深交，卻有舊緣。加上我們這個中隊剛組成不久，我與他都是從別的中隊調入而且各自在不同的大組，沒有更多接觸的機會，交往不是很深。

一周以前，黃澤榮因圖謀逃跑被送到大隊部關禁閉，因為他姐姐的到來才臨時把他從大隊禁閉室調回到中隊來禁閉，中隊沒有武裝士兵看守，所謂禁閉只是不出工而已。黃澤榮從他的朋友圈子中，得到我將於近期逃跑的消息十分興奮，並從禁閉室捎話找我面談。在禁閉室窗前，他把他姐姐介紹我認識，對我說姐姐住在成都中北打金街四十四號，在外面有困難可以去找她，黃大姐也點頭同意。

在一座簡陋的平房裡，我見到了黃澤芳大姐，像當年所有中國平民的家庭一樣，接近貧寒的簡樸，體現在狹窄的房間和陳舊的家俱上。大姐夫不在家，大姐悄悄告訴我，他丈夫是管制份子，到街道辦事處去接受訓話去了。具有這種身份的家庭和我這種份子的交往，一旦被發現後果更為嚴重（所幸黃大姐與重慶表嫂遭遇不同，他們夫婦未受此案絲毫影響）。我就向大姐要了一件黃澤榮早年穿過的薄棉衣，初冬的寒風已不是我身上的單衣所能抵擋的了，大姐很快拿了出來，我穿上後立即告辭，大姐說：「不行不行，你這麼遠來了，飯都不吃一頓成什麼話。」拉著我不准走。

感謝黃澤芳大姐的盛情，使我留下了終身難忘的兩個無比辛酸的畫面：一個是黃大姐深深地彎下腰去，在她家那只長方形的大米櫃舀米的樣子，特別是為了舀出最後幾粒米，米櫃底板發出的呱呱呱地叫苦聲；另一個畫面是黃大姐叫她八歲的女兒，到鄰居家借一小酒杯菜油，好炒一樣有油的菜來款待我，她女兒從鄰居家端著這一小酒杯菜油，像捧著一顆價值連城的夜明珠一樣，深害怕灑落了一點一滴，一個碎步又一個碎步、謹慎而又謹慎慢慢移回家來的動人情景……

我不幸的祖國母親，你被政治狂人折騰成什麼樣子了！

巧遇「江青」

四川對我來說是危機四伏的「雷區」，我得趕緊離開。

那年頭的成都火車站十分簡陋，「災荒」歲月，車站像人一樣萎靡不振，像平民家庭一樣破敗寒酸。出站口對面幾間陳舊的鋪面上方，懸掛著一塊「火車站一條龍服務處」的紅布橫幅，這種所謂的「一條龍服務」是當年大吹大擂的所謂先進事物，像共產黨鼓動的其他運動一樣，狂熱的一陣風吹過以後，湧現出一批見風使舵的所謂積極份子，這些人在撈到一官半職的好處以後，運動也便煙消雲散。但是今天這個貌似陳詞爛調的橫幅卻令我刮目相看，因為橫幅下面正站著一個面目清秀、身材窈窕的姑娘。定睛一看，那不正是我關進郵局巷遊民收容所時，被工作人員逼至牆邊並吼著問她「你現在還叫不叫江青」的女孩嗎？我記起「江洋大盜」曾經告訴我她的真名字叫戴萌。她和我一樣是右派份子，還有和我一樣，是判了勞教的右派份子，而且更和我一樣，是從勞教隊逃跑出來的右派勞教份子，不同的只是她化名江青當妓女，我化名黎維民還在「待業」期中。就憑這一系列的一樣，我也應該前去向她致意。

我在她身邊輕輕地喚了一聲：「戴萌！」她用一雙吃驚的大眼睛瞪著我，我報以微笑並小聲告訴她：「我也在郵局巷泡過。」既然大家都是淪落天涯的「同泡」，距離立刻拉近，我告訴她，火車站太複雜，我們還是邊走邊談吧。

我倆並肩朝東面的田壩方向走去，她一邊走一邊對我說，她原在重慶市第口人民醫院工作，一九五七年給領導提了點過激的意見被劃為右派份子，送到峨邊縣沙坪農場勞動教養，她是從那裡逃跑出來的。我知道一九五八年初，全省處理右派時，大部份都送到了這座邊遠山區的農場，我們這幾十個南充送來的傢伙，剛剛到成都新生巷四號轉運站，便開始組建四川省公安廳築路二支隊（一支隊是勞改支隊），凡花名冊在我之前的均送了沙坪農場，在我之後的除老弱病殘和女右派之外，都到了築路二支隊。本人也僥倖成為築路二支隊第一中隊第一大組第一小組的第一名，我還有那麼一點點「劃時代」的榮幸感，所以每次集合點名，第一個呼喊的就是張先癡，我回答的那聲「到！」絕對響徹雲霄。

我倆走到一條水渠旁邊的荒草地上，「江青」又對我說，她剛從勞教隊跑出來時，便到江津她外婆家（「小時候外婆最疼愛我」），外公土改時被槍斃了，「我想在農村陪我孤苦的外婆過一輩子算了。沒兩天被積極份子密報，來了一夥民兵翻箱倒櫃的搜查，我躲在一堆穀草裡渾身發抖，總算躲過了這一劫，隨後我想到，這樣在家鄉危險的待下去，萬一被發現還可能會連累可憐的外婆，當晚我就跑到了重慶。後來碰到西昌的小馬（小馬的樣兒確實長得乖），幾姊妹就在成渝線上找碗飯吃。」又說：「我今天到火車站來，就是想看碰不碰得到小馬她們。」我也向她介紹了我的情況，甚至我的真名實姓。當然我們也談了對「總路線、大躍進、人民公社」即當年不可一世的三面紅旗的不屑。河渠對面有幾個挖地的農民，六十年代的人都比較保守，他們肯定誤以為我們是一對戀人，故意大聲地說幾句戲謔性的不怎麼文明的話，我們只假裝沒聽見，不予理睬。

看樣子時間也不早了，肚子又餓得難受，我便問她需不需要什麼？她說，你也沒有多餘的錢，就給我開一張證明吧。我取出空白證明問她用什麼名字，她思考了一陣說，就寫江瓊，我心中暗想，也許江青這個名字對人的感官刺激太大了吧。

我倆起身散步似的向城內走去，在一個街口看見一家飯館正在賣「蓋澆飯」，「災害」年代，四川的飯館多半都賣這種飯，因為沒有肉類和更多的蔬菜品種供應，就是有，我等這類草民百姓也因其昂貴而不敢問津。所謂的「蓋澆飯」，也就是用芹菜或胡蘿蔔之類的大眾菜煮成釅一點的湯，將這種湯澆蓋在一碗米飯的面上而得名。這只是我對這飯名由來的揣測而已，這種獨領風騷若干年的「四川名小吃」被嚴酷的歷史篩選掉了，連這三個字是不是錯別字我都沒有把握。

一小時前命名的江瓊去佔領桌位，我手攥糧票和鈔票去排隊買牌子並端飯，我和她只用了幾分鐘就吞了個碗底朝天。那個年代，餓極了的中國同胞都用吞的功能替代了咀嚼的功能，哪怕是一位長著櫻桃小口的姑娘。走出飯館，天已快黑了，我想和她道別，她說：「我還有些話，明天再談一下行不行？」我猶豫了一下便同意了，讓她明天上午十點在春熙路孫中山銅像前會面。最後對她說，我準備到牛市口去住旅館，那裡有便宜的。她說我也要到那邊去，乾脆同路。

我和她一起朝牛市口方向走去，沒走多遠，她伸出雙手拽著我的右胳膊說：「我實在走不動了，叫個三輪車吧。」對此我頗有反感，認為都落難到如此地步還這樣嬌氣，但我還是忍下去了。叫了部三輪車，上車後她的頭偏過來靠在我的肩上，這時我從她翹起的二郎腿上發現，她的腳已經水腫得相當厲害，這是全身水腫的先期徵兆，這個階段的患者走路有困難。很後悔我剛才對她要求坐三輪車的反感，還產生了一種憐惜之情。這時她卻溫柔地在我耳邊悄悄問道：「你想不想要我？」老實說，一個二十多歲身邊沒有妻室的男人，一個永遠不想攀登道德頂峰的我，在人類還不知道愛滋病為何物的年代，面對一位年輕漂亮的姑娘用這種輕柔的聲音發出的呼喚能無動於衷嗎？前面那段〈尷尬的小插曲〉中我已敘說過，「自然災害」早已把我閹成了沒有繁殖力的「太監」，而我又沒有勇氣在一位美女面前承認。我只得指著她的二郎腿說：「算了，你看你的腳都腫成什麼樣子了。」為了顧面子，我竟然做出一副惜香憐玉的高姿態，當年的我也只是這樣的檔次而已。

第二天，我們如約在春熙路見了面，她拉拉我的衣袖說：「走，吃飯去，我招待你。」我們去到附近一家飯館，吃的仍然是最具時代特色的「蓋澆飯」，還沒吃完她又一邊掏錢一邊說：「我再去買兩個鍋魁」（成都人對燒餅的稱謂）。我看見她撒在餐桌上的鈔票竟有十多元之多。心想昨晚我和她分手後，不知道她在哪裡找到了一位願意為她付錢的人，一陣莫名的悲涼湧上了心頭，連鍋魁也索然無味了。

我們一起去到人民公園，坐在草地上繼續昨天的話題，說到今後的打算，我說我準備到西安去，她低著頭沉吟了好一陣，然後小聲說：「不曉得你願不願意帶上我？」這個比翼雙飛的主意決不是一個沒有誘惑力的設想，孤獨的漂泊和結伴而行絕對像苦和樂一樣對應。何況我和她的命運是那樣相似相近，她又是那樣漂亮可人，我也不可能當一輩子「太監」……但是一想到吃飯、想到生存這個每天都碰到的問題，浪漫這兩個字就不那麼可愛了。再想到為我付出了一切的妻子，我們能飛多遠飛多久？在每時每刻都有人餓死的土地上，我們能夠用幻想來消遣嗎？她見我沉默不語，又問了一句：「你是不是看不上我？」我說：「不是看不看得上的問題，而是我們怎樣活下去的問題，……總不能讓『江青』來養活我嘛。」最後我又說：「老實說，你比我妻子更漂亮，但是我妻子已經為我作了太大的犧牲，你一定不希望我成為一個忘恩負義的人吧。」她低頭不語。

四小時後，我已經坐在開往西安的列車上。

初上「賊」船

入夜，列車在綿陽站停下，從新上車的一群旅客中，我發現正在尋找座位的陳一林，這位著名江洋大盜的身邊還帶著一個小青年，我坐的這排三個人的座椅上還剩著一個空座，便招呼他進來坐下。他指著身後的小青年向我介紹說：「這是我的弟娃。」我心裡揣想，八成是他帶的徒弟。待他倆安放好行李，我正為座位不夠而發愁的時候，弟弟卻自願睡在座椅下面的地板上，解決了這個難題，坐在我身邊的陳一林咬著我的耳朵悄聲說：「他沒有買票。」我立刻為他擔心起來，他卻談笑風生，滿不在乎。

旅客們將要打瞌睡的十點多鐘，幾位列車員走進車廂開始驗票。我十分緊張，江洋大盜卻若無其事，到我們這一排座位，三個人一一驗完，查票人忽然發現座椅下還有人，便伸腳去撥弟娃的腳，叫他把票拿出來驗，我心想壞了，肯定遭罰款。想不到弟娃竟從椅子下面遞出一張票來，列車員看罷便遞還給他。待列車員走開，我才問江洋大盜咋回事，他笑了一笑說，「這太簡單了，他們驗完我的票，我順手遞到座椅下簷，他伸手取去不就是他的票了。」我暗自佩服這些江湖人士的「多才多藝」。

車到西安，我們一同到西八路五洲旅館住下，第二天清早，三個人一起到一個食店吃湯圓、米糕之類的早點，我占好桌位，他們兄弟二人忙著買牌子端點心，（當年的竹木牌子相似於現今某些餐廳的票）端吃食的顧客從收牌子的人面前經過時，將牌子交給她才能將吃食端走，收牌子的順手將收下的牌子扔進她身邊的一個大筲箕內，他倆弟兄進進出出一有機會就從筲箕裡抓上一把，我們的牌子越吃越多。我已經很久很久沒有像今天這樣款待我的腸胃了，吃飽以後我們揣著明天早餐的牌子，紅光滿面地走出了飯館。

在火車上，江洋大盜曾經告訴我，他們這次到西安準備買些毛毯到四川去賣，我感到似乎不是這麼回事。

下午江洋大盜約我去逛街，看見路邊有十多個人排成隊列買東西，江洋大盜悄聲對我說：「在社會上跑，自己還是要操點手藝，靠朋友只有再一再二，沒有再三再四。」他向排隊買東西的人群瞅了瞅對我說：「我去找點錢用，你跟我當個『下手』。」『下手』是四川方言中助手的意思，就是叫我去配合他這次行動，像我這類初次上陣的新手，不外乎用身體遮擋一下周圍的視線罷了，我覺得這事很簡單，便毫不猶豫地答應了。

我和他一起進入排隊的行列，當隊列緩緩移動到賣東西的視窗時，江洋大盜便擠到窗門邊，假裝看窗內工作人員取東西的情況。其實他已鎖定了一個目標，也就是他右側一位四十多歲的陝西佬，他別在腰前的那個脹鼓鼓的小皮包正誘惑著他的視線。江洋大盜向我遞了個眼色，我立即側身過去對這位老陝形成包圍圈，只見江洋大盜用兩根手指翻開那個皮包的蓋子，在這千鈞一髮之際，我卻周身哆嗦不已，簡直是進入了魂不附體的境界，好像是我在偷東西一樣。突然這老陝一把抓住江洋大盜的手大吼：「你偷我的錢！」江洋大盜死不認帳，並以眼神示意我去打圓場，我畢竟做賊心虛，更因我自知是外逃的勞教的不堪一擊，未敢再一次公開配合。此時隊列秩序大亂，許多好奇心圍著兩個爭吵著的當事人，那憤怒的老陝便拉著江洋大盜去到了派出所，我也混入好奇心的行列尾隨而去，並牢牢記下了這個派出所的名字。

假如我不是一個負案在逃的勞教份子，我是可以以旁觀者的身份去作個偽證，為江洋大盜開脫一兩句，但我怕惹出更多麻煩，便回到旅館。「陳氏老弟」在睡覺，我把他喚醒，向他陳述了他哥哥的情況，他說沒有關係，「我們有熟人」，便獨自去了。

不一會，陳氏兄弟倆返回旅店，從他們冷冰冰的臉上我看出對我的不滿，一方面江洋大盜出手不利當場被抓有失面子；另一方面我拙劣的配合只能說明我是個無能之輩，甚至沒什麼培養前途。我對他也只有一份「他鄉遇故知」的情緣而已，也沒有和他們共謀發展的願望，更何況早有「朋友只有再一再二，沒有再三再四」的預警。我便主動對他二位說：「明天我就要走了」，這句話也正符合了他們倆的心意。

晚上，他們去吃飯去了，我獨自一人躺在床上思前想後，往後我將如何生存，我在新疆的妻子已改名換姓在那裡落戶，我如果到那兒去弄不好還會給她添麻煩。殘酷無情的政治鬥爭已將我這個朝氣勃勃的家庭徹底搗毀，我的路，在哪裡？

再上「賊」船

在重慶遊民收容所期間，我曾經短暫地接觸過一個自稱是四川大學外語系的學生，他在外地流浪了兩年多，足跡幾乎遍及全國各大城市，此人見多識廣能說會道，在遊民中頗得人緣。他告訴我，扒手偷東西其實很容易，但難免失手，按六十年代的慣例常常是凡逮著扒手，便由有關當局沒收他身上的錢物，有的甚至扒光他的衣服，然後將他放掉或者送到遊民收容所「泡」上一些時日，除非是累計次數太多或者搜出的錢物數額巨大，一般不會送他們到人滿為患的看守所去打擠。但如果這個扒手有一個可靠的後臺，每次扒得的錢都交由後臺保管，萬一扒手失手被抓，他身上幾乎一文不名，充其量抽他兩耳光一腳踢出派出所了事，放出來的扒手按預先約好的地點找到後臺，二人同到高級餐廳用以往的積累飽餐一頓，該扒手很快恢復了「業務能力」，這便是江湖人士所稱「掌紅吃黑」之一種。在他這裡我受到啟發不小，認為這個後臺的角色我倒比較適合，只是苦於找不到這樣一位扒手。

傍晚下著濛濛細雨，我獨自一人在街上吃了點東西正在返回旅店途中，在昏暗的路燈光下，我看見從屋簷下伸出一條由手腕托著的褲子，意在變賣。這人的身段輪廓似曾相識，我便多看了一眼，果然此人正是與我在九鍋箐遊民改造農場打過交道的周恒中。

我和他在遊民改造農場結識，據他本人介紹是上海崇明縣人，從新疆某建設兵團跑出來，這些姓名藉貫鬼知道是真是假，就好像鬼知道黎維民是真是假一樣。他的年齡估計二十三歲左右，他說他讀過高中，在社會上按他的話說：「紅黑兩頭吃。」（江湖黑話，意為白天扒竊，夜間入室偷盜。）我和他睡鋪相鄰，有點小交情，甚至遊民副連長給我的米粑粑還給他吃過一塊，只不過後來他偷了我的英雄金筆，我臭罵了他一頓而斷絕了交往。這次在他極為狼狽的情況下，又一次「他鄉遇故知」，他為那支筆的事向我表示了歉意，我則想著「掌紅吃黑」的美好前景，便去買了些東西給他吃，然後帶他到我住的旅店住下。

我身上揣著的是我那張從成都直達北京的硬座票，只是票的下方印有「限五日到達」一行小字，周恒中說，他從來都是在車上補票。六十年代火車上辦的補票和現今的補票大不相同，它更像一張巴掌大小的表格，列車員用複寫紙填寫，周恒中不費吹灰之力便可以用圓珠筆將人數這個欄目加以涂改，一人可以改為四人七人甚至九人，三人也可以改成五人八人。那年頭憑火車票可以領到餐車上供應的吃食，一般是雜糧餅子之類的方便食品，每個乘客一份，周恒中就憑他這張魔術車票上填寫的乘客人數，領到味道雖然不好但數量頗為壯觀的「進口貨」。除了人數以外，所到車站站名也會胡亂涂改，若在某站下車後去售票處簽字，那工作人員看著那陌生的站名一籌莫展，想去翻那本厚厚的資料本，視窗的「輪子」已排了那麼長，只好按周恒中所報的車次照簽不誤，他對我說：「全國那麼多小站誰也搞不清楚。」此話一點也不假，因為手執這張車票的旅客周恒中，他也不知道這個無名小站隱藏在那條鐵路支線上。

周恒中叫我在潼關站下車，因為上、下車和集市上都存有行竊者的可乘之機。

下車以後我才知道，潼關有新潼關和老潼關之分，這個新潼關還沒有真正形成一座城市，稀稀落落的幾座平房，即使不遇到這場新華社以「特大的嚴重的持續三年的百年未有的」四組專用詞定位的「自然災害」，這裡也不會繁榮昌盛到哪裡去。離開了擁擠的人群，繁忙的商市，周恒中就束手無策了。

我倆到百貨公司去碰碰運氣，這百貨公司只不過是比其他平房稍稍寬敞一些而已，兩個沒精打采的女售貨員在打毛線，我們兩個心懷鬼胎的「顧客」在伺機而動。突然周恒中臉上露出了驚喜，他發現放襪子的櫃檯下面的玻璃是破的，破了的玻璃立在原處擋住這二十多公分的缺口，周恒中悄悄對我說：「把售貨員引開。」我就在離襪子櫃檯約三米遠的地方，叫來售貨員拿牙刷給我看，東挑西選，最後花一毛五分錢買了一把。回頭一看，周恒中早已不見了，我走出百貨公司，向著他不遠處的背影跟了過去，知道他偷了四雙襪子，我們走到附近農村，把襪子廉價賣給了農民，用這筆贓款買了兩大碗蓋澆飯，看來這種當年風行一時的「速食」全國都很流行，只不過陝西用紅苕而成都用胡蘿蔔蓋而澆之罷了。

兩個真正的地質隊員

這時的我，除了一張到北京的火車票以外可以說分文俱無，周恒中說：「到鄭州絕對會有搞頭的。」我喜歡這句鼓舞人心的話。

車到鄭州時，已是凌晨兩點左右，我在熙熙攘攘的候車大廳找了一個牆角坐下打盹，周恒中則四處走動尋找「搞頭」，我們約好火車站便是接頭地點，中午時刻他在我眼前出現，一看他垂頭喪氣的樣子便知道沒有「搞頭」，看來我們只有用耐心來等待了。

我百無聊賴地站在大門旁，突然有一男一女兩個年輕人向我走來，問明我去的地點是北京，男青年便對我說：「我們有急事要到××（回憶不起地名）去，可是已買不到票，我們想買站臺票假裝送你上車，到車上再補票。」我聽他一口四川話，頗感親切，而周恒中仍然毫無「搞頭」不如走了算了，反正憑周恒中那張神奇的軟票在火車上也能弄到吃食，便同意了這個青年的要求。「四川話」隨後告訴我，他倆都是搞地質探礦的，他們此行的目的就是去××探查那裡的石英礦——製造玻璃的原料，國家將在那裡建造一座大型玻璃廠。

在公眾場合我和周恒中儘量避免接觸，不讓別人知道我倆是同夥，站在不遠處的周恒中早已發現我與這兩位青年在友好的交談，此時距離開車時間還有兩小時，我找了個機會告訴周恒中他們的要求，周恒中頓時神采飛揚，興奮地說說：「行，把他的大提包拿下來。」

檢票上車時，我肩上掛著男青年的大提包，兩個真正的地質隊員拿著隨身小件，這趟車十分擁擠，但我始終不能讓周恒中離開我的視線，我和周恒中擠上車後，這男女青年也艱難地擠了上來。車廂裡人頭攢動呼兄喚弟亂作一團，這時月臺上有人高呼：「抓住那兩個拿站臺票的，抓住那兩個拿站臺票的！」我估計十有八九是衝著我們來的，但我們仍然往車廂中間擠，只是他們兩個終於被揪下了火車，我聽見後面傳來急促的四川口音：「黎同志，黎同志！」示意我把提包還給他，而前面的周恒中則反覆打手勢叫我向他靠攏。此時我的心突突地跳，既想佔有這沉甸甸的大提包，又覺得這可憐的年輕人的呼聲十分悽惶焦急：「我何苦這樣傷害他」，便毅然去到車門，將提包遞給了站在月臺上不知所措的小夥子。糟糕的是，我這個舉動被車站的巡警發覺，便將我們三個「涉案人員」一起帶進了車站派出所。

男女二青年交代了他們買站臺票混上車是因為工作任務緊迫，出示的工作證介紹信一看便知絕非我曾經冒充過的贗品地質隊員。問題是他們的介紹信後面還附有兩張蓋有公章的空白介紹信，這在當年也是絕對不允許的。雖然他倆作了有關臨時備用等等理由的解釋，但員警不聽這一套（階級敵人的花招太多了），勒令他倆打開行李讓他檢查。這時我才發現，我提的那個提包裡裝有一台當年號稱世界第一名牌的德國蔡司牌照相機，那是我當公子哥兒年代把玩過的品牌。其他地質錘、放大鏡等工具和一些私人盥洗用具等，都與作案二字沾不上邊。

如果小青年丟失了這台高級照相機，單位要他賠償的話，按當時的工資標準，估計要扣除他三十年的血汗錢，也難怪他著急成那個樣子。那女青年的小提包則比較簡單，但員警要打開一個用手絹包著的小包包時，這女青年用手捂著這個包說：「這是我們女同志專用的東西」。員警怎會聽你這些花言巧語，打開一看果然是一條當年女士們通用的月經帶，那年頭的男士也認為接觸這類污穢之物為不祥之兆，我看見員警的眉頭也皺了幾下以消晦氣。那時代的少女都比較封閉保守，不像當今世道開放，各式衛生巾的電視廣告爭奇鬥豔鋪天蓋地，只差讓靚女們當眾示範，女青年因尊嚴受辱竟痛哭流涕起來。最後訊問了我的來龍去脈，我詭稱是回家探親的工人，員警開始搜查我衣服荷包裡的東西，一貧如洗的我除了幾角零錢以外一無所有，他便再一次皺起了眉頭說：「你這就像一個出門探親的工人帶的東西嗎？」我佯裝委屈地說：「三天前我被小偷偷得精光。」

員警對那兩位青年說：「你們走吧。」待他們走出，員警嚴肅地對我說：「你是工人階級，國家的主人，要知道階級鬥爭是複雜的……我對剛才這兩個人有懷疑，現在你出去跟著他們，看他們幹些什麼，有情況隨時到這兒來彙報」。

我從火車站大門走出時，那兩位地質隊員正在我前面不遠處，男青年無意間一回頭看見了我，給了我一個親切的笑容，我迎上去對他說：「那員警說你倆形跡可疑。」男青年用地道的四川話說：「放他媽的屁。」同時從荷包裡掏出錢夾，給了我五元錢和兩斤全國糧票，說道：「真對不起，你現在這麼狼狽，還連累你沒上成車。」要知道這筆今天看來是微不足道的錢和糧，在那個特殊歷史條件下的份量卻不可小覷，體現的是這位四川青年的俠肝義膽。

有一些時日，我也曾因最終沒有偷走他的提包而由衷地高興，倒不僅僅因為他給了我迫切需要的的錢和糧。我想到的是我退還提包這個理所當然的舉動，很可能改變了兩個人的命運。他避免了一件重大過失也許能使他平安地度過一生，雖然他永遠不會知道我本來可以輕而易舉地偷走他那貴重的提包；而我也避免了因獲得一筆不義之財的狂喜而最終成為江洋大盜。

是救命稻草嗎

估計周恒中在目睹我歸還提包的動作以後，便看出我的不可救藥，決心與我各奔前程，就此「永別」。

周恒中的不辭而別，給了我一個反思由頭，我認定在「掌紅吃黑」方面，我畢竟是個無能之輩因而前景堪憂。火車滾滾向北開去，一路上體會最深的莫過於孤獨的苦味，我散亂的目光在一切人頭鑽動的地方搜尋，渴望能看到周恒中、江洋大盜甚至戴萌這些天涯遊子的身影。而實際上現在唯一能陪伴我的只有人類永恆的朋友：希望。

這時我真正處於無錢無糧無吃無穿、更加上走投無路的困境之中，我唯一可以求助的對象就是衣服折縫裡所藏匿的那張去天津找任孝親的便條。我找他有兩個明確的目的：其一是請任孝親告訴我偷渡香港的較安全可靠的路線和方法；如此路不通，則希望他能支助或者借路費給我，以便去新疆。

前文曾提到「表嫂」的丈夫是我在勞教隊最好的朋友，他是北京人，中共在大陸建政後由北京調到重慶工作。好朋友當然應該以誠相待無話不談。他曾告訴我他同父異母的長兄任孝親，一九五〇年從香港返回大陸，現在天津市河北區當汽車駕駛員。我逃跑前好朋友並沒有給我一分錢一兩糧的資助，以當年勞教隊的人之常情衡量，這似乎有點不合常情常理。但給了我一張字寫得很小以便藏匿的便條，並叫我記住長兄家所住的某街某胡同某號的地址，以備不時之需。便條上寫道：「執此條者是我最好的朋友，望你盡力給他些幫助」。我將這小紙條摺好藏在衣服的折縫裡，旅途中雖幾番折騰、幾度搜身仍完好如初。

拂曉前火車到達了天津，我的薄棉衣根本擋不住北方初冬的寒冷，我只得在裝有空調的車站候車室裡轉悠，因為只有天亮後我才能從大街上的過往行人中，詢問到任孝親家的路線，然後在當地的好心人指點下，在胡同裡左彎右拐，直到早晨八點多鐘，我才敲開了他家的門。

這一帶全是青磚黑瓦的平房，還都是些小巧玲瓏的單家獨院。任孝親這對四十歲出頭的夫婦住在一間十多平米的房間裡，這房間兼作臥室客廳和餐室，隔壁是一間窄小的廚房，進院門的對面還有一間堆放雜物的小房間，他們唯一的女兒因先天性雙目失明住在盲啞學校裡，看得出來，這是一個典型的城市貧民階層家庭。後來我得知，任孝親自香港歸來後，因年輕時曾擔任過汪精衛偽軍的營長等等歷史問題，被判處管制，他真正的職業是在街道企業裡拉架架車，而不是他弟弟對我說的開汽車。他的妻子只是個普通的家庭婦女，她告訴我說偶爾在街道上打點零工。這些背景其實與一個人的道德品質，思想理念毫無必然聯繫。問題是除了那點血緣關係以外，其他均一無所知。

至於他弟弟為什麼不告訴我其長兄被判管制這一重要情況，說他不知道，這個可能性並不太大，如果他知道，又怎忍心將我送入「虎口」，在他們兩兄弟都已作古的今天，只有去問天老爺了。

我向長兄出示了他弟弟帶給他的親筆字條，任孝親看後表情冷淡未置可否。只說他要去上班，便掏出皮夾從中取了一元錢給我，叫我隨便去吃點什麼，約我中午到他家來詳談。我對他安排的「中午詳談」抱了極大的希望，因為我有許多話想對這位遠方的「親人」傾吐，由於他的年長必然具有的生活經驗，我也希望他對我的下一步怎麼走，給我一些指點。

離開他家以後，在街邊的飲食攤子上胡亂吃了些東西，便依舊返回到火車站。一來希望在來來去去的人流中，僥倖見到一張熟面孔，二來仍然是為了取暖，那時火車站就是我的客廳和臥室。有一次，當我背靠暖氣片和一個老農民聊天時，他得知我窮愁潦倒經常餓肚子，他竟然從重重包裹的布袋裡，掏出了一斤糧票和一元錢給我，他善良的施捨令我銘記終生。

中午到任孝親家後，所謂的詳談是什麼也沒有談，連茶水也沒有喝一口，只是告訴我說：「明天下午我請半天假，中午到我家來吃頓便飯，下午我們聊一下午」。

貌似親情的陷阱

隨之而來的事態發展後我當了一個典型的「事後諸葛亮」：從這次我邁出他家大門開始，我身後最少也有兩個公安人員尾隨跟蹤，以下事例證明我的估計絕非空穴來風：離開重慶時，「表嫂」曾一再叮囑叫我隨時給她去信，我就給她寫了一封平安到達天津並見到了她的夫兄的信，也給我已改稱二妹的妻子寫了封信，丟進火車站內那隻掛在牆上的郵筒裡。從我被捕後的審訊問話內容中我斷定，這兩封分別寄到重慶和新疆的平信最後都寄到了天津市公安局，又由該局轉「寄」到我的檔案袋裡；當年天津的有軌電車並不分幾路車幾路車，而是以車前掛的牌子的紅黃藍綠色來區別它行駛的線路，有一次我中途下車竟有陌生乘客拉著我說下錯了（他怎麼知道我「下錯了」）；我沒錢無法住旅館，晚上就靠在火車站內的暖氣片上打盹，那晚上我伸在前面的腳突然被什麼人狠狠地踩了一下，痛得我從睡夢中驚醒，我四周全是橫七豎八發出鼾聲的流浪漢，唯一行走著的是一個穿著黑呢大衣的男子，他徑直走進了車站派出所，就憑他跨進的那個門，我也不敢去找他「索賠」什麼的。只是這一切並沒有引起我的警覺。

第二天的天津街頭便新增加了一個一拐一跛的流浪漢，要緝捕我這樣一個特徵明顯又跑不動的份子簡直太省事了。只不過現在還要進一步擴大線索，看我還有其他聯絡人沒有，我卻一概不知的去到任孝親家中「詳談」。

他準備了幾樣在災害年代可稱佳餚的小菜，餐桌擺在緊靠窗戶的牆邊，我對他絲毫不存在防範心理，也就像和我當年那幾位「同案犯」相處時一樣暢所欲言，他偶爾也應和一兩句不滿的話，如他說供應蔬菜「三家人共分一隻茄子」之類。我則為彭德懷元帥大鳴不平，認為他才真正是關心人民疾苦的忠臣，又說所謂的「自然災害」純屬政策失誤的藉口，情緒激動中之中，我甚至把毛澤東比作焚書坑儒的暴君秦始皇……高談闊論之中，我一忽聽見窗外鄰居家有一小女孩高叫：「媽媽，有一個叔叔蹲在那兒！」而且叫喚了兩遍卻絲毫沒有引起我警覺，直到我關進了看守所才回憶起這顯然是有「專業人士」在竊聽，又是誰招來的「專業人士」？還有任孝親時不時「啟發誘導」我的問話。當然我回答的話句凡足以上綱上線的都一一列舉在我那張滿載著滔天罪行的判決書上了。

有些話肯定是他上面的人佈置他問的，如「你們成立了什麼組織沒有？」因為真正有什麼組織，敲腦袋的也少不了他的胞弟，他又問我下一步怎麼辦，我向他詢問了出逃香港的可能性，因為他在香港居住過，他告訴我跑不過去。

任孝親奉命行事，所撈到的油水並不比設計者想像的更多，那些真實的原始觀點，已經是我的反動頂點。他對我的檢舉誘供，在我們這樣一個十足的員警國家，可說是生活中的常態，不足為奇也不足怨天尤人。我唯一飲恨終生的事，是我不該繪聲繪色的告訴他，他的弟媳、我的「表嫂」為我製作假證明的事，而在回到四川的審訊中，我也承認了確有此事，給無辜的她造成了終生的不幸，不自覺的為殘害我們的統治者當了一名幫兇。

謝謝張局長

當我一拐一跛地走到距火車站五百米的時候，左右兩邊走來兩位與我年齡相仿的男子，其中一個拍著我的肩頭問道：「你上哪兒去？」我說：「上北京。」他笑著說：「走，我們到那邊屋裡談談。」說著就掰著我的肩頭向後轉身，我看見兩邊人行道上兩三個男子幾乎與我們同時回轉了身子，我知道我被捕了。

這是一幢灰黑色的小樓房，一米多寬的正門左側，懸掛著一塊並不醒目的木牌，上面用毛筆寫著「天津市火車站政法研究室」，多麼古怪的名稱，火車站研究政法？

我被帶到一個被稱作田科長的辦公室（後來得知他是公安局偵察科科長，但不知是市局或是分局的），田科長正對他辦公桌前的來訪者作告別辭似的講話，我剛站定就稱要上廁所，像前次在重慶龍門浩派出所一樣，我把「表嫂」給我的假證明扔進了糞池，然後回到田科長面前，此時來訪者也已離去，我回答了幾句簡單的問話，也就是驗明了正身。田科長便用一台三十年代生產的翠綠色臥車，在他的隨員押解下，把我送到了河北區公安分局看守所，這意味著，在人生經歷的臺階上，我又邁上了新的一級——囚犯。

按照公安系統的常規，像我這種案發在外地，也將送往外地審理的囚犯，稱為寄押犯，一般不和當地犯人關押在一起，我就被關在廁所隔壁的一間小監房內，但這監房內毫無臭氣薰天的感覺，也許是北方的冷凍制止了南方的蒸發的原故。同室的有一個是南開大學的學生，他是一個間歇性精神病患者，他說他用一把斧頭朝那人頭上一劈，眼前閃出一片紅光，他就什麼也不知道了。我立刻用目光搜索了室內雜物，看有沒有可以用來「一劈」的家什，因為誰也不知道他下一次發作在什麼時間。另外他還告訴我，那年在比利時布魯塞爾世界博覽會上，美國人修了一幢玻璃大樓，從樓裡可以看見外面的景物，而外面卻看不見裡面的人，我當時認為簡直像神話般不可思議，直到二十年後，對外開放政策實施，我才發覺很可能就是時下十分普及的茶色玻璃裝飾的樓房，我為我當年的愚昧感到羞愧不已。另一位是楊柳青鄉下的一個農民，因為打架關了進來，案情輕微，就讓他當了幫廚，早出晚歸，從不在監內逗留，精神病第二天就調走了，沒多久幫廚的打架農民也釋放了，這監房裡實際上就只關了我一個人。

第二天下午開始了對我的問話，此時我已有充分把握是任孝親將我出賣，心中忿忿不平，當然談不出任何實質性的觀點。負責問話的是本分局的張副局長，他個頭不高，年齡在五十歲上下，我感覺他態度比較和藹，給我最好的印象是他從來不用威脅的口氣對我說話，如什麼「死路一條」，「後果不堪設想」之類。我回答說：「張局長，我心緒很亂，另外找個時間談行不行？」他微笑著說：「行。」

第四天晚上八點多鐘，看守兵把我帶到了張局長的辦公室，張局長說：「張先癡，今天晚上只有我們兩個人，你說的話我也不作記錄，你做了些什麼，想了些什麼都可以隨便談」。

事隔多年後我想到，張局長肯定看過我的案卷，我的主要觀點在與任孝親毫無顧忌的談話中早已暴露無遺，而我作為來自外省的一名寄押犯，天津市方面並沒有必要投入更大精力來過問我的案情內容，可他一再再三地要我在他面前複述，實際上是我說的話正是他心中想說而不能說也不敢說的話，他聽起來十分舒服等於打一次精神牙祭而已。特別我談到在遊民收容所聽到的農村裡人吃人，城市裡兄弟姊妹間爭飯吃、甚至子女懷疑母親在做飯時偷吃了他們的口糧，氣得母親懸樑自盡的人間悲劇，結論是中華民族的傳統美德被蹂躪得面目全非……說到激動之處彷彿一些視死如歸的民族英雄在為我鼓勁，慷慨激昂無所畏懼，有時我痛哭流涕聲淚俱下。當年的電燈光不怎麼明亮，張局長坐得比較遠，但我能依稀看見他臉上的淚光，特別他用指頭揩拭眼淚的動作，這個無言的舉止告訴我張局長的內心感受。但他自始至終對我的洋洋萬言保持沉默，既不嚴厲駁斥，也不大加讚賞。

凌晨一時許，張局長從他的抽屜裡取出一個小瓷盤，裡面裝著兩個小小的餅子，放在他辦公桌靠近我的方位，指著餅子說：「拿去吃吧。」我還以為是給我的加班飲食，拿起便吃，張局長又從暖瓶裡給我倒了一杯開水，待我吃喝完畢，張局長才微笑著說：「張先癡，你倒是吃了頓夜餐，只是我這個局長明天的早飯都沒有了」，驚得我目瞪口待，心裡面既是感動又是酸楚。

我要跨出局長辦公室的門時，張局長又叮嚀了一句：「有事直接給我寫報告」。

深情的目光

天津市河北區公安分局看守所所有的監房都分成內外兩間，外間並不住人，冬天生有一個煤炭爐以提高室溫，這種監舍的設計格局與南方地區監舍的單間設計大為不同，其原因估計與冬天的取暖問題有關。較寬的內間是關押犯人的房間，內外間以鐵柵欄隔離並上鎖，唯有我們這一間的中間柵欄是不上鎖的，起初我認為是關著早出晚歸的炊事犯的原因，沒幾天炊事犯釋放了，只關了我一個人，仍然不上鎖，這意味著關在內間的犯人可以「自由」行走到生著煤爐的外間。面對這異乎尋常的「自由」，我的想法也很異乎尋常：在經過走投無路的選擇後，任孝親對我的出賣已斷絕了我繼續流浪的可能。重慶收容所給我的啟示是，在國家壟斷了一切資源的情況下，統治當局給一個不偷不盜不騙不搶的讀書人留下的生存空間幾乎等於零，這時，看守所既使敞開大門，我也不一定會大搖大擺的走出去，因為四面八方都張開著暴力的和非暴力的「體制的羅網」。

炊事犯人釋放後，監房只關著我一個人，這是我生平第一次被獨居關押，頭兩天還勉強可以，後面的日子就越來越難過。因為人畢竟屬於群體，一旦陷於孤獨不論生理和心理都將承受一種無形的壓力。我就千方百計的找事情幹以消磨寂寞無奈。某日，我發現我們所睡的炕下竟堆著許多雜物，首先引起我注意的是大約十來斤胡蘿蔔乾，我估計這房間曾經充作保管室，還原成監舍時並未認真打掃，才給我留下這些無價之寶，同時發現還有搪瓷飯盆等少許生活用品，使我驚喜不已。

這裡的伙食還不錯，當然這決不意味著可以吃飽，那是萬萬不可能的，這只意味著中間環節上流失得不太多而已。早晚兩頓飯，各吃三兩多糧的高粱餑餑一個（那東西比大米飯經餓，難怪北方人比南方人個頭大），外搭菜湯一大碗。我每天每頓都將菜湯內加上若干胡蘿蔔乾，裝在瓷盆內在炭爐上煮熟，偶然的能吃飽一頓，那才真是大快人心的事。

只可惜好景不長，六、七天後，看守把我帶到辦公室，張局長說，你們單位派人來接你了，回去以後好好交代你的問題，爭取寬大處理。又問我：「你還有什麼要求沒有？」我回答說：「北方氣候寒冷，我這點衣服在路上可能會凍著。」當晚看守兵給我送來一件又長又厚的對襟大棉襖，而且是嶄新的，當然是黑色的犯人服式，在棉布緊缺的年代，像這樣對待一個寄押犯人，的確十分難能可貴。

第二天，在看守所大門邊的一間小屋裡，我見到了由四川省公安廳築路二支隊派來的兩名武裝民警和兩名文職幹部，其中還有一名竟是中隊長級別的領導，就此陣容可以看出我這個犯人的「級別」也絕對非同小可。早已在屋內的張局長指著一張凳子叫我坐下，然後說：「這四位同志將帶你回原單位，在路上你得聽指揮，千萬不能再跑了。」他停頓了一下接著說：「我們已經和這幾位同志取得了一致，在生活上按糧食標準給你吃夠，不會克扣你的（那年頭民以食為天的份量太重了）。另外，只要你規規矩，在路上不給你戴刑具。」這些話，他當著押送者的面對我說，真可以說是用心良苦了。

我立即被四個來人帶走，邁出大門前，我心血來潮地回首一看，張局長還站在剛才說話那間屋子的門邊凝望著我，並暗暗向我點頭示意，他那深情又擔憂的目光，永遠留在了我的心上。

十年以後，也就是一九七一年左右，我早已被判刑十八年在四川大涼山一個勞改農場裡服刑，有一天我奉命去噴灑農藥，在裝配一台新噴霧器的時候，發現那些配件是用一張張破碎的「革命造反派」所辦小報包裹的，其中一張上有殘缺文字說，「天津市長萬曉塘畏罪自殺……」我立即聯想到張局長，你是否平安？

又過了二十年以後的一九九二年，我在北京一家沒有知名度的報社當了一名更沒有知名度的副社長，有一次出於對「老革命」的尊敬，讓我當了「首都新聞記者採訪團」的團長，帶領著八、九位很有知名度的報社的很有知名度的記者到了天津，被採訪的對象是生產「北京牌」電視機的「天津通信廣播公司」，該公司的總工程師恰好是我的先後同學，假公濟私地派了一部車，帶上我的一名助手去到河北區公安分局，目的是尋找張局長，雖然我估計他早已離休，仍希望能打聽到他的下落。結果詢問了兩三位看來資格最老的警官，仍然說不知道這麼個人，不得不令人發出滄海桑田的感歎。

四十年過去了，我也垂垂老矣，想起張局長，仍然心潮澎湃。這決不僅僅因為他犧牲了一頓早餐，或者那件回到四川在看守所伴我度過漫漫冬日寒夜、幾乎救了我性命的棉衣，而是在他身上，我感受到的一位中國老人的正直和慈祥，它象和煦的春風，一度溫暖了我冷得發抖的心房。

賊喊捉賊

我們一行五人剛好佔據硬座車廂裡的兩排座位，我被指定在最靠車窗的位置落座，以便四支五四式手槍對我形成弧形包圍圈。那位管生活的年輕幹事，用一個小塑膠網兜裝著六個白麵饅頭，掛在我頭頂上方的衣帽勾上，對我說：「這是你途中的乾糧」。

火車在疾速飛馳，車窗外飛旋著大片大片的雪花，遼闊無垠的華北平原，被皚皚白雪裝點得素淨高雅。我這個南方兒女面對如此壯觀的新奇景色，不禁思緒萬千。這裡是中華文化的發祥之地，在祖國經過重重災難終於贏得所謂「解放」之後，幾代人夢寐以求的民富國強，仍然像海市蜃樓一樣可望而不可及。幾十萬在國民黨統治區為共產黨搖旗吶喊的青年學生，現今被打成右派份子階級敵人，幾千萬勤勞淳樸的兒女成為餓殍冤魂，這難道就是「救星」帶至的美好天堂？我心情沉重，默默地哼吟著兒童時代便深入骨髓的《流亡三部曲》，哼到歌中「……我們已無處流浪，已無處逃亡」時，禁不住淚流滿面。

懷著滿腹蒼涼，我終於昏昏入睡。

第二天清早醒來，我頭頂上方衣帽勾上的六個饅頭不見了。五個人面面相覷，押解者中年齡最長的被喚為中隊長的首先向我發難質問：「是不是你把饅頭偷去吃了？」我一時火起，便反問他：「你為什麼偏偏懷疑到我的頭上？」他支支吾吾地說：「我只是問問，並沒有說就是你偷的。」我說：「其實你最不該問的恰恰是我，你們四個人輪班看守我一個犯人，其中肯定有一個人在他輪班時看見我偷吃了饅頭而不制止，這可能嗎？」也許這位隊長沒估計到我會用這樣大的聲音、不以為恥，反以為榮地在公眾場合承認我是犯人，他反而打圓場說：「算了算了，不再提這件事了。」一場風波宣告平息。

到成都的當晚，我被寄押在文武路看守所，第二天清早我們登上了開往灌縣（今都江堰市）的火車。那年代，我們這個成立了四年，搬遷了四次，修了四條鐵路，一條也沒能修通的築路支隊的新工地就在這裡。那是一個陰沉沉的清晨，支線慢車在緩緩行進的途中，列車上正在轉播一篇《人民日報》的社論，播音員用慷慨激昂的音調，播送著慷慨激昂的文字，其內容是一度被稱為「天涯若毗鄰」的阿爾巴尼亞——當年我們唯一的「同志國家」，被社論批判得一無是處，譴責該國領導人霍查上臺後，把原來的黨中央委員有百分之七十加以整肅迫害。五年以後的一九六六年，中國的「英明領袖親自發動和領導了史無前例的無產階級文化大革命」（以上均為當年一千次重複使用的修飾詞語），這個事後被稱為「十年浩劫」的運動，受到迫害的中央委員又豈止百分之七十。

行車一個多小時便到了灌縣，對我來說這是一個完全陌生的小城鎮，但是她在我生命歷程中的意義絕對非同小可，這不是因為她是我「叛國投敵」的終點站，而是我在這個城市的一個簡陋的看守所裡，獨居關押了三年零六個月的時間。如果說這是在修煉，我這種人是不可能修煉成佛成仙的，那就只好成精成怪了。

附記：一九六五年，我為這些「點點滴滴」構成的「叛國投敵」罪，被灌縣人民法院判處了有期徒刑十八年。在我服刑十七年零八個月以後，即十一屆三中全會召開了二年以後，宣佈我無罪釋放。

二〇〇二年一月十日於成都寓所

三、我在看守所裡的日日夜夜

俄國法庭和俄國員警的紊亂、野蠻、專橫和腐敗已經到了極點，因此，一個普通人落到了法網裡面，他害怕的並不是法庭的判決，而是審判程式本身。

（俄）赫爾岑《往事與隨想》

序曲

一九六一年十月一日，我作為反右運動的落馬者，在四川省公安廳築路二支隊勞動教養，因不堪肉刑折磨，一氣之下，選定在這個國慶節假日，從勞教隊逃跑出來，不到兩個月就被天津市公安局抓捕歸案。這時築路二支隊剛剛從旺蒼縣遷移到灌縣（今都江堰市），修築一條成都至汶川的鐵路支線，我便被來天津押解我的兩位文職幹部和兩位武警士兵送到了灌縣。那裡有舉世聞名的都江堰和青城山，在階級鬥爭如火如荼的年代，旅遊景點這個現今十分熱門的詞彙似乎還冷藏在詞典裡，雖然我也知道李冰父子治水的故事，只是因為心情不佳，當我被押解著從聞名遐邇的索橋上走過的時候，並沒有對周邊的青山綠水多望一眼。

築路二支隊和全國各地的勞改隊、勞教隊的情況一樣，都設有一個名叫集訓隊（有的地方叫嚴管隊）

的特殊單位，用以集訓或嚴管各種類型的反改造份子，這個築路二支隊的集訓隊設在灌縣紫坪鋪。按慣例，凡抓捕回來的逃跑份子首先就得送來這裡，在「上面」研究你的案情，進行定性分析的同時，「下面」則按以毒攻毒的方式，由反改造份子批鬥反改造份子，讓人性中最惡劣的落井下石、損人利己在這裡盡情發揚光大；同時輔以各種刑具的「大力挽救」，是所謂「殺殺反改造囂張氣焰」，弄得你遍體鱗傷筋疲力盡垂頭喪氣。然後關你在臭氣薰天的宿舍內，和一百多名反改造份子一起反省你的反改造罪過。

就在這所謂的反省期中，大約是十二月下旬的某個月黑風高的深夜，一百多名集訓份子正在那間大寢室裡做著各自的美夢，突然進來兩個武警戰士把我從夢中叫醒，這時我還一如既往地戴著反銬。他們令我走出寢室，我跨出門便看見不遠處的操場上停著一部軍用卡車，車上和車下都站著些身穿軍用棉大衣背著俄式步槍的士兵，卡車的後檔板早已放下，似乎準備裝載什麼。有喝令聲從卡車邊傳來：「過來，上車！」我知道這種粗暴的聲音通常是對我類「份子」的專用品，便應聲朝卡車走去，雖然卡車的後檔板不再像平常那樣高高地聳立在車尾，但我戴著反銬仍然無法用手攀援爬不進車廂，這時車下的士兵圍了過來，有的抓手臂有的提腿桿將我抬起，「一、二、三」一聲喝令，便像扔一隻裝著什麼貨物的麻袋一樣扔進了車廂，我的右股骨首先著地，咚的一聲使我痛得鑽心。

車下的士兵先後登上車來，他們令我坐在卡車中部的底板上，我剛剛坐定，汽車開始發動。士兵們便把肩上的槍卸了下來，掰開槍筒前面的三棱刺刀，用刀尖對著坐在車底的我。我在心中暗自想道，有必要用這麼強大的兵力來對付一個手無寸鐵的書待子嗎？在「寸鐵」這組詞彙的引領下，又使我聯想到戴在背後的手銬（這玩意可能不是用「寸鐵」製成！），想到我早已被折磨得遍體鱗傷，此時的雙手也被銬子咬齧得無法動彈，還要用這麼多尖刀來殺戳我的視線，這一切迫使我懷疑這幕戲的導演是不是神經有問題？

汽車行進在山間崎嶇的公路上，起伏的山形使我想到，這樣深更半夜，他們將把我押到哪裡去？該不是弄到哪個荒野裡將我「擊斃」吧，又覺得似乎沒有這個必要。真要處死我，完全可以羅列若干罪名，在光天化日之下殺一儆百，現存的法律條文，運轉著的國家機器，只要宣佈一下那些不殺不足以平民憤的「罪行」，沒有人敢提出什麼質疑。

猜不透他們將把我押到哪裡，只希望一路順暢，不要出現什麼緊急煞車之類的事，萬一四周的刺刀因執刀者在汽車上站立不穩，偏偏倒倒之中將刺刀誤入我的身體，對我傷痕累累的筋骨豈不是雪上加霜？深更半夜裡路況很好，駕駛兵的技術似乎也不錯，透過車邊的「兵牆」，能看見路邊電線桿上懸吊著一盞盞路燈，這景象告訴我，車已開進了城鎮，從車行半小時左右來判斷，估計是灌縣城內。

一番拐彎抹角，汽車停在一個院落裡，卡車的後檔板隨即打開，在命令我下車的同時，刺刀們也先後跳下車來，我害怕再次充當「麻袋」，儘快去到車尾準備跳了下去，也準備好再次忍受受傷股骨的錐心疼痛。

我被帶進一個小會議室似的房間裡，那裡面人才濟濟，十個左右分坐在一張乒乓球桌似的大木桌的左右兩側，我被帶到濟濟人才對面的一個角落，那裡有小凳子一張供我的屁股享用。

待眾人坐定，便開始了對我的審訊，過去我見過眾多的醫生圍在一張病床邊會診一個病人，不知道也會有眾多的審訊員會審一個疑犯。多年以後我終於得知，那晚上對我採取的如臨大敵的抓捕，據說是因為築路二支隊破獲了一個名為「列寧共產主義者聯盟」的「反革命集團」，勞教右派捲入其中的達數十人之多，兩個為首者周居正和楊應森均於次年槍斃。其中楊應森和我同隊同大組而且同班甚至被指稱為同鼻孔出氣。這個組織的名稱又與南斯拉夫的共產主義聯盟雷同，而我的逃跑又涉嫌「前往南斯拉夫駐華使館『政治避難』，進而投靠『鐵托集團』」（引自灌縣人民檢察院對被告張先癡的起訴書），據說該案驚動了北京公安部，還成立了專案組，他們可能懷疑我是去使館取得國際支持的首要份子，因此才不辭辛勞地動用了那麼多刺刀。實際上楊應森他們的事全發生在我外逃期間，那年代人類還不知道手機為何物，我怎麼會知道勞教隊發生的事？可惜這一切都只屬於我的一面之辭而已。

因事隔四十多年，那夜問話的內容我已回憶不起任何一句，記得的事情只有兩件：

其中之一是審訊中途曾經吃過一頓夜餐，不是我吃夜餐，而是我聞著和聽見審訊人員在吃夜餐，我聞到了一股股煎雞蛋的香味，聽到了濟濟人才喝麵條的聲音。一肚子壞水的我，甚至懷疑這個審訊為什麼安排在半夜十二點才進行，不排除煎蛋麵在中間起著牽線搭橋的作用。要知道，在「自然災害」年代，為多吃一點東西，用千方百計處心積慮周密策劃甚至陰謀詭計等等詞彙，絕對不涉嫌誇大其詞或者無中生有。

第二件事是我終於被打開了手銬，這件事有必要加以說明，因為我估計正在看此書的讀者很可能是位戴手銬的「外行」：凡這種戴在背後的反銬戴到二十天以上，肩關節就會發生些生理變化，打開銬子後手臂絕不能立即轉動移向前面，如不顧後果的轉動，除關節部位那鑽心透骨的疼痛難以忍受外，嚴重的甚至會造成脫臼。

那晚審訊完畢後，最後一道「工序」是受審者在看完審訊筆錄確認無誤後，逐頁簽名認可，我手在背後，無法簽名，濟濟人才們正在絞盡腦汁思考如何解決這個難題時，我發現坐在桌子正中的一位戴眼鏡的幹部微微皺了一下眉頭說：「給他打開。」從他說話的口氣和他左右的人等對他的畢恭畢敬，我估計他就是這一行人的最高領導人。他發了話，手銬很快被打開，但我的手仍然不能翻到前面去簽字，只好讓作筆錄的小夥子手執一盒印泥站在我的背後，握著我的大拇指逐頁蓋上我的指紋。想到我連像阿Q那樣畫一個圓圈的能力都沒有時，一陣悲哀襲上心頭。

凌晨三時左右，灌縣人民檢察院楊檢察長帶著兩個武警戰士，把我送進了灌縣公安局陳家巷看守所。

四十九號的出現

陳家巷是一條十分不起眼的小巷，沿著這窄巷行進中你會發現一堵七米多高的磚牆，特別是那牆頂上豎立著的電網，顯示出這幢宅邸的不同凡響。就憑這一點，這不起眼的小巷就應該起眼起來。我聽灌縣人說過：當父母發現子女們調皮不聽話，脫口而出的口頭禪便是：「再不聽話送你到陳家巷。」可見這條不起眼的小巷在老百姓心目中的威懾作用。

當厚重的木門打開，下四級臺階就進入了看守所的訓話室，也可以說進入了另外一個世界。在訓話室你將受到有關這個世界的啟蒙教育，首先對你進行搜身檢查，凡是具有危險因素的對象，一律交由所方代存。如火柴小刀指甲刀，可以弄死別人或弄死自己的東西，除牙齒手指這兩種准兇器無法收繳以外，甚至鞋帶皮帶褲腰帶這類不安全隱患也得解下交出。至於你將如何不使褲子掉下來，那是你自己的事。如果你向搜身者提出如何穿褲子的問題，他會吼著說：「你罪都犯得來還穿不來褲子嗎？」這句鬥志昂揚的問話將啟發你用一種新的思維方式在這個新環境中生存。總之，你唯一能做的事就是絕對服從。

比方說看守所的犯人必須隱去自己的姓名，所方將為你編一個號碼代替你的真名實姓。我在看守所的名字就叫作四十九號，同時還規定犯人之間決不能交談自己的案情，不准拉幫結夥狼狽為奸。高度概括成兩句至關重要的格言警句：「只准規規矩矩，不准亂說亂動。」其實這個要求一點也不高，因為任何一個中國人都得遵守這個格言警句，否則就得在看守所的花名冊上增添一個嶄新的號碼。

在訓話室弄懂了這些規矩，你才能進入監舍，和各種「號碼」生活在一起。

我到九號監舍的時候，舍內十多名「號碼」都在地板上睡著。開門的聲音似乎把他們吵醒了，待看守兵鎖上門，腳步聲漸漸遠去以後，有聲音悄悄提問：「哪裡來的？」我回答說：「四一五信箱。」這是築路二支隊的信箱代號，據說勞教份子對外只能說是這個信箱裡的人。這個回答我認為並不屬於亂說亂動的範疇。

這時正是元旦節的前幾天，離開天津前，因為我衣服單薄向領導要求領得一件又大又厚的北方勞改犯穿的棉襖。我的臥具在逃離勞教隊時已不知所終，上身倒可以不冷，一雙腳卻無法保暖。正猶豫中有一位估計是犯人組長的翹起嘴唇對著尿桶向我指點，我知道監獄裡有新來的犯人睡在尿桶邊的不成文法，便徑直向尿桶旁邊我的「臥榻」方位走去。因這間監室面積較大，十多個犯人也並不顯得擁擠。尿桶離我的「臥榻」還有一米多遠，加上是冬天，除了屙尿時有咚咚咚的伴奏聲干擾以外，濺出的尿「香」不過兩三分鐘就會散去。即便是令你緊貼尿桶，誰又膽敢破壞這「獄界」的不成文法？我倚牆躺下，慢慢地感到因寒冷的侵襲腳趾異常疼痛，便脫下膠鞋，試探性地將一雙腳伸入我側邊那位「號碼」的被褥裡。我的運氣看來不錯，他並沒有將我這雙冷腳驅逐出境。

天剛朦朦亮，院壩裡傳來一聲命令：「起床！」這絕對權威的聲音中飽含著對敵鬥爭的簡捷明快。犯人們紛紛從地板（當然也就是床）上坐起穿衣，我也趁機打量了我鄰床的這位對我有暖腳之恩的「號碼」。從面容上看他是個五十歲出頭的慈祥長者，他穿的竟是民國時代流行的長袍，禿了頂的頭上也戴著那個時代的氈帽。我向他微笑致意表達感激之情，他也向我點頭微笑，這就算雙方進行的友好交流。

正在此時，監門打開，在看守兵的監視下，炊事犯人送來洗臉水，每監舍可分得三瓢，由組長領取在一個洗臉盆內，眾犯取來毛巾紛紛向洗臉水擁去，洗臉的洗臉、搓毛巾的搓毛巾，直到把那盆水折騰成灰黑色方始甘休。別說我此刻沒有任何一種盥洗用具，也別提我的手腕被手銬折磨得傷痕累累。就是在我春風得意的日子裡，我也經常懶得洗臉，甚至在我當兵時某一年的年終鑒定表的群眾意見欄目內，赫然記載著經常不洗臉這個缺點，這是有史可稽的事實。明知我沒有洗臉，犯人組長偏偏要命令我將洗臉水倒入尿桶並將臉盆周圍地板上灑落的水污用抹布揩拭乾淨：「今天是你的衛生值日。」他冷冰冰地說道。

因為我受傷的雙手根本無力端起那盆洗臉水，正欲向組長要求時，想不到給了我暖腳之恩的老兄卻站起來對組長說：「他手上有傷，我替他做吧。」

向殺豬匠致謝

現在距離吃早飯的時間還有一個多小時。一九六一年底，已經是所謂的自然災害的尾聲了，但「災害」的餘威尚存，人們仍然在饑餓的苦水中掙扎。灌縣看守所每天兩頓米飯都是用小土碗蒸好後分發，每個犯人一碗。這種比稀飯乾一點比乾飯稀得多的飯大約由三兩大米蒸成，另外配發湯菜一小瓢重量一市斤多，屬於絕對吃不飽短期餓不死的定量標準。現在全監獄十多個監舍的犯人，除了我以外幾乎都坐在「床」上，渴望著那一碗飯的到來。因為我已暗中決定將我這份飯菜送給我鄰床的犯人以答謝他的暖腳之恩。這可是貨真價實地忍痛割愛，鄰床的老兄還推託了一番，見我執意贈送，他也就接受了，只不過將那碗湯菜又忍痛割愛轉贈給了犯人組長。中國人已深知和「領導」搞好關係的重要，即使對方只是個領導犯人的「號碼」。

飯後便是學習時間，除了監舍內有人違犯監規臨時組織批鬥以外，全部學習內容單純到了極點，那便是依床位順序大聲朗讀監規紀律七章四十二條。學習一開始，看守所十多個監房此起彼伏的一片朗讀聲，只有早年寺廟裡的和尚集體誦念經文的盛況可比。有打油詩一首可以佐證，詩曰：「天皇皇，地皇皇，學習監規背靠牆，過路君子念一遍，南腔北調混時光」。

在洪亮的朗讀聲掩護下，相鄰犯人之間便進行竊竊私語，只要組長睜一隻眼閉一隻眼，同監犯人除宿敵外，一般都會採取事不關己高高掛起的態度。因為誰都知道窩裡鬥的結局常常是兩敗俱傷。

我鄰床的這位老兄，從他忍痛割愛將我那份菜湯送給組長的舉動看來，應該說他和組長關係還過得去，我也就放開膽子和他說起悄悄話來。我問他貴姓，他答：「一零八。」這個號碼正和我所在勞教中隊的番號雷同，又與水滸英雄數目一致故極易記憶，因為突然將百家姓轉換為一、二、三、四對我來說還是個高難度的事。在災害年代一零八號卻不是骨瘦如柴的身胚已十分難得，後來我才知道這位「工人階級」，竟然和我一樣也是反革命犯。

和我不一樣的，他是一個一字不識的反革命犯，凡輪到他朗讀監規紀律的時候便由我代讀，我們的關係也就逐漸好了起來，這符合物以類聚人以群分的常規。雖然朗讀的條文中規定犯人之間不能互談案情，但竊竊私語的內容基本上都是互談案情，這不排除案情中的故事情節有類似小說魅力的原因。幾天後我發現，幾乎全監舍的犯人都知道彼此的案情，也知道號碼背後的真名實姓，這只能用法不制眾的說法來解釋。

一零八告訴我，他在舊社會是個殺豬匠，共產黨建國後「參加了革命工作」（這在當年是個了不起的榮譽），在縣食品公司當屠宰工：「都是殺豬，屠宰工沾上個工字就好聽得多。」殺豬當然很容易弄到豬肉吃，四十歲以後他就成了遠近聞名的徐胖子，替「人禍」背皮皮的「自然災害」到來以後，人都餓得要死，哪個還去餵豬：「沒有豬殺沒有肉吃肚皮又餓老子們一肚子氣。」說著他做出一副咬牙切齒的樣子：「去年冬月初三，我日他媽闖了禍。」此兄的特點之一是他經歷中的一切重大事件的日子均以陰曆納入記憶。「那一天老子倒了八輩子霉。」原來是他和一個夥計到工會禮堂去耍，看見主席臺背後的牆上懸掛著馬恩列斯的畫像，他指著馬克思像問同行的夥計：「那個大鬍子洋人是哪個？」夥計說：「那就是馬克思，共產黨的創始人。」他就「開了個玩笑」，用雙手提起長衫的前襟，抬起右腳做出一副踢人的樣子對著馬克思像吼著說：「你下來，看老子啄（音zhua，四川方言，意為踢）你兩腳。」不巧工會主席正從禮堂門前經過，被他聽見了。為這件事在單位上鬥爭了他三天三夜，結合他中共建政前參加過袍哥的所謂歷史污點，「群眾」說他對共產黨有刻骨仇恨，他說他是開玩笑，後來就把他逮捕了，在看守所關了十個多月。「老子們身上蝕脫二十斤肉都不了。」說著他又做出一副咬牙切齒的樣子。

為了消遣，他給我擺過很多民間笑話，調劑了枯燥煩悶的監獄生活，甚至還談過他年輕時和老婆做愛的細節。除了對我有暖腳之恩外，他的風趣幽默為整個監舍生活增添了佐料，生活中他確實是個愛開玩笑的人，過份的是，他竟敢把「玩笑」開到了馬克思身上。

小學教師開的玩笑

同監舍的二十九號，人人佩服，其原因是他朗讀監規紀律全是背誦，並且一字不差。根據他熟諳的程度判斷，我甚至認為，如果所方要求讀出標點符號，他也會逗點句點一點不差。

原來他是個教語文的小學教師，中等師範畢業生，年輕英俊，在監舍裡頗得人緣。這小夥子雖然對時事政策毫無興趣，但我們還是談得來。他在這個看守所已關押了兩年多，遲遲判不下來的原因，據說是因為他的案情有點複雜。和他相熟後，他曾把他案發經過向我談過，請我幫他分析一下，是不是有可能無罪釋放。

一九五七年他十八歲從中師畢業後，分配到一個中心小學任教，第二年比他晚一個年級的一位女生畢業後也分來這個學校。過去是同學現在是同事，一個英俊青年，一個窈窕淑女，恰似天生一對地配一雙很快墜入情網。這個迅雷不及掩耳的戀情對該校校長是個可怕的打擊，因為他對窈窕淑女也是一見鍾情。雖然校長的人才相貌也過得去，還利用手中權力在安排工作、照顧生活等方面對「淑女」體貼入微。特別他還具備既是校長又是黨員的政治優勢，比起白丁二十九號不知強到哪裡去了，可「窈窕淑女」就是不買他的賬。更令人生氣的是這一對情侶的戀情與日俱增，校長的憤恨也日益強烈，終於在一九五九年的反右傾運動中，校長使出了殺手鐧，揭發出二十九號的一個重大問題：

一九五八年初，曾在全國開展了一場轟轟烈烈的除四害運動，旨在全國範圍內一舉消滅麻雀、老鼠、蒼蠅、蚊子即所謂的四害。並訂於當年二月某日舉國上下男女老少統一行動，大中小學學生工人農民幹部軍人管制份子右派份子（除在押犯人外）人人手執包括鑼鼓在內的「武器」，見到麻雀就敲打，沒有鑼鼓的就吼叫，有鳥槍的用鳥槍，沒有鳥槍的用彈弓也行，讓全國的麻雀不是被打死就是被嚇死，或者在眾人的吼叫聲中不敢停下休息，長時間飛翔活活累死也行（為節省篇幅其空前盛況可參閱當年《人民日報》的相關報導）。

那一天，正在熱戀中的二十九號，肩扛一支找某位學生家長借來的火藥槍，率領班上幾十個活蹦亂跳的娃娃，像郊遊似地在田野裡耍了個痛快。他也曾放了三槍，除擊落幾片樹葉以外一無所獲，但這絲毫不曾影響他的興高采烈。傍晚時分，他率領這群娃娃返回學校，在校門前的操場上，他心血來潮地舉起了火藥槍，向著正前方做出一副射擊的姿勢，嘴裡還迸出一聲：「叭」的槍擊聲，似乎是在開玩笑。

糟糕的是，他舉槍射擊的正前方，不偏不倚地懸掛著一張偉大領袖毛主席的蕭像，更糟糕的是，他的情敵校長正站在操場上目睹了這個「玩笑」；還有糟糕到極點的事，那就是二十九號的父親被中共指稱為惡霸地主，一九五〇年在所謂的清匪反霸運動中被槍斃了。

校長使出的殺手鐧便是二十九號懷著報殺父之仇的狼子野心，對偉大領袖……

二十九號承認確有此事，但他是無意的，並說校長一年以後才揭發是挾私報復，想他的女朋友，「淑女」也交出校長給她的追求信加以配合，但這一切都無濟於事。

按我國慣例，在重大節日前總要處理一批犯人，十二月二十九日，這個日子恰巧和看守所給他取的名字二十九號一字不差，他被綁到公判大會上以反革命罪判處有期徒刑十年。

忘不了他回到監舍收拾鋪蓋時的淚流滿面。

夢中犯下的「罪行」

和二十九號同時判刑的還有一七六號，他不僅沒有淚流滿面，相反還喜笑顏開。我要說，這種快樂無比的心態，才符合那個年代的監獄「潮流」。

監獄裡的人最惱火的是肚皮餓得難受，判刑以後很快就要送到勞改隊。當然，從廣義上說勞改隊也是監獄，但因為那裡的犯人要從事生產勞動，糧食標準比看守所高一些，哪怕只多一兩，也是鼓舞人心的。如果運氣好，分到了勞改農場，地裡的生產成品可以不用烹調加工就直接塞入口腔的品種太多了。這對被長期的饑餓折磨得半死的中國同胞來說是魅力無窮的。可以這樣設想，如果令人毛骨悚然的地獄能讓其居住者敞開肚皮吃飽，絕大多數當年的中國人都會義無反顧地前往。

一七六號的嘻笑顏開還有一個屬於個人的原因，那便是因為他的案情是涉及著人命關天的大事。他自已憂心忡忡地以為最少也得判十多年，結果卻只判了短短三年時間，的確這種短刑犯在勞改隊簡直象熊貓在地球上一樣稀少。

看樣子一七六號不過二十出頭的年齡，甚至還有幾分孩子氣。他生長在灌縣一個邊遠山區的小集鎮上，那地方民風極為保守落後，五歲時他父親病逝，九歲時共產黨佔領了他的家鄉。不久政府頒佈了婚姻法，那時他母親還不到三十歲，鄉上的婦聯幹部再三動員她重新組織家庭，並熱心為她物色了對象，想把她培養成一個婚姻自由的典型。但他母親堅決不幹，聲稱要「守節」到底，婦聯幹部認為她封建落後，頑固到不可救藥的程度。

在城裡人的心目中，這一七六號簡直是個老實巴交的農村青年，但他在他所居住的窮鄉僻壤而又保守落後的小城鎮上，可算是個「十惡不赦的花花公子」。他家的對面住著一位豆蔻年華的女郎，這女郎有個八、九歲的小弟弟，小弟弟經常到一七六號家裡來玩耍，青春期的一七六號心中一直暗戀著「豆蔻年華」。他懷著「不可告人的目的」對這位想像中的小舅子百般呵護，兩人關係日益密切。只可惜一七六號的母親和豆蔻年華的母親是一對生冤家死對頭，多次發生門對門的當街叫罵，幸好一七六號對「豆蔻年華」僅僅是暗戀而已，並未惹出什麼事端。

那一天，一七六號突然心血來潮悄悄對小弟弟說：「昨天晚上我做了個夢，夢見和你姐姐抱在一起在床上睡覺。」小弟弟覺得十分有趣，笑眯眯地聽著。

誰知小弟弟回到家裡把這件有趣的事告訴了「豆蔻年華」，她聽後不但不覺得有趣，相反痛哭流涕，似乎受了奇恥大辱地茶飯不思，母親問她也不回話。後來她媽媽終於從小弟弟口中探得事情的原委後勃然大怒，便對一七六號的母親新仇舊恨一齊迸發，進行了一場空前絕後的當街叫罵。「豆蔻年華」

的母親高矮說一七六號耍流氓，一七六號的母親則指天發誓地咒道：「說冤枉話的不得好死。」一場叫罵變成滿城風雨。後來這個荒唐的風流夢竟被長舌婦演繹成一個有鼻子有眼的偷情秘聞，「豆蔻年華」可能認為自已名聲已敗，三天後便懸樑自盡了。

人命關天事情鬧大，一七六號以夢奸罪判刑三年，也就是說他在夢中姦污了「豆蔻年華」。這是一個多麼實事求是的罪名，我衷心地欽佩這個罪名的發明者的想像力。

也忘不了一七六號那一張傻乎乎的笑臉。

終生難忘的晚餐

今天是元旦節，從早到晚全監犯人都在興奮之中，共同研究的議題是，這個節日我們是否可能吃得到一點油葷。二十九號曾經告訴過我，他在這裡關了兩年多，從來沒有打過牙祭。都這麼久了，吃一次肉的可能性不是沒有，我心裡也在企盼著。特別過了下午四點鐘，顯然已比平常吃午飯的時間晚了許多，一個個早已餓得心慌，但估計是因為炒肉或者多加了兩樣菜，廚房裡人手少搞不贏而延長了時間，這畢竟是夢寐以求的好事，因此雖然眾號碼餓得坐立不安也甘心忍受，連最愛吊二話的一零八號也吞著口水耐心等待著。

直到接近六點的黃昏時分，才傳過來炊事員在大門外呼喊報告要求進監送飯的呼聲，全監舍的「號碼」們頓時緊張起來，大家的聽覺器官嗅覺器官都處於高度警戒狀態，聽一聽先送飯的監舍拿了幾次盆子盛菜，聞一聞空氣中有沒有豬油的香味。一聽說要多準備一個飯盆，一個個露出笑臉，看了看我們監舍盥洗用具，有的只是中小號瓷盆或者小木盆，找不到一個特大號的洗臉盆，甚至大部份人就沒有洗臉盆，最大的也只是一四四號的一個補過疤的破盆。因為盆子稍大，也常常用來洗腳。不過，當想到如果因為盆子小盛不下分給全監舍的節日盛餐，這個損失簡直大得太可怕了，也就顧不得盆子曾經洗過臭腳的「歷史污點」，決定讓一四四號把這個腳盆揩拭一下徵用。其實這也正投合了盆子主人的心願，因為分完菜後這盆子多多少少總得沾上一點殘餘湯水，這個便宜不歸盆子的主人給誰也不合乎情理。

耳聽得隔壁監房打飯的過程已經結束，看守兵正在開我們監房的門鎖，除組長和值日犯人各執一個盆子守候在門邊以外，臨時又增派一四四號手提一個中型木質洗臉盆作為第三預備隊，以防萬一兩個盆子裝不下時的措手不及。只聽監門「咣」一聲打開，十幾雙睜大了的眼睛緊盯著炊事員手中的大瓜瓢。原來今天不吃米飯，為慶祝元旦佳節，改吃玉米糊糊，裡面摻和著一些碎胡蘿蔔和小土豆塊，放了鹽，也就免去了湯菜。炊事犯人按十五人的標準給我們監房舀了六瓜瓢，除了腳盆基本裝滿以外，候補小盆也盛了半盆，本監房今天判了兩個，而他只扣了一個人的飯，這才是天上掉餡餅似的好事。只希望看守兵立即將門鎖上，以免炊事犯人突然想起舀回二十九號的那一份，雖然開飯前關於數量和品質的幻想均已破滅，多一個人的糊糊也算是一個補償。再說這麼晚才開飯，大夥也餓得夠嗆了。

以往的米飯都是在廚房裡一碗一碗的蒸好，人手一碗不存在再分配的問題。今晚的糊糊就必須按人頭在監舍裡均勻分配，在饑餓的「自然災害」年代，同胞兄弟戰友同志都可以為分飯問題臉紅脖子粗，更何況是一群被認為是十惡不赦的犯人。大家的眼睛盯著盆子裡冒著熱氣的糊糊，喉嚨裡唾液在滾動，幻想著自己即將分得的一份吞進肚皮的滋味。足智多謀的組長對糊糊怎樣進行再分配這個重大問題上也不敢自作主張，他先認真估量了糊糊的總量然後以商量的口吻向當了爺爺的長者一零八說：「是不是先用二號茶盅（當年的茶盅以口徑的大小分號，大號盅直徑為十公分）每人分一盅，剩下的再用三號茶盅分，再剩下的用吃飯的小勺一人一勺的分下去。」一零八點頭稱是，各位「號碼」也一致同意，分配方案也就基本敲定。

最後一個問題是由誰來舀糊糊呢？可能因為我進監時間最短，人際關係相對比較單純，有人提議由我來掌勺分配，我只好伸出手腕將上面的血痂亮給大家看，說：「我手上有傷，使不起力。」事實上前幾天我在集訓隊又挨繩子又戴反銬，折騰成古人說的「手無縛雞之力」的文弱書生模樣，端自己那碗飯都困難重重，一零八為我證實了這個具體問題。這時便有人提議讓一四四號掌勺，但組長堅決反對。據說這個監舍原來的組長便是一四四號，因為他利用手中的「權力」，威脅那時剛剛進監的現任組長，說他有不認罪的言論，逼得他向一四四號奉獻了兩碗大米飯，現任組長懷恨在心，韜晦策動，聯合二三知己對一四四號組長進行檢舉揭發，結果一四四號受到讓位給現任組長之外，還戴了三天手銬的處分；另一方面足智多謀的組長也考慮到臉盆是一四四號的，如由他掌勺便可以故意不把盆壁刮乾淨，巴在盆壁上的糊糊不是他撿得的便宜麼？這便宜誰都可以撿，就偏偏不能讓他撿（以上情況均為一零八號根據組長談話向我轉述）。最後眾望所歸的掌勺人仍然是德高望重的一零八號。

我認為一零八號的掌勺是公平公正的，不論對權傾一方的現任組長，還是知心朋友四十九號（即本犯），在分配中不論是茶盅還是湯勺，都沒有發生故意傾斜的偏差。特別是茶盅，每舀一盅都得用筷子在茶盅的口面上刮拭一遍，以免因超過水准高度而出現不均。只是分到最後，還剩下一人一小勺都舀不夠的時候，怎麼辦？眾人的眼睛都依依不捨地望著盆底那一灘糊糊，誰也不願說給誰，這時組長的足智多謀才真正發揮到了極致。他叫一零八號用食指在盆壁上刮，把盆壁上沾的糊狀物質全都刮到盆子的底部以後，又令一零八號按每人一食指的標準刮往每個犯人的碗沿上，直到最後一滴，哪怕是最後一食指，不曾有任何一個「號碼」自願放棄那幾粒細小的玉米粉，毫無疑問，其中也包括記錄此一實況的本犯。

最後一個激動人心的場面，便是一四四號用他的舌頭把這個洗腳的破瓷盆徹徹底底地舔了個一乾二淨。

就這樣，我們用認真嚴肅的分飯儀式送走了一九六二年的元旦佳節。

幻想到熱帶去坐牢

著名的國際歌第一句唱道：「起來，饑寒交迫的奴隸……」，生活在熱帶的奴隸，他們能體會到寒冷的痛苦嗎？

如果饑餓和寒冷這兩種痛苦，就像魚和熊掌一樣二者不可得兼的時候，你願意選擇饑餓還是寒冷，請別懷疑我的回答：「我願意接受雙份饑餓，也不願接受一份寒冷。」

元旦節過後三天，在對我進行一次提審以後，就把我調進了七號監房。從這天，便開始了我為期三年多的獨居生涯。

灌縣看守所是一幢大型的木質四合院格局的建築，這四合院的背後，另外還獨立著一排磚木結構的小房間，那便是被稱為監獄裡的監獄的小監。每監面積約兩平方米多，共十二間，其中又還有兩間漆黑的監房名叫黑監。上述的四合院大監、小監和黑監都容納在高牆電網之中，也就是關押犯人的地方。

七號監房在四合院內，是大監裡的一個小單元，面積大約八平米（大的監房甚至有四十平方米）。我關進去的時候，地板上有一床破棕床墊，這種用棕片包著稻草縫成的雙人床墊在當年頗為普及。另外，牆角邊有一隻破手套，別的東西就什麼也沒有了。進門以後我想起我在九號監房時，殺豬匠一零八號曾送過一個特大型的陶土飯碗給我，它即是我唯一的財產也是我僅有的身外之物。當我向看守兵提出去九號監房取東西時，他便趔轉身帶著我去了九號監房，實際上只有幾步之遙。而當我進去取出的東西僅僅是一個大土碗時，他更是瞪大了眼睛問：「就這個碗嗎？」我說：「嗯。」

這隻碗對我來說太重要了，它既是洗臉盆，又是裝湯菜的碗，還是中午送飲水時的茶杯。不久，炊事犯在吃完飯收碗時又漏收了我這個監房，使我又增加了一隻小碗，到了夏天，這隻大碗還充當過我的洗澡池（決非杜撰），而碗底是我的磨刀石和藍墨水生產車間，在物資匱乏的時候，僅有的物資的功能便會在原有基礎上被動的進行延伸——我不知道是不是在社會學上出現了一條新的公理，只是如實陳述當年的真實情況。

碗的功能可以延伸，有什麼東西可以延伸成一床棉被？沒有棉被的冬夜是多麼漫長，多麼可怕。上半夜我想讓那床破棕墊延伸成一床棉被，但是實驗了兩次都失敗了。第一次我將它蓋在身上，結果比不蓋還冷得凶，因為人直接躺在冰冷的地板上，下面冷，而棕墊並不像棉花那樣柔和，可以掖裹著身體，相反它兩側通風上下灌冷毫無保暖功能；我只得改變方式，進行第二種棕墊保暖功能的延伸試驗，我睡在棕墊的一端，用手持其一邊拉上來裹住身體，然後人在地板上打個滾，這就像武漢人愛吃的一種名叫糯米裹油條的早點，棕墊是壓平了的一團糯米飯，犯人四十九號則是小吃店老闆扯斷的幾截油條，老闆將四十九號油條放在糯米飯中間，加上少許白糖，然後用濕毛巾包裹著在桌案上一滾，幾捏幾壓，便弄成一個外形像玉米棒似的糯米裹油條，十分可口。可惜棕墊不像糯米飯那樣具有一定「可塑性」，我直挺挺的在裡面動彈不得，更因為棕墊的長度有限，結果，四十九號的腦袋和雙腳就只能任寒冷摧殘，特別是雙腳凍得難受，想縮縮腿也被可惡的棕墊捆綁著難以動彈，結果兩種試驗均以失敗而告終。

最後還是恢復原狀倚牆坐在棕墊上打盹，一副坐以待斃的樣子。

大約是凌晨四時左右，一個史無前例的寒噤將我從夢中催醒，最突出的是一雙腳板像被針刺著一樣痛得難受，上下牙也受到連累咯咯地抖出了聲音。我想起小時候在安徒生的童話裡，讀到的那個賣火柴的小女孩的淒慘命運，我相信許多讀過這個童話的人都和我一樣，曾經為那個在雪風中顫抖的女孩流淌過同情的淚水，但人類之間的相互摧殘卻依然如故。我再也忍受不住了，終於為自己心靈之痛、肉體之痛而號啕大哭起來。

這時我想到了熱帶地方的勞改犯，他們就沒有寒冷的痛苦。

有腳步聲走近，顯然是哭聲驚動了在訓話室烤火值班的看守兵。他撥開門上的窺視孔，厲聲問道：「鬧什麼？」就為這個鬧字，我也真想學習偉人的高姿態，奉勸天下的讀書人向廣大工農兵學習。看守所早有規定，如有事找所方陳述，必須先喊報告。監舍裡如有犯人打架鬥毆或其他違紀行為，組長或積極份子便站在門邊高呼報告，看守兵走近時決不會問什麼事，而是問：「鬧什麼？」在監獄裡大聲呼喊，當然也可稱為鬧，大鬧監獄當然是一種錯誤。即便鬧的目的是為了檢舉壞人壞事靠攏人民政府，那也得首先將喊報告的置於一個犯錯誤的地位，再根據你報告的內容酌情處理。這一招比民諺所說的「惡人先告狀」更是戰無不勝。試問天下讀書人，你們誰能把「鬧」字用得像這些看守兵那樣盡善盡美？

因為我進看守所後，對「鬧」字咬文嚼字一番後認為具備誣陷嫌疑，頗有反感便不予回應，也許他急於返回溫暖的烤火爐邊便淡淡地說了一句：「哭什麼，半夜三更的。」隨後是遠去的腳步聲。

感謝哭什麼三個字對我的提醒，能哭出一床棉被，一個烤火爐或者一顆「對敵鬥爭不堅決」的心臟。我翻身站起，開始在棕墊上原地跑步，直累得我氣喘吁吁，身上開始發熱時才坐下休息片刻，稍感寒冷，我便再次跑步，並且逐步進行技術更新，在跑步的同時輔以雙肩作跳繩似的繞動，其產生熱能的效果更佳。

從此，每天黎明前最寒冷的時刻，我的地板上都會發出咚咚咚的跑步聲，因為在棕墊上，因為是打著赤腳，對左鄰右舍的干擾也不是太大。有幾次曾被看守兵問過：「跳什麼？」因為這個問題不涉及討厭的「鬧」字，我也就正面回答：「沒有棉被，冷得受不了」。

六、七天後，來了幾位勞教隊的幹部審訊我，他們問了我三個問題，我就說了六遍關於沒有棉被的問題，兩天以後我終於得到一床其臭無比其髒無比其補疤多得無比的棉被，但是，它畢竟是我一生中，最最疼愛的一床棉被。

關於「花腦殼」和「煙桿」

我已年近古稀，如果沒有什麼十分特殊的「不測風雲」，也許我這輩子不會再坐牢了。因此，今天對這輩子的坐牢情況進行總結統計，不能認為為時過早。勞教隊的情況前面已經說過，從在天津市公安局看守所開始當犯人到雷馬屏農場結束，我先後蹲過的看守所、勞教和勞改廠礦企業農場醫院集訓隊總計十一個，時間共計二十二年另七個月加十三天（自反右鬥爭第一次被鬥之日起至收到平反裁定書之日止），它幾乎佔用了我全部充滿活力的青壯年時期。如果用這些歲月讀大學，估計最少可得四個博士學位。不要相信以「如果」開頭說的話，八成是吹牛皮，也就是四川方言所說的「提虛勁」。我想說的是，由於我生性好學，又被專政了這麼多年，如果世界上某個國家的學術界設立一個「被專政」專業，而我張某「攻讀」該專業二十餘年，還拿不出兩篇有份量的論文，掙個什麼學位，弄一個像模像樣的職稱，那我這輩子真正是白活了。

因為世界上並沒有這樣一個專業，況且我也不是寫論文的料，因此，不白活也得白活。反正阿Q兄早就對我說過，這世界上有幾個人不是白活的。

如前所敘，我曾經在十一個不同的勞教勞改單位或長或短地滯留過，既然單位性質一樣，內容也就大同小異，雖說是小異，也可以異出不同凡響。就拿對犯人用刑來說，灌縣看守所有兩種刑罰是比較奇特的，也是我在其他十個經常用刑的單位不曾見到過的，有必要介紹一下。

前幾年我曾經看過一些回憶「文化大革命」的文章，當然都是些當年受迫害的人寫的（恕我直言，這些受迫害者若干年前也曾「被迫」迫害過右派份子——我除了遺憾以外決無幸災樂禍之意。）文章作者們許多都曾被剃過「陰陽頭」。據說這種「髮型」的特點是，半邊頭髮不剃，另一半頭髮鏟光，折騰成周易八卦中那個圓形的黑白分明的圖示式樣。這種懲罰方式是對人的尊嚴的肆意踐踏，從精神的角度說是十分殘酷的。更勝過美國小說《紅字》中的紅字，小說主人公的羞辱在衣服上，生活中的羞辱卻置放在頭頂，恰巧中國人把頭看得比什麼都重要。這只要想一下「頂頭上司」這個詞彙的份量便不言自明，也可以從幾千年的斬首示眾中得到佐證，還可以從當代的死刑犯人槍擊的目標是腦袋而不是心臟中受到啟發。

其實在中國盛行剃陰陽頭之前五年，灌縣看守所早已在犯人的頭上做文章了，那時「剃花腦殼」就是一種最「通俗易懂」的懲罰方式。懲罰不外乎給受懲罰者以痛苦，痛苦又不外乎精神痛苦和肉體痛苦，肉體痛苦的同時精神也必然痛苦，精神痛苦時肉體未必痛苦。「剃花腦殼」肉體沒有一絲一毫痛苦，為此而產生的精神痛苦對犯人來說也微不足道，因為文化大革命中被「剃陰陽頭」者他朝夕面對的是他的父母子女妻子學生甚至昔日的同事甚至政治對手乃至情敵等等。同情的淚水，惡意的嘲笑無一不是在心靈的傷口上抹鹽。而犯人面對的都是些精神早已土崩瓦解的同類，他們的尊嚴早已被嚴厲無情的鬥爭颶風滌蕩得一乾二淨，也難怪被剃花腦殼者總是微笑著回到監舍，摸著自己的腦袋向圍觀者展示那些連畢卡索都將為之驚歎的圖案。

想起「文化大革命」時經常聽到一個口號說，要「把階級敵人打倒在地，再踏上一隻腳」。當年和我在一起的一個蒼老的的「反革命」卻笑著對我說：「這口號對我一點壓力都沒有，因為我早已倒在地上了，毋須再行打倒。」如果一個人的尊嚴已經倒在了地上，一頭奇形怪狀的頭髮對他來說又算得了什麼，所以犯人真正害怕的還是肉刑的折磨。

因此，我認為灌縣看守所施行剃花腦殼懲處犯人是一種失敗，它除滿足了某位所領導對這種「行為藝術」的偏愛以外，對犯人的儆示作用簡直微不足道。

但是，另外一種特殊刑具就非同小可了。

這種非同小可的刑具名叫煙桿，受刑者戴著它就像農村中的老年人嘴裡含著一根葉子煙桿一樣，因此而得名。其實那根貌似煙桿的鐵棒並沒有含在受刑者的嘴裡，而是在他的喉頭，那裡有一個鐵圈在受刑者的頸項上戴著，鐵圈上有兩個對稱的孔洞，用以和煙桿（鐵棒）一端的孔洞匹配並拴連在一起，煙桿（鐵棒）的另一端則和受刑者所戴的一副特製手銬拴連在一起，並用小鐵鎖鎖上。這時受刑者的手被鐵棒的長度局限著，只能作橫向擺動而不能縱向活動，其行動之困難可想而知。那煙桿的長短規格還各不相同，這得看施刑者對受刑者的仇恨深度而定，愈深則煙桿愈短，我見到最短的才二十多公分，戴著它就意味著受刑者的手只能在下巴頦附近作橫向運動，仇恨淺一點煙桿也可以換成一根長一點的，最長的可達五十多公分。如果用數學方式表述，可說成仇恨的深淺和煙桿的長度成反比，受刑者的痛苦也同樣和煙桿的長度成反比。這幾種規格都是我目睹過的，據說「兵器庫」裡還有一種連接腳腕和頸項的煙桿，只要想一下成天屈著腰桿受刑的味道就令人毛骨悚然，別說親自受用，幸好這只是些犯人間的傳聞而已。至於「兵器庫」裡還有些什麼新奇品種規格，因為我從來沒有進去看過，所以不敢亂說亂議。

大約是一九六二年的夏秋之交，我被審訊人員「提」出去審訊（提是「獄界」的專用動詞，意為將犯人帶出監舍，審訊也稱提審或提訊）。剛剛走進訓話室，值班看守兵突然將一串鑰匙遞給我，他擇出其中的一把說：「去給一三七號開一下銬子。」手指著一群坐在天井裡放風的犯人，其中一個正戴著煙桿，正是看守兵指向的一三七號。這是一個四十多歲的中年男子，長著山羊鬍子，一臉污垢，頭髮零亂不堪，這顯然是戴著煙桿無法生活自理的結果。當我上前為他開鎖時，他竟然撲簌簌地淌下串串淚水。我揭下他的手銬時，一陣惡臭撲面而來（這很可能是看守兵令我去開銬子的原因）。銬子的邊緣上沾滿了膿血和痂殼，戴銬子的手腕上，爛肉裡竟有些蛆蟲在蠕動，我頓時周身發麻，長起了雞皮疙瘩，恐怖到難以形容的地步。

記得我剛從天津押回灌縣的當晚，集訓隊胡幹事給我戴上了反銬，所謂反銬就是將手銬戴在背後，由此而產生的睡覺解手吃飯的困難不難想像。這是我生平第一次戴反銬，當時的天真幼稚現在想起來都害臊。戴上反銬後我便想，我解小便解褲子總得給我打開吧，當我真要解小便去到看守兵面前報告時（集訓隊規定，解手得先向看守兵報告，看守兵則持槍站在窗外的一條高凳子上，俯視著室內眾反改造份子的一舉一動），他臉朝尿槽方向點頭示意批准（集訓隊尿槽緊挨床鋪，臭氣薰天），我仍站在原地不動。片刻時間他怒氣衝天吼著問我：「你裝啥子怪，要解手又不去。」我只好實話實說：「我解不開褲子。」他更加大聲地吼道：「未必我下來替你解褲子？」一個尖銳得令人尷尬的問題問得我理屈詞窮，只好怏怏而去，後來我用第二天的早飯找鄰床的一個小扒手換了我這一泡尿。

背銬著雙手又怎能端著碗用筷子把飯刨進嘴裡？那只好像狗一樣趴在地上享用，幸好遇到的是「自然災害」年代，基本上以稀飯為主食，咬著碗沿一喝了之。如果是豐收年景，萬一大發慈悲，給你一份紅燒排骨、油炸雞腿，雙手被銬在背後，眼睜睜地看著卻吃不上嘴，不把你氣死那才是怪事。

戴手銬的尚且如此，戴煙桿的困難就更顯得複雜，好心的人也許會想，他的「難友」不可以幫他一下忙嗎？這是標準的「獄盲」（對不起，生造詞彙一個）對「無產階級專政鐵拳」的力度認識不夠的天真想法。首先難友這個象徵友愛的詞彙只存在於萬惡的舊社會，新社會的同犯間只提倡鬥爭，狠鬥自己的犯罪本質也鬥同犯的犯罪本質，這樣才能共同進步革面洗心成為新人。如果戴著刑具的犯人得到生活上的照顧，施恩者最低也得冒同情反改造份子的風險，但領導上並未明令禁止吃喝拉撒的照顧，因為刑具有時可戴到半年以上，褲子變成糞桶，監舍裡遍地蛆蛹，審訊室內、法庭裡、公判大會上臭氣薰天那成何體統？據我的經驗，最通行的方法是受刑者用饑餓去交換別人的風險。

在漆黑的監房裡

我的案情似乎越來越嚴重，在大監裡獨居關押不到一個月，又把我關進了小監裡的黑監。在灌縣看守所，它可以說是死刑的過渡房，是人鬼之間的「國境」線，也就是說能活著離開這個監房的人是十分稀少的。

小監的監房小，黑監的監房黑，全所十二間小監中只有一號和二號是黑監，我就關在一號黑監裡。黑，主要是白天沒有一絲陽光透入，夜晚在一百瓦的燈光照射下明亮無比，簡直對黑監這個名稱是個嘲弄，比起大監裡那些十五瓦的鬼火，弄不好你還誤以為住進了金碧輝煌的天堂。如果說住在天堂裡的人是「享福」之人，在一件事情上到有點像，不過只有一件，決不能再有一件，否則我的名字就不能叫四十九號犯人了，那件事就是倒尿桶。這個看守所的尿桶體積很大，大到非要兩個人才能合力抬起的程度。黑監裡只關一個人（除非拿到了死刑判決書，在十天上訴期內，會另外增派一個犯人來伺候你同時監視你，使你能「死得其所」而不至死於意外）。那龐大的尿桶裝滿，經看守批准倒掉時，他會帶兩個大監的犯人來替你倒。這時你必需面對牆壁站在「床」上，其目的是不能讓你這個「要犯」和倒尿桶的「次要犯」（此詞純係杜撰）打照面，以免發生眉來眼去最終傳遞出「要犯」的某種資訊的危險後果。一直等到尿桶放回原處，監門鎖好室內恢復為一片漆黑的原狀，你才可以恢復躺在「床」上的原狀。

如果說死刑不算一種危險，黑監應該是世界上最安全的地方，唯一的設施是一個看不見電線的燈泡，它藏在牆洞裡，是跳高運動的世界冠軍也休想用指尖觸摸的高度，這就排除了被電擊而死或被電線勒死的可能性。黑監裡的床是泥土砌成，不像木床必要時可以卸成八大塊，變成類似棍棒之類的准兇器。除了飯碗和筷子，這裡面沒有可以挪動的東西，事實上也沒有任何東西。我估計奴隸社會的五星級賓館的硬體設備也不過如此，當然沒有理由抱怨。

雖然我在大監房裡也是享受的獨居待遇，但在那裡或透過門縫，或透過柵欄縫偶爾也能看到室外的人來人往。更不要說耳朵能聽到各種聲音，朗讀監規呼喊報告吵架打架送飯送洗臉水開門關門倒尿桶放風這一切向你證明你活在這個群體之中，你是一個活生生的四十九號犯人。在黑監裡，這一切功能都在消蝕都在退化。沒幾天功夫，我發覺生理上也出現異常，那便是我聽見一點響動，哪怕是開門鎖的聲音，都顯得十分尖銳刺耳，甚至頭痛。看守所內有一位刑滿就業人員當衛生員，他是絕對不會醫這類神經官能的疾病的，為了活下去，我恢復了以前因驅寒而進行的跑跳運動，每天三次，每次不得少於一千步，因這裡沒有地板，對鄰舍不會產生任何干擾，我一直悄悄地這樣鍛鍊著。

大約在我七歲的時候，曾經在一個漆黑的夜晚，躺在床上臆想躺在棺材裡的味道，似乎想用童心去臆想恐怖。今天的我用不著胡思亂想，實際體驗就行了。

密友遺言

黑監的木門上有一個直徑約二十公分的圓孔，它實際上是一個窺視窗，窗上有一塊活動木板，室內室外都可以用手指撥開它，如果關在黑監裡的犯人想悄悄撥開它去盜竊一絲陽光，則屬於亂說亂動的範疇，發現後必遭懲處。我的鄰居，也是來自勞教隊的右派份子付汝舟為此事戴上了腳鐐（他雖然也從黑監活著出去，只是沒活多久，便於轟轟烈烈的文化大革命中，在邛崍縣南寶山勞改農場槍斃了）。因為從大監到小監，要從大監的後門出來，這後門正對著一、二號黑監，看守兵過來查房，第一眼看到的就是這兩間房的動靜，我和付汝舟首當其衝，如果打開了窺視窗，首先被逮著的必是我倆。

看守兵交接班倒是有點規律，但是提審犯人二十四小時都有可能，也就是說看守兵任何時間都可能進入小監，還是讓黑監黑著吧。改革開放後我在一個刊物上讀到一首詩，依稀記得題目叫〈陽光，誰也不能壟斷〉，如果當年這位名叫白樺的詩人知道世界上有個地方叫作黑監，他那首詩也許就不會用這樣一個題目。

我進入黑監的當晚，在明亮的燈光下，我仔細觀察了我這間陋室。這個兩平米左右的房間，「床」腳頭放著尿桶，尿桶上方的牆壁上，不知是誰用墨筆畫了一行行的橫線，顯然是紀錄他關進黑監的天日，我數了數共計四十三道橫線，第四十四天他到哪裡去了？調到另一個監房或者執行了槍決，誰也不知道。

我發現在靠牆壁的門柱上，有用毛筆寫著的文天祥的千古名句：「人生自古誰無死，留取丹心照汗青」。寫這字的位置十分巧妙，監門一打開，開過來的門必然會掩住門柱，自然便掩住了這兩句詩。也就是除了關在裡面的人，從外面進來查看的人，就決不可能發現黑監裡曾經有一個人用這兩句詩來激勵過自己。我卻一眼就看出，這是密友楊應森的筆跡，難道他也在這間房裡關過？

楊應森是岳池縣農村人，出身貧寒，一九五〇年參加中國人民解放軍，反右以前他在瀘州軍幹校當射擊教官，依稀記得是少尉軍銜，劃為右派後送了勞教，我和他同在一個中隊一個大組一個班，平常他寡言少語，我逃跑前，他弟弟曾經從岳池鄉下來看望他。有一天他曾邀我到他弟弟所住的房間裡聽他弟弟擺談農村情況，談到他的某些親人餓死的慘狀時，兄弟倆痛哭失聲，給我留下極深印象。他身高一米六多一點，性格內向，對人誠懇，在班上人緣很好。全中隊沒有一個人比他的歌唱得更好，特別是那首名為「小河淌水」的雲南民歌，甚至多年以後，只要在廣播或電視裡聽見這首催人淚下的歌，我都會想起他的音容笑貌。

一九六一年十月一日國慶日，我從勞教隊逃跑，當時楊應森和我在同一個班組，而且我們關係不錯，他當然知道我將採取的這一行動。我外逃時間不到兩個月，想不到這短短幾十天內他竟然跨出比我勇敢得多的一步，乃至於不到三十歲就被殘忍地槍殺了。

我深感遺憾的只是，過去他是軍事院校的射擊教官，他決不會想到，他自己的頭顱會成為他的學生的活靶，這難道不是一種令人毛骨聳然的諷刺嗎？

此後我只是道聽涂說了一些有關他的事，不足為據，而如今我已年邁蒼蒼，且有家室之累，也不可能瞭解更多的情況，關於他的死，可能只有留待後人去評說了。其實評說不評說又有什麼關係，不論是他是我，甚至一個剛剛誕生的嬰兒，都不過是茫茫宇宙間的匆匆過客。唯一的願望只是在活著的那一瞬間，活得像個人的樣子就足之夠矣。這既是最低標準，在某些特殊背景下還可能是最高境界。在正常情況下，它應該和人的生存權一樣為世人所公認，何須付出如此高昂的代價。

空前絕後的「壯舉」

我曾經寫過一篇題為〈我和幾群蝨子的分分合合〉（編按：見第十章）的回憶文章，文中有一個段落對我在黑監裡逮儘自已身上——特別是頭上的蝨子的「壯舉」進行了自我吹噓。如果這篇專門寫看守所生活的文字不提這件事，那就有點不全面了，我只有冒著道德風險（涉嫌騙取稿費），轉抄該文的四個有關段落，請允許我節約一點智商。

在黑監裡，我唯一可以在不違犯監規的前提下幹的事也許就是逮蝨子。我的耐心堪稱一流，白天睡足覺，晚上在一百瓦的強光照射下，對僅有的一套發著汗臭的內衣內褲進行拉網式的清剿，對每一個褶縫，每一處邊角，甚至每一個針眼都一而再再而四地搜索，為時四十餘天，親手掐死大小蝨子四百三十九隻（不包括虱卵），享受到勝利者才能擁有的快感，在漫漫的黑暗中，調劑了寂寞無奈。

也許是為了「花腦殼」有「用武之地」，六十年代灌縣看守所的犯人都可以蓄留頭髮，以至於我也受到「花腦殼」的株連。因為留著頭髮就等於給蝨子提供了生態環境自然保護區，我不可能擁有一面能欣賞自己猙獰面目的鏡子，又怎麼可能捕捉深藏在自己髮叢中的蝨子，更何況它們的個頭甚至不會大於一粒芝麻。

凡力所能及之處的蝨子都被我逮光了，更顯得百無聊賴。這時，只要看守兵撥開窺視窗視察我是否「健在」，我立即報告要求看報學習。這個「促進思想改造」的要求起碼不算無理取鬧，但從未得到恩准。直到某個吉日良辰，某位看守兵竟然從窺視窗裡給我塞進一份八開小報，仔細一看，是四川省公安廳勞改局編印的一份「新生報」。顧名思義，這是專門提供給勞教份子以上，死刑犯以下極需獲得新生的人等學習的『內部讀物』。這份幾十分鐘就能看完的報紙，是我唯一能看到的文字，它具備著物以稀為貴的價值，我連續看了十多天。

某夜，我坐在「床」上，用雙膝托起這張報紙，正企圖從字裡行間找出點錯別字或病句以提高我的文化素質。突然感到頭皮發癢，我下意識地伸手到頭上抓搔，忽聽得報紙上「叭」的一響，在響聲指引下，我眼睛一亮，赫然一個虱界的「相撲運動員」在報紙上蠕動。這一意外發現對我所作的貢獻，決不會亞於牛頓看見蘋果落地而後對人類作出的貢獻。我無比激動地處死了「相撲運動員」，然後立即張開十指，狠狠地在髮叢中抓搔，剎時刻出現的是「大珠小珠落玉盤」的驚心動魄，與奮中將這批「失足者」送下了黃泉。此後的一段時日，我每天都多次如此這般地搔頭消遣，到後來《新生報》上落下的蝨子越來越少，個頭也越來越小，估計髮叢中最後一枚虱卵孵出的幼虱已被我擒殺，我才基本結束了這場掃蕩，其間共殲敵虱一百四十四隻。多年來，我一直為自己能滅盡自己頭上的蝨子而感到十分自豪，它也許是我這個碌碌無為的凡夫俗子一生中，唯一幹過的一件前無古人後無來者的「壯舉」（並非我故意褻瀆這崇高的詞彙，確實一時找不到更恰當的詞來表達我當年的豪情壯志）。

那時我也附庸風雅東施效顰學寫打油詩一首，以慶祝這一勝利：

虱子

你在我髮叢中閒庭信步，似傲慢的上級，
你在我體膚上吃喝玩樂，像甩不掉的潑皮，
上級給我製造冤屈，潑皮囂張無比，
我掐死它們，指甲上沾著些血，
我說是我的血，
它說是它的血。

一部長詩的生與死

就好像一個人不可能知道你將於何年何月何日死亡一樣，關在黑監裡的我，也不可能知道我將於何年何月何日才能走出這漆黑的監房，這漫漫長夜我難道就這樣躺著等死嗎？我必須做點什麼。

反右運動前，我的業餘愛好是讀書和寫作，也發表過一些不成氣候的散文和詩歌，我為什麼不利用這充裕的時間，安靜的環境搞點創作？我決定寫一部長篇敘事詩，並為此開始了我的準備工作。

任何一個看守所都有不定期的查房制度，雖然犯人的生活用具極為簡單，但搜查起來仍十分仔細，特別是對我們這類有點文化犯的又是所謂反革命罪的人。個別責任心特別強的看守兵在搜查時，甚至連睾丸都要隔著褲子捏一捏。當然這不是對你的性別有什麼懷疑，主要是這些隱秘的地方有可能藏匿違禁物品。有時搜身檢查完畢，立即進行監房大調動，如果藏有什麼不可告人的東西在監舍裡什麼不可告人的地方，你也就無法取出。監獄裡是絕對不允許搞什麼創作的，這類突然襲擊地搜查，你寫的東西能藏在哪裡而不被發現？

古人說：未曾行兵，先尋敗路。我必須作好兩種準備，首先作品的內容決不能讓人抓住把柄，以免在我今後的判決書上增加更大的政治重量，因為我並不想死，特別不想糊里糊涂地被槍斃而死；其次，應該儘量不被發現，這也不是克服不了的困難。前文曾提到過我曾領到過一床「其臭無比，其髒無比，其補疤多得無比」的棉被，這多得無比的補疤並不限於被面和被套，就連棉絮上也是疤上重疤，這些棉絮上的補疤藏幾張折疊得很小的紙片簡直輕而易舉，因為一般人的經驗中，很難把棉絮和補疤聯繫在一起，更難想到這些補疤竟然是一個個荷包。

筆和紙張，只要向看守兵報告，誑稱要寫交待材料就可以領到，雖然是品質低劣的蘸水鋼筆，那也無關大局，反正我也不會送去參加書法競賽。

從這時開始直到一九六三年，共兩年多時間，歷盡艱險，我創作了一部五千多行的長篇敘事詩，題為〈嘉陵江三部曲〉。內容是寫三十年代一個地下黨員犧牲前將兩個遺孤放在打穀子的拌桶裡，任其隨嘉陵江漂下，在南充為一船工救起將其撫養成人，後來參加華鎣山游擊隊的故事。

現在想來把這個老掉牙的故事歸納在公式化概念化系列並不為過，可當時我還信心十足。甚至在雷馬屏勞改農場服刑期中，託一位刑滿的朋友袁永桂秘密帶回成都，袁又率他的兩個弟弟（其中袁永恆時下為成都大師級相聲演員——當然他的這個成就和當年替我抄詩沒有任何關係）代為抄寫。平反後我只給一位文學前輩看過，他一口否定，可我並不甘心，又將它改為電影文學劇本交《紅岩》編輯部裡的一位朋友，他用讚賞我鋼筆字寫得漂亮的方式婉言謝絕。就這樣徹底粉碎了我的千元稿費夢，只有將它作為本人的「館藏物資」「束之高閣」了。

我對這部長詩的不甘心失敗有兩個原因，其中之一我在後面那段〈破手套與「核彈頭」〉中還會交代。最重要的是我為它付出的心血實在太大，雖然兩年多時間對終日無所事事的犯人來說算不了什麼，但我所冒的決不只是「剃花腦殼」的風險（事實上我為它戴過一個星期的手銬——這對犯人來說也算不了什麼）。

不妨舉一個關於藍墨水的例子，來證實一下我的艱辛。當犯人已經結案，不再提審也就不再寫交代材料時，你就再也要不到筆墨紙張了。這三種物資唯有藍墨水是最難存儲，因為裝它的瓶子在查房時一旦發現便拿走了之。我絞盡腦汁想了個辨法，用一塊像一張名片那樣大小的碎布，在有墨水的時候，不斷用墨水將它淋濕、晾乾，再淋濕，再晾乾，數十天後這碎布已凝成載滿藍靛粉的厚塊。領不到墨水時，我便將飯碗翻轉來，用碗底的凹糟盛上水，將那塊藍靛碎布在水中晃幾下，我的生產車間就可以立即獻出藍墨水若干毫升。再舉一個關於紙張的例子，一方面它來之不易，必須節約使用；另一方面，在正常情況下，五千多行長詩幾乎要用三大本稿箋紙，這一大摞紙能藏在什麼地方才能躲過搜查者的眼睛？那年頭我的視力極佳，我能將字寫得很小很小，交給袁永桂帶回成都那一份只用了四頁紙就裝下了，那還不足為奇，我還珍藏了一份世界上只有我一個人知道的版本，幾乎用的是微雕工藝，它只用了兩頁紙，折摺起來只相當於四片滅蚊藥片的體積，我還從破棉被上撕下破布一小片，縫成一個小口袋將它置於其中，經過大約一百次以上的搜查都逃脫了法網。只可惜這個袖珍精品平反後卻被大大咧咧的我自己丟失，使我遺恨終生，這也得怪它體積太小了。

總之，這首作為文學作品的長詩是失敗了，但是作為一種創作精神，我真願意為它獻上一個上面寫著永垂不朽四個大字的花圈。

寫下墓誌銘

我滿六十歲那年，特意製作了一張名片，這名片贈給的對象都是我視為朋友的人。正面印有我的永久通信地址郵編和電話號碼，背面則印著我的墓誌銘，寫它的時候我二十八歲，地點就在這個黑監裡，內容如下：

墓誌銘

這盒骨灰的原料來自張先癡的屍體，
他曾經是孩子、是才子、是天之驕子；
也一度是傻子、是瘋子、是回頭浪子；
最後他才是赤子、是刀子、是過河卒子。
他咬牙切齒地恨了半輩子，
也刻骨銘心地愛了半輩子。

印製成名片的時候，我對第一行和最後兩行作了修訂，其餘都保持著三十年前的原貌，修改的原因是我沒想到我會活到時興火葬的年代，故原句中棺材之類的詞彙應予淘汰，最後兩句彷彿是「他穿著破褲子，他苦了一輩子」之類也作了修訂，因為我平反出獄後的下半輩子也沒有苦到穿破褲子的程度。

我在黑監裡寫這個墓誌銘的時候，雖然處境十分惡劣，似乎受著死刑的威脅，但我認為我不至於判死刑。原因是雖然在勞教隊我有幾個比較知心的朋友，充其量也只能說是小圈子，或者進一步說成是小集團，或者再進一步說成是反革命小集團，或者更進一步說成是叛國投敵反革命小集團（不幸得很，我的案子最後竟按這「更進一步」來落實了）。這畢竟都只不過是些說法而已，我們一無什麼綱領，二無什麼組織，三無任何文稿，就算是集團也得在前面加上一個「准」字才稍稍確切一點。雖然我和某某有逃跑的行動，但鐵的事實是抓捕我的人是天津市的公安人員而不是任何一個大使館的門衛，抓捕我的地點在天津市街頭而不是任何一段國境線。冤案也不能冤得太離譜了吧。不過在極左路線猖獗的時候，發生「意外」也完全可能。寫它是有備無患，是防止意外，而印成名片則因為我年過花甲，垂暮之年，更要預防意外。

其實令上面對我最恨的是我的那些「供認不諱」的言論，也就是判決書上所羅列的「惡毒攻擊三面紅旗」（那年頭稱大躍進、總路線和人民公社是三面紅旗）、「為彭德懷元帥鳴冤叫屈」等等屬於「死有餘辜的罪行」。

不過話又說回來，如果再等一年，即一九六六年，也就是「史無前例的文化大革命」開始後才對我進行宣判，那我的墓誌銘就立即派上了用場，只不過誰也不知道有這麼六行文字，因此它唯一的用場只是在槍斃之時安慰一下自己而已。

回到大監

在黑監關了整整八個月，大約是一九六二年秋，我又調回了大監，仍然是獨居關押。

就在我用破棕墊將破棉被裹成「糯米包油條」準備抱著它走出黑監前一秒鐘，真正是一秒鐘，發生了真正的意外。當我把「糯米包油條」抱離我那土炕似的床位時，我忽然聽見很輕微的「噹」的一聲，那分明是一個小金屬物落地的聲音，順著聲音指引的方位瞧去，竟然是一個大約三公分長一公分寬的薄鐵片，不知是哪位犯兄將它塞在破棕墊裡的，這在監獄裡是絕對的無價之寶。此刻押解我的看守兵在門外哼吟著那首〈公社是棵常青樹〉的革命歌曲，絲毫沒想到會出現什麼無價之寶，我也不會作出用這無價之寶去換取從輕發落的蠢事，當然順勢將它夾於掌中帶入了我的「新居」。

如果說黑監像墳墓，這裡就是天堂，它寬敞明亮，通風良好，在這「四合院」的一個拐角處。我獨自一人佔據著四十多平方米的居住面積，甚至大大超過了當年司局級領導幹部才能享受的住房標準，使我頗感羞慚。只是因為這是被武裝人員脅迫入住的，並非以權謀私而得，不安的心才逐漸平靜下來。眾所周知，一個連公民權都沒有的人，哪還有多餘的權力為住房而謀私。

除十二間小監外，「四合院」裡的大監房共有十一間，其中我正住著的這種可庫存二十多名犯人的大監房共有四間，我在被關押三年多的時間裡，先後「喬遷」九次，這就意味著只有兩間房我沒有住過。又因為這兩間中有一間是女監，由於我的性別不符要求未能住上，實際上只有一間我沒能住上，這很可能又是我這個碌碌無為的凡夫俗子幹下的另一件前無古人後無來者的事，只是因為是被迫「喬遷」，不能冒充「壯舉」。

在所住過的九間監房中，我最討厭的便是這一間，這並不是因為八個月的黑監生活已改變了我的習性，乃至於嚮往黑暗；也不是因為在這個監房裡，被一位上士班長在查監室捏了捏睪丸而受了什麼奇恥大辱（他充其量懷疑我當過宮廷太監，這又有什麼了不起）。唯一的原因是它的地理位置對我極為不利。我在黑監裡剛剛寫完《嘉陵江三部曲》的第一部，正興致勃勃地準備接著寫第二部，而這間監房地處咽喉，它在從大監到小監去的必經的一個通道旁邊，通道的一側是我的這間新居，另一側則是大廁所。因此提審犯人，看守兵上廁所，交接班，犯人放風倒尿桶，總之，腳步聲斷斷續續，夜以繼日。在監獄裡從事「非法寫作」（此詞為本犯杜撰）只要聽到腳步聲就必須中斷，並立即採取緊急措施「堅壁清野」，防患於未然。否則一經發現極易扣上繼續犯罪的帽子，弄你個前功盡棄又何苦乃爾。

我只好改換門庭，另覓「就業」之道。

從破棕墊裡掉出來的小鋼片，也就是前文提到的無價之寶，我決定量身定做將它磨成一把雕刀，我在前文中曾寫道，在物資緊缺的情況下，任何一種對象的功能都將被需要某種物品的人加以延伸。比方說，犯人沒有剪刀或指甲刀，因此犯人的牙齒的功能就延伸成指甲刀，或者將牆上的磚頭地上的石塊延伸成指甲刀。雕刀則更可以延伸成指甲刀，當然它的主要功能應該還是雕刻。我難道不可以利用這充裕的時間來雕刻一番嗎？

我開始在磚牆上磨我的「無價之寶」，花了很長時間，除了將磚頭磨出一個凹糟、地板上留下一片可疑的粉末以外，小鋼片似乎無動於衷。這時我只有用兒提時代外婆教我的格言「只要功夫用得深，鐵杵也能磨成針」來激勵自己。第二天，甚至我緊捏鋼片的指頭都打起了泡，它還是不像一把雕刀。

後來我坐在「床」上休息的時候，無意間拿起床邊的大土碗，它翻過來的底部早已延伸成我的藍墨水生產車間，我用小鋼片在該車間的「屋頂」上一磨，奇跡終於出現，不到三分鐘，它已經成為一把閃著亮光鋒利異常的雕刀，當然這個藍墨水生產車間又延伸成我的磨刀石或者誇張點說，成為我的金工車間了。

既然有了車間，必然會想到擴大生產規模，我前些日子曾發現，門板上有一顆「態度很不端正」的釘子，我對它「蓄謀已久」，便持久耐心地用雕刀將釘子周圍的木頭剜去，同時不斷用手指加以搖動，它沒有辜負我外婆「功夫用得深」的教導，終於「脫穎而出」，我立即送到效率頗高的金工車間，很快地又生產出第二把雕刀。

我雕刻的東西（不敢稱為作品）主要有三種，計地板類、瓦片類和門柱類，分別交代如下：

（1）、地板類：從門上的窺視孔向監房裡面看，有一個四平米左右的死角區域，獄方規定犯人的「床」禁止鋪在這個死角，因為看守兵查房時看不見，我在這個死角區域的地板上刻了不少打油詩之類的東西，大約十首左右，這些「東西」足以證明我在前文中稱自己為平庸之輩決非自謙之詞。我勉強能記起總題為《遺憾》的幾首小詩的若干片斷如：聰明伶俐的猿猴／為愚昧充當著玩偶，辛勤耕作的老牛／貪婪的鞭子總跟在尾後。記得那最後一句是：屬於天空的小鳥／在囚籠中呼喚：「還我自由」。如此而已。

這十多首「東西」中，我唯獨對其中一首〈臭蟲〉，給予了特殊的優惠政策，即允許它記憶猶新，故全文抄錄於下：

臭蟲

我的熱血，引起它的注意，
我的鮮血，被它偷偷吮吸，
我的赤血，染紅它的軀體。
然後，它踱到我鼻子跟前，
放一串臭屁，
以自鳴得意。

（2）、瓦片類：灌縣看守所的牢房有一個特點，那就是它的監房只有三面牆壁，剩下的一面是用薄木條釘成的柵欄，柵欄外面是圍牆電網，柵欄和圍牆之間有一條約四十公分寬的通道，這個陰暗潮濕的通道圍著這四合大院繞上一圈。感謝仁慈的上帝，這給人以「腹背受敵」威脅的通道是看守兵最不願去的地方，那股濃烈的黴臭味誰也不願品嚐。在我「下榻」的三年多時間裡，只有那位「摸睾丸上士」用不發聲音的「貓步」踏入過一次，他像幽靈一樣突然從那個無人涉足的方位閃出，簡直令我魂不附體。為了紀念這次魂不附體，我特地將此通道命名為「貓步通道」，請記住這個通道的名字，以後還有事情在那裡發生。

我們知道，地板和地面總有近二十公分的距離。我曾經爬在地板上，彎曲著手腕用手在這二十公分距離中摸索，希望能撿拾到什麼無價之寶，結果發現，下面散落著許多破瓦片。這玩意硬度不高，雕刻起來非常省力，而且坐在床上就可以完成，特別輕鬆自如，甚至連一點「亂說亂動」的嫌疑都不具備。

我用瓦片刻了幾十件「東西」（不是作品），有打油詩，有圖畫，有賀年片，還有我寫給西元一〇一世紀考古學家的贈言等等。

我敢保證，絕對沒有矛頭直指某某某之類的文字，我不想給那些考古學家添麻煩。

（3）、門柱類：看守所有一位獄醫，是一個刑滿就業人員，大部份這類人員有一個共同特點，那便是對比他檔次更低的人（如本犯）十分傲慢，態度惡劣。似乎用這種對敵鬥爭的堅定態度拉開與我等的距離以後，他就更像一個「正人君子」了，或者更「革命」了，或者立場更堅定了。我從來沒看見他跨進監房認真地看一下患病的犯人，即便開門的看守就站在他身旁。他只是撥開窺視窗鼓起一雙眼睛問上兩句，甚至不給藥還吼出一句「你是思想病」的鬥爭詞彙，犯人對他恨之入骨。幹部和看守對他也不會好到哪裡去。通常都以其綽號相喚，呼為岳跛（音讀掰，四川方言稱跛子為「掰」子）相稱，雖然他的一隻腳只能踮起來行走，又何苦絲毫不顧及他在犯人中的「威信」，在犯人面前也這樣呼喊。刑滿就業人員對幹部和看守而言，肯定要低一個檔次，那是他當年犯罪留下的後遺症，萬分遺憾的是，這個後遺症正是一個不治之症。

我在這獄醫經常鼓眼睛的窺視窗房，為他獻上了打油詩一首，全文如下：

贈岳跛子

立場堅定丁字形，
工作耐心鼓眼睛，
阿司匹林治百病，
人道主義裝飾品。

另外，我被捏睪丸的那堵牆邊上，有一根被磚牆包著的柱頭，因為柱頭粗大，一部份露在了磚牆外面，在和睪丸等高的位置上，我刻下了「人類啊，你的尊嚴在哪裡？」十個大字加上一個加大型的問號。使我難以忘懷的是這間監房中間部份，分別矗立著兩根直徑二十多公分的大木柱，我在這柱頭背著窺視窗的那一面，分別刻下了兩行類似對聯的玩意：「打撈著湯底裡幾片孤苦的菜葉，捕捉著湯麵上幾顆伶仃的油珠」。並為它準備了「自然災害」四個字的橫額，可惜那橫樑太高，我爬不上去，只得留下一個遺憾。

另一個遺憾是我搬出這間監房的當晚，不知從哪裡弄來一個木匠，他叮叮咚咚在我學習雕刻的監房裡折騰了半夜，影響了全監各位號碼的睡眠，這是我不曾估計到的後果。

關於檔案的題外話

有我類似背景的人，可能都不喜歡檔案袋，那裡面記載的主要內容大致可以概括成以下十六個字：年齡籍貫社會關係個人經歷功過是非。這前面十二個字的內容因係客觀存在的事實，除極少數真正心懷鬼胎別有用心的人以外，都能如實交代並記錄在卷。問題常常出在功過是非這最後四個字上。

我決不是給自己臉上貼金，在我未接觸檔案之前，我確實是一個因單純而顯得可愛的小夥子，一個被中外文學名著滋養成長的年輕人。當然，正如馬克思那句名言所說：「我是人，人所具有我無不具有」。人都有缺點，我當然也有缺點，但這並不意味著我就不是一個因單純而顯得可愛的小夥子。

一九五四年，我由部隊轉業到南充縣民政科，這個科的業務範圍中，包含著復員轉業軍人的安置工作。這些軍人回家不久，將由機要通信單位送來他們的個人檔案，看檔案瞭解每個待安置者的背景情況成為我的工作內容之一。我很快地就把看小說的興趣轉移到這方面來了，而且我專選厚檔案看，似乎是問題越複雜我看得越起勁，以至我們的科長也誤以為我工作認真負責廢寢忘食，竟在科務會議上進行表揚，其實我是在假公濟私大過小說癮，這一度使我感到十分慚愧。

有一次送來一份像大型工具書《辭源》那樣厚重的檔案，我心中大喜，認為肯定可以大飽眼福。誰知我越看越不對勁，因為本縣的復員軍人中，斷然沒有像檔案的「案主」（涉嫌生造詞彙）這樣官階高資格老的幹部，但是到手的寶貝怎捨得輕易放棄，我繼續發揚我的廢寢忘食，直看到深夜十一時才看完。這時我終於明白，原來把南充縣兵役局王局長的檔案袋誤寄到我們這兒了。這局長雖是個上校官銜的長征老幹部，但樸實憨厚真正是個平易近人的慈祥老人。五十年代機關幹部很少，當年一個縣人民政府的幹部還沒有今天一個財政局的幹部多，幹部少拍馬屁的人當然也少些，其次當年同志間的關係也就不像今天這樣等級森嚴複雜詭秘。

因為復員軍人安置工作和兵役局也有些關係，有時我也得向王局長請示彙報，逐漸地我和他私人關係也友善起來。有一次我竟然用他檔案裡的羅曼史中一位女護士的名字來和他開玩笑，對我這種違犯保密紀律的錯誤，他只要給紀委通個氣，當年人稱小張今日四十九號的鄙人日子就不好過。而他只是假裝生氣地說：「你狗日的拿下去亂說看老子揍你。」那年代人際關係的誠摯相待由此可見一斑。後來反右鬥爭進入處理階段，事後有人告訴我，他作為縣委常委還幫我說過兩句好話，只不過因寡不敵眾敗下陣來罷了。至今他已去世四十餘年，在我腦際中刻就的好人名單上，他的名字始終赫然屹立。

檔案對我產生巨大影響是朝鮮停戰以後，南充有幾個遣送回來的志願軍戰俘，按規定他們並不以復員軍人對待，但檔案卻送到了民政科，一個多月後，上級來文件指令將這批檔案全部移交給公安局，這就意味著這批戰俘的命運將歸公安部門掌管，檔案是我親自送去的，因為有傳聞說公安局新近調入一位漂亮女孩，我順便去飽了一下眼福，所以印象特別深刻。

只是以我廢寢忘食的速度，早已把這幾袋僅次於《辭源》的檔案內容一一看過，我受到一次極大的震撼，在今天的歷史條件下，我可以誠實地說，我對這批歸國戰俘的處境深感不平。印象極深的是金鳳區白家鄉的一位高中畢業生，一手漂亮的鋼筆行草簡直令人嘆服。一九五一年他滿懷保家衛國的豪情壯志「雄糾糾，氣昂昂，跨過鴨綠江」（以上引自《志願軍戰歌》頭兩句），後在戰鬥中被俘，據他本人交代：在戰俘營，有臺灣方面的人強制在他的背上紋刻了「反共到底」四個（令「組織上」暴跳如雷的——作者注）大字（檔案裡有巨幅照片為證）。後來在交換戰俘時，雖然臺灣方面曾派人再三勸說他去臺灣，但他毅然投向了祖國大陸的懷抱，應該說在大節問題上，他的選擇證明了他是愛中國大陸的，但大陸中國並沒有給他絲毫溫暖。

為了他的工作問題，我費盡唇舌卻始終得不到認可，那年頭農村小學教師奇缺，據文教科的熟人說，有國民黨時代教私塾的老夫子教師，中共在大陸建政後仍然留用至今，那批老夫子沒啥自然科學知識，你問他為什麼會打雷，他甚至可以回答說「是因為東半球和西半球相碰」。我們這位戰俘至少在小學生極需的自然知識方面，不知比亂打雷的老夫子高明多少，但偏偏不用他。這當然只是一個例子，但不幸的是這個例子具有極鮮明的普遍意義，他們一直在農村過著「二等公民」的生活，而隨著所謂的「階級鬥爭進一步尖銳複雜」，這批自願歸國戰俘的命運也更加淒慘。

我並不排除我個人的感情因素，因為我參軍時所在的二野三兵團十二軍，就是在朝鮮戰爭中被俘人數相當多的一個單位，我想到一起參軍的同學中必然也有人成為不幸的戰俘中的一員，甚至想到我如果不是因為去了軍事院校，肯定我也去了朝鮮，說不定我的背上也會刻上幾個不堪入目的字。

關鍵是檔案裡的那幾句決定命運的結論，僅就我所看到的那幾份而言，沒有一個不是在政治上判了死刑的。而我的基本觀點卻是，出現背上刻字之類的事，那只是戰俘們的不幸，而不是他們的罪過。

看了許多別人的檔案，特別一些家庭出身不好的人的檔案中，那幾句階級陣線分明的組織結論令我感觸甚多。其實這些人的家庭出身都比我還要好一些，因此我很自然地聯想到我那份厚重的檔案中的組織結論。他們因此而復員，我因此而轉業，是五十步與一百步的問題，而不是帶有本質意義的問題，所謂的「重在表現」和以後那動聽的「出身不由己，道路可選擇」，也僅僅是策略需要而已，真正占主導地位的政策，仍然是「唯成份論」說了算。當然上述這一切想法都只是我內心深處的東西，在反右鬥爭中我主動檢查批判了這些思想。用後來在「文化大革命」中暴露出來的情況來驗證，我那時的想法，似乎也不是那麼荒誕無稽。

荒誕可笑的起訴書

為什麼寫看守所的遭遇會突然寫到有關檔案的一些題外話，因為寫到有關我的起訴書的情況時，我從抽屜裡取出了我的檔案袋，那裡面裝有那份起訴書的原稿。檔案袋是我自己給自己建立的，起到用原始文字強化記憶的作用，它不會傷害任何人，當然也不會傷害我。相反，它常常會對我發出問心無愧的微笑。

這份用灌縣人民檢察院公文稿箋複寫而成的起訴書編號為（63）灌檢字第七十號，我本想全文照抄，但它把張先癡的癡字寫錯了，病旁上它少打了兩點，電腦上因為沒有這個漢字打不出來，雖然姓名弄錯，但被起訴者肯定是我而不是另外一個張先某，我就不再轉抄姓名性別這些驗明正身的內容了，另外涉案的幾個人的名字因為涉及姓名權的問題，我和他們都已失去聯繫二十多年，沒法去徵求意見，故他們的姓名也按看守所染上的習俗以號碼代之，反正以前也叫過號碼，號碼不是姓名，也就不涉及侵權方面的法律糾紛的問題了，起訴書原文如下：

被告張先「錯」（應為癡，原文為錯字一個，故以錯字代之，下同——本書作者注）因反革命案件於一九六三年四月二十一日由灌縣公安局扣捕，預審終結移送我院，經我院審查判明被告犯有下列罪行：

被告張先「錯」因犯反革命罪，於一九五八年三月由南充縣人民法院判處管制五年送勞動教養，在勞教期中，抗拒改造，積極組織逃跑，叛國投敵，六一年八月以來，先後夥同勞教份子

一二三、二三四、三四五、四五六（均已捕）等人，策劃叛國投敵活動，妄圖到南斯拉夫駐華使館「政治避難」進而投靠「鐵托集團」，被告在首犯一二三的策劃指使下，偽造了四川省地質局公章製造假證明，籌畫了路費、口糧等，並由首犯一二三親筆寫信條二張與天津的派遣特務份子其兄某某某（本文作者故意隱其姓名），要其幫助投靠敵特。事後被告於同年十月一日便同二三四同時逃跑，途經成都西安到達北京後，見去南斯拉夫使館無機可乘，則於十一月二十三日又逃往天津與特務份子某某某掛勾，被告與某某某見面後，便以攻擊我三面紅「？」（應為旗字，起訴書上寫的是一個電腦上辭典裡都沒有的字，但肯定不是甲骨文——本書作者注）對某進行煽動，「堅強起來」，「革命」，妄圖通過某某某之大力幫助潛逃到香港投靠敵特進行反革命活動，被告在捕回集訓中還繼續書寫反動詩歌叫囂「今後算總帳」，妄想反革命復辟繼續進行反革命活動，但被告捕後尚能坦白認罪。

根據上述，被告張先「錯」一貫進行反革命破壞活動犯有投敵叛國之罪應予依法懲辦，為此特向人民法院提起公訴請予處理。

此致

灌縣人民法院

檢察員黨壽光（蓋灌縣人民檢察院公章）

一九六三年八月十八日

我在這份起訴書的下面寫有以下幾句話：

「一九六三年十月十八日（星期五）下午四時在陳家巷人民法院法庭上收得此起訴書，隨即開庭公開審理此案，六時審理終結仍回看守所，審判長說『暫不宣判』即退庭。」

（這幾句話估計是返回監舍後寫下的）。

關於四十年前的這次開庭審判，總的一個印象是走走過場而已。在審判開庭前一分鐘才將起訴書交給被審判人，不能說沒有搞突然襲擊的嫌疑。試想一下，若干名能判明「夢奸罪」的高智商人物，吃了若干次深夜送來的加班飯，共同炮製了一份高智商的起訴書（請別計較那幾個低級錯別字），又採取突襲手段來對付一個孤立的而且對法律一竅不通的被告人，最少也是不公平的。在此我不得不回顧一下起訴書的荒誕無稽：一個二十多歲的右派份子，千里迢迢地跑到天津去對一個四十多歲的「香港派遣特務」（香港是個敵對國家？是個敵對政黨？它派特務來幹什麼？）進行鼓動（他已經身為職業特務還需要鼓動？）叫他「堅強起來」（被告與該特務素昧平生，怎麼知道他是一個不「堅強」的特務？），叫他「革命」（不「革命」的特務派遣他來幹什麼？）……我竟然為這些荒誕無稽付出了十七年另八個月的青壯年歲月（僅僅只差四個月就服滿我全額刑期），平反以後給了我三個字的「巨額賠」，那便是哭笑不得的「向前看」，這怎不令人五體投地？

至親的意外「出現」

我是一個絕對不信任何迷信的人，但生活中的的確確有些不可思議的事情令人驚歎。例如我從來沒有夢見過我死去多年的父親，僅有的一次是我逃跑到天津被抓捕後的當晚，也就是生平第一次跨進監獄的當晚，夢見我父親走在我的前面，他突然回過頭來，惡狠狠地盯了我一眼而後無影無蹤。

父親於一九五一年冬在重慶菜園壩槍斃而死，那時我剛剛調到西南軍區土改工作團，住在嘉陵新村部隊招待所裡學習土改政策，第二天就將出發到合江縣參加土地改革，領導宣佈放假一天，大家去買點日用品，作好下鄉的準備。我並不知道父親被抓並關在重慶（全家人都在成都），我在重慶觀音岩的街上走著時，突然有一輛卡車上面擠滿了五花大綁的犯人從我身側駛過，我不經意的向急駛的卡車上盯了一眼，似乎我發現車上有一個人很像我的父親而且他正望著我，就在此時，下著坡的卡車一個左轉彎就消失了。我的頭向右一偏，身邊的牆上正貼著一張槍斃人的大佈告，第一名就是我父親的名字，我當時一點也沒有傷心，因為通過參軍後的一系列學習，我相信共產黨是絕對英明正確的，我是革命戰士，他是階級敵人，在前不久開展的「民主運動」中，我已誠懇地向領導表明了我的這一立場。回到住地便主動的向我的青年團小組長武角（現在成都，他從四川音樂學院教務長職位上離休下來，我們偶爾同桌搓麻將）彙報了這一情況，並表明我決不會因此而動搖我的革命意志。在我入獄的當晚，死去十年的父親史無前例的在我夢中顯現，是向我暗示什麼或者警示什麼，只有天老爺才知道，假如真有天老爺的話。

陳家巷看守所的斜對門，就是我被公開開庭審判的法庭，法庭裡估計有一百多個看熱鬧的男女老少，當法警押著我跨進大門的時候，迎面第一個看見的竟是我的「妻子」，當我和她四目對視的時候，她無動於衷的眼神告訴我，她不是我的妻子。難道是妻子派她來和我訣別的嗎？當我在被告席上站定，回過頭來想再看一眼「妻子」時，她也消失得無影無蹤了，我只是在心裡納悶，世界上竟有長得這樣相像的人。

關於這位美麗善良的妻子，今後我還有回憶文章詳細表述，這裡簡要談一點。反右運動中，她從醫院抽調到南充地區整風領導小組辦公室搞些文字工作，從這個安排可以看出，她並不是內定的「嫌疑派」（原諒我生造詞一個）。後來出現了我的大字報，回到家裡她還安慰我說：「沒啥子，領導說過，右派主要是思想問題」。不久全縣鄉以上的幹部集中在地委黨校進行「封閉學習」（即一律不准回家，不准離開學習住所、也不准與外界接觸的關門學習），我和她自然被隔離開來。

隨著反右運動逐步深入，由我妻子所在單位主辦的《整風簡報》和南充縣編印的《整風通訊》累累被「喪心病狂的右派份子張先癡」竊據了新聞的頭版頭條，在這種「封閉」的情況下，「自覺」放棄自由的左派和右派都「自覺」放棄了與親人的聯繫。事後我得知，幼稚天真的她竟然向領導遞交了一份書面報告，證明與她共同生活的張先癡決不是一個反黨反人民反社會主義的右派份子。結果第二天清早批判她的大字報就鋪天蓋地，我們這對喜歡舞文弄墨的共青團員夫婦終於「同歸於盡」。我們共同生育的一個後代，現已四十五歲的農民兒子，竟然是個一字不識的老文盲，我有時甚至噙著老淚想，這簡直不像是生活的真實，卻更像魔鬼編導的魔術。

起訴開庭以後，想到今後我將是一個服刑囚犯，我不願意再連累我無辜的妻兒。當晚，我伏在「床」上給我妻子寫了一封長達數頁的訣別信。這時看守所裡的獄醫已換成從勞教隊抓來的三二一號（姑隱其名），我請他偷偷帶出去寄一下（結果此信未得「善終」）。信中的原話我一句也記不起，但我敢肯定那是我一生中寫得最好的一封信。寫那封信以前，我並不知道一個人的眼淚儲藏量竟會如此之巨大，也不知道訣別真心的愛人會痛苦到那個程度。

上述文字中兩則似與「心靈感應」的偶然事例，絲毫未能改變我遠離神怪邪說的基本信念。但是我也曾經迷信過，剛剛參加共軍的時候，由於年幼無知，我曾經狂熱地迷信過崇拜過，所以在我的墓誌銘上有「也一度是傻子、是瘋子、是回頭浪子」的字句出現，待我思想定型以後，終身不渝的迷信只有四個字：「正義必勝。」

同是天涯淪落人

拿到了起訴書便意味著結了案，在看守所，也就是說你這頂犯人帽子已經不是戴與不戴的問題，而是戴多少年的問題。有關單位正在草擬判決書的同時，結了案的號碼犯人還可以參加看守所內的某些勞動，參加勞動的號碼，按「習俗」可以多吃一碗米飯。我肯定不會屬於一般情況，雖然想吃這一碗米飯，只是從來沒有得到過。

開庭後不久，似乎是結了案的四十九號（即本犯）又調進了十一號監房，在我前些日子寫的那篇〈「叛國投敵」途中的點點滴滴〉（編按：見本書第二章）的文稿中，曾對寄押犯這個「業內人士」才懂的詞彙作過解釋，考慮到看過那篇東西的人不會很多，有必要再次說明，所謂寄押犯就是犯案當事人的戶口或工作單位並不在當地，如我被天津市公安局抓捕，而管轄我的是在灌縣修鐵路的勞教隊，我在天津看守所就算是那裡的寄押犯；另一種情況是犯人在押解途中經過這裡，犯人又不便住旅店，只好臨時「寄存關押」在某看守所，這類犯人也叫寄押犯。按常規，寄押犯人一般不與本地犯人關在同一監房，可能有防止外地「反動病毒」（涉嫌生造詞彙）傳入本地的意思。

事後我分析，我關入十一號監房很可能是一個誤會，不然的話就是看守所需要關押的獨居犯人太多，房間騰不出來，只好讓寄押犯人和結了案的四十九號關在一起，所以才五天時間就將我另調了監房。

雖然只有五天，對一個獨居關押了兩年的人也是激動不已的，這五天就有兩批共三名寄押犯人和我關在一起，其中有兩個人還關了兩天，更令人喜出望外的是，這兩個都是從阿壩州先後逃跑出來的右派份子。因為工作性質的關係，此前他倆並不認識。交談中發現，我們的觀點驚人的相似，年齡也不相上下，其中一個是阿壩州銀行揪出來的右派，成都人，我對他的印象已不太深；另一位是畢業於東北師範大學（似乎在長春，記憶有點模糊）的中學教師，因為家庭出身不好，他懷著一份真誠，畢業時堅決要求到艱苦的地區去鍛練自己，後來他如願以償地來到四川阿壩藏族自治州的一所中學裡教數學。

他從小就愛上了天文學，對太空中的天王星海王星和各種星座瞭若指掌，除了天文書籍堆積如山之外，甚至還購置了小型天文望遠鏡，似乎是他的錢包丟失在某個星球上，半夜三更還對著望遠鏡在天空中東尋西覓。在學校某位領導的心目中，這似乎有點不務正業，在生活會上也轉彎抹角的敲打了他兩下，他當然有點情緒。

整風反右的鳴放階段，他便向這位對天文學不恭不敬的校領導貼出一張因洋洋萬言而引起轟動的大字報，他說：「現在想起來，我熬了一個通宵不就是寫了一張有關銀河系太陽系的科普文章，對那位校領導提的意見加起來還不到十句，說什麼也不像向黨進攻的大字報。」後來整風運動轉為反擊右派的猖狂進攻，加上他家庭出身不好也就順理成章地當上了右派份子。最令他想不通的是學生中也有三五個天文愛好者（當然不排除受了他的影響而開始愛好天文的可能性），那年夏天，在一個滿天星斗的夜間，他指著天空中的各種星座向這幾位得意門生宣講說，大熊星座像頭熊，巨蟹星座像隻大螃蟹，獵戶星座像個拿著武器的獵人……。誰都不會想到，這個星座，不，這個拿著武器的獵人最後會演繹成在天空中拿著武器的反革命份子。批鬥時說他妖言惑眾，說他腐蝕下一代。他苦笑著歎息：「真正是秀才遇到兵，有理說不清。」問題是提這些意見的人也都是些知書識理的中學教師：「唉，失去理性的人有時候比野獸還可怕！」他又一次苦笑著歎息。

反右後他倆受到的處理也都是留在機關監督勞動，幹一些清掃廁所挑運點生活物資之類的雜活，那位銀行幹部才跑回成都三天，就被街道上的積極份子發現報案，把他弄到寧夏街四大監關了十多天；

癡迷天文的那一位跑到武漢去投奔他的姐姐，姐姐姐夫一番勸說後給了他點錢帶他到當地派出所投案自首。

他們在得知我的情況後對我十分關心，一般看守所對寄押犯人的管理也鬆懈一些，沒有十分嚴格地搜身檢查，那位天文愛好者竟帶著一支金星牌自來水筆，這水筆用起來比蘸水筆不知好用多少倍，他可能看出了我的愛不釋手，竟慷慨地要送給我，我那首長詩的袖珍版本就是用這支出墨纖細的筆抄成的。我得到一支夢寐以求的好筆，覺得沒有理由獲得這麼貴重的禮物，我便執意要將我從天津穿回四川的那件厚棉衣送給他，在四川很難見到北方那種厚重的棉衣，而阿壩州是四川的高寒地帶，雖然棉衣的樣式難看一點，在棉布緊缺的年代，誰捨得用那麼多棉花做一件棉衣。他穿上棉衣後又覺不安，又執意要送一件舊絨衣給我，他用東北人爽朗的口吻對我說：「你要是不要這件絨衣，我就把棉衣退給你」。我擔心退到最後會失去這支能寫出「微雕」小字的金筆，它對我簡直太重要了，只好作了讓步。

那位金融界的右兄送給我一根針和一團線，在看守所，這些都是無價之寶。

當我和這兩位右兄右弟在友誼的溫室中享受著生活的甘甜時，我卻被押出這間令人懷念的監房，離開因為工作失誤而讓我偶然住進的寄押監房，去承受我應該承受的那份孤獨。

來之不易的三顆花生

新遷入的是八號監房，我在這間監房裡住了九個月，最少寫了二十萬字的文章，另外還偷吃了五粒花生米。

遷入監房時，我發現房角有一雙不知是那位犯兄扔下的破棉鞋，按我那條物資延伸使用的「公理」，它理所當然地延伸成為了一雙很不錯的拖鞋，我不忍心用廢物利用來形容這件事，因為在一個比乞丐更一貧如洗的囚犯心目中，廢物這個詞簡直是對許多寶貝的褻瀆，比方說這雙連犯人都扔掉了的破棉鞋，它很快地被納入我身外之物的序列。

在列舉「文化大革命」造成的災難的正式文件中，我們能讀到這樣的字句，說這場運動「使國民經濟瀕於破產的邊緣」，我認為用這句話來形容餓死三千萬中國同胞的「大躍進」，也就是所謂的「自然災害」也十分貼切。一九六二年以後，經過一番「調整、鞏固、充實、提高」，垂死的國民經濟又稍稍出現了一線生機，這才為四年以後的文化大革命的折騰，奠定了一定的「經濟基礎」，只不過那一線生機在犯人生活的改善方面卻毫無體現，我們告別「油葷」的歲月，還在無休止的延續。

有一個晚上，我躺在「床」上，突然從窺視窗傳來命令聲：「四十九號，起來」！我立即按命令要求坐了起來，隨著房門打開的聲音又一個命令下達：「出來」！我當然只能再一次地按命令要求套上拖鞋隨他去了訓話室。在門邊，我意外地發現訓話室的地上散落著七、八顆花生，顯然是此前對入監犯人進行搜身檢查時落在地上的。老百姓能吃上花生了，這也是剛才寫到的一線生機的又一鐵證，不過我當時並沒有想借此一鐵證來歌頌一番大好形勢，而是費盡心機地想我如何才能吃上幾粒花生。

當晚看守兵對我訓話的內容其實十分簡單，其中心內容不外乎訓斥我不能成天睡覺，他說：「好人會睡病，病人會睡死」（他當然不知道除了交接班查房時我在「睡覺」以外，其他時間我還幹了些什麼「勾當」）。我假裝虛心接受（事實上我也茅塞頓開，過去我就不知道病人是睡死的，還誤以為他們是病死的），一雙賊眼鬼鬼祟祟地衡量著花生與我的立足點的距離，發現最近的一粒還不足二十公分，心中竊喜。而靠在矮椅子上的看守兵只能仰視著對我耐心教育，根本看不見我的赤腳已從拖鞋中抽出，暗暗地向這粒花生移去並用彎曲的大腳拇指將它夾入我的鞋中，接著我又用肉眼不易察覺的慢動作將身體向另一顆花生移去，同一工藝流程進行了三次以後，終於將力所能及的三粒花生夾入我的鞋中。成功的喜悅洋溢在本犯的心中，同時另一種成功的喜悅也洋溢在看守兵的心中，我清楚地聽見一句久違的讚譽：「今晚你的態度還不錯。」

在看守兵押我回監的短短的一段路途中，因為怕踩碎我鞋中的花生，深受舉步艱難的折磨，很害怕跟在後面的看守大吼一聲走快點。很可能是對我「態度不錯」的獎勵，他一言未發。

從那三粒花生裡，共剝出五顆花生米，其中胖型兩顆，瘦型兩顆和顯微型一顆，全被我細嚼慢嚥入腹，這便是我關在這個看守所三年多的時間裡，唯一的一次打牙祭——假如花生也算油葷的話。

不知所終的二十萬字

我在這間新監房裡，終於寫完了我那部《嘉陵江三部曲》，因為有了一支好用的自來水筆，我便發揮把字寫得很小很小的技術特長，將這部長詩的袖珍版本在這裡製作完成。在製作過程中，因字體過於微小，每寫幾十分鐘視力便會出現障礙，此時我必須站立起來，對著高圍牆上的電網，舉目眺望藍天白雲數分鐘，以舒緩眼睛的疲勞，而留給我能看到的天空面積，還不足兩平方米，並且是用電網網著的兩平方米，直到四十多年後的今天，只要我想起那電網網著的兩平方米，我都會打起一陣寒噤。

接著我開始寫一篇名叫〈逃亡者手記〉的紀實文章，不足十天寫完這五萬多字，我還為它設計了一個封面，封面上畫著一彎月亮下的一排電網，電網下面有一個洞，洞的前方是一雙又一雙越去越遠的足跡，又為這篇手記寫了一千多字的序言。這篇稿子主要寫我逃離勞教隊的一段經歷，因原稿早已不知所終，去年我將這篇稿件重新改寫，題目也改為〈「叛國投敵」途中的點點滴滴〉（編按：見本書第二章）。從開始構思起，我就沒有想到把這些零碎東西帶出看守所，也就不曾製作《嘉陵江三部曲》那樣的袖珍版本，不過為了節約紙張，也為了縮小體積便於藏匿，字仍然寫得很小，但並未小到「微雕」的程度而已。

我為藏匿這些稿件也確實是費盡心機，我發現磚牆上有一些小孔洞，這是砌磚時兩塊磚之間用河沙拌石灰（現在多用水泥）拌成的灰漿在填充時不夠緊密形成的。我利用這些小孔洞為基礎，然後用雕刀加以修整擴大，但由於雕刀長度有限，洞孔深度很難達到理想要求，我便再次利用我的物資延伸「公理」，將筷子的方頭延伸為鑽頭，深入洞孔進行「鑽探」，這個過程中洞孔會溢出些排泄物也就是沙漿，灑落在牆沿的地板上，我得細心地加以收藏，一方面是不能讓這些可疑粉末污染了看守兵的眼睛，另一方面將文稿裹成小圓筒塞入洞孔後，還得將這些粉末加上水還原成沙漿糊在洞口，以便使天衣無縫這四個美麗的漢字能派上用場。

稿件有了安全可靠的「地下掩體」，我的寫作熱情也空前高漲，隨後寫下我在〈關於三個瘋犯的生生死死〉（編按：見本書第四章）這篇文章中提到的由十多篇人物素描組成的〈英雄列傳〉。

有一次開飯時，我發現芹菜裡面夾雜著很多草莖，是那種田野上常見的狗尾巴草的莖，顯然是收菜的犯人趕工圖快的傑作，我把這些草莖擇出來用線纏成一束，放入「地下掩體」，並抒短文介紹其來龍去脈和歷史背景。還有一次在菜湯麵上飄浮著一種黑色的小蟲子，似乎是在農村裡經常看到聚集在豬糞上的那種，我很想把它們收攏存入「地下掩體」，考慮到我沒有將昆蟲屍體製成木乃伊的能力，便將這片蟲子吹開將菜湯喝入腹中，以便使饑不擇食這四個沉重的漢字能派上用場。

彷彿是七〇年代，反正是「文化大革命」期中，我在雷馬屏農場服刑勞改，在一批新調入的犯人中，我得知有幾個是來自灌縣的，便伺機向他們打聽了一下看守所的情況，他們的回答使我吃了一驚，

「陳家巷看守所正在拆遷」。我很擔心「地下掩體」裡那些「出土文物」，一旦查明其來龍去脈，然後順藤摸瓜地來到我服刑的農場，會不會使我的十八年徒刑再次膨脹，那可是「左」得發瘋的歲月喲。

真正的英雄

上文寫到的那篇〈英雄列傳〉，記得我記敘了十四位看守兵的音容笑貌，或者他們呵斥辱罵犯人的語言特色，或者他們懲罰犯人的怪異方式，還有他們那令人肉皮發麻的歌喉……因為沒有可能進行接觸交談，也就不可能進入人物的內心世界，所以我認為那本書裡，除了有少許可取的細節之外，似乎並沒有更多值得一提的東西。

但是，其中有一個題為「真正的英雄」的段落，我在題目下面只寫了一句話：「只有上帝知道」的話。為什麼欲言又忍，是因為我和這兩位看守兵幾乎像朋友一樣可以無所不談，甚至於後來在我的那份判決書上出現的「替彭德懷翻案」、「惡毒攻擊三面紅旗」之類的危險言論，我們都能暢快淋漓的照談不誤，可見我們關係的非同一般。

雖然看守所每次值班只是一個人，不存在士兵間相互監督的殺傷力，而我又是獨居一室的犯人，交談的音量也不大，隔牆有耳構成的威脅也不是那樣心驚肉跳，但我們交談時仍然警惕著周圍環境動態以防不測。正因為關係到位，我在〈英雄列傳〉上才欲言又忍，因為我在看守所聽有經驗的犯人說過，凡屬親筆寫下的東西，在法律上都稱之謂直接證據，不管你在口供上承認不承認，都可以直接定罪。而我在寫那些文字的過程中，或者藏匿那些文字的時候，時時刻刻都充滿著風險，任何環節上出現差錯，都會給他倆帶來政治上的殺身之禍，我不願意讓這兩位勇敢的看守兵也變成和我一樣的「號碼」，所以只告訴了上帝一個人。

我首先結識的一位彷彿叫張什麼富（不知是忘記了或故意「忘記」了），據說他父親還是一位鄉黨委書記，在他生長的那個鄉間，他也算是一位養尊處優的「高幹子弟」了，而他竟能站在苦難深重的農民立場上仗義執言，竟敢對「自然災害」提出質疑，為成群結隊的餓死鬼灑下同情之淚，這不僅贏得了我的尊重也同時贏得了我的友誼。另一位姓周的我估計是他的知心朋友，因為同他的談話中我發現，有許多我同張的談話內容他似乎早已知道。只有一點是巧合的，那便是這兩個二十歲上下的小夥子，都是一點七六米以上的高大個，而且是看守班十多名戰士中長得最帥的兩位。

交往中有兩個細節我記憶十分深刻，一個是有一次我提審歸來，正是所內送飯的時間，過道上有一個裝滿一碗碗米飯的擔子放在那裡，很可能是炊事犯回廚房去挑第二擔去了，無人看守。這時正是張在值班，他站在遠處一直對著我向那擔飯努嘴，意思是叫我偷一兩碗回監舍去吃，這對飽受饑餓之苦的犯人來說是極有誘惑力的，但我走到擔子旁邊時，始終鼓不起勇氣彎下腰桿順手牽羊，事後我一連好幾天都在後悔，痛罵自己沒出息；第二件事是結了案的犯人有時會派出看守所去勞動，張對我說，如果我出去勞動是由他帶班，他可以讓我逃跑。這個大膽的承諾在證明他對我的信任的同時，也證明了他畢竟年輕氣盛，不能冷靜思考這類事的成功概率低到什麼程度，失敗後的後果又會嚴重到什麼程度。

但他也確實幫我冒了一次險，因為我被捕兩年多，一大家子人都不知道我的下落，我託他給我在成都的二妹寄了一張明信片，看守所在其工作人員心情好的情況下，也允許在押犯人寄交一張明信片，告訴她我在這個世界級的風景名勝區。只因為當年的中國並未參加聯合國，更未向世界開放，世界也不知道中國有個都江堰，因此我只能實話實說，我在灌縣看守所——雖然它是一個丟人現眼的單位。

一言未發地探視

明信片寄出沒幾天，有一天下午，一個看守兵把我叫出了監房，在訓話室，他叫了個犯人來替我理髮，然後來了個文職工作人員，把我帶出了一看守所。在門邊，這位文職工作人員態度嚴肅地對我說：「你妹妹來看你了，我們同意了她的探視要求，你在談話中不准涉及你的案情，不准談有關看守所內部的情況，也不准哭。」這時我終於明白，為了給人民群眾一個良好的印象，讓他們把自詡的所謂新社會的犯人，與電影裡出現過的那些蓬頭垢面的、蔑稱為舊社會的犯人嚴格區分開來，特地給了我一次「優惠理髮」。

接見就在距看守所很近的一間辦公室裡進行，四、五張辦公桌前分坐著各張桌子的主人，或閱讀或書寫，似乎正做著自己手邊的事情，我和二妹並坐在門邊的一張雙人籐椅上。不知為什麼（也許與血濃於水有關），飽受委屈的我，第一眼看到二妹時，眼淚就想代表我滿腹冤屈奪眶而出，想起文職工作人員剛才宣佈的三個不准中，不准哭也是其中之一，我便咬緊牙關強行忍住。這時，二妹輕聲問了一句：「二哥，這次又是咋個的？」她的意思是上一次你當了右派送了勞教，這一次你為什麼又關進了看守所？如果我要據實回答，肯定會涉及到我的案情，也就違犯了第一個不准，當然我不會回答，除非慷慨激昂地把自己臭罵一頓，任何實情都得驚動「不准」二字，何況我似乎也沒有必要用那麼多糞便抹在自己臉上。

這些都是事後追溯的情況，實際情況是當我二妹把這句問話剛剛說完，我那強忍的眼淚再也忍不下去，它們傾巢出動奪眶而出。

除了不准哭以外，我也不願意在許多陌生人面前痛哭流涕丟人現眼，我立即站起，衝出辦公室，向那一堵高牆奔去。

身後我聽見二妹一聲哭喊：「二哥，你多保重！」

監規規定，犯人接見親屬，時間不得超過三十分鐘，而我的這次接見，時間決不會超過兩分鐘，自認為自己創造了某種紀錄。

唯有我那獨居的監房，才是我的眼淚自由揮灑之地。

產生「網友」的環境條件

當我和他成為推心置腹的朋友時，我並不曾見過他，這到有點近乎於今天在互聯網上結識的網友。細想起來，我和他也真稱得上是「網友」，只不過是一網打入法網的網友而已。他去美國定居已十多年了，前幾年我們還通信頻頻，寄來各種喜笑顏開的美國式照片消釋我的思念。一九九二年後我去北京待了兩年，恰好他也喬遷新居，因而失去聯繫。他們夫婦均已年逾古稀，祈求上帝能按好人一生平安的原則給予關照。

離開八號監房後，我被調到了二號監房，這間監房是進入看守所時靠右邊的五間監房的第二間，這五間監房中的一號和五號都是面積約四十平方米的大監房，而二、三、四三間都是面積約八平米的小型房間。我將要寫到的這位內心深處的難友住在四號監房，我和他之間隔著一間三號監房。

我在過去寫的一些有關灌縣看守所的文章裡，曾幾度提到這看守所是一個大型的四合院建築格局，但它和真正的民居四合院在建築上又有一個明顯的區別，那就是分列在四面的房間和院內的天井之間還隔著一排排木柵欄，這木柵欄和監房之間還有一個一米多寬的通道，通道和天井之間還有一座一米多高的磚牆，它也是在天井裡放風的犯人和監房內犯人的隔離帶，可以隔離任何資訊由天井直接進入到監房。不過這一切對我們由勞教右派升級到看守所的犯人並無多大影響，因為我們這類最危險的「知識型反革命」（由於眾所周知的原因，我國是沒有政治犯的國家，為了和一般刑事犯加以區別，我杜撰了這一「犯稱」，敬請讀者明察），絕大部份都享受著「獨居待遇」，而獨居犯人是不允許放風的（最少在灌縣看守所是這樣執行的）。

我一直弄不懂為什麼有這樣的「習俗」（法律文件上沒有明文規定，而我切身體會到的事只能用「習俗」二字表述），直到改革開放環保意識加強後，我才發現這可能與大氣污染有關，終於勉強為我三年多沒曬過一下太陽找到了原因，雖然這個原因也並不十分可靠。不過我判刑後去到了勞改農場，在炎炎烈日下耕作了十多年，在看守所損失了的陽光早已連本帶利地賺了回來，我也沒有再為那點小小的損失說三道四了。

這些正方形柵欄的盡頭，都有自然形成進出通道的門，當然是不曾裝門的門。唯有一號至五號監房有點特殊，因為一號監房的柵欄被訓話室的一堵牆替代了，如果一號監房的犯人出來受審或放風，他們必須沿通道走過二、三、四、五號監房，才能到達這正方形的拐角處（那裡才有不裝門的門），這就如夜長夢多一樣的「路長夢多」，誰願幹留下隱患的事。因此在三號監房的門前破例的開了一個沒有柵欄的缺口，也可以說是沒有門的門，我必須將這些地理條件陳述清楚，才能把我和四號監房的交往環境敘述明白。這就是說當看守兵從訓話室走出，我就立即進入戒備狀態，其軍用皮靴聲向正方形的另外三個邊走去我就解除戒備，若軍用皮鞋跨過三號監房門前的柵欄，我將進入二級戒備，如果向左轉去，我可以回復到一級戒備，若向右轉即向我的監門走來，我立即進入三級戒備的緊急狀態，採取的防衛措施，通常是靠牆端坐作深刻反省狀。若走過我的監房去了一號監房，但返回時他仍將從我監門前經過，故仍然保持三級戒備。

如果我沒有幹違犯監規的事又何須如此分級戒備，弄得神經如此緊張。當年的四十九號即本犯幹了一件不可告人的勾當，那便是與四號監房的獨居犯人建立了長期非法通信的關係，以至最後成為終身朋友。

口哨覓知音

年輕時喜歡我的朋友曾過高的評價說我多才多藝，其實只是略具雕蟲小技而已，小技之一便是我的口哨吹得還可以。其頂級表現是一九四八年在一次聯歡晚會上，我作為中學生代表在武漢大學的禮堂裡，在鋼琴伴奏下吹了一曲《教我如何不想他》，騙取了我崇拜的大哥大姐的大學生們的一片掌聲（如今滿口假牙，早已進入「好漢不提當年勇」的年齡段，不是為了四號監房的「網友」我決不會違犯「不提當年勇」的古訓而留下笑柄）。

某日，在獨居監房裡，我突然心血來潮地用口哨吹了一首《流亡三部曲》的第一首即《松花江上》的歌。剛剛吹完，另一個監舍有人緊接著吹響了第二首，因為這口哨聲來自近處，我很容易的判明是四號監房的主人在和我應和。當然論「吹技」對方似乎略遜一籌，但畢竟知音難覓，我精神為之一振，便接二連三的吹下去，吹的全是孩提時代深入骨髓的抗日愛國歌曲，對方似乎也精神為之一振地吹出抗日愛國歌曲與我遙相呼應，其中有些歌曲並不十分流行，對方竟然也照吹不誤，我簡直懷疑該犯兄是我的小學同學，直到看守兵們來到監門前，將口頭禪「鬧什麼」吼成「嘘什麼」時才中止。

嚴格說起來，獄方並沒有禁止吹口哨的理由，因為監規紀律七章四十二條中，並未規定犯人不准與音樂發生關係。不過大凡這類界定不明的「突發事件」出現後，當局決不會與你咬文嚼字，所以監規中那句膾炙人口的萬能條款：「只准規規矩矩，不准亂說亂動」自會挺身而出加以捍衛，吹口哨嘴皮子就要動，你有證據能證明你的嘴皮子沒有亂動嗎？

我在本文「回到大監」的段落裡，寫到「貓步通道」時曾留下一句「以後還有事情在那裡發生」的話，這通道裡發生的第一樁事便是我和四號監房的「口哨對吹」。前文說過，這看守所的所有監房都少一堵牆（除小監外），缺少的那堵牆由一排木質的柵欄所替代，距木柵欄約四十公分便是頂端豎立著電網的高圍牆，我和四號監房都是對著圍牆、也就是朝「貓步通道」吹奏著我們那些「陳詞濫調」的。

第二天上午，終日無所事事的我們，似乎是預約了似的又重複了昨天的音樂節目，輪到我吹的時候，突然我看見一縷白光在貓步通道中劃過，接著是「叭」的一聲響，似有異物落地。我看見那分明是一個捏緊了的紙團落在貓步通道的中間，我撲在地板上從木柵欄的空隙裡伸出手去撿了起來，展開一看那上面畫著一個鬧鐘，鐘上指標指示的時間是八點正，鐘的背後是地平線上升起的太陽。這個時間在這看守所裡是比較安全的時間，因為看守兵七點鐘接班後，要對監房依次清點人數，才算完成了交接班手續，兩小時後，九點鐘送飯時順便再核實一次人數，八點鐘應該是很安全的了，當然犯人不可能有手錶之類的違禁物品，這只能是根據經驗估量的時間而已。

我估計他是約我用扔紙團的方式通信，時間是早上八點。

我的監房和四號監房之間還隔著一間三號監房，根據地板的響動情況判斷，三號監房裡也是關的獨居犯人（肯定是精選過的文盲型一般刑事犯），扔紙團的瞬間，除非他正面朝著貓步通道，否則也並不容易被發現，事實上聲源和人流都來自門外，貓步通道恰好不是好奇的犯人們願意側視的方位。第二天早上八點鐘左右，我如約前往貓步通道側的柵欄邊，從四號監房裡傳來一聲咳嗽，暗示對方已經「待崗」，我也應聲咳嗽表示準備就緒，他便向我扔過來一個小紙團，我也向他扔過去一個小紙團，他的紙團上寫的是「人生何處不相逢」七個字，我寫給他的是一句英語口頭禪：Glad to meet you（認識你很高興）。

我們的航線似乎已經開通，但它並沒有什麼實質意義，一方面是因為我們剛剛在政治上摔了跤子，不可能對一個陌生人沒有一點戒備心理，即便對方也是享受著「獨居待遇」的「知識型反革命」；其次在投送信函中萬一發生失誤，如過輕或者過重投向了無法撿拾的地段怎麼辦，雖然我們兩監的距離不足四米，但擲出紙團時手部決不能讓三號監房的人看見，這又得增加一米的距離，擲得太遠和太近即越過對方監房和未到達對方監房都可能導致災難性後果，四川有民諺說：「久走夜路總要撞到鬼」，我歷來對先人們從生活中提煉出的格言警句十分重視，終日絞盡腦汁想找出一個萬全之計，以使此間的通信不致惹出麻煩。

破手套與「核彈頭」

前面那段「幻想到熱帶去坐牢」的文字中，我曾經寫到我調到七號監房時，在地上撿了一隻破了指尖的線手套，它是我當年除大土碗之外僅有的身外之物，在我那物資功能被動延伸的公理指導下，破手套被精心保存了兩年多以後，現在總算到了它向提倡物資功能延伸的主人獻身的時候了。

我用孩提時代見到的媽媽拆毛線衣的方法把破手套的線抽出來，並刻意留下完好的無名指那一根指套，把這指套的指根部份縫製成可以鬆緊的口袋口，上面繫緊手套上拆下的線繩，這樣我便可以把寫給四號監房那紙張很小、字也寫得很小的信件裝入其中，從貓步通道扔向對方。他取出後立刻將他寫給我的信函裝入指套，我便回收線繩從原路拖回，這樣就完成了一次通信的往返。萬一投擲時用力過猛或用力不足使四號監房不能拾得時，我也可以用同一方法將指套拉回我手裡，消除了落入局外人手中的隱患。

一切準備就緒以後，我發現指套裝上信件後重量似嫌太輕，影響遠投效果，想找出一件能增加指套重量的東西，想起去年我學習雕刻時，曾經在貓步通道側的地板下面，扒得瓦片若干，這回我又如法炮製，除得到瓦片外，還撿到一粒約一公分多直徑的黑色鵝卵石，立即為它正式命名為「核彈頭」，將它縫綴在指套的尖端部份簡直是巧奪天工。

為了萬無一失，我準備把這一套「犯罪工具」夾藏在破棕墊的稻草裡，只是使用時才取出，計畫安排均已妥當，我又取出紙筆寫了一張「明日早飯後必有核彈入侵」的便條，捏成紙團，用口哨將四號喚至貓步通道的柵欄旁後向他扔了過去，這算是一次用於我們通信的硬體設施的「試射」。

第二天早飯後，估計四號監房的某號犯人正全神貫注地迎接「核彈頭」入侵，我將一張自我介紹的信函裝入指套後，一舉試射成功。這樣便開始了我們長達七個月的秘密通信，估計來往信件兩百多封，節約郵資近兩百元人民幣（按現今每封信郵資八角計價，其間還曾三次寄送小型包裹未列入計價郵資），毫無疑問，這又是我那物資功能被動延伸公理的又一次實證。

從通信中我終於瞭解到，他名叫齊家柳（我想借此挑起一項涉及名譽權的國際官司，特別想同美國人打官司，不過此事與我愛國主義的操守並無關係），江蘇吳江縣人，外號人稱柱子，和我一樣也是抗日戰爭時期讓爸爸媽媽牽著手逃到大後方來的同齡人，都是在呼喊「打倒日本帝國主義」的口號中長大的娃娃，我們這一代人的共同特點是強烈的民族主義情結，和「國家興亡，匹夫有責」的自作多情，頑固到不可救藥的地步（可見一個人童年時代所受教育對終生影響之大）。抗日戰爭勝利以後，他回到上海，我回到武漢。他的一個姐姐住在漢口幾乎是我的鄰居，而姐夫的父親和我的父親又是朋友，在通信中瞭解了這些背景以後，我們的友誼與日俱增。

一九四九年中共建政後，他在重慶某劇團當演員，「扮演過匪兵甲、群眾乙之類的角色」（來信自述），也曾參予過當年名噪一時的《一個木工》的劇本創作（據我所知）。類似他和我這類背景的人，無一不是右派份子的「原始材料」，我們被一網打盡後，先後來到同一個勞教支隊，雖然此前我們並不認識，案件中也無任何牽連，竟然鬼使神差的再一次被一網打進了這個看守所，這只能認為是天公作美的安排。

從他的來信中我得知，他對我的情況早有瞭解，因為我的逃跑在勞教支隊影響較大，天津市公安局將我抓捕以後，作為一件具有教育意義的事，曾在各中隊傳達，不過事後我得知，傳達的內容與事實大相逕庭，有的版本說我在塘沽碼頭的海輪上抓到，有的說在捕魚船上抓到，還有的說我身上攜有四位數以上的美金……，總之，讓擅於危言聳聽的人去危言聳聽吧，齊家柳也有一個令我付之一笑的版本，它讓我們共同付之一笑。

他是我那部長詩《嘉陵江三部曲》的第一個讀者，正是由於他的「高度評價」才增添了我對這部詩的信心。實事求是地說，寫這部詩的時候，我確實為詩中人物的悲慘命運流過很多很多眼淚，他在獄中讀詩的時候，我相信也真如他當年來信所說：「淚水浸濕了枕頭」。二十多年以後，在他去美國定居以前還三番五次地對這部詩的壽終正寢耿耿於懷。記得我們之間曾有過以下對話，問：「那部詩的故事內容是真的嗎？」答：「全部是虛構的。」問：「你說寫得並不好，為什麼我會流那麼多眼淚？」答：「我也流了很多眼淚，很可能是監獄裡的人感情特別脆弱的原故吧」。

他判了十五年

一九六四年冬的某天，我在「一級戒備」中聽到有開啟四號監房的聲音，立刻從「床」上躍起直奔我的窺視孔洞，從右側過來的齊家柳屬於我窺視孔洞的死角區域，根本看不見這位「陌生的網友」的正面形象，但他行進到我門外的柵欄邊時，故意地咳嗽了一聲，這聲音通常是「核彈頭」發射前的聯絡信號，我早已十分熟悉，我看見看守兵押著他進入訓話室的背影。我知道他是用咳嗽聲告訴我，他被押出去了，接著看守所那厚重的木門的開啟聲進一步告訴我，他被押出了看守所。

從那時起我唯一要做的事就是等待齊家柳的歸來，等待屬於他的那一聲開門聲。不到半小時，我聽見訓話室門外有人呼報告，這是外出犯人回看守所時必須履行的一道「工序」（在未找到恰當的詞彙以前暫時以此詞代之），而這聲報告聲毫無本地語音特色，我有百分之九十的把握相信，來人便是齊家柳。當這個英俊的小夥子跨過門檻向我這邊走來時，竟然頑皮地向我擠了一下眼睛——有經驗的犯人，能估計到我正在某個窺視孔看他。雖然他不可能看到我正在窺視孔背後的一隻瞳孔，但他的經驗會判斷出我正在這樣做，接著是四號監房的開門聲，然後一切歸於平靜。

經過我們長期通信的約定，早已共同建立了「暗號系統工程」，如他用口哨吹奏反右鬥爭後全國最為流行的主旋律歌曲《社會主義好》中「右派份子想反也反不了」這一句，就是告訴我他有信函給我。如我認為此時不安全加以拒絕，便對著貓步通道上的圍牆吐痰一口表示拒絕，如果我同意收信，便於咳嗽兩響後立即將「核彈頭」扔過去，他將信件裝入指套後也咳嗽兩響，我便開始拉線，我如果有信給他也用同一暗號聯絡。另外我們還有一些約定，如所有信函一律用仿宋體書寫，信函上也不得使用人身代詞（這是齊家柳極為聰明的建議）等等。一封信函中取消了你我他，寫的人和讀的人都需要一份「心有靈犀」，如局外人拾得，他也許會認為寫這些不明究竟文字的人神經有問題。

中午在看守們交接班的例行查房結束以後，我聽到了那句「右派分子想反也反不了」的口哨聲，我觀察了一下周圍環境，認為基本安全，便從破棕墊裡取出「核彈頭」去往貓步通道的柵欄邊，咳嗽兩聲便將「核彈頭」扔了過去，不一會，我聽見齊家柳的兩聲咳嗽，知道他已將信函裝進了指套，便很快地拉了回來。

這並不是一封信函，而是齊家柳抄錄的今天上午交給他的一份判決書，反革命罪，判處有期徒刑十五年。判決書下面，齊家柳附了一句話：「和你那份起訴書的主要區別是它的錯別字比較少」。

這就是說，我們很快就要分別了。

告別「宴會」

我沉浸在別離知心朋友的痛苦之中，深夜難眠，給齊家柳寫就一封告別信函，也給了他一個「後會有期」的所謂安慰。

齊家柳隨郵路捎回了他給我的一封告別信，至今印象最深的是，他在信中說估計我刑期不會太長，叫我出監後，一定到重慶鐵路醫院找一位名叫金志芳的女醫生，她是他終身不渝的戀人。他叫我會見金志芳後，把他的前因後果向女醫生一一轉述，雖然我不敢苟同他對我「刑期不會太長」的估計，但我仍然把金志芳三個字深深地刻入了我的腦際。

下午四時許，剛剛吃完了晚飯，沿貓步通道又傳來「右派分子想反也反不了」的口哨聲，我將「核彈頭」投過去好長一段時間還未聽到齊家柳收拾妥當後的咳嗽信號，甚至於我都開始懷疑是不是線路上出現了什麼故障。心想這可能是「核彈頭」最後一次服役，難道真如四川民諺所說：「天亮了來泡尿在床上」麼。狐疑中終於聽到了齊家柳的兩聲咳嗽，我便開始拉拽「核彈頭」，手感上的明顯異樣是負重量相當大，我小心謹慎地將它拉到了我的身邊，卸下後我發現是兩個用手絹包著的灰黑色饃饃，捏著它時感到很鐵實，顯然不是用麵粉製作的。齊家柳寫了一張便條在裡面：「把這美味佳餚奉獻給我們的告別宴會吧」。若干年後齊家柳告訴我，這是頭天晚上他用自己的毛衣，冒險和送飯的炊事犯人交換的，「沒想到那傢伙用四個糠饃饃來騙我。」在監獄裡遇這類受騙上當的事，最聰明的辦法是自認倒楣，「投訴」的傻瓜，無一不是以兩敗俱傷頭破血流而告終。

糠饃饃的味道的確不敢恭維，只有用它來證明饑不擇食這句成語的千真萬確。此外還得補充一個「泥沙俱下」的特殊感受——糠裡面的泥沙使牙齒倍受折磨，但想到家柳的良苦用心，這一切又變得親切可口了。

包饃饃的手絹又別出心裁，手絹的一角繡著一支黑色的箭簇洞穿著兩顆重疊的紅心，在西方國家，這常常是象徵愛情的圖示。在這種條件下，他能有不同顏色的線來繡花嗎，我估計他是把戀人給他的紀念品送給了我，使我倍感不安。

第二天清早，他離開了看守所。

關於「網友」的題外話

一九八〇年我平反以後，回到了我那右派誕生地南充，通過朋友間輾轉用信函打聽，直到一九八二年初，才得知齊家柳在重慶一家圖書館工作，南充到重慶還不足五小時車程，很快地我們就擁抱在一起了。

在菜園壩鐵路員工的宿舍裡，我見到了齊家柳的妻子金志芳女士，在得知齊家柳平反的消息後，是這位堅貞的女士，跋山涉水去到邛崍縣南寶山勞改農場將他接回重慶舉行了婚禮，我為我的朋友能獲得這份幸福而衷心地高興。以後凡是我出差到重慶，他的家彷彿就是我住宿的旅店，那裡有五星級大酒店都吃不到的精神大餐。

大約是一九八七年左右，有一陣子很時興在一些單位，用民選加領導批准的方式產生負責人，他在全館工作人員的鼓掌聲中，就任了這個圖書館館長，成為九點五品的芝麻官，我曾賦打油詩頌賀，他高興得眼淚長淌。

一九八九年夏，齊家柳夫婦決定移居美國，他對我說：「我實在捨不得我生死之交的朋友，但『六四』的天安門大屠殺，使我對這個絕滅人性的統治者徹底失望了」。行前他們夫婦因為到美國領事館辦簽證來到了成都（當年的重慶沒有美領館），不消說是住在我的家裡。他告訴我美領館工作人員得知他曾經是右派份子後，臉上頓時展開了美麗的笑容。三天後我又帶著妻兒和他們夫婦一起到重慶市，同樣在他的新居裡住了三天算是等價交換，我聽見他對鄰居們說，幾年後他還會回來，但我相信他不會回來了，這就意味著永別。我們這一對什麼話都能談的朋友，卻都沒有勇氣談這個回不回來的話題，其實我倆心裡都很明白一個道理：世上唯有精神筵席是經久不散而且越吃越豐盛的筵席。

在重慶，他去和他的同事們辭行回來後對我說，館裡的一位黨務工作者竟私下對他說出一句令人費解的話：「這下子你就好了。」齊家柳故作不解地對我說：「我到一個腐朽的資本主義國家去定居，怎麼會『好了』？」我則回答他說：「我和你相交二十五年，直到今天我才看出你這個演員的面目。」我們相視而笑。

我也和我的某些中國同胞一樣，也恨美國，但我恨她的理由卻和他們不盡相同，那是因為美國用她國名的「美」字，奪走了我最好的朋友。

在我近六十年的交朋結友經歷中，只有兩個想起他們就會讓我流淚的朋友，齊家柳便是其中之一。

判決前後

一九六五年早春，我終於收到了盼望已久的判決書，判處書最後一段文字說：「根據《中華人民共和國懲治反革命條例》第十一條之規定，判處張犯先癡有期徒刑十八年」。我當即便決定提出上訴，但這《懲治反革命條例》第十一條的內容究竟是什麼我都不知道又怎樣上訴呢？我向所方提出要求，便拿來這薄薄的小冊子，其中第十一條這樣規定：「以反革命為目的偷越國境者，處死刑、無期徒刑或十五年以上有期徒刑……」，我覺得我的案子和這個十一條風馬牛不相及。但是我更知道，共產黨一旦決定懲辦一個人，並不在乎你真的做了些什麼，而是生拉活扯的把你貼在一個由他打造的法律標籤上（如第十一條），也就是與過街老鼠齊名的「以黨代法」。

通過那幾年與所謂的法律打交道，我清楚地知道，這個上訴不可能產生任何實質性的效果，但我必須對這荒唐的判決表明我的態度，因為只有這樣做，才能證明我是一個具有獨立思維能力的人，而不是一顆任人擺佈的螺絲釘。

在等待裁定的日子裡，終於派我去參加了一次勞動，這就是說給了我一個多吃一碗米飯的機會，我沒有理由不接受這碗難得的米飯。那天的勞動是跟隨所裡管生活的工作人員到一個磨坊裡去拉豆腐渣，只花了兩個多小時就換得一碗飯和半句話。回到看守所，那位管生活的工作人員對我說了半句話：「你關了這麼多年還有這樣的體力……」不知道他下面還將接下去說什麼卻突然打住了。如果他要問我是怎樣保持體力的，我會坦率地將每天三千步原地跑步的經驗交流給他，這不一定從有備無患這個不祥的角度去理解，作為生活經驗，多一樣總比少一樣好。事實上在我們這個極權國家裡，除了暴君本人和身患腦癱的白癡，誰都沒有永遠不進勞改隊的把握。

離開看守所之前，我還參加過一次勞動，也就是我又一次獲得了一碗米飯。這次勞動後的當晚，看守兵令我參加學習討論，討論就必須發言。我應付了事的發言時間還不到五分鐘，在這短短的時間裡，不知為什麼，我突然感到有一股股汗水不斷從我腋窩裡流向手臂。此時是嚴寒的早春季節，心情也並不十分緊張，怎麼會出現這種異常，它成為我經歷中的十萬分之一的為什麼，至今未解。

第二天，我沒有了嗓音，變成了准啞巴，找新近才換上的獄醫看了看，白髮蒼蒼的他問了我的情況後對我說：「三年多的獨居生活，你的聲帶已經萎縮，昨晚上你突然發言，萎縮的聲帶不堪重負，因此有了今天的症狀」。然後非常慎重地告誡我說：「從現在起，你必須少說話或儘量小聲說話，使你的發聲功能慢慢恢復，否則你將終身成為啞巴，要不然就是那種因聲帶撕裂而嗓音沙啞的所謂沙喉嚨。」經過幾個月的調理，我才慢慢地恢復了說話的功能。

沒過多久我收到溫江地區中級人民法院的裁定書，果然不出所料，維持原判十八年。我便被押解到萬家煤礦去服刑勞改，忽然發現我早已認識的灌縣看守所的原所長，這位十分強調「只准規規矩矩，不准亂說亂動」的彪形大漢，他怎麼會「亂動」到犯人隊列裡來，集合點名時和我們一起高唱《社會主義好》的「革命歌曲」？當年的我才三十歲出頭，不至於出現老眼昏花的症狀。找了個消息靈通的犯人打聽，原來那年有一位年輕女犯關在小監裡，前所長今犯人以權謀私，多次悄悄進入監房進行「非法傳宗接代」（此詞係本人斗膽杜撰）的罪惡活動，該女犯的案子又一時判不下來，鐵證如山的肚皮卻一天天膨脹起來，乃至於東窗事發，判了前所長五年勞改。如果說當年我與前所長齊聲高唱「革命歌曲」時，我還是個剛剛「入道」的新犯，記錄這段經歷的現在，我已經是個貨真價實的「資深勞改犯」了，我對勞改隊的「奇風異俗」多多少少就有了點發言權。

勞改隊就像中共治下的所有單位一樣，都有一套只可意會不可言傳的潛規則，這裡我不妨將這個潛規則破例透露一條：這位判了五年短刑的前看守所長，在勞改隊他也會得到些特殊照顧，當上什麼衛生員、保管員、記錄員，躋身入「犯人貴族」的行列，占到些比普通犯人吃得好些，勞作輕巧些的小便宜。但是，他們也得付出些出賣良心，替獄方充當幫兇爪牙的代價，操練成「靠攏人民政府的勞改積極份子」，有可能立功也有可能減刑。

潛規則受著潛意識的支配，潛意識中，那位姦污女犯的所長所犯的是屬於人民內部矛盾的生活作風問題。而四十九號張犯先癡屬於敵我矛盾，也就是「你死我活的階級鬥爭」問題，這是絕對不能含糊的兩類矛盾。等著瞧吧，十八年的腥風血雨……

不過，那已不是這篇短文所要記敘的事情了。

附記

我在成都已住了十多年，從成都到都江堰市（即灌縣）可以說近在咫尺，即便說都江堰是成都市的後花園也並不過份。一九八八年，我在《星星詩刊》函授部擔任教務長，按規定函授部每年都得召開一次星星詩會，那年的詩會就在都江堰市召開，從選定會址到安排觀山望景，事不分巨細，無一不由本人一把手親自敲定。從那時起直到今天，我以各類頭銜陪同外地來川的各類頭銜的人士去到都江堰旅遊觀光不會少於二十次，我從來沒有一次去到過陳家巷，甚至我的至親好友，也不知道我和陳家巷有過這樣漫長而深切的歷史淵源，這說明我在骨子裡仍有它脆弱的一面。

我不知道那些歲月是傷疤或者是財富，我把它寫下來的目的既不是展示傷疤也不是炫耀財富。我只是想讓後人們知道，生活的道路上確實有許多艱辛。只不過，再苦澀的艱辛中，也仍然會含著一絲甘美，它也許就是受難者選擇生存而不選擇死亡的唯一理由吧。

二〇〇二年四月十八日於成都寓中

四、三個瘋犯的生生死死

知識份子應該不斷使人不安，應該作為世界之痛苦的見證人，應該因獨立而引起異議，應該反抗一切隱藏著的和公開的壓力和操縱，應該是體制和權力及其妖術的主要懷疑者，應該是他們的謊言的見證人。

（捷克）哈威爾

只哼吟一個字的他

一九六二年的嚴冬，冷峻的寒潮盤旋在四川盆地低沉的天空，來自北方的雪風，在低氣壓的脅迫下，一股勁地向人們的衣領內袖孔裡穿透，去奪取那一絲維持生存的熱量，偏偏人們每天能攝取的營養，國家嚴格控制著的糧食定量標準，低到難以養活一隻貓的程度。那時號稱糧倉的天府之國，也只能和整個國家一樣，深陷在所謂的「自然災害」的泥淖中舉步維艱，能為自己生存而奔波的老百姓幾乎都成了「准乞丐」。失去自由、被關押在灌縣公安局陳家巷看守所的一批未決犯，他們的處境應該是不難想像的了。

灌縣（今都江堰市）因靠近阿壩州米亞羅林區，得力於當地豐富的木材資源，這座建築於五十年代中期的看守所按就地取材原則，除了看守所門外那高高的圍牆和牆上的電網以外，其它的建材基本上都是木料。樑柱不用說，通常人們形容監獄的所謂鐵窗，在這裡也是木質的。不過用於隔離監房的牆壁仍然是磚混結構，因為木縫或自然形成的木板上的洞孔，都可能成為犯人傳遞資訊的通道，存在著安全隱患，那是萬萬不可掉以輕心的。

這看守所是一個龐大的舊式四合院格局，正方形的四面都是監房，它們包容著院中的一個大型天井，那是在押犯人放風的地方。四合院的背後，則另有十二間全為磚石結構的小屋，呈一字形橫列，被正式命名為小監。每間室內面積大約三平方米多一點，頭兩間是伸手不見五指的黑監，我在這裡面曾關過八個月。據我事後得知，住過這黑監的人，很少逃脫「驗明正身，執行槍決」的結局。象我這樣能活到六十七歲，還能在電腦上排列出一串串方塊字的人，顯然理應列入稀有但並不珍惜的動物之類，這是後話，暫且按下不表。

話說一九六二年嚴冬，四川省公安廳勞動教養築路二支隊正在灌縣修築成（都）汶（川）鐵路，這些勞教份子百分之八十以上都是比臭知識份子更臭的右派份子。今天的他們真正如毛澤東以竹筍為象徵而加以嘲諷的那樣，一個個「嘴尖皮厚腹中空」。「自然災害」早已奪走了他們的正常體重，三年多的超體力勞動卻仍然是遙遙無期的「成為新人」的改造目標，粉碎了反右鬥爭剛結束時的那份真誠悔改，一直矗立在一些人頭腦中的神殿開始搖晃。這時在這個勞教隊裡，出現了一個名叫什麼共產主義者聯盟的什麼組織，雖然我也是勞教隊的「反改造份子」之一，但因此前我已逃跑在外，緝拿歸案後又一直在看守所「未決」，並按所方規定隱去原有姓名，改為四十九號，對勞教隊的情況不甚了了。

那時我剛剛從黑監「寬大」（似乎一時找不到恰當的詞彙）到了大監房，大監房除了房屋寬敞、光線充足之外，還有一個鮮為人知的優點，那就是透過門縫或木柵欄的縫隙能看見室外的「風景」。你可千萬別小看這看見二字，在一切行為都在「只准規規矩矩、不准亂說亂動」的監規紀律規範下的囚犯，除了我這種享受「獨居待遇」（又一次找不到恰當的詞彙）外，集體關押的犯人是萬萬不可輕舉妄動的，即使是看看外面的「風景」。否則，只要犯人組長履行其職責，高呼一聲「報告，某某號犯人在看外頭！」一分鐘之內，便有看守兵前來將違規者押走。運氣好的可能有兩種輕微處分對他進行挽救，一種是在訓話室對著牆壁罰站，這大概出自「面壁思過」的古典，對此也曾有一個氣焰囂張的性犯罪囚犯給它定了一個不雅的名稱叫做「日壁頭」；另一種處分就是「剃花腦殼」，也就是用理髮推子將犯規者的頭髮東一片西一片胡亂剪去，形成亂七八糟的不規則圖形，以贏得觀眾的嘲笑。運氣不好的自有腳鐐手銬「伺候」。

前面還曾提到過風景一詞，那可不是什麼旅遊景點，而僅僅是犯人放風的一個天井而已。但這也同樣是不可當作小菜一碟，因為被嚴密封閉著的犯人，特別是獨居一室的隔離犯，他們的寂寞無奈是常人難以估量的，對門外的聲音和人流都十分關注，也十分敏感。它既可消遣、又可以滿足好奇心。我甚至用盡千方百計並長久耐心地搖動，最後從門板上拔下一顆鐵釘，冒著「圖謀ＸＸＸ」的風險，竟以此鐵釘作為工具，挖寬各處原有縫隙，以利拓寬視野。這類行為足以證明，犯人在聽覺和視覺上，都處於「饑不擇食」的狀態，這也似乎再次證明「犯人也是人」，確實是個因樸素而更顯得可愛的真理。

突然有一天，我側邊的「訓話室」（入監犯人進行登記、進行搜身檢查並接受「啟蒙教育」的房間），顯得異常忙碌，進進出出的工作人員彷彿在共同努力去打破一項什麼世界紀錄。我在門縫裡偷偷窺視，知道是逮進來一批新犯人，其中不少人穿的是勞教隊統一製作的衣服。另外那些雖然穿著其他樣式的衣服，從儀表上判斷也似乎是臭知識份子。我知道勞教隊在著裝上並無硬性規定，再加上這些新犯在訓話室進行入監登記時，我斷斷續續竊聽到的一些音節，得出的判斷是，築路二支隊抓了不少人進來。在隨後幾天的放風中，通過我加工擴大的窺視孔，還看到一兩張熟面孔，但我始終估計不到他們入獄的原因，直到若干年後，我到了勞改隊，才從同犯的口中，得知他們是一個「反革命集團」案。

兩三天後，在一個淒風慘慘的深夜，從這四合院的某監房內，忽然有人高聲呼喊：「報告！」其音調之高亢，用聲嘶力竭四個字來形容也並不過份。更可怕的是，每隔一兩分鐘就這樣呼喊一遍，在這萬籟寂靜的深夜，不用說這通風條件優良的木結構四合院，就是看守所那高於五米的磚牆，也很難阻攔這淒厲的叫聲凌空飛揚，這顯然會造成不良影響，這是統治當局不願擴散到外界的聲音。

「報告」是犯人入監時，在訓話室接受「啟蒙教育」第一冊第一課的第一個詞，除了它本身具備的詞義之外，更重要的是象徵著你身份的「檔次」。是下對上、低對高、賤對貴有所訴求、請准許吐詞的第一個帶有「標誌性」的呼叫。它的確有一定的刺激性，但未必能將這位老兄刺激到深更半夜、聲嘶力竭的程度吧。

估計全監的犯人都被他「喊」醒了，隨後聽到過道上有軍用皮靴踏過的聲音，然後是看守兵呵斥的聲音，開監門的聲音，又是漸漸遠去的腳步聲。根據經驗判斷，可能是把他押到被稱為監獄裡的監獄——遠離這四合大院的小監裡去了。果然十多分鐘後，從隔音條件較好的磚石結構的小監裡，斷斷續續傳來：「報告……」「報告……」通宵達旦。

我在這個看守所裡，獨居關押的時間肯定超過一千零一夜，其間也偷偷摸摸地將一些方塊字排列成所謂文章，曾經有一組總題為〈「英雄」外傳〉的記實散文，專門記敘各位看守兵的奇才異能怪腔怪調。那些不成氣候的東西早已忘得一乾二淨，惟獨其中一篇壓軸文章〈沒有授銜的「英雄」〉，四十年後的今天，仍然記憶猶新。講敘的是當時曾有一條名為「同飛」的軍犬，它雖然沒有軍籍，更不曾授銜，卻配合看守兵管押我輩犯眾。我從看守兵們在訓話室閒聊中得知，此「狗日的」一天要吃一斤多鮮肉，老子們好歹是個人，這三百多天包括逢年過節從沒吃過一片肉，並由此留下了「後遺症」：在人們為膽固醇而憂心忡忡的二十一世紀，我仍然嗜大塊肥肉如命，因而為「有教養」人群所不齒，常常使我的自尊心輕度受傷。就憑吃肉這一條，我也不可能對那「人上狗」產生什麼好感。我在門縫中窺到，那「同飛」毛色棕黃、油光水滑，身材魁梧，一表「狗」材，而且訓練有素。只要它前面的士兵伸手向它做一個手勢，它就或趴下、或匍匐前進，似乎善解人意。但只要看見蓬頭垢面的犯人，它就齜牙咧嘴，做出一副要撲上去撕咬的威脅姿態，充分體現了狗仗人勢一詞的完美，全靠看守兵勒緊它頸上的皮帶，我輩犯人才得以安全存活。

那位終日呼喊報告的老兄，看來是真正的瘋了，他在小監裡仍然終日呼喊報告不止，他不知道監獄裡只存在裝瘋賣傻的反改造行為，而絕不承認有精神病產生的可能，按監獄中的常用詞彙，將他「收拾一下」應該是在議事日程之內的事了。終於在某一個晚上，將「瘋犯」自小監「提出」（這是獄中專用詞彙），來到訓話室，我的某一個窺視孔在訓話室強烈燈光配合下，正好能看見「瘋犯」的全身，他約摸四十多歲，面色枯黃，雙目無神，穿著一套銀灰色的舊棉衣，與通常犯人在訓話室接受「訓話教育」時，所站立正姿勢截然不同的是，他竟然右肩靠著門框，斜癱著坐在門邊的地上。能用這種吊二郎當的姿勢在嚴肅的訓話室出現，顯然是他連日裡「裝瘋」的勝利成果，而事態的發展證明這一切來自精心策劃。

這晚，訓話的主講者不是中士或列兵，而是那只如狼似虎的軍犬，它被拴在距離「瘋犯」似咬得著又咬不著的位置。「瘋犯」喊叫一聲：「報告！」軍犬就對著他「汪汪」兩聲，似乎是兩者之間在吵架，兩個多小時軍犬對「瘋犯」帶有威懾性的「訓話」結果，「瘋犯」仍然面不改色心不跳，毫無悔改之意，只好將他押回小監，令其繼續反省交待罪行。

以後的十多天，「瘋犯」仍然在小監裡日夜呼喊報告不止，其間腳鐐手銬十八般兵器都對他進行過「大力挽救」，但他頑固不化，堅持「報告」到底。看來一句中國政治老話好像應運而生，它叫做「是可忍，孰不可忍」。

很快地在一個寒風凜冽的清晨，炊事犯人正在給各監房分送洗臉水，我是獨居犯人，我的洗臉盆實際上也就是我盛飯盛菜（湯）的一個大土碗，毛巾就是一塊破布，硬體如此簡陋，軟體也因陋就簡（不妨暴露一個隱私，我經常不洗臉，千萬不要把不洗臉的生活習性和思想意識上的不要臉劃等號，據說中華民族的頭號漢奸秦檜就十分重視洗臉）。話說回來，這天早上我就沒有洗臉，我站在門後面，對著窺視孔，看見值班看守兵對送洗臉水的犯人說了一句什麼，該犯人立即挑著水桶走開了，看守兵也轉身向小監方位走去。幾分鐘後，看守兵押著「瘋犯」來到犯人放風的天井中間，「瘋犯」一如既往地時不時大呼一聲「報告」，這時送洗臉水的犯人正挑著一大挑冷水過來，看守兵招手示意，叫他挑到「瘋犯」的腳邊，看守兵又對挑水犯人說了句什麼，這犯人回身去到訓話室，提來木凳一把，看守兵示意讓他把板凳放在「瘋犯」的屁股下面，然後又嘰嘰咕咕說一些什麼。

「瘋犯」坐在板凳上，似乎完全不理睬身邊的反常現象，包括我這個窺視者在內都不曾估計到的事情發生了。那挑水犯人竟然從桶裡舀起一瓢冷水，從「瘋犯」的頭頂淋了下去，只見那「瘋犯」打著寒噤，斷然終止了他那頑固不化的報告聲。可能「瘋犯」這奇跡般的轉變對看守兵是一個太大的鼓舞，他立即接過水瓢接二連三地舀起水，從「瘋犯」的頭上淋下，直到他臉色蒼白，直到他變成一隻水淋淋的落湯雞，直到他除了渾身發抖以外，再也不能再吐出一點聲音。

似乎剛才這一幕並不血腥，沒有皮開肉綻；並不暴力，沒有拳頭棍棒；甚至沒有使用一種刑具。然而對我的震撼卻是空前的，因為大約在五、六年前，我曾讀過一本有關第二次世界大戰的書，其中有段文字記敘了一位在蘇聯紅軍中服役的波蘭籍將軍，戰鬥中被希特勒德軍俘獲，這是在一個嚴寒的冬季，德國軍人竟在大街上用自來水對著這位被俘將軍衝淋，最後使他成為了一根冰柱。當年實施這樁暴行的法西斯份子，早已被釘在歷史的恥辱柱上，任後人鄙夷唾棄。此時此刻發生在我眼前的一幕，竟是同為黃皮膚黑頭髮的所謂「龍的傳人」之間。幸好四川的冬天再冷也不至於滴水成冰，這「瘋犯」也沒能成為一個冰柱或者另外什麼柱。只是我對人性的殘忍程度的認識，確實翻過了一個新的門檻，記不清哪位大師說過：「人是最殘酷的動物。」不論是戰場上的俘虜，或者是所謂「階級鬥爭」中的俘虜，「你死我活的鬥爭」就這樣絕滅人性地進行著，哪怕「俘虜」是個身患精神分裂症的病人。

不知道「瘋犯」怎樣回到小監，又是誰幫他將衣服擰乾，只知道從這天以後，「瘋犯」再也不大呼報告，而是反覆哼吟著一個「冷」字。奇怪的是他哼的音調完全是清末民初年代，私塾老師背誦古書時那抑揚頓挫的調門，那也許正是他啟蒙時代留下的記憶吧。

一九六五年，我判決後被送往崇慶縣萬家煤礦服刑勞改，兩個月後，礦井內發生一次據說是電纜被割斷的事故，反覆偵察未能破案，乾脆將我這種類型的重大反革命罪犯一律調出，以杜絕井下勞動的安全隱患。我被調到地處大涼山的雷馬屏農場（讓這些壞蛋破壞地球去吧！），調動途中，南來北往的各種型號的犯人集中在一個很大的廟宇裡，我思索再三，始終想不起這廟宇的名稱，其實這名稱並不重要，重要的是我在這裡見到了「瘋犯」，依稀記得他是從邛崍縣南寶山勞改農場調出的。在這種轉運站性質的單位裡，除門崗特別森嚴以外，內部管理還相對鬆懈，因為臨時調來的押送人員也認不清張三李四王二麻子。我毫無顧忌地向「瘋犯」那群體走近，一直走到他面前，看見他那渾濁而又冷漠的雙眼，他一臉枯瘦，疲憊不堪，但他一直反覆哼吟著一個字，他周圍的人都不知道他哼什麼。他們告訴我，這瘋子還是個小學教師，右派份子，他們將調去金堂縣清江勞改農場。二十年後，我從胡風夫人梅志的一本回憶錄中得知，胡風這位開新中國知識份子冤獄之先河的老先生，這位自稱是中共同路人的反革命集團首犯，也曾關在那裡。我對「瘋犯」旁邊的人說：「他口中反覆哼吟的是一個「冷」字。至於這個冷字的來歷，似乎沒有必要向他們詳細介紹了。

有一點我可以肯定，在清江農場那埋葬犯人的荒山上，必然有一堆黃土覆蓋著他的枯骨，中國大地上那千千萬萬個蒙冤致死者，在他們鳴冤叫屈的慘叫聲裡，必然有「冷！冷！！冷！！！」的哼吟聲！

倒在血泊中的他

我於一九六五年調到了雷馬屏農場，像我這種有逃跑前科的重刑犯，調來農場後，並不直接分配到生產中隊。那裡住地分散，且沒有武警守衛，監管獄吏都是「文職」人員（雖然絕大部份是轉業軍人），為使這些不穩定因素穩定起來，先讓這些新來的犯人在集訓隊嚴管集訓一番，也就是在荷槍實彈的士兵監督下進行勞動作業，同時輔以犯人們異口同聲讚美著的「苦口婆心」的前途教育，當然也包括抗拒改造死路一條的教育。如果在集訓期中表現良好，三、五個月就可以分配到中隊勞動改造，同理，凡在中隊裡表現不好，也可以經過犯眾批鬥後捆往集訓隊進行嚴管改造。

集訓隊裡也有獨居小監，小監內又分為戴刑具和不戴刑具，戴刑具又分戴什麼刑具，戴手銬顯然比戴腳鐐高一個檔次，而戴手銬又要分戴前銬還是戴背銬，或者蘇秦背劍銬，乃至於單手單腳銬。其中還得分戴洋銬子（兩手之間有幾個小鐵環那種）或土銬子（以小鐵棍穿插兩銬之間、甚緊），洋銬子又比土銬子「舒服」一點點（這說法並非崇洋媚外，切身體會而已），戴腳鐐也得分十斤鐐二十斤鐐乃至三十斤鐐……。這使我想起中學時代教動物的老師在黑板上畫的那種圖表，在脊椎動物下面又分什麼靈長類哺乳類鳥類魚類，而上列各類動物下面又分為各個子目，子目下面更有子目，所以有關各種刑具和受刑方式、及其舒適度和痛苦度並不是三言兩語能說清楚的。受重刑者希望早日變為輕刑，關小監者希望早日回到大監，集訓者希望早日解除集訓，這才是受刑者的共同點。正如《基督山伯爵》最後所言：「希望和等待，它集中了人類全部智慧。」人類中當然也包括受刑者。

我信手寫下以上這段有關小監、刑具方面的文字，決不是為了向讀者展示我的「勞改造詣」有多麼深邃，而只是為了普及一些勞改常識。在我寫的《格拉古》勞改系列文稿中，涉及小監、刑具和受刑之類的章節隨處可見，這種呼媽喊娘痛不欲生狀，實則是司空見慣的勞改常態，具備了這類勞改常識，就不會對《格拉古》書稿產生晦澀難懂的感覺，故提前聲明在先。

我所在的單位全稱叫作國營雷馬屏農場桂花大隊集訓隊，在這裡我的勞改表現也很一般，既無立功行為，也未重新犯罪。像我這種由勞教升級為勞改的累犯，且為十八年徒刑的重刑犯，集訓一兩年也不足為奇。不到半年就把我放到了生產中隊的確事出有因。我早年當兵時曾在涼山指揮部司令部電臺上工作，司令部就設在雷馬屏三個字中的第一個字所代表的雷波縣城內，司令員魯瑞林很喜歡到電臺來聽無線電廣播，當年只有電臺上才有那個洋玩意。我們也想趁機騙他的中華牌香煙抽，當年也只有他才有那高級玩意。這樣常來常往樂此不疲。他有幾個「貼身」的警衛員，都在一個單位進進出出，這些警衛戰士站在門口，還得給我這個「兵頭將尾」舉手敬禮如儀。

警衛員中有一位轉業來到這個農場，而且當了集訓隊相鄰的通木溪中隊的指導員，當兵時躊躇滿志的我對他毫無印象。估計集訓隊犯人列隊出工，在公路上行走時他認出了我，沒幾天我就和幾名犯人一起調到了他所管轄的這個中隊。當晚他召來這幾名新犯到辦公室「訓話」，這時在辦公桌上那盞檯燈的幫助下給了我一個特寫鏡頭，終於想起他就是當年的警衛員之一。

訓話教育一番後，令各犯回去休息，惟獨叫張先癡留下，問道：「怎麼搞的？」他的意思是怎麼會走上如此嚴重的犯罪道路？別看這個問題只有簡單的四個字，如果嚴格按犯人深挖犯罪根源的要求，真可以從我八歲時談起，不，甚至於從我祖父那一代人談起，乾脆一句話，這是一個永遠談不清楚的問題，我只好以「低頭」認罪的身體語言表態。停了一會，他感歎似地說道：「想一下，一個黨的機要工作者……」，他也許突然想到和墮落到如此地步的我談這些已無必要，便中途打住，只叮嚀說在下面別亂說話，千萬別再逃跑了。

這位農民出身的指導員名叫滕德恩，我在他治下服刑了將近十年，應該說他對我還不錯的。典型的事例是他成全我一直搞植物保護，並專門使用全大隊共有的一台機動噴霧器，雖然我對內燃機一無所知。要知道農藥很多是劇毒的，汽油也是可以縱火的危險品（全隊犯人的打火機用油均出自本犯之手），讓我這樣一個反革命重刑犯掌握使用這些玩意，沒有一把手在背後支撐是很難辦到的。有一年的大年三十晚，我在開田改土的工地上處理瞎炮，昏暗的田野裡，只有我和他兩個人，他竟然從衣兜裡掏出一包香煙遞給我並悄聲說：「下去不要亂說」。從彼此身份的角度看，此舉可說是冒天下之大不韙，這就是我和他唯一的一次私人交往。我曾經這樣說過，作為政治組織，共產黨肯定是最邪惡的類型，但落實到他的每一個成員，卻並非鐵板一塊。

我在集訓隊待的時間雖然不長，但有一個人卻給我留下極深的印象，他睡在我對面的鋪上，人們都叫他杜瘋子，事實上他也是個真正的瘋子，年齡估計四十多歲，濃眉大眼但不像那種面帶凶相的人。眾所周知，小說《紅岩》裡，有一個在國民黨監獄裡因裝瘋而取得成功的地下黨員華子良，這個人物從另一個方面警惕著勞改隊的監管獄吏，他們決不會給企圖裝瘋的犯人以可乘之機。據我本人所積勞教勞改二十餘年之經驗，有兩例裝跛子（如宜賓的王之毅和成都的涂明遠）、一例裝瞎子（成都的周英偉）以逃避重體力勞動曾取得成功，卻無一例裝瘋子能成功者。可以毫不誇張地說：就像我們國家是世界上唯一沒有政治犯的國家一樣，勞改隊也是世界上唯一沒有精神病患者的地方，這裡只有裝瘋賣傻、抗拒改造的反改造份子。我腳對面躺著的杜瘋子就是其中之一，他也因為這項「現行破壞活動」經原生產中隊批鬥後捆來集訓隊嚴管改造。

他終日嘰嘰咕咕地自言自語，奇怪的是他對犯人從來不說好歹。有一次我們分隊長來到寢室，剛從他床邊走過，我聽見他嘰嘰咕咕地說：「你莫做起那副要不完的樣子，你老漢（四川方言稱父親為老漢）就是場口上賣豆花的周老四，你以為別個不曉得。」這分隊長只假裝沒聽見算了。如果有獄吏在大會上訓話（在勞改隊，獄吏對犯人的講話一律稱為訓話，以進一步突出其話的權威性），他就偏要在下面嘰嘰咕咕地揭這個獄吏的「老底」。或者說他老漢是殺豬匠，或者說他母親是寡母子（四川方言稱寡婦），反正在他心目中，這些訓話者無一不在歷史上存在「污點」的下等人。其實這些獄吏沒有一個是他那個縣的人，更別說鄉或鎮。那位分隊長就不姓周而姓蔡。不幸的是杜瘋子這罄竹難書的「誹謗」，全都針對代表著專政權威的獄吏們，更不幸的是他身邊總有幾個一心想檢舉他人立功減刑的犯人，不斷為他那些七零八碎的言論進行加工改造以增加其政治重量，而他完全沒有自我辯護的能力，甚至自我辯護的意圖，他命運的岌岌可危便是意料中事了。

集訓隊出工因有獄吏帶班，士兵把守，上、下午工間休息各十五分鐘，比較准時。有一次，一個曾經與杜瘋子同隊的犯人在休息時間擺龍門陣，說到三年前杜瘋子的老婆帶著他十歲的兒子翻山越嶺來看他，因為他判刑後從來不給家裡寫信，不知他是死是活。老婆終於打聽到他所在的農場，便背上家鄉的臘肉鹽蛋和給他做的布鞋來到中隊部，監管獄吏們先向家屬介紹情況，希望通過親人的教育使杜瘋子迷途知返，不再裝瘋賣傻，繼續與人民為敵。而杜瘋子連自已的老婆兒子都不理不睬，似乎根本不認識。

獄吏們認為他頑固不化，十分氣憤，叫他老婆把布鞋留下，把犯人最稀缺的吃食全都背回去，他老婆眼看丈夫骨瘦如柴又人事不醒，不禁悲從心來一路往回走一路嚎啕大哭，在路邊勞動的犯人聽到無不動容。我當兵時參加過土地改革，當右派以前還幹過三年農村工作，深知這類農村婦女的善良淳樸，我為她的不幸感到十分難過。

我在這個農場勞改了十五年，這漫長的歲月裡記憶中，目睹遠方親人的探訪總共不會超過十人次，這十人次中基本上都是來自農村。因為城市裡大部份人都有單位，單位裡的人都有個人檔案，檔案中都有社會關係這個重要欄目，凡有親人在歷次運動中被殺、被關、被管者，特別應該老老實實填入檔案中，如有隱瞞等於欺騙組織，也就等於自毀前程。而具有這種複雜背景的人也十分自覺地強調和那些「份子親人」劃清界限一刀兩斷，並表示願意接受組織考驗，到勞改隊來探望豈不等於抓屎糊臉；另一方面，被判勞改的人，想到由於自己的事影響了全家人的處境，已經十分愧疚，哪裡還有親人探望的奢望，有的還要求親人和自己鬥爭到底。只不過犯人的來往信件都必需經過獄吏檢查，不排除其中有偽裝積極的可能性，好在這些伎倆和刑期這個重大原則問題掛不上鉤，就讓這些敵人去表演吧。再加上這個勞改農場地處交通不便的邊遠山區，當年的普通老百姓一貧如洗，更何況勞改犯家屬，籌措往返車船費用也不是輕而易舉，因此，我對這位堅貞的杜大嫂還有一份敬重之情。

我從集訓隊分配到中隊以後，按照勞改隊的規章紀律，和集訓隊的人斷了來往，不久就開始了「史無前例的文化大革命」，獄吏們訓話時說：「現在革命群眾的階級覺悟空前提高，把你們關押起來實際上也保護了你們，如果放你們到社會上，憤怒的群眾用亂棒也可能把你們打死。」使犯人們更感到勞改隊恩重如山。

那些年代，勞改隊和社會上一樣，政治運動不斷，除了配合國內各項運動的時事政治學習以外，還有半年小評、年終大評，每年兩次人人過關的評審運動。我個人對此的感受是和當兵時那一套簡直異曲同工，區別只在於動員大會聲勢更大一些，通常都得槍斃一兩個多則三個反改造份子以造聲勢。這又和古代帝王出征前總得殺一些俘虜或者牛羊以壯聲威有點近似，據說漢語中犧牲一詞即源於此。當然也會對一批反改造份子給予加刑記過，還會對有立功表現者給予減刑、個別有突出表現者甚至提前釋放，這稱為生動體現積極改造，前途光明，和抗拒改造死路一條的兩條道路擺在面前。

雷馬屏農場地處雷波縣、馬邊縣、和屏山縣之間，地域相當遼闊，除場部直屬的桂花大隊、西寧大隊、茶廠、醫院和電廠之外，還有三個分場。如全場犯人集中開會，不要說有的分場當天不可能返回住地，在山巒重重的涼山也不可能開闢一個能容納上萬人的什麼廣場；再說具體一點，與會人等的屙屎問題也會讓主持者耗損若干智商。因此我們桂花大隊因距場部較近，常常和直屬單位一起開，地點便在靠近場部的桂花溪中隊，每年的那個日子都特別嚴肅甚至隆重。配有手槍的中隊級領導腰間鼓起多高，向犯人展示那裡面是能打死亂說亂動者的玩意。會場四周的制高點上，由機槍布成交叉火網，如犯人會場暴亂必然血流成河。各交通要道包括流動人口眾多的廁所附近，固定哨流動哨虎視眈眈，其實別說那些從深山的茅棚裡抓來的資產階級（他們中有的人稱槍為「炮火」，聽見槍響就渾身發抖，對此本人另有拙作敘述），就連我這個經歷大小戰鬥數十次的反革命份子，連做夢也沒想到過暴動或者劫法場之類的恐怖行動。我決沒有責怪當局小題大作或者神經衰弱的意思，因為提高警惕、嚴防萬一也是有益無害的，但當時的會場氣氛就是這樣，不能不如實道來。

這天的大會高潮終於到來，押到主席臺前進行審判的反改造份子五花大綁，每兩名士兵扭著一個現行犯快步進入會場，為首的一個背上插著死囚標牌的竟然是杜瘋子，他漠然的表情，說明他並不知道即將發生的事對他有多麼重大，他不哭不笑不吵不鬧，時不時還抬起頭來環視一下會場，然後嘴皮子嚅動幾下，似乎嘰嘰咕咕說著什麼，擴音器吼叫著他的現行罪狀，當然是惡毒攻擊什麼什麼，誹謗什麼什麼，乃至於對偉大領袖親自發動的「文化大革命」又什麼什麼，實屬什麼什麼，最後是判處死刑立即執行，他身後的兩個士兵推搡著他奔赴刑場，也就是會場背後的一塊空地。

隨後的領導講話我一句也沒有聽進去，我聽見了一聲沉悶的槍響，聲音並不大，但對我震動卻很大，雖然我有把握相信我不會瘋。

按慣例，這種大會的最後一個程式，是全體犯人從已被槍斃者的屍體邊繞過，形式上倒和現今電視上播放的對某些人物的遺體告別儀式大同小異。區別只是此間的目的與殺雞給猴看異曲同工。回到隊上，某些獄吏甚至會意味深長地問你一句：「看到沒有，怎麼樣？」心懷鬼胎地幫助你當晚做一個惡夢。

我從杜瘋子屍體邊走過時特意放慢了腳步，我看見他腦袋的右上方已形成一個巴掌大的窟窿，旁邊涂灑著紅色的血和白色的腦漿，還有一團團腦漿和鮮血混合的小塊，勞改服上一層厚厚的污垢，證明他從不換洗衣服……，突然間，我看見他的腳，左腳上穿著一隻布鞋，右腳卻赤裸著，估計是推赴刑場時跑掉的，我知道勞改隊是不發布鞋的，莫非他穿的仍然是那年他妻子為他送來的那雙鞋。因為他常年不出工，鞋子很難穿壞，況且在日用品極端缺乏的勞改隊，沒有讓他得到布鞋的途徑。這時，我情不自禁地想到那位嚎啕大哭的杜大嫂，甚至想到了哭斷長城的孟姜女，如果她知道她鍾愛的丈夫是這樣肝腦涂地，這樣陳屍荒野，她又該怎樣號啕大哭啊！

從窗口跳下去的他

我所在的通木溪中隊還附屬有一個分隊，被稱為「上通木溪」或者叫「二分隊」，大約在六十年代末或七十年代初，反正是背誦《毛主席語錄》最最狂熱的年代，我被調到了上通木溪分隊，這裡是桂花大隊的邊緣地帶，可以這樣描述：雷馬屏農場的場部設在雷波縣西寧鄉，那裡有專門通向各個中隊的簡易公路，出場部大門往右拐，經過子弟中學就開始爬山，約二華里，便到了農場醫院，再繼續爬山，約三華里，就到桂花溪中隊，再繼續爬山，約二華里，便到了桂花大隊的大隊部，再繼續爬山，約二華里，便到了集訓隊，再繼續爬一段平緩的山，就到了通木溪中隊，再繼續爬陡峭的山，才到達我所在的上通木溪分隊，如果再繼續爬上去，就是人跡罕至的原始森林，當地的彝族老鄉稱它為老林，那裡面古木參天、陰暗潮濕，據說是進去了搞不清東南西北因此走不出來。

也曾經有當地的彝族獵人，在一座山崖下發現一具穿著勞改服的屍體，他帶領幹部背著照相機前去「驗明正身」，看到的卻是一具完整的穿著勞改服的骷髏骨架，那個年代沒有ＤＮＡ技術，這個不幸的逃跑犯最終只能當個無名無姓的反面教員。我也曾經於一九七九年（我已調到山西寨中隊）尾隨背著照相機的總場幹部，在彝族獵戶帶領下進入原始森林，去掩埋一個從懸崖上縱身跳下自殺而死的犯人，他臉上的肌肉早已被山鳥啄食得精光，連通常形容反革命份子的「猙獰面目」四個字都顯得不夠份量，那一趟公差，已成為我一生中比較突出的恐怖經歷之一。

不久，在一位來自四川師範大學據說是「托派」的同犯鼓動下，年輕力壯的我終於學會了犁田耙田等重體力勞動，他說這種單個人的勞動，雖然累一些但比較安全。因為這個農場的刑事犯（偷摸扒騙奸）和反革命犯編在一起，刑事犯一般出身於貧民階層較多，反革命則可以用上當年那「知識越多越反動」的公理，臭老九所占比例較大。獄吏們擅於運用對敵鬥爭中的分化瓦解政策，反革命犯是你死我活的敵我矛盾，一般刑事犯罪甚至可以說是人民內部問題，他們只要能積極檢舉揭發靠攏政府，立功減刑比「先天不足，後天失調」的反革命犯所佔優勢多得多。刑事犯中有些人品質極為惡劣，故意在反革命耳邊說點落後話，反革命只要回應，他那份「小報告」的腹稿便宣佈完成，個別的甚至無中生有、或者嫁禍於人，只要他們檢舉反革命份子說了什麼反動言論則每告必中，而犁田耙田這類單個人的勞動，遠離了那些可能滋生是非的小人，少惹麻煩。

雷馬屏農場一般中隊的建制都分為水稻班、旱地班、蔬菜班、茶林班和雜工班，上通木溪是比中隊低一個檔次的分隊，沒有茶林，少一個班。因為水稻作業重體力勞動較多，會犁田耙田且體力很好的我，無疑是水稻班的一員。這個班的成員來自農村的種田行家也比較多，文盲和半文盲比比皆是，特別是一個姓戴的，大家都喊他戴土匪，乃至於我今天無論如何都想不起他的名字。所謂土匪也只是在國民黨軍隊逃離四川前夕，參加了當時在各地成立的「反共救國軍」，生活在五〇年初的四川農村青年，可以說百分之七、八十都被脅迫加入過。那時我剛從軍政大學畢業，分配到大足縣警衛營二連當文化教員，教戰士們學習「天皇皇，地皇皇，不識字，是文盲……」的掃盲三字經，連隊的主要任務是剿匪，我們開展政治攻勢，宣傳「首惡必辦、脅從不問」政策，號召所有參加了「反共救國軍」的人自首，就我所駐的高升鄉一個鄉，自首者也不下兩百人。為了改造這些自新土匪，連隊專門成立了「自新人員訓練大隊」，指導員對我這個十七歲的青年團員的印象不錯，宣佈我為大隊長。我寫這些是為了說明當年四川農村土匪很多，戴土匪只是九牛一毛而已，決無宣揚自己少年得志之意，試想想，一個小小的連隊指導員，他連任命排長的資格都沒有，怎能任命一個正兒八經的大隊長，所以我的簡歷裡也不曾記載這段經歷。

戴土匪是貨真價實的農民出身，犁耙鏟搭、栽秧撻穀無一不精通，在農事技藝上我對他簡直是五體投地。據說他因誣衊農業社某位領導幹部，再結合他當土匪的歷史污點判刑五年，他是一個一字不識的文盲反革命。記得反右鬥爭剛結束時，一位右派知己悄悄對我感歎：「我要是一字不識就好了！」這位知己如果能得知戴土匪因為不識字而遇到的麻煩，也許會鄭重地收回他的感歎。

「文化大革命」中犯人們被告知，《毛主席語錄》是戰勝反動思想的銳利武器，每個犯人都必須認真學習，用以批判自己的犯罪本質。這一要求對我們這些從小就能背誦些唐詩宋詞的臭老九來說，壓力並不很大，而對戴土匪類似的一字不識者，可真有點不堪重負。他對我說：「張三娃，（我在雷馬屏農場的綽號，勞改犯之間普遍以綽號相稱，似乎這樣更哥們兒）。你曉得我是一條蟒，日他媽一條『文蟒』（與文盲諧音），教我幾條嘛。」我也曾費了九牛二虎之力，將《毛主席語錄》中的前三條、也是經常背誦的三條教他學會，因為其中一些已編成語錄歌曲，終日唱誦，學起來便不怎麼困難。

那年頭的學習討論會上，獄吏們動輒指令犯人背誦一段語錄，如果背錯一字一句，便會以「篡改」、「歪曲」等罪名而得咎，挨鬥挨打是家常便飯，交待動機目的更讓人毛骨悚然。那一晚的學習會上，獄吏突然叫戴土匪背誦「凡是錯誤的思想，凡是毒草……」這一段，因為它與犯人的改造有較大的針對性，且也是我們在列隊開飯前常唱的語錄歌曲之一，我估計戴土匪一定能順利過關。戴土匪果然不孚眾望，臉上還暗藏著充滿自信的微笑，鏗鏘自如一路順風地背誦下去，直到最後兩個字，我的天，僅僅是最後「氾濫」兩個字，原本是「決不能讓它們自由氾濫」，他卻背成了「決不能讓他們自由翻案」。翻案這個詞彙在勞改隊可以說是最常用的詞彙之一，而氾濫這個詞彙，我敢斷言，年近五十的戴土匪根本不知道他的母語裡還有這樣一組詞彙。

會場立即沸騰起來，一個個都變成捍衛毛主席的勇士，積極份子摩拳擦掌、聲嘶力竭，此時我發現戴土匪的臉頰上流淌著悔恨的淚水，因為還差五個月他就要滿刑了，他是多麼渴望和他的妻兒們團聚，多麼希望能終老在他耕耘了一生的田野上啊。

第二天的戴土匪臉色沉重，一言不發，因為昨晚散會前宣佈他「深刻反省，監督勞動」，其實我們哪一個人哪一天不是在深刻反省、監督勞動之中，只不過單純的戴土匪對此特別認真而已。這一天的勞動任務是給水稻田施肥，我們全班人從牛棚裡挑出和著牛尿牛屎的爛草倒在田坎邊上，戴土匪獨自一人將這些肥料拋灑在水田的四面八方，這活路又髒又臭又累，除了倒楣鬼誰也不願幹，戴土匪毫無怨言盡心盡力，只想彌補他亂背語錄的過失。幹到中午回到隊上，開飯前照例列隊，各班檢查人數，然後合唱革命歌曲。那天唱的好像不是語錄歌，歌名我也忘了，但記得歌中有「得道多助，失道寡助」這樣兩句，唱完了就開飯，下午照常出工，似乎一切平靜。

像戴土匪這種頭晚上問題沒交代清楚，今晚還得繼續交代的人，學習哨子一響，他就驚驚恐恐地端著小板凳去到學習室，眾犯在各種型號的自製小板凳上坐定，唱了語錄歌背誦了語錄，主持討論的獄吏突然宣佈讓戴土匪獨唱一遍中午開飯前唱的那首革命歌曲，他的音樂水准只能打負分數，走腔走調簡直像農村婦女哭喪的調門，眾犯人鑒於會場的嚴肅性不敢哄堂大笑，一個個咬緊牙關臉都憋得通紅。完全出乎意料的是，他竟然把歌中「失道寡助」一句唱成了「實在刮毒」（刮毒是四川方言，意為歹毒、狠毒），這一下可炸了鍋，反省期中竟敢篡改革命歌曲，首先發現並向獄吏報告了此事的積極份子做出一副誓不兩立的樣子，一邊辱罵一邊衝上前去狠狠地抽了他兩耳光，有人高呼：「捆起，捆起！」

捆，在勞改隊俗稱「挨繩子」，也許是我們的國粹之一，反正近年來引進了不少外國電影，我也看過若干外國小說，電影裡小說中也都曾出現過種種皮開肉綻的酷刑場面，但從來沒有見過「捆」。坦率地說，我對這種酷刑深惡痛絕，也許因為我生性頑劣，我挨過的繩子的確不少，雖然很多，但肯定破不了吉尼斯世界紀錄。前文曾寫過手銬的各種型號和銬法，這挨繩子仍然可以像動物分類那樣列出什麼科什麼目的表格：棕繩和麻繩捆起的感受並不一樣，粗繩子和細繩子捆起的味道更不相同，如果用細繩子捆緊後再澆水將繩子淋濕，感受更是具體（其實何需澆水，受刑者流出的汗早已將繩子浸濕，本人深有體會），捆的時間長短則與疼痛程度成正比（但有臨界點，如受刑者已昏死倒地，則疼痛度將降為零，施刑者此時用氨水置受刑者鼻下以使甦醒，頓時其疼痛度又可以上升為一百，本人終生難忘之體會），而穿著厚衣服或者薄衣服乃至於打赤膊受刑者感受的麻辣燙又別具風味。在挽繩子的方法上如在胳膊上繞三圈還是兩圈，從頸項背後往上提到什麼高度使受刑者感到最疼、次疼和微疼又另有學問，本人對法律可謂一竅不通，只是在法律對我反覆而長期地實踐中得到一些感受。我見過一個姓何的成都暴牙齒在監舍門邊的一棵樹上被捆了一個通宵，嚎叫了一個通宵；我還見過一個姓蔣的逃跑犯被捆得上身起水泡甚至襯衣脫不下來。總之，這種強力阻止血液循環而給人的椎心刺骨，別說我輩凡夫俗子，就是李逵魯智深也會疼得在地上打滾，張飛岳飛也得撞牆跳岩。現代人也可能目睹過公判大會、最少在電視上看到過被五花大綁的囚犯，那種捆法按勞改隊的說法叫「號起」，與這裡所說的「挨繩子」形式上倒也近似，內容則截然不同，最重要的不同是「號起」的疼痛度幾乎等於零，試想一下，如果公判大會的擴音器裡，傳出的竟是被捆犯人哭哭啼啼呼媽喊娘的聲音那成何體統？

總而言之，戴土匪被捆起了，根據我的經驗判斷，他的疼痛度最多只是中等，但他似乎已難以忍受，因而我又進一步判斷，這可能是他的「處女繩」（可能只在公判大會上被輕輕「號起」過），在積極份子的追問下（不，是在肉刑的追問下），他甚至承認他這樣唱是為了攻擊政府，然後又叫他交代「得道多助，實在刮毒」是什麼意思，戴土匪痛哭流涕地越交代越麻煩，下學習的時間已超過半小時，明天還得出工，獄吏總結說他態度極不老實，明晚繼續交代。

回到寢室，紛紛上床，勞改隊的床都是大通鋪（這種睡法不知是否和「連坐法」沾親帶故），集訓隊的床是單層的，生產中隊的床都是雙層的，我睡在上鋪，戴土匪睡下鋪，直線距離還不足三米，半夜裡睡夢中忽聽得有什麼人大叫兩聲，接著又聽得有什麼重物跌落在窗外，然後是戴土匪在外面又哭又叫又吼又笑地鬧過不停，驚醒的人披上衣服前往圍觀，班組長匆忙去叫來了獄吏。

原來戴土匪的床緊靠窗戶，不知為什麼他竟會在睡夢中從窗戶裡跳將出去，而窗戶外面的屋簷下恰好是一條石砌的排水溝，落地時失去平衡，他的小腿骨折斷，斷了的骨頭甚至刺破了皮肉露在外面，十分可怕，而此時的戴土匪竟用他那難聽無比的歌喉高唱語錄歌：「下定決心，不怕犧牲……」

獄吏用電筒查看了現場，看了戴土匪的傷口，聽了他的歌曲，冷冷地說：「他在裝瘋。」接著又補充一句：「這種反改造，見得多。」然後用電筒照著我和另一同犯的臉：「你們兩個把他送到醫院去。」

如果人腿不算交通工具的話，我們隊上唯一的交通工具就是一部架架車，它是用來拉牛草和到場部領被服和農具用的，我們從雜工班拉來後，又將戴土匪和他簡陋的衣被弄到車上，便踏上了那條簡易公路。反正一路下坡並不費力，在路上我問戴土匪為啥要從窗子內跳出去，他不理不睬，完全改變了平常對我這個他所謂的「字墨深」者的和善態度，反而他一路上忽而狂笑，忽而大哭，忽而背誦《毛主席語錄》，忽而高唱革命歌曲，我注意到他背的語錄仍然是「決不能讓他們自由翻案」，而唱的革命歌曲依舊是「得道多助，實在刮毒」其調門更讓人慘不忍「聽」，我心想，他是不是真的瘋了？

我懷著沉重的心情回到中隊，不禁暗自想道，看來戴土匪的命運是凶多吉少了。

不到一個月，有消息傳來說，戴土匪死了。

附記（一）

桂花大隊除了桂花溪中隊以外，其他三個中隊和所轄的分隊都在靠近原始森林的高海拔地段，入冬以後，大雪封山，耕牛的飼料除乾穀草外，還得適量配以青草，否則將難以保證耕牛的健壯。而場部附近沿西寧河邊，因海拔較低，相對暖和，倒還有青草可割，因此每三兩天必有餵牛的犯人下山割青草，他們割下的草用架架車拉回，或者用背篼背回自己所住牛棚（這是名副其實的牛棚）。餵牛犯人都是幹部們認為相對老實、或案情較輕刑期短、或者家庭出身好的類型，這種可以離開耕作區域的勞動叫作單獨勞動。他們中許多人並不住在隊上，而是根據水田分佈區域適量安排，每兩人住在一間牛棚裡，但每天必須回隊上領包穀粑（雷馬屏農場犯人的主食），順便讓幹部看看他們是否「健在」，以防不測。餵牛犯人只要下山到西寧河附近割草，來回都必須經過農場醫院，醫院背後的荒山，就是在醫院裡病死了的犯人的葬身之地，也是割草犯人的必經之地。那年頭不興火葬，埋犯人則用簿木板釘成一個火匣子，派幾個住院的輕病號抬到後山上草草掩埋了事，當然也會用一塊小木牌上面寫上死者的姓名，這些木牌經過日曬雨淋、牛羊踐踏早已面目全非甚至不知去向，反正死了死了一切都完蛋了。

我因為犁田耙田經常用牛，和餵牛犯人有較多的接觸，長期地相處瞭解，知道我不是「蟲」（雷馬屏農場犯人和就業人員——北方稱二勞改——稱專門打小報告者為「屁眼蟲」，簡稱蟲）。有的還和我建立了良好的私人關係，我幫他們寫家信寫年終總結間或也寫檢討，他們因為可以偷吃牛飼料（玉米粉），吃不完的包穀粑一個半個的塞給我（犯人常年處於吃不飽、但也餓不死的狀態），犁田耙田雖然有勞動定額，但隨著我技術的提高再適度配合弄虛作假，便能夠提前收工，躲在牛棚裡抽自己種的煙喝自己製的茶衝殼子（擺龍門陣）啃包穀粑。他們因為單獨勞動東奔西走而見多識廣（如改用現代語彙則為攝取的信息量大），可填補我的孤陋寡聞，比方說從醫院背後的勞改犯墳場經過時，看見一群狗在吃死人肉，順便罵一下醫院的勞改犯偷奸耍滑埋死人也弄虛作假，或者說在公路上看見又有五部卡車裝著犯人進來了等等等等。

有一天，一位餵牛的犯兄對我說，他看見一個農村中年婦女，頭披白色孝布，跪在一座犯人墓前號啕大哭，他身邊站立著一個十三、四歲的紅衛兵小將，顯然是他的兒子，這婦女流著淚水一次次的拉這位小將的手，示意叫他跪在她身邊，但小將的革命立場堅定，毫不動搖。突然這婦女憤然站立起來，把小將的頭狠狠往下壓，同時用盡全身力量嚎叫了一句：「他是你的老漢哇……！」這聲音在荒涼的山谷裡更顯得尖利而扣人心弦。

該不是杜瘋子的妻兒吧！

該不是戴土匪的妻兒吧！

偉大善良的中國母親啊，我為你感到驕傲！

附記（二）

桂花大隊大隊部有一位姓劉的生產幹事，專管農業技術，犯人和幹部可以說是兩個世界的人，不可能有什麼私人交往。犯人間傳說抗日戰爭時期武漢大學遷到四川樂山，這位劉幹事就在那所大學的農學院讀書並畢業。他知書達理、說話風趣，從不打罵犯人，十分受人尊敬。我在通木溪中隊部時，就開始負責隊上的植物保護，也就是打農藥防治農作物病蟲害，他曾在技術上給我很大幫助，借了很多植物保護方面的書籍給我看，特別是「文化大革命」初期，全國人民只能讀一個人的書的歲月，他按月借給我一本《國外農業資料》（此書名是否確切已無把握，那書內還印有內部發行四個字）的期刊，書中有許多像奇跡似的國外農業方面的嶄新成果，使我得到「久旱逢甘露」般地滋潤，雖然對農業理論我一竅不通，更沒打算這輩子在這方面還有什麼發展，但人類在農業上的日新月異畢竟顯示出科技力量的不可戰勝，迷信的愚昧和荒唐，減少了我這個讀書人沒有書讀的痛苦。

「文化大革命」後期劉幹事再也沒在桂花大隊出現，小道消息說他是大地主劉文彩的孫子，被隔離審查（當時控訴地主罪惡的大型泥塑群「收租院」，正在劉文彩的家鄉大邑縣安仁鎮展出並在報紙上大肆宣傳），那年頭凡家庭出身不好者，姓蔣的必是蔣介石的孫子、姓汪的就是汪精衛的孫子幾乎成為定律。有一天我到場部機修車間去修機動噴霧器，老遠我看見劉幹事那一米八的高個子正一跛一跛地從西寧橋向我這邊走來，下橋後他就坐在石欄上休息，這時他發現了我，夢想不到的是他竟然微笑著向我點頭招呼，在我二十多年被專政的漫長歲月中，這便是僅有的一次專政者對被專政者的「禮遇」，為了答謝，我走上前去說：「劉幹事，你病了嗎？」他回答說：「坐骨神經痛。」我向他道別後便結束了這「點頭之交」。

一九八〇年，這已經是我法定刑期十八年的最後一年，「四人幫」倒臺、十一屆三中全會早已召開，我於三年前從通木溪中隊調到了山西寨中隊，十多年的農業勞動實踐，我已成為生產技能方面的「犯人權威」，當了將近十年的水稻班班長，這個中隊雖然被稱為反革命中隊，但仍然有一些一般刑事犯，只不過比例不是很大。這個中隊真正的特點，按照獄吏們的說法是：「裝瘋賣傻的特別多」，全隊共有十多個。據山西寨的老犯人說，一九七六年毛澤東死去，開追悼會那天（我還在通木溪中隊），全體犯人列隊追悼，為保持會場的嚴肅氣氛，中隊長令全體「裝瘋賣傻份子」在前面列成一排，隨即搬出腳鐐手銬扔在他們腳邊大聲宣佈說：「誰敢亂說亂動，立即取締，予以制裁！」據說那天還真的沒有制裁誰，這可能是眾「裝瘋賣傻份子」共同為精神病專家提供的一個研究課題。

我所在的水稻班就有六個這樣的人，印象最深的是來自簡陽縣一個姓吳的，力氣大和食量大是他的主要特點，勞動上再苦再累他都滿不在乎，一天到晚盡傻笑，堅持說勞改隊有吃有穿比農村強多了（幹部聽了也會展現笑容），有的犯人好逸惡勞，生產任務完不成便給他一個包穀粑（大多數犯人都偷吃生產成品），換取他挑兩百斤肥料上山的力氣，他笑眯眯地一挑就挑了。據說他因為在家鄉長期吃不飽而雷霆大發，跑到公路上，用二錘砸壞了路旁的語錄碑，犯反革命罪判刑二十年；班上還有個姓鐘的小個子，來自長寧縣，他則一天到晚喋喋不休地語無倫次，一會兒「五星上將」，一會兒「攻打月球」，但他幹農業活可真算一把好手，栽秧子又快又直全隊數第一，只因他身體單簿挑擔子抬石頭要差點勁，但他也能盡力而為；還有的胡言亂語今天打倒這個救世主，明天打倒那個大救星，盡說些令地球發抖的話，幹部有時候稱我們為勞動力，水稻班這幾個「裝瘋賣傻份子」，作為勞動力，還是相當稱職的。

我調到山西寨中隊之前，劉幹事早已調到山西寨中隊當生產幹事，有一天我帶著全班犯人正在稻田裡薅秧子，劉幹事來到田邊，喊著我的名字叫我到他身邊，按當地風俗我倆均席地而坐，他親切地說；「張先癡，你已服了十七年刑期了，你也該寫點檢舉材料，我們給你報個減刑材料也要有點依據嘛。」在勞改隊，每年年終總結大會上，立功減刑者絕大部份都是勞改班長，但我這個當了十年以上而且是生產任務最重的水稻班長，別說立功減刑，就是最低檔次的獎勵——大會表揚也難上加難，在獄吏們看來，我的致命弱點就如劉幹事所指出的，從來不寫檢舉。

我指著正在薅秧子的「裝瘋賣傻份子」回答劉幹事：「我可以每天寫幾份，還保證這些被檢舉者承認我檢舉的都是事實，但是我不願意這樣做，因為在我的心目中，他們是病人，他們應該去的地方是精神病院，而不是勞改隊。」「四人幫」被打倒以後，我們說話也率直了許多，何況是對劉幹事。

劉幹事默默地低下了頭，這也是在我被專政的二十三年的漫長歲月中，第一次看見一個專政者在被專政者面前低下了頭。

同年八月我徹底平反，告別了雷馬屏農場。

二十多年又過去了，早已退休的劉幹事也已過了古稀之年，他決不會想到我一直尊敬他的善良正直、懷念他的音容笑貌，因為在那些最黑暗的日子裡，他卻像一盞人性的明燈，在我眼前發著誘人的光亮，引誘我希望，引誘我等待。

附記（三）

前文曾幾度提到農場醫院和醫院背後埋葬死犯的荒山，它也是我幾位好友的葬身之地，一九八〇年，我曾寫了一首短詩，詩題為〈墳〉，副題：贈C.H.，這C.H.就是我一位密友楊長虹的名字長虹二字的拼音縮寫，發表在當年青海西寧的《雪蓮》雜誌第二期上，署名先癡，因為當時我還在服刑期中，稿件只能通過一位餵牛犯人帶到街上投在郵局的郵筒裡，寄給在西寧歌劇團當團長的妹夫（也是一個「改正右派」），通過他交給了雜誌社。

楊長虹是重慶市人，五十年代初參軍，服役於中國人民解放軍海軍某部，一九五五年轉業到四川瀘州某中學當教師，一九五七年劃為極右份子，因為他不服罪並從管制地逃跑，後被判刑勞改，我與他在農場集訓隊結識並成為好友。由於他公開宣言自己的右派觀點將永不改變，集訓隊幹部對他恨之入骨，動輒以死刑相威脅，並策動集訓隊犯人向他作鬥爭，倍受肉體折磨摧殘，我離開集訓隊才一年，便傳來消息說，他住進醫院不到十天便溘然去世，終年僅三十歲，英年早逝四個字對他來說正是恰如其分。

作為本文的結尾，我重錄這首詩，再次寄託我對長虹的一份哀思：

墳

——獻給C.H.

歲月帶著泥水地衝刷
矮小的墳墓已經凹下
棺材的位置被牛馬踩出一個黑洞
那是地獄的入口
正對著人間張口齜牙
它說：看！這就是對叛逆者的懲罰……

我知道這墳裡埋著的是他
他那滿腔熱血，滿腹才華
他那不願向迷信叩首的頭顱
他那不肯向女皇伏拜的骨架
我想起他曾指著荒墳對我說：
為捍衛真理的純潔，我不怕……

如今那嚴冬已經過去
他墳頭那雜亂的荒草叢中
也竟然掙出一簇紫花

那究竟是花，還是血痂？
我驚詫，用顫抖的手撫弄著他
花說：採吧，我就是生命的代價……

（此詩寫於1980年5月）

二〇〇一年十一月二日於成都寓所
二〇〇二年十一月八日改定

五、三個自殺者的悲悲戚戚

任何理論，任何觀點，任何立場，都要在人的命運上經受考驗。總的觀念，只有當它們真正影響到人的地位和權利時，才在政治上具有價值。

（前蘇聯）薩哈羅夫

倒在溪流裡的他

五十二年前，也就是一九五〇年六月下旬，我正在中國人民解放軍第二野戰軍軍政大學三分校四總隊當一名學員，住在四川省合川縣，那時我不足十七歲，身上還殘留著一些孩提時代的習慣，例如貪玩好耍。

我們住在合川城外一座舊軍營裡，房子背後是一座小丘，小丘下面有一條小溪，為提高水位灌溉農田，小溪上築著一個三米多高的水壩，這顯然是一個十分理想的游泳池。我和五、六個和我年齡相仿的貪玩好耍份子，在那天午休時間，邀邀約約地跳到這個「游泳池」裡嘻哈打笑，玩得十分痛快。

突然間從這溪流的上游方傳來一聲巨響，那分明是一枚炮彈或者一枚手榴彈的爆炸聲，這突如其來的聲音中斷了我們的嘻哈打笑，幾個人站在水中面面相覷，似乎都想從對方嘴裡求得對這聲音來源的解答，一分鐘過後，我們幾個人中並沒有出現一個能判斷這聲音來源的智者。因為都是剛從戰場上下來的「老」兵，一聲偶然的爆炸只是一碟小菜。雖然當時四川地區土匪多如牛毛，敵情也確實存在，但真正要對一座縣城形成威脅的實力似乎也並不具備，我們沒有理由為不存在的威脅而中止在水中的嘻哈打笑。

正因為這是幾個剛剛從戰場上下來的「老」兵，幾分鐘後，我們幾乎同時聞到了一股熟悉的血腥味，和這股血腥味一同到達的是水面上漂浮著的血絲和肉渣。這些流來的異樣物質告訴我們，在上游方向肯定有什麼異乎尋常的事情發生。

我們趕緊穿上衣服，兵分兩路，分別從溪流的左側和右側向上游走去，剛剛轉過一道彎，還沒走到一百米，我發現在距我只有幾步遠的溪水裡正躺著一個軍人。一九五〇年夏季以前全國軍人的服裝並未統一，幹部和戰士的服裝樣式和顏色也有區別，從露出水面的半截衣服可以判斷，他是一個進軍大西南來到四川的排級以上的幹部。這位二十多歲的年輕人的整個身子浸泡在溪水中，他臉色蒼白，目光凝滯，一隻手攀附著溪邊的一株小灌木。當他的目光和我對視後，便從水中伸出另一支手，不斷地用食指指著他前胸的衣兜（他攀附灌木似乎也是為了不讓他的衣兜浸入水中），當我俯下身去準備拉他的時候，他卻擺手示意，叫我不用拉他，隨即從上衣兜裡取出折疊成一個小方塊的紙塊遞交給我，我伸手接過裝入了我軍服的口袋裡，隨後我和幾個戰友拉的拉扯的扯，終於把把他拖上了溪岸。

溪邊是一個緩緩的斜坡，加上我們都是年輕力壯的小夥子，拖他也不十分費力。只是當眼看他整個身子都要離開水面的時候，在場的我們全都目瞪口待。原來他沒有了雙腳，腳變成了兩尺多長的巾巾吊吊的肉渣，上面還沾著些大小不一的碎骨肉渣，其景象令人毛骨悚然。

身邊一個殘留著硝煙味的土坑，加上這一雙變成肉渣的腳告訴了我們，他是刻意來到這裡站在一枚手榴彈上執行他的自殺計畫的。他為什麼要自尋絕路？帶著這個疑問，我打開他先前遞給我的紙塊，我看到的是滿紙密密麻麻的鋼筆字，其書法娟秀流利令我羨慕不已，這顯然是自殺者寫下的一封遺書，我看見開頭第一句是：

黨委：你們又要說我在鬧情緒了……

這時我猛然警覺，因為中隊指導員昨天才找我談了話，批准我參加新民主主義青年團，並被告知，等幾天到七月一日黨的生日那天，我將履行入團的最後一道宣誓手續，我作為一名光榮的青年團員，沒有權利私下裡看別人寫給黨委的信。想到這裡，我立即把信折回原樣裝入衣兜，只是對那娟秀流利的鋼筆字，仍舊羡慕不已。

我們飛快地跑回住地，找到了政委，把我們見到的自殺者的情況向他作了報告。政委打開遺書，匆匆地掃了一眼便向我發問，態度十分嚴肅：「你看過沒有？」我說：「沒有。」我其實希望政委能多說幾句有關傷員搶救措施或者自殺者自絕於人民的相關情況，但是他的言詞十分吝嗇，只給了我們三個字：「下去吧。」

在我年近古稀的今天回憶起來，我在那十六歲的年齡段上，接觸戰爭，接觸這類血淋淋的自殺場面，似乎略早了一點。而當時的歷史條件，卻迫不及待地賦予了我們早熟的使命，把我和許多同齡人推向嚴酷的鬥爭舞臺，我們來不及思考，也沒有學會真正意義上的思考，因此我的悲劇命運從那時起已埋下了伏筆。

也許出於好奇，也許是對他流利的書法產生一種欽佩的感情驅使，我對這位自殺者產生了進一步瞭解的願望，為這事幾乎還將我捲入了一場「初戀」，事情是這樣發生的。

為了紀念七月一日黨的生日，我們這個大隊正排練著一部名叫《闖王進京》的大型話劇，據說有中央某領導人說這個劇的劇情與新近成立的共和國國內形勢緊緊相扣，因而在那個年代十分流行。劇中有幾位女角，而我們全大隊都是男性學員，便從三十五師文工隊借來了幾個女演員，她們只是臨時性的參加排練和演出，住宿和學習仍在原單位。在全大隊挑選演員的時候，把我也選了進去。同在一個劇組，少不了和這幾位女演員有些接觸交談，又因為我後來得知這位自殺者以前就是這個文工隊的一位區隊長（相當於排長），少不了同她們多說幾句，打聽一下這位書法流利的區隊長的方方面面，也可以認為是滿足一下好奇心。根據我當時的發育情況，雖然對女孩也有朦朦朧朧的接觸願望，甚至在我參軍前的學生時代，也和某些熟悉的女孩有過來來往往的經歷，但從來沒有真正進入過戀愛的進程。

這些女演員中，有一個大約也是十六、七歲的女孩，除了具有一般四川女孩身材比較矮小的特點外，模樣也過得去。她一有空就來到我身邊，絮絮叨叨地說些至今我一句也回憶不起來的話，能記得的也就是有關那位自殺了的區隊長的點點滴滴。有一天她悄悄地塞了一張小紙條給我，並且小聲叮囑說：「別讓旁人看見。」學校早有學習期間不准談戀愛的規定，部隊裡按互相關心的傳統進行的互相監督也十分嚴密，她不叮囑我也會小心謹慎。我躲在廁所裡偷偷的看完了這封「戀愛信」，實際上用的全是那年代最為流行的革命詞彙堆砌而成的決心書，內容我一句也回憶不起，但有一個令我哭笑不得的字卻讓我終生難忘，在信中她把鬥爭的鬥字的左邊的兩點點在了右邊，這足以證明，她和我一樣都還是「未成年人」。我沒有給她回信，除了軍紀的原因以外，這「左點右點」的「兩點」也起到了推波助瀾的作用，它使我在她身上，再也找不到戀愛的感覺，事實上換一個女孩，我也並不一定會找到那種感覺。因為年紀小膽子也小，最怕犯錯誤，談戀愛就是犯錯誤。

後來我有意疏遠她，但她卻緊追不捨，一次心驚肉跳的經歷迫使了我下決心和她一刀兩斷。那晚我們總隊在城隍廟的露天院壩裡演出《闖王進京》，當我和她的戲都已演完並卸下妝，我們從後臺走過觀眾席，一直走到最後一排，這裡的觀眾有的甚至站在高板凳上看戲，在這些人背後，她竟抬起雙手摟住我的脖子，一雙眼睛直勾勾的盯著我，似乎要親吻一番似的，這個浪漫場面在二十一世紀的公共汽車上隨時可見，可我們是在保守的上世紀五十年代，更加上我從來沒有和一個女孩有過類似的接觸，周圍又全是軍政大學裡的同學，怎不令我膽戰心驚渾身哆嗦。我怕這當眾的摟摟抱抱被人發現挨批鬥，就對她說：「我們去街上轉轉。」在街上，每路過一個小巷，這位「前衛」女孩就要我往巷子裡走，那裡面沒有路燈一片昏暗，我反而擔心發生什麼犯錯誤的事。我心裡想，這女孩膽子太大了，繼續和她交往下去我一定會犯錯誤，就這樣我再也沒有見過她。

不久，我從軍政大學畢業後分配到大足縣警衛營，以後的四、五年時光，不論在軍事院校和部隊機關，也曾有過類似「險情」，但是為了偉大的革命理想，我們都「自覺地」壓抑著那些原始慾望，從來未敢越過雷池而涉足愛河。因為戰爭才剛剛結束，許多團級以上的老領導四十歲都沒有解決個人問題，營級以下的可以說是清一色的「單身漢」，怎會允許我們這些剛剛參軍的年輕人加入競爭行列（這些剛參軍的連幹部都還沒當上），偏偏部隊裡的女性又是那樣的稀少。所以我真正的初戀也是在一九五四年離開部隊才發生，緊接著就結婚生子，一副美滿幸福的樣子，結局卻仍然是妻離子散，家破人亡，這是後話。

那個年代，男性軍人的婚戀是受著軍階和軍齡的雙重制約的，有明文規定八年軍齡以上的連級幹部、六年軍齡以上的營級和四年以上的團級才可以批准結婚。班長排長包括區隊長根本沒資格談戀愛，更別說結婚，前文寫到的我對「前衛」女孩的恐懼實質上也是對軍紀的恐懼。況且除醫院、文工團這類特殊單位以外根本找不到女性軍人，客觀上也就沒條件產生戀愛甚至婚姻問題。我所遇到的這位血淋淋的自殺者的戀情並不是從部隊開始的，關於他的往事都是那位「前衛」女孩向我轉述的……

這位自殺的區隊長是江蘇人，參軍前是南京某大學的學生，在學校裡他思想進步，在當年以「反饑餓反內戰」為主題的學生運動中，以他出類拔萃的領導才能在同學中很有威信，那年頭社會上稱這類青年為「進步學生」，很受青睞，學校裡有一位低年級的漂亮女孩和他很快地墜入情網，兩人情投意合一年多後私訂終身，準備在全國解放後結婚。解放軍攻克南京後，他倆並肩攜手地參加了解放軍二野軍政大學文新大隊，嚮往著在革命的烈火中進一步鍾煉他們的青春和愛情，後來又隨學校進軍大西南，來到了四川，分配他倆同在三十五師文工隊。

漂亮女孩不論唱歌跳舞演戲在文工隊首屈一指，我也曾多次看過她的演出，對她也有幾分崇拜。常言道樹大招風，很快地被上級選中，隨即調到了住在南溫泉的十二軍軍部文工團，雖然一對戀人依依不捨，但服從組織分配是每一個革命軍人應該遵守的原則，他倆也就只好互相安慰，反正共和國已經成立，大西南也基本解放，距離他倆預約的婚期已近在咫尺。

分別才四個月，一個晴天霹靂砸向了區隊長的頭頂，漂亮女孩很快就要結婚了。軍部的一位老領導在舞臺上發現了這位漂亮女孩，按照五十年代初通行的婚姻程式，「老領導」向黨委成員表示了自己的「意向」，相關成員給組織部門打個招呼，他們自會取出漂亮女孩的檔案，看一看女方的出身經歷家庭背景社會關係，如無大礙，便由幾位「成員」「碰碰頭」，基本取得一致後，就把這件事定了下來。再由一位「下級」出面代表組織找「漂亮女孩」談話，指出這位老同志為革命奉獻了自己的青春，現在全國解放了，老同志也應該解決個人問題了，組織上經過研究，認為你各方面的條件都符合，可以和「老領導」結為革命伴侶。

這有關終身大事的組織決定，對毫無思想準備的「漂亮女孩」同樣是晴天霹靂，想到這位「老領導」出生入死戰功顯赫值得尊敬。但由這位和自己的父親年齡相當的「老領導」來充當白馬王子，在心理上似乎也很難接受。「漂亮女孩」便用目前不準備解決個人問題的藉口加以搪塞，雖然經過幾番談話，雖然談話的規格也不斷提高，雖然獲得些進展，但始終未能得到關鍵性的突破。這時二號首長便親自出馬面談，「漂亮女孩」的重重防線終於被一一攻破，最後她只好說她早已有了意中人，戀愛了兩年多並一起參軍，首長的回答簡直令她大吃一驚：「這些情況我們早已知道，你放心，我們會給他做工作。」最後首長說：「我們有些青年同志口口聲聲說，為革命願意犧牲個人利益，一遇到具體考驗，問題就出來了……」

「漂亮女孩」終於接受了組織上的安排，她點頭同意的時候，不知是否有幾滴愧疚的淚水跌落在她的腳邊。

從二野軍政大學文新大隊調到三十五師文工團的戰友共七人，其中兩位和區隊長、「漂亮女孩」是從大學裡一起參軍的好朋友，他們對這起「知根知底的婚變」也有著自己的看法，私下裡也有過些議論。總之這件事在十二軍幹部中還是有些影響，據說區隊長引爆手榴彈自殺的那一天，正是「漂亮女孩」結婚的日子。

一九五四年，部隊決定我轉業到地方，按慣例在離開部隊前，有關部門將對轉業幹部作一次談話，為這事我去到了組織部下屬的幹部科，說明來意後，一位年輕軍人將我帶到一間辦公室門口，並很禮貌地請我在門外的一張長籐椅上落坐，他說：「請稍等。」便轉身前去敲開了房門，一位穿便服的女青年，估計是保姆，抱著一個一歲多的小孩走出，那女青年回過頭對著孩子說：「兵兵，給媽媽說再見。」那孩子舉起小手向門裡擺了擺，房間裡傳出一個清脆的女聲：「再見，」他們便匆匆離去。年輕軍人進到屋內，不過一分多鐘便出來對我說：「周科長請你進去。」我走到門邊，喊了一聲：「報告！」清脆女聲說：「請進。」進門以後這位科長正在看她辦公桌上的一摞材料，她頭也不抬地用手指著正前方的椅子說：「請坐。」這時通信員進來給我沏了杯茶後退下。

周科長抬起了頭，一看見她，我的心就跳得咚咚地響，這位周科長不就是漂亮女孩嗎？四年不見她似乎變了個人一樣，那樣成熟那樣端莊，甚至令人敬畏，但我仍然在她的眉宇之間，捕捉出幾分憂傷幾分愧疚。她用很熱情的語氣說：「你辛苦了。」顯然她知道我是從大涼山前線回來的，接著她就講起支援地方建設的重要性，轉業後要繼續保持部隊的光榮傳統等等例行公事老生常談。

不知為什麼這時候我竟會突然想到一句與此間氣氛很不協調的古話，那就是「一將功成萬骨枯」，雖然它與血肉橫飛屍骨遍野的戰爭場面沒有直接的關聯。

離開周科長辦公室以後，我一直很後悔，那天我完全可以告訴她，我是區隊長臨死前見到的最後一個人。我沒有說，是因為我覺得這個惡作劇似的語言是不是太殘酷了。經過多年跌跌撞撞以後，我反而覺得我應該說，因為語言的殘酷比起行為的殘酷畢竟微不足道。

旅途中倒下的他

在我的好朋友中，他是最先自殺的一個，雖然是個堂堂男子漢，名字卻有點女性色彩，謝邦瓊，湖南長沙人，死於一九五四年九月，享年二十六歲。

一九五二年，我和他同時在中國人民解放軍西南軍區第三通信團二營四連當報務員，在部隊，這屬於機要工作，也就是不是「等閒之輩」可以從事的工作，至於哪些人屬於「等閒之輩」，那又得歸納在只可意會不可言傳的潛意識中。二營是無線電營，四連是報務連，整個連隊的戰士全都是報務員。當某個地區需要給執行任務的部隊配備電臺的時候，就派幾個報務員帶上電臺去保障部隊的通訊聯絡。

一般人可能不知道，報務員這個工作與年齡有很大關係，特別是學習這門技術和年齡的關係更大，一般二十歲以上的人學起來就十分困難，因為那二十六個英文字母和十個阿拉伯數字構成的莫爾斯基電碼全靠記憶，年歲小，思想單純，記憶力很好，年紀大了思想複雜難免走神，很難記下那滴滴達達的電碼聲。我是一九五〇年十一月進入通信學校的，那時我十六歲，而我們這個連隊基本上都是這所學校畢業的「娃娃兵」，謝邦瓊卻是個例外。

最大的例外是他並非通信學校畢業，而是從國民黨軍隊起義過來的舊軍人，年齡比我們大五、六歲，天生一頭捲髮為他增添了些許風采。他個子不算高，但在籃球場上表現出的機智靈活和彈跳力，使若干高個子對手失去了「空中優勢」。在以連為單位的體育競賽中，屢次為我們這個連隊贏得榮譽，全連戰友都對他存有好感。那年代剛剛時興在連隊成立革命軍人委員會，我又被推選為副主席，組織文體活動正是本主席的任務之一，當全團籃球比賽的冠軍獎旗，由隊長謝邦瓊領回懸掛在俱樂部牆上時，我差點向他舉手敬禮。

第三通信團原駐巴縣廣陽壩，後來遷到了江津縣城內，我們這個團還有一個女兵排，也都是些二十歲以下的年輕女孩，全都是我們一個學校畢業的同學。可能因為謝邦瓊已經到了談戀愛的「迫切期」，也可能他在籃球場上叱吒風雲的陽剛之氣令女孩怦然心動。總之，他和女兵排一個姓洪的女孩好上了，而且閃電般地進入「一日不見，如隔三秋」的熱戀階段。當年部隊對基層幹部的戀愛問題比五一、二年略微寬鬆一些，充其量以「不要影響工作」的名義加以勸阻，並不硬性制止。謝邦瓊和小洪的關係在半公開的發展著。只不過半年以後，因工作需要，這位姓洪的女孩調到了重慶西南軍區集中台去了。

四川的大、小涼山是彝族聚居區，彝族因歷史地理等特殊背景而比較封閉，不論是滿清皇帝還是民國總統都沒有對這個民族實現真正的統治，但中共決不會容忍這獨立王國狀態繼續下去，一九五三年春，便準備進軍大、小涼山啃這塊硬骨頭。我們連奉命派八部電臺即十六名報務員前往支援，我和謝邦瓊都成為幸運兒，因為那年頭我們一直企盼著有這種實戰的機會，好去接受考驗，為人民立功。

一行人先到重慶，住在軍區招待所，那裡距復興關下的西南軍區集中台很近，我們有許多同學在那座大型通信樞紐裡工作，仨仨倆倆的去找老同學聚一聚是人之常情，跑得最勤的當然是謝邦瓊，顯而易見，他的心上人在那裡。可惜我們在重慶只待了兩天，就在離開重慶的前夜，謝邦瓊在接近午夜時才返回招待所，我看他一臉沮喪，悄悄問他：「怎麼啦？」他說：「小洪哭得很傷心。」「為啥子？」謝邦瓊說：「有人要給她介紹對象，她覺得壓力很大……」

兩天後我們登上開往成都的火車。在成都北較場軍區通信處領了收發報機等器材，然後乘汽車去到樂山，在樂山聽了軍分區司令員唐興盛有關涼山形勢的報告後，第二天，一艘小木船把我們載到犍為縣。在那裡找了幾個民工為我們背收發報機和我們簡陋的背包，接著便開始了輕輕鬆松的步行。我已回憶不起走了多少天，只記得目的地是當年的涼山首府雷波縣城，只記得我多數時間都和謝邦瓊一路交談，終於在推心置腹地旅途交談中，使我倆成為知根知底的好朋友。

印象最深的是他不幸的童年，原來他無父無母，從小在長沙市的一家孤兒院裡長大，連他這個不男不女的姓名是怎樣誕生的他也不知道，他說他小時候經常做夢撿錢，可一覺醒來仍然是兩手空空，多次失望以後，甚至在夢裡要求自己把撿到的錢拽得緊緊的，可醒來還是兩手空空一無所有。聯想到我錦衣玉食的童年生活，我的內心對他童年的辛酸充滿了同情。他十五歲時，被國民黨軍隊的一位營長要去當了勤務兵，不外乎端茶送水掃地抹桌子，挎上菜籃子跟隨營長太太去菜場買買菜。這位太太好幾次故意在床下桌邊放下一些零碎鈔票，看謝邦瓊會不會撿去，他在掃地抹桌子中只要撿到都會從他童年做過多次的「美夢」中驚醒，如數交還給營長太太，他的誠實自然地進一步贏得了營長夫婦的信任。不久，太太見他聰明伶俐，在瞭解了他不幸的身世之後動了惻隱之心，每天督促他讀書寫字，有時還輔導他一番，加上他也勤奮好學孜孜不倦，進步也的確很大。

三年後，也就是謝邦瓊十八歲時，好心的營長夫婦希望他有個好點的前程，這位營長恰好是通信營長，便推薦他去學了無線電通信，畢業後在國民黨軍隊裡當報務員，一九四八年他隨部隊起義加入了解放軍，時年二十歲。仍然在通信營，因為是起義部隊，他又是技術兵種，營長還是營長，一直到一九五〇年，部隊開始整編，起義部隊中排級以上的軍官一律調走，分別時，營長對謝邦瓊說，共產黨最終是要整我們這些人的，謝邦瓊將信將疑。一九五二年部隊開展民主運動，出身貧苦的戰士都被動員去訴苦，訴在家當貧雇農受地主壓迫之苦，訴在當兵時受軍官壓迫之苦。連隊黨支部對孤兒出身的謝邦瓊很重視，正培養他入黨，書記動員他揭發營長夫婦對他的剝削壓榨，千方百計的啟發他發言，他非但不控訴他們的罪行，反而說他們教他讀書認字，是他的恩人，就憑這一句話，謝邦瓊從積極份子變成了落後份子，但他卻不在乎地說：「一個人要憑良心做人」。

電臺工作像許多技術工作一樣，實踐經驗非常重要，而他是我們十六個人中，唯一真正收發過若干電報的角色，理所當然地成為大家仰慕的對象。到達雷波縣城後，這八部電臺也沒有立即配備到第一線，我們輪班在涼山指揮部電臺上實習，時間也很充裕。我們十六個人在謝邦瓊的鼓動下，竟組織了一個籃球隊，取名為「進軍」，大夥還湊錢做了運動服，儼然一副所向披靡的樣子。這時恰逢雷波縣召開運動會，我們這支籃球隊在謝邦瓊的率領下簡直是戰無不勝。只要謝邦瓊投球命中，觀眾席中掌聲雷動，一片叫好聲。當時的雷波縣城只有一條正街和幾條小巷，居民最多萬把人，他也算是個家喻戶曉的球星。雖然那年頭沒有什麼追星族之類的新新人群，但投給他的驚羨目光，使我們幾個經常在一起的小夥子也感到周身舒暢。

後來前線形勢有了變化，我們八部電臺分別奔赴涼山周邊的各地駐軍的前沿陣地，我到了住在上田壩的公安十七團一營二連，謝邦瓊雖然也在同一個團，但相距二、三十里，況且在緊張激烈的戰鬥環境裡，我們沒有再聯繫過。

一九五四年四月某日，我突然得到命令，叫我回原單位即第三通信團，我立刻收拾行裝準備出發。我心中暗自盤算，我必須先到涼山指揮部所在地雷波縣城，因為軍人調動必得辦理行政關係和黨、團組織關係的轉移手續，從上田壩到雷波需步行四小時，如果我拐個彎到謝邦瓊所在的連隊可能要增加兩小時，我為什麼不利用點時間去和謝邦瓊說聲再見呢，我一個人的行動不需要請示商量，充其量步伐加快一點就行了。

我們倆對這次的突然調動都很驚訝，但任何軍人在服從命令四個字面前是沒有說三道四的權利的。謝邦瓊皺著眉頭告訴我，前幾天政治處幹部下來找他寫一份關於收養過他的那位營長的材料，他說他那時很小，什麼也不知道，他們似乎不相信，我又問了問小洪的情況，他說沒有消息，叫我回重慶時替他打聽一下，說罷便握手而別。

當年二十歲的我，被「狼奶」餵養得渾渾噩噩，哪裡知道階級鬥爭的陰毒狡詐殘酷無情，絲毫沒有深思過這次調動的深層次意義。現已年近古稀的我，如果用最簡單的詞語來表達這次調動的意義，那便是「打入另冊」，也就是成為了「等閒之輩」，甚至可以說為若干年後當右派份子甚至勞教勞改奠定了基礎。

大概是一九五五年，當時我已轉業到南充縣政府民政科工作，有一次縣委書記作報告，正式向全體幹部宣讀了一份中共中央五人小組（或者叫十人小組，記憶有些模糊）的文件，這份文件終於從政策高度明確了我的「另冊」身份。如其中規定有直系親屬被殺的即血仇份子不能入黨，不能在要害部門工作的規定，因為我就是血仇份子，所以立即用轉業這個詞彙代替清洗這個詞彙，讓我脫下軍裝遠離要害部門，從此我認為「出身不由己，道路可選擇」的振振有詞不過是文字遊戲罷了，如果不信此說就聽聽「血仇」二字中的咬牙切齒聲吧。

我相信就是在這種政策背景下，謝邦瓊在我調離要害部門的電臺不久，他也調離了，我離開涼山的時候有一位空著手的幹部一路談笑「隨同」，而他離開涼山的時候卻派了兩名保衛幹部帶著手槍態度十分嚴肅地近乎「押解」，這個氣氛對聰明的謝邦瓊意味著什麼，對自尊心極強的謝邦瓊又意味著什麼，這些不祥之兆他肯定不會麻木不仁地「無動於衷」；比我年長五、六歲的他也肯定知道，作為在國民黨軍隊裡的要害部門裡的工作人員，等待著他的將不會是陽光大道。還有那困擾著他的初戀……他的矛盾，他的痛苦，將是可想而知的事。

在沒有公路的年代，我們進出涼山都得步行，記得要經過屏山縣城、新市鎮、黃琅、汶水而後雷波，其中黃琅這個小鎮的秀美簡直令人歎為觀止。別看他在群山包圍之中，卻頗有江南水鄉的風貌，亭台樓榭，小橋流水，把這個小鎮打扮得典雅無比。不知造物主是不是故意把它藏匿在這蠻荒之地，以免那些文人雅士熙來攘往舞文弄墨，打擾了它的寧靜與安詳。距黃琅鎮約兩公里，更有一個名叫馬湖的大型湖泊，當地人稱為海子，估計比杭州西湖大一倍，湖中有小山，山上有小廟，進出涼山都必須乘小木船從湖中游過。我是湖北人，謝邦瓊是湖南人，沒有比湖南湖北人更熟悉湖依戀湖嚮往湖了，我們都是在湖邊長大的孩子，一九五三年我和謝邦瓊一同坐船進涼山時，我倆的興奮快樂還歷歷在目，這個孤兒對著美麗的山水竟然發出豪言壯語：「等革命成功了，我要到這兒來養老！」

當謝邦瓊和兩位「保衛人員」到達黃琅的時候，他們一同住進一家旅店，在旅店裡，謝邦瓊趁「保衛人員」一時疏忽，偷用那支「保衛」著他的勃朗寧手槍對准自己的太陽穴，勇敢地扣動了扳機……。

我沒有褻瀆勇敢這個詞彙，我年輕的時候也曾簡單地認為自殺是一種怯弱的表現，現在我不這樣簡單地看人類的這一異常行為，我認為它同時也是一種勇敢的表現，我佩服他能用果斷的方式，了斷他在未來的苟活中將要領教的那種生不如死的感覺。

更何況這裡有美麗的山水，壯觀的湖泊。雖然革命遠未成功，雖然你還未老，你就長眠在你自己選定的墓地吧！

我永生永世地詛咒將無數善良青年置於死地的魔鬼。

我親手掩埋的他

一九七九年深秋，我正在四川省地方國營雷馬屏農場桂花大隊山西寨中隊服刑勞改，反革命罪，判刑十八年，此時我已四十五歲，服刑了十七年多，加上我勞教和看守所的「獨居」關押，我已被「專政」了二十二年有餘。再也不是「風華正茂」的「同學少年」，監管獄吏們也已經開始用老奸巨猾這個與年齡有關的成語，來修飾我這個「老」反革命份子。

那天我沒有到地裡出工，而是留在隊部對一台機動噴霧器進行例行保養，擺弄機器的地點就在中隊部側邊的「風乾室」（這個名字有點特殊，在這個農場卻普遍存在，實際上就是生產成品正式入庫前臨時堆放之處）。上午九時許，一輛軍用吉普車載著場部來的幾名獄吏到了中隊部，其中一位還挎著一部照相機。這時我們的中隊長從辦公室走出以示迎接，奇怪的是中隊長身後竟跟著一位彝族老鄉，他什麼時候來的？又為什麼加入這迎接的行列？我在心裡暗暗納悶。幾位來人和隊長都進辦公室去了，估計是商量什麼事，我也繼續擺弄我的機器。

十多分鐘後，獄吏隊長站在隊部門口大聲喊著我的名字，我站起來應聲回答，他對我命令道：「你帶一把鋤頭跟這幾位幹事出趟差。」眾所周知，犯人是世界上最容易指揮的人（換一個角度，也可以說是世界上最不容易指揮的人），我匆匆忙忙地拾掇了我的工具和零件，找來一把鋤頭，跟在三名獄吏和一位彝族老鄉身後，朝隊部背後的高山上走去。

我服刑的這座雷馬屏農場，深藏在雷波、馬邊、屏山三縣之間的大涼山裡，縱橫數十公里，四周都是古木參天的原始森林，除當地彝族獵人進山打獵，熟悉路徑，可以進入以外，一般人根本不敢深入其間，那裡面陰風慘慘瘴氣逼人，荊棘藤蔓懸崖陡坎使你寸步難行。犯人們偶爾奉命伐木砍竹子也只能進到邊緣地帶，獄吏們不無驕傲地宣稱：我們雷馬屏農場是一座天然監獄，四周的原始森林比高牆電網還管用。話語中流露著對上天給予的這一恩賜的自豪感，似乎是天老爺也支持「我們」對「你們」的折磨蹂躪，這些大話空話犯人們早已聽膩了。不過，農場集訓隊裡關押著一兩百個逃跑犯，卻並無一人是穿越原始森林跑出農場的倒也是不爭的事實。

我們一行五人，三個頤指氣使動口不動手的獄吏，一位名為公民實為賤民的彝族老鄉，加上我這個老奸巨猾的在押犯，向原始森林深處走去。通過他們四個人在途中的交談，我基本弄清了這次出差的目的，原來這個彝族獵人在三天前的一次狩獵中，意外地發現一座山崖下有一具屍體。死者身穿的勞改犯人制服和犯人必剃的光頭，足以證明他的身份。今天這三位獄吏中，有一位就是距屍體發現地最近的一個勞改犯中隊的小頭目，那個中隊在我們這個中隊所在的大山的另一側，實際上兩個中隊之間隔著的就是大山頂部的原始森林。

十多天前，那裡曾「逃跑」了一個餵牛的犯人，因為他偷牛飼料玉米粉吃被人檢舉，當晚正準備開他鬥爭會，他卻提前「畏罪潛逃」了。我對他們的這種定性毫不相信，因為任何一個逃跑者都不可能去到一個沒食物沒住房只藏著毒蛇猛獸的陌生森林，跑到那惡劣的生存環境裡去等死還差不多，不過我也知道，獄吏們都不願承認自己治下的犯人會自殺，哪怕他們一再強調自殺是「帶著花崗岩腦袋去見上帝」。我的這個想法當然遵照「老奸巨猾」的原則，封鎖在自己的口腔裡。

此刻我的任務已十分明確，他們幾個人專程前去「驗明正身」。扛著鋤頭的我就是去掩埋屍體，走在最前面的彝族老鄉，因為是屍體的發現者，帶路的人則非他莫屬，當然有一筆小小的誤工費等待著他。

大約走了一個多小時，我們進入了原始森林，那裡面彌漫著腐枝爛葉的腥臭味，潮濕無比。彝族獵戶取出他腰間的彎刀，砍掉阻擋前進的藤蔓樹枝，後面的人則隨著他劈出的路向上走去，許多地方都得靠攀援身前的竹木才能跨上，像這樣艱難行走了兩個多小時，接近下午一點左右，氣喘吁吁汗流浹背的一行人等才到達目的地。

這是一座約五層樓高的懸崖，底部是一個約八米直徑的水塘，有細細的水流從崖上流下，可以判斷的是，如遭遇暴雨天氣，山洪暴發，這裡也會是一個像模像樣的瀑布，歷史悠久的瀑布衝擊力鑿成了這個外淺內深的存水塘。水塘的邊緣積水只有十公分左右，水塘以外的周邊，則是一個長方形的平臺，寬四米左右，長十五米上下。此刻這三個汗流滿面的獄吏，圍在水塘邊緣那具勞改犯屍體的近側，按他們那個階層在人際交往方面的習俗，一邊相互遞香煙又彼此點火。時不時表情冷漠的對著這具穿著一套勞改棉衣的腐屍看一眼，就像看一截腐朽的木頭一樣。身份「卑微」的我，知趣的和他們保持著距離，但仍能清晰的看見仰面朝天的屍體，大部份身子浸泡在水裡，只有臉部和痙攣狀的手指露出了水面，而露出水的臉部的肌肉，早已被山鳥啄食乾淨，剩下的只是一個骷髏的面孔，十分恐怖，連捲屈微彎的手指的指尖部份，因沒有浸在水裡也被野鳥啄去，光剩下白色的指尖小骨頭。那位背照相機的獄吏吐掉煙頭，取出相機，對著這「猙獰面目」拍下了若干張「珍貴鏡頭」。

那位很可能是身負法醫重任的獄吏戴上口罩，踩著淺水，向屍體的頭部靠近了幾步，用指間的一把醫用小鑷子剝開死者已經開始腐爛的頭皮，在其額頭的右側似乎發現了幾絲裂紋，便用鑷子指著裂紋對他的幾位同事冷冰冰地說：「他這裡摔破了。」

可以想像，這位決心用死亡來抗拒凌辱的犯兄，他當時是多麼勇敢地從懸崖頂上以頭部朝下的姿勢飛身躍下，他用自己的死亡完成了一次對暴政的控訴。可以想像，死者的鮮血曾染紅了這淺淺的水塘，池塘應該知道，是誰欠下的這筆血債！

到此為止，幾個獄吏的公務似乎都已完成，他們剩下的事就是等我把屍體掩埋完畢然後將我押解回中隊。我獨自一人在這懸崖峭壁間如何去掩埋一具瀕臨腐爛的屍體？雖然我手握一把鋤頭，但身邊的地面除了奇形怪狀的大小石塊，並不存在可以開挖的泥土，崖下的樹林中到有鬆軟的土壤，但是我能把這具腐屍從高約三米的峭崖上搬運下森林中去嗎？萬一搬運途中腐爛的屍體垮了架，乃至於身首異處，甚至腸肝肚肺灑落遍地，又將如何收拾？

躊躇間我看見坐在岩邊的幾個獄吏，有的調整座位間的石塊以便坐得舒服些，有的取出掛包裡的乾糧，估計是麵包滷肉滷蛋放在一塊鋪平了的報紙上，三人便相互遞這勸那中吃將起來，唯獨那位身份在獄吏和犯人之間的彝族農民，他似乎知道在這個等級森嚴的階級社會裡，自己這「二等公民」的身份畢竟十分卑微，站在一旁啃麵包，更不敢蹲下身子伸手去拈滷肉滷蛋。我深知彝族人嗜酒如命，三個獄吏中的一個帶有一隻小酒壺，我從他們飲用時的口型、加上水塘邊飄浮的淡淡酒香加上彝人豔羨的目光可以判斷，小壺中必是燒酒無疑，他們三人傳來遞去就是不給「二等公民」舔上一口，獄吏們肯定知道彝族人不洗臉不刷牙口腔衛生的檔次……此刻大約是午後兩點鐘，我肚子裡空蕩蕩咕咕直響發出求食的警號。他們正大快朵頤的畫面對我是個極大的刺激。我突然想到，我何不告訴這幾個獄吏，這個遍地石頭沒有泥土的地方根本沒法掩埋這具腐屍。

正欲啟齒說話，我的眼光又落在屍體臉部那些被山鳥啄食後留下的空洞，我想到他的妻室兒女老父老母，是否知道他們朝思暮想的親人，在所謂「苦口婆心地教育」下，在所謂「前途光明」的騙局中，落得的竟然是這樣一個「面目全非」的恐怖結局，親人們也許正企盼這位跳崖者「早日成為新人」與他們團聚。想到死者和我同為暴政下的犧牲品，想到他憑什麼去接受「死無葬身之地」，這個中國人認定的最大悲慘？我強忍著眼淚也強忍著饑餓，扛著鋤頭在亂石叢中四下尋找，希望能幫助他「入土為安」。

也許造物主的慈悲在冥冥中展示，原來水塘邊立有一塊兩平米左右的大石板，呈四十五度角傾斜在一大堆亂石之上，石板上有一層厚約三公分的青苔，我打定了主意，便將石板下那些散亂中的大塊卵石移開，稍加平整，弄成一個「臥榻」狀，準備將他「安埋」在這座「冒名頂替」卻又巧奪天工的「墳墓」之中。

現在我開始移動屍體了，我用鋤頭勾在屍體的腰間，用力一拉屍體在淺水裡翻了個面，想不到這個動作的結果，竟是將原來密藏在水下的一股腐屍的惡臭翻了出來，那股令人發嘔的惡臭，連我這個一度被描繪成臭狗屎的傢伙都難以忍受。我只得摒住呼吸，緊閉雙唇，一次又一次小心翼翼地翻滾這具屍體。這得感謝使用鋤頭的出色技能，使我能得心應手地既不能用力過猛、使腐屍因過份震動而崩散；又不至於用力過輕達不到翻動的效果，特別是屍體離開水塘，接近「臥榻」時，我還得用鋤頭將它調整到長短合適、「一翻到位」的位置，更是使我勞神費力手腦並用。結果倒也沒有辜負我的一身臭汗，終於讓屍體仰臥在這舉世無雙的「墓地」之內。

沒有進過原始森林的人不會知道，在大石板上長的那種青苔，絕非一般意義上的青苔，因為千秋萬載日久天長的積累，那幾公分厚的泥土（實際上是積澱的數十萬年的塵埃）和石板之間，還糾纏著千絲萬縷條青苔的根系，早已形成網路狀，只要用鋤頭小心剝離，它可以像一床棉被一樣的從石板上剝下。我就用這床「青苔棉被」蓋住了這位用死罪來替代活罪的犯兄，最後，我又忍受著饑餓和勞累，搬來些石塊壓住「青苔棉被」，當然我決不是為了讓他死後還受壓迫，只是怕山裡的野獸打擾了這個不幸者的長眠。

回到隊上時，天已黑盡，又餓又累的我，既吃不下飯，又睡不著覺，這不僅僅是對這位為慘死的犯兄的無限哀思，更因為我從那三張冷酷無情的臉上，看到了人性的醜惡，而這種醜惡已經變成了使無數人日益墮落的瘟疫，它正威脅著我們這個古老民族的生存和發展。

二〇〇二年四月十二日成都
七月十九日改定

六、三顆牙齒的上上下下

古書云：天生人。如果天使人降生，也就罷了，理應使人長生。可是不僅不使人長生，還要讓他像過客一樣逝去。既然有如過客之逝，就讓他瞬間逝去好了，偏又不，還要讓他短暫地活下去，又不讓他安寧，使他嚐盡各種苦難。好不容易熬個苦盡甘來，過客之逝的期限便到來了……為此我想放聲痛哭。

哈斯寶

有言在先

不知道醫學界是否同意我這個外行的一種看法：除了非正常的原因之外，人的死亡常常是從牙齒開始的。從西元一九七〇年十一月十三日我掉落第一顆牙齒開始，到二〇〇二年五月二十二日即今天截止，我已失去各個崗位上的牙齒三十顆，而最使我懷念的是我三十多歲時（那並不是牙齒去世的正常年齡段），我在勞改隊時死去的三顆牙齒。第一顆死得十分勇敢，第二顆死得相當淒慘（甚至屍骨無存），第三顆死得無比辛酸。

直到我滿四十六歲的一九八〇年，終於被告知我遭遇的是冤假錯案，這個遲到二十多年的告知讓我明白，我的青春年華已被冤假錯案吞齧得乾乾淨淨，還得加上那三顆不幸夭折的牙齒。每每憶及生命的短暫和脆弱，終不免產生若干悽愴，我寫這篇文章的目的，也是對我那冤死的三顆牙齒寄託一份哀思。

人要生存就得吃東西，特別在吃不飽而體力消耗特別大的勞改隊，吃的問題顯得更加重要，牙齒可以說是吃東西的首要「工具」，中國成語中那「囫圇吞棗」的告誡，也是從另一個方面規勸人們去細嚼慢嚥，除了牙齒，人身上再也找不到可以用來「嚼」的器官了。

一般人可能不知道，勞改隊除制定了強制執行的監規紀律七章四十二條之外，還有若干不成文法，例如犯人不許鑲補牙齒就是其中之一條（此條最少在筆者服刑了十五年的雷馬屏農場是這樣執行的），因此有關我違反不成文法，在勞改隊「開後門」鑲牙，那也多少有點「無巧不成書」的味道，不妨一併記入其中，以免忘卻。

六十五歲以後，牙醫告訴我，我的牙床已經萎縮，假牙戴不穩，再也不能用假牙咀嚼了。恰好前天我收到一點稿費，興高采烈之中，便花了一百二十元買了一台家用粉碎機，由它代替牙齒替我咀嚼。殘存的兩顆，還得繼續發揮餘熱，只是其功能將產生「劃時代」的變化，由過去的咀嚼功能轉化成今天在僅剩的兩顆牙齒上掛住假牙的功能，而今天的假牙功能，也同時轉化成我臉上的裝飾品，以證明本人並非無「齒」之徒，其作用和那些時髦女郎戴在眼睛上的假睫毛一模一樣。

勇敢的第一顆

一九七〇年十一月十三日，我正在地處四川大涼山的國營雷馬屏農場服刑勞改。我是一個連自己生日都得靠親友提醒的糊涂蟲，竟會把這個日子記得如此清晰，實屬事出有因。中共在大陸建政以前，我曾經在湖北武昌私立博文中學讀書到初中畢業，那是一所英國人辦的教會學校，我除了學了些各科知識以外，也中了些「流毒」，比方說篤信每月十三日和每週星期五是凶日。那時，見多識廣的同學還可以從史籍中精選出若干「鐵的事實」，向你證實此說有書為證。特別是十三號那天又恰逢是星期五，更是令人忐忑不安的雙料不吉利。我歷來對這些似是而非的東西並不十分認真，雖然並不十分認真，但決不意味著十三號和星期五這兩個凶日對我就沒有一點影響。特別在險象環生的勞改隊，如果這天本來有機會到地裡去偷點包穀紅苕，以填補腹中的空洞，而那天正好是十三號或者星期五，我肯定按兵不動，因為我擔心在凶日裡偷東西很容易被監管獄吏或者「勞改積極份子」逮個正著，我不願意在凶日的晚間學習會上成為眾矢之的，蒙受皮肉之苦。

掉第一顆牙齒的時候，我已經通過四年多的農業勞動實踐，從一個文弱書生，「進化」成精通「十八般武藝」的全能勞改犯，不論犁田耙田，栽秧撻穀我的技藝，都不會比一個地道的農民差。我身高一米七五，靈活機動，在偷吃各類生產成品方面老謀深算，當若干犯人餓得鼻塌嘴歪的時候，我卻能輕鬆自如地打飽嗝，因此我肌肉發達，也因此我力大無比。

雖然我勞改體力和勞改技能如此出色，但那個年代的監管獄吏對我卻高度警惕，按他們的說法，我這種人是「用一種傾向掩蓋另一種傾向」的「貨色」（在勞改隊，監管獄吏對犯人所用的人身代詞之一，其它還有傢伙，東西等等），獄吏說這話的意思是說，我用努力勞動這一傾向去掩蓋思想反動的另一個傾向（糟糕的是據說這個傾向正是所謂帶有本質意義的主流傾向）。

那時我當犯人已八年有餘，前前後後在五個不同的勞改單位待過或短或長的時間，以懲治犯人為職業的獄吏們，在我身上噴灑的各類貶義詞早已堆積如山，我也像某些昆蟲對某種長期噴灑的農藥產生抗藥性一樣，我的耳朵也對這些鋪天蓋地的辱罵產生了「抗貶性」，特別令我欣慰的是，我的臉皮的厚度也與日俱增，幾乎達到刀槍不入的「國防臉皮」的厚度。如果我身上沒有這些先進裝備，幾十年前我就氣死在勞改隊，寫狗屁文章的作者就肯定不會是我，這也是毋須懷疑的可能性。

大量噴灑貶義詞有兩個原因，最重要的是我是一個因反革命罪判處有期徒刑十八年的重刑犯，其次我是一個從來不寫檢舉材料，用勞改語言說「是不靠攏人民政府的傢伙」。雖然我患有這兩種「不治之症」，但班組的學習記錄卻非我莫屬。當時我所在的班是水稻班，這個班的成員絕大部份都是從深山的茅棚裡抓來的資產階級份子，這些資產階級可不像華爾街那些會說好幾國語言的資產階級，其中有些人連自己的名字也寫不出來，更不用說歸納整理犯人們在討論會上、那些結結巴巴口是心非的發言。雖然我這種人政治上很不可靠，記錄一下犯人的花言巧語就是有出入也不是什麼了不起的事，所以在「山中無老虎」的情況下，還是讓我當上了學習記錄。我舉這個例子是想說明廢物利用的可能性，正因為有這種可能，我才在這個隊勞改了四年以後，當上了水稻班長，爬上了我「仕途」的頂峰——這也就是我這個平庸之輩一生中當的最大的「官」。

勞改隊的班長有兩種當法，一種是專打小報告，誰不聽指揮就報告誰，犯人恨他，他卻做出一副「唯我獨改」的樣子，視全班犯人為他立功減刑的墊腳石。這種班長獄吏們最喜歡，通常是立功減刑的候選人。說到底這類班長的主要功能，便是借助專政的權威迫使犯人任其調遣；另一種班長也就是我這類班長，從不打小報告，全憑自己的勞動實力，最重的擔子我挑，最苦的活我幹，「以力服人」，在獄吏面前實際上充當著吃力不討好的角色。那些日子我就扮演著這樣一個角色，我的「抗貶性」耳朵和「國防臉皮」也是在充當這種角色中千錘百鍊日趨完美。

水稻班使用的耕牛中，有一頭名叫「黑娃」的雄性黃牛，是一頭以黑毛為主、夾著少許白色花斑的雜交荷蘭牛，此牛身材魁梧，出腳快速，力大無比。多數犯人卻不喜歡用它，原因有兩個，其一是犁田時如遇有大型石塊等障礙物，本應停下繞過，它卻認為是小菜一碟，用勁一拉，犁頭只有「粉碎性骨折」，一次兩次獄吏們批評兩句問題倒也不大。日積月累萬一有一天出了什麼「不測風雲」的紕漏，需要按獄吏的口頭禪所說：「新賬老賬一起算」時，新的判決書上印上一句「破壞生產工具犁頭多少多少張」在事實面前，你敢叫一聲活天冤枉嗎？所以遠離這頭牛也間接地遠離了這條新的罪行；其次這頭牛偶爾也會打人，這也許是它認為自己體力出眾，老子天下第一驕傲自滿所致。它的特性便是不允許用牛的人在它眼前晃來晃去，以往也曾有幾個犯人被它打得哎喲連天病休三日。它的犄角不像中國水牛那樣長著一對半圓形彎角，而像兩根尖筍一樣站立在額頭的兩邊，真正打起人來，擊斃個把犯人也是易如反掌。幸好它並沒殘暴到那個地步，否則它的名字就不叫耕牛而叫菜牛了。它只是輕輕地撞你一下，警告你不要討厭地在它眼前晃動，冒犯它這個雜種的威嚴。不過，對它來說是輕輕地一撞，對人類來說可能比拳王泰森那一擊重拳還更可怕。

本勞改班長依據吃苦在前的既定方針，在那個倒楣的十三號，討厭的星期五，勇敢地挑起了使用這條牛的重擔。也許因為我終日忙於當班長的「公務」，因而忽略了這是一個雙料不吉利的凶日。事實上開始犁田時也一切順利，只是在十一點鐘左右，我發現從枷檔到牛打腳（這兩樣都是配在犁頭上的工具）的繩索落進了耕牛前腳的內側（應該在外側），這在犁田中是經常出現的小故障，排除也很簡單，只需犁田者走到牛腳旁，彎下身子手執這根落進內側的繩索，對牛的腳臂輕輕觸動，同時口喊：「取腳，取腳」的口令，訓練有素的耕牛自會抬起腳來讓你將那根繩索復位。就在我完成了這個動作，抬頭伸腰準備返回到我把犁頭的崗位之前，這位荷蘭先生竟回過頭來用它的尖角「輕輕地」撞了我一下，不偏不倚，正撞著了我的下門牙上。那一種鑽心透骨的疼痛非筆墨所能形容，我含著滿口鮮血眼淚長流地飛跑到中隊部去找犯人衛生員（一般都是「精選」的輕刑犯），這時我已無法說話，只指著自己的口腔勉強地說出一個「牛」字。衛生員滿臉奸笑地令我張開嘴，他看後順手取來鑷子，依然是滿臉奸笑地從我嘴巴裡夾出一顆被血水裹著的牙齒，特意地在我眼前晃了兩下，又滿臉奸笑地說道：「幸好這一角沒有彎在你的眼睛上」。

最後他用一小塊破報紙給我包了三片藥，仍然是那張皮笑肉不笑的臉在說話：「四小時一片，止痛。」我到廚房找來開水，準備立即服藥止痛，打開破報紙拿藥的時候，我發現藥片上有消炎片三個字，便回過頭去，對著醫務室那扇門用阿Q的語氣罵道：「日你媽！」

永別了，第一顆壯烈犧牲的牙齒！它為我的「勇敢」付出了代價。

被「槍斃」的第二顆

那個雙料不吉利的日子帶給我的不幸，不僅僅是損失了一顆下邊的門牙，它的連鎖反應是可怕的，按照四川人的說法就叫作「牙齒不關風」，實際上是指缺損了門牙以後，說話時吐詞發音上的不自然、不習慣，這一點對犯人的壓力並不很大。因為禍從口出這只警鐘無時無刻不在犯人的心中敲擊著，特別像我這類案情涉及政治觀點的反革命刑事犯（不是政治犯，因為據說我們這個舉世無雙的共和國沒有政治犯），已經不關風的牙齒，更得注意關住風。

真正的不幸在於我偷吃生產成品方面的困難，荷蘭牛不僅打掉了我一顆下門牙，同時還將這門牙身邊的兩顆牙齒擊打鬆動，鬆動以後的牙齒已經不可能一如既往地竭盡全力地為我所用。老實說，我學犁田耙田並不是他媽的什麼通過勞動來改造自己（勞改前我一直自覺勞動著，都快七十歲了還在勞動——誰敢說寫文章不是勞動）。我主要看重犁田耙田是單個人的勞動，對自己的人身安全更為有利，例如我那脫口而出的什麼什麼言論決不會被我身邊的耕牛誣陷檢舉，又如在山野田間乘四下無人之際，或者鑽進包穀林裡偷兩根嫩包穀，或假裝解大便潛入紅苕地刨兩根生紅苕，站在耕牛身邊大啃大吃，它也只有瞪著眼流清口水，決不會提出分一半給它否則就向監管獄吏報告之類的恫嚇性要求。剩下的包穀芯子交它啃齧也不是向它行賄，而只是讓它參與盜竊替我消滅罪證罷了。在門牙業已鬆動的現在，凡涉及到啃這類需要門牙首當其衝的勾當，我幹起來就困難重重了，因此，這段時間我情緒十分低落。

這時正是所謂「文化大革命」的某個階段，具體地什麼階段我也搞不清楚，因為當時有所謂《公安六條》的規定，其中宣佈了犯人一律不准參加「文化大革命」的條款。但「文化大革命」所刮起的極左暴風，它將橫掃的所謂走資本主義道路的當權派，支持包庇的牛鬼蛇神則將勞改犯人納入其中。具體地說，對犯人捆綁吊打的數量和品質都有大幅度的提高，例如以往捆犯人，把你捆得大汗淋漓呼媽喊娘也就是了。在「史無前例的」（這是當年各大報紙通用的定語）文化大革命中，在對犯人實施捆綁以前，必先由武裝人員（即戰鬥力），悄聲來到被捆者背後，然後飛快地一彎腰俯下身去猛拉被捆者的腳踝，使階級敵人猝不及防地撲倒在地，反覆數次直到有了頭破血流的彩色畫面出現，才壓在地上輔以腳力使捆綁繩索更為深度勒入肌肉入骨三分，階級敵人的狼狽狀態也必將更為楚楚動人。這一嶄新的革命舉措，其立竿見影的效果是使受刑者進一步體會「大力挽救」這個勞改詞彙的可信度，特別是大力兩個字的力度。

在一個月黑風高的深夜，大約一個排的「戰鬥力」，突然包圍了我所在的勞改犯人宿舍，首先鳴槍示警，然後命令我們這群從惡夢中驚醒的犯人從寢室裡「滾出來」，當驚恐萬狀的犯人擁出時，站在兩側的士兵手執以棕繩纏成的鞭子劈頭蓋腦地一陣抽打。突然亮光一閃接著一聲槍響，魂不附體的犯人聽到一聲令下：「到壩壩裡集合！」然後在三十多名士兵虎視下列隊報數。便有一個排長似的頭目手執電筒來到隊前宣佈：「……我們將對你們這些反動傢伙『機槍點名』……」（有關詳情我在那篇〈我被「槍斃」的前前後後〉（編按：見本書第七章）的拙作中曾經述及），幸好這位鬥志昂揚的排長說話不算數，如果真正兌現了血流成河的恐怖慘劇，才使本犯的生命由一個醜陋的句號，變成了一個抓耳撓腮的問號（當晚在場的勞改犯目擊者蕭盛基老先生，一九七九年平反出獄，一九九四年從成都市大豐中學退休，今已七十七歲高齡，常與我飲茶敘舊）。

其後續發展證實，所謂「機槍點名」的人數只有八個，而且每個「死刑犯」還有一張只供宣判者念讀的判決書，像所有的死刑判訣書一樣，首先是死囚的姓名年齡籍貫，然後才是滔天罪行以及「不殺不足以平民憤」等眾所周知的罪名。自中共在大陸建政後我以各種身份參加的公判大會不會少於三十次，而此番我被判死刑卻和那些判死刑的過程大不相同，這不僅僅是大白天槍斃和深更半夜槍斃的不同，而是我們這幾個倒楣鬼在死前必須讓各位戰鬥力輪番暴打，所謂輪番暴打，就是用前面說過的那種史無前例的從背後猛拉腳踝，使階級敵人猝不及防撲倒在地頭破血流，每倒地一次就用棕繩鞭子暴打一次，我在第三次倒地的時候，下巴頦首先著地，摔裂開一個長約四公分的口子血流如注。不知為什麼，不論是暴打還是血流如注，筋骨上的疼痛感卻並不是那樣鑽心透骨，這可能與挨槍斃的心理準備有一定的關聯。

最後的一排槍響並沒有命中八個腦袋中的任何一個，在一陣歡呼勝利的呼喊聲中，戰鬥力全部撤離了刑場。當衛生員用針來為我縫合傷口的時候，我想找他要兩片止痛片，張口一說話，卻發現牙齒進一步地「不關風」，原來那一顆被荷蘭牛「角下留情」打鬆了的牙齒不知去向，是挨打的時候在渾噩麻木中吐到了地上，或者在渾噩麻木中吞進了肚皮，無論如何也回憶不起。

我只好說，這一顆牙齒替代他的主人被槍斃掉了。

從後門到「前門」

有人對我說，牙齒掉了如果不鑲補，時間長了就會危及鄰近的牙齒，它們也會因為缺乏依靠而慢慢鬆動最後脫落。古人也曾對我說過：「人無遠慮，必有近憂。」對一個下半輩子已經被專政機關徹底沒收、也就是吃穿不愁的勞改犯人，應該說沒有什麼值得遠慮的事了。擺在面前卻有一個最大的近憂，那就是沒有了門牙，這意味著對付生紅苕嫩包穀之類的應急食物我都將無能為力，對一個需要靠偷吃生產成品來填充肚皮的勞改犯來說，那將是一件十分令人懊惱的事。

雷馬屏農場有一所醫院，醫院的規模並不很大，但正如常言所說：「麻雀雖小，肝膽俱全。」不很大的農場醫院裡也設有牙科，當然這牙科的醫療對象肯定不包括犯人。牙科室內有一位醫生和他的一位助手。上帝保佑，這是兩個刑滿就業人員，那位年近花甲的醫生豐宗錦還是大名鼎鼎的華西醫科大學牙科的畢業生，助手只相當於他的徒弟。刑滿就業人員畢竟與犯人有「同族同宗」的「血緣關係」，似乎留有可以商量的餘地。而醫院裡的一位由重慶第三軍醫大學畢業的外科醫生，還竟然也是一名和我「本是同根生」的前右派份子，現在又是同在服刑中的反革命份子，名黃倫，「血緣關係」似乎更進了一步。我剛調來這個農場時和他同在集訓隊接受「集訓」時結識，不久便和他建立了「臭味『香』投」的交情。

我向他傾吐了「缺牙巴」被剝奪「啃權」的苦惱後，特別這苦惱還將漫長在未來的十多年的刑期內，他便答應替我想想辦法。我這位犯人醫生朋友雖說還在服刑期中，卻因為其醫療技術的精湛，在醫院這種以科學來治病的單位裡還是有點影響力的，加上他不卑不亢令人折服的人品，在醫院內似乎還頗得人緣。幾天以後，他帶著遺憾對我說，牙科老醫生已回話，「犯人不准鑲牙齒。」老實說，我對一切見諸於法律條文政策規章乃至監規紀律的振振有詞，不論內心同意不同意，只要它不危及我的肉體生存，我都是盡力遵守的。而對這類「不明法律來源」卻具備法律威力的說法，歷來十分反感，如果說軍人的天職是服從命令，犯人的天職便是逆來順受，我當然只有無可奈何的忍受下去。

別以為我和醫院那位右派黃倫醫生的交往是自由自在的，更別以為犯人到醫院去是自由自在的，這一切機會只來源於地理條件的偶然，因為農場的場部在雷波縣西寧鄉，場部所轄的機修車間也設在那裡，我在隊上除了擔任水稻班長以外，還負責植物保護工種，領農藥修機器找配件給我提供了去場部的機會，而農場醫院恰好是我的必經之道，每次只要我的身影在那位「臭味『香』投」朋友的窗前出現，他都會出來和我「香」上那麼幾句。

這又得靠上帝保佑，我所在的勞改隊是隸屬於通木溪中隊的一個分隊，分隊就只有一個令犯人喚作李隊長的獄吏，犯人們在私下裡稱這位獄吏為「李瞎子」，這位轉業軍人大老粗有一隻眼睛幾乎失明，另一隻眼睛也是瞎湊合，他如果能看見我的門牙豈不冤了「瞎子」這個綽號（但他聽力極佳，犯人休想在他五公尺以內說悄悄話）。有一次我把這一情況「香」給了我那位右派醫生朋友，直截了當地說，我鑲了牙也不至於被發現。十多天後，在牙科病房空空蕩蕩的情況下，他把我帶了進去，醫生以當賊的心態為我的牙床打了樣，然後悄聲對我說：「等幾天再來。」

幾天以後，我不僅不再反感那些「不明法律來源」、卻具備法律威力的說法，相反還應該感謝它們僅僅是一種說法。如果法律條文或者監規紀律上明文規定了「犯人一律不准鑲牙」，因而使犯人們眾所周知，我那在眾目睽睽之下亮相的兩顆假門牙所招來的檢舉揭發就只好「吃不了兜著走」了。

如果沒有記錯的話，這可能是我生平第一次走後門，通過後門，兩顆假牙便安上前「門」。

最疼痛的一顆

四川有一句民諺說：「牙齒痛，不是病，痛死無人問。」如果牙痛對老百姓都是痛死無人問的事，對犯人而言更是難以名狀了。在漫長的勞改生涯裡，我幾乎沒有見過一個因牙齒痛而獲准病休的犯人，它既不發燒，又不拉肚子；既不流膿流血又沒斷手斷腳，一句話從外表上看毫無一目了然的病狀。如果這種病都能請准病假，說不定牙齒痛會變成一種發病率極高的傳染病，半數以上的犯人都可能因患牙痛而請病假。

被荷蘭牛打傷的牙還剩下一顆，在我鑲牙的時候，醫生曾考慮是否把它拔掉再一起鑲補，但我一想到又得等夜長夢多的一個月，反而勸說醫生鑲了算了。誰知才半年多的時間，這顆「立場不堅定」的牙齒便開始折磨我。

真正的牙痛決非一般疼痛可比，它不像一般的腹痛，那是間歇性的，有一個緩衝期，而牙痛是持續的痛，頑固的痛，不允許你緩一口氣的痛。那時我正在耙田，我用的原始止痛法就是「冷風吸入法」，用吸進的冷風通過痛牙時，用冷的感覺麻痹痛的感覺，實際上並沒有止痛而只是騙自己而已，況且還要呼氣。還有更麻煩的事，那就是耙田時必須不斷地呼喊口令以指揮牛，這種牛能聽懂的口令共有四個，其中竟有兩個即「轉來」和「取腳」在吆喝時都必會驚動我的痛牙，使該牙顫抖一次，使疼痛加深一分……。

我再也不能忍受了，恨不得現在就能拔掉這顆折磨我的牙齒，顯然這是異想天開的事，特別對一個關押在監獄裡的人而言。

每個勞改中隊都有一個犯人衛生員，有時候幹部和家屬有點傷風感冒的小毛病，也偶爾到他那兒去拿點藥，不難理解，這衛生員在犯人中也算「身居要津」。雖然犯人個個都是壞蛋，也得從壞蛋中挑出壞得不那麼徹底的蛋。據我觀察衛生員一般得具備以下三個條件：首先是案情單純，刑期較短（類似選拔幹部的第一要素政治可靠）；其次家庭出身較好；再其次要有點文化，因為古今中外的醫生都是有文化的人幹的，勞改隊也不能例外。如果判刑前從事醫療工作的更好，否則送到農場醫院去培訓幾個月也行。

我所在的通木溪中隊當然也有個衛生員，但我在的是一個分隊，分隊沒有衛生員，只是每天衛生員到分隊來走一趟給有病的犯人拿點藥，不過我對這位醫生印象不怎麼好，上次我被牛打掉了牙，他竟以消炎片冒充止痛片來騙我，使我覺得他不正派，況且我認為這半路出家的衛生員，不可能對深奧的牙科有什麼修養。

有人說勞改犯人中哪類人都有，哪類人中當然也應該包括牙醫，又據說在醫科大學裡，牙科要學七八年才能畢業。我所在的這個分隊旱地班的犯人中，也有一個牙醫，此人我早已認識，只是沒有什麼交往而已，這位「牙醫」除了拔牙以外似乎什麼牙病也不會醫。他沒有讀過什麼醫科大學，因為他小學都沒有畢業，在我迫切需要拔掉這顆痛牙的情況下，即便他是一個江湖術士，我也寧可相信他屬於自學成才的類型。事實上隊上好幾個人都親眼看見過他拔牙，被拔牙的人也沒有對他的拔牙技術有發出過什麼責難，況且價格也不貴，據說拔一顆牙給他一個包穀粑（犯人主食，每頓一個，約三兩玉米粉蒸成），他也就十分滿足，我下決心找他拔掉這顆讓我痛得不堪忍受的牙。

下午收工後，我找到了他，當時他正坐在小板凳上洗腳，一雙手浸在洗腳盆裡在腳丫間搓揉著。這位老先生可能快六十歲了，他嘴裡也似乎沒剩幾顆牙，這就使我想起民間流行的「久病成良醫」這句話，當然我只是在心裡這樣想著，說出來就有可能冒犯他。聽完我對痛牙的陳述，他問道：「哪一顆？」我張開嘴用食指指著那顆痛牙。我的天，他竟然從洗腳盆裡抽出沾滿污水的手，用食指指尖在痛牙上掰了掰，試探這顆牙鬆動到什麼程度，然後說：「沒問題，包在哥子們身上。」這句話衝淡了他把洗腳水捎進我嘴裡的反感，說不准只要他保證能阻止我的牙痛，讓我喝一碗洗腳水我都願意。

勞改犯睡的是大通鋪，分上下兩層，我坐在下鋪上焦急地等待著他收拾停當，不過才幾分鐘他來到我的面前，手上端著一個盛著水的小茶盅，叫我端在手上，我對著茶盅瞟了一眼，似乎不是什麼靈丹妙藥，更像是一盅清水。然後他從衣兜裡摸出一個用爛牛皮紙折成的類似錢夾的玩意。打開後，從裡面取出一根黑色的線攥在他手上，令我張開嘴巴露出痛牙，他用這根線拴住我那顆痛牙（我分明聞到一股臭味——估計是這根線上的殘留物），拴結完畢，他爬上我的上鋪後，叫我喝一大口冷水含在嘴裡，然後說：「頭抬起來，嘴巴張開，不要動。」就在我執行完這三項命令的一剎那，牙床上猛然一陣劇痛過後，他已下到我的面前，手上提著的那根發著臭味的黑線上，吊著我那顆痛牙，我這才吐出包在嘴裡的那一口被血染紅了的冷水。

他在圍觀犯人「嘖嘖嘖」，如廣告詞般的的驚歎聲中傲然離去。

吃晚飯的時候，因為「不成文法」也有不准用包穀粑作交換的規定，我只能悄悄地把我那個包穀粑遞給他，那上面還冒著熱氣。

因禍得福的一顆

我在〈難以忘懷的吃吃喝喝〉（編按：見本書第八章）那篇文章中，曾講述了我的大腳拇指被二錘砸成粉碎性骨折的經過，為這次工傷，我住了三天醫院。

如果按勞改隊的常規，我這點傷是根本沒條件住醫院的，這又得感謝那位「臭味『香』投」的右派醫生朋友，在那位也是犯人的骨科醫生給我處理傷口的時候，他「恰巧」在旁邊，他假裝關心地對治療醫生說了句：「是不是住院觀察兩天？」的話，這位醫生心知肚明，這正如民諺所說的「耗子洞耗子才穿得過」一樣一日了然，當他拿著病歷表找有批准住院權的幹部醫生簽字時，那位幹部醫生連一個字也沒有看，便在他該簽字的地方簽上了自己的名字。

我架著雙拐向病房走去時，右派醫生朋友追了上來，在我身邊悄悄地說：「他媽的，好好休息兩天。」我也用悄悄話對他說：「何不趁這個天賜良機把這顆牙鑲上。」他瞅著我唇邊的缺口說：「估計問題不大吧。」

勞改犯人的語言頗多特色，其中不乏黑色幽默，例如我大腳姆指被二錘砸成粉碎性骨折以後，我聽到的第一句安慰我的話竟然是：「不要緊，離腸子還遠。」此話傳遞的資訊是犯人把吃看得比什麼都重要，腳指頭也許是人體中距腸子最遠的部位，我對它的關心與對牙齒的關心相比簡直有天壤之別，很顯然，這還不僅僅是距腸子的遠和近的問題，還有能不能給腸子提供原材料的問題。

我在住院的第二天，不但沒有鑲牙的動向，甚至我那位右派醫生朋友的人影也沒見著，我心中的焦慮非同小可。此前他曾對我說過，不是萬不得已，千萬不要去找他，我們都知道，私人關係這四個字，在勞改隊可以做出無窮無盡的文章，什麼盜竊集團、逃跑集團、反改造集團、反革命集團等等等等數不清的集團名稱在候補著，我當然不便去他的寢室裡找他。

第三天，也就是我住院觀察的最後一天，剛剛吃罷午飯的休息時間，這位右派醫生朋友像救星一樣出現在病房門口，他只淡淡地向我望了一眼，我就明白了一切。我拄上雙拐，跟著走在前面約四、五米遠的他去到了鴉雀無聲的門診部，在牙科治療室門口，我進門時與正出門的他擦肩而過，我們像兩個陌生人一樣一言不發。診室裡只有那位醫生的助手，他用食指指著一張簡陋的牙科專用椅，我明白他叫我坐上去。他又用手指指了指我的嘴，我知道他叫我張開嘴看看我的牙，然後他動手取下我原先裝的那兩顆假牙，對假牙的周邊環境反覆端詳，甚至翻開了我的嘴唇。這一切都是在無聲中進行，使氣氛顯得分外緊張，似乎我們正在合謀幹什麼不可告人的勾當，不過話也得說回來，我們的確正在違犯犯人不准鑲牙齒的不成文法。

醫生取出一個小酒杯，倒了些粉紅色的粉末在酒杯裡，然後在眾多的藥瓶中挑出一個，倒了些許不知名的藥水在粉末中，不斷地用一根小玻璃棒將藥水和粉末調勻成糊狀，便取出一些接在假牙的牙托上，然後將假牙和上面黏著的一團糊狀物放在我三顆門牙的缺口上，還特別將還未凝固的那一小團在牙床附近加以擠捏，使之與牙床吻合，兩三分鐘後取下，再拿一顆假牙來裝在補上的牙床上，配以鋼絲卡環，再在一個用腳踩著啟動旋轉的砂輪上，將這「一套三」的假牙磨光，其中讓我試戴了三次，不斷調整方位和鋼絲卡簧的鬆緊，直到他認為合適為止。

這位醫生和我同時跨出牙科診室，在門診部的過道上，我特意看了一下牆壁上的掛鐘，一點二十分，這就是說還差十分鐘，門診部就得上班了，上班時間內，如果任何一位國家工作人員（除犯人和就業人員以外的醫生護士勤雜工的統稱）有意無意的發現有個犯人竟然在享受公民們才能享受的「鑲牙權」，甚至可能影響這位學徒牙醫的前程（假如就業人員有前程的話）。

我回病房，他上廁所，我們有十多公尺的共同路段，我向他再三表示感謝，他卻叫我去謝我那位右派醫生朋友。最後他告訴我，新假牙戴上都有一個習慣過程，如果屬於假牙方面的問題，自己可以用砂布打磨一下。我知道他不希望我再找他，因為他協助我盜竊屬於公民才有的鑲牙權，他的勇氣似乎已消耗殆盡。

一個多小時以後，我被通知出院，傍晚，力大無比的荷蘭牛拉著一車牛草從西寧鄉上來，我搭上這趟便車，讓荷蘭牛把我拉回到高山上的通木溪中隊二分隊。

剛戴上的假牙並不覺得有什麼不適，時間稍長便發現由於牙托打磨得不精細，以致將我的牙床磨破，我按醫生的囑咐用細砂布不斷的砂擦，在進行這道後續工序時，我意外地發現，新添上的這一小段牙托裡，竟嵌著一截長約三毫米的毛，它在這粉紅色的半透明體的邊緣部位，那分明是修面刀刮下的鬍鬚的一段，估計是那位牙科醫生剩下的，至於怎樣弄到牙托裡去的那將永遠是個謎，很可能是忙中有錯所致。這個嵌著一截鬍鬚的牙托使我聯想到琥珀，據說若干億年以前的某個地質年代裡，一個蚊子或其他什麼小蟲子，一失足跌落在松香之類的樹脂裡並被它密封，若干億年以後就變成這種名叫琥珀的寶石。

我相信頂尖級的世界富翁也不會用琥珀之類的寶石做假牙，不過任何一位高級人士如果知道自己的口腔裡含著一截鬍鬚，他肯定大倒味口吃不下飯甚至出現嘔吐症狀。我那時是人類等級中的最低級，與死刑犯只一步之遙的重刑犯，正因為如此，我不但沒有嘔吐過，還對那位忙中有錯的醫生充滿感激之情。

二〇〇二年六月二日於成都寓所

七、我被「槍斃」的前前後後

雖然我們經常感歎人生的短促，但短促豈非是一種幸運？如果我們把一個人的生命中所遭遇的痛苦和不幸，統統擺在他的面前，他必定會大吃一驚，不寒而慄。

海洛德斯

在二十多年前的「文化大革命」中，我曾經被五花大綁地站在眾人面前，當場宣佈「判處死刑、立即執行」，甚至推向了「刑場」，結果並沒有「執行」。那些既像鬧劇又像悲劇的日子，連一貫自詡「偉大、光榮、正確」的中國共產黨，都破例承認那段日子為「十年動亂」。被愚弄得暈頭轉向的普通百姓也開始清醒說，那是一段「荒唐的歲月」。荒唐的表現多種多樣，其總體效果卻都是令人感到好笑，但不是輕鬆的笑，而是沉痛的苦笑，為我們這個古老民族的優秀傳統的快速異化、為她的道德淪喪所帶來的尷尬笑出悔恨的淚水……

一九五八年，我因被劃為極右份子判了勞教，當年的勞教沒規定期限，三年以後，仍然看不見解除勞教的曙光，這已超過了我耐心的極限，乾脆一跑了之。不足三個月便將我緝拿歸案，隨即在看守所關押了三年多，一九六五年，以投敵叛國罪判處有期徒刑十八年投入勞改，後輾轉來到地處大涼山的國營雷馬屏勞改農場。不久就開始了「文化大革命」。這場「大革命」實際上也就是「偉大領袖」帶領全國人民向「左」的方向狂奔亂突的一場運動。現在敘述起來，沒親身經歷過的人甚至難以相信，一個文明古國的子民竟會弱智到那般地步。

不妨舉出些我曾被強制執行過的例子：勞改隊偶爾也要站站隊，監管獄吏在隊列前高喊口令，過去一般都喊「向右看齊」，這時一律改成「向左看齊」；又例如隊列前進的方向是右前方，按理喊一個「向右轉，齊步走」就可以了，但「右」涉及到方向和路線的問題，患有「恐右症」的指揮者寧願連喊三遍向左轉，犯人們就在原地轉三次，終於轉向了右前方，然後才能齊步走。這類脫了褲子放屁的傻事，我當時就覺得滑稽可笑，但是我不能笑，也不敢笑。因為昨天晚上才開了鬥爭會，打得那個來自長壽縣名叫修自達的老反革命份子遍體鱗傷，揭發出來的反動言論是他說：「在國民黨統治的舊社會，我們是敢怒而不敢言，現在你怒都不敢怒」，這句話屬於「今不如昔」的反動言論，它被指稱「惡毒攻擊」了社會主義制度，我當然不願意因為犯「惡毒攻擊」罪而遍體鱗傷。

犯人也能看報紙，偶爾也能得到點小道消息，甚至會聽見幾聲槍響，不久有消息傳來說發生了武鬥，我當時認為這也許是當今世界上發生的最奇特的戰爭，因為交戰雙方的戰士都呼喊著同樣的語錄，穿著同樣的服裝，還唱著同樣的歌曲去流血厮殺，特別令人不可理喻的是，他們誓死捍衛的竟然是同一位英明領袖。我百思不得其解，但我不敢向任何一個人提問，因為我怕因犯「誣衊大好形勢」罪而遍體鱗傷。

我們隊上有個名叫殷仲岷的犯人，他原是西南師範大學畢業的中學教師，與我有點「臭」知識份子「臭」味相投的私交。他在隊上負責教唱語錄歌曲。我學的第一首語錄歌和全國人民學的一樣，就是那首轟動一時的「領導我們事業的核心力量是中國共產黨」，才練了一遍，不知為什麼我竟然撲簌簌地掉下了眼淚。我十四歲時從武漢博文中學初中畢業，那是一所基督教教會中學，自願去做禮拜時學生都得在風琴的伴奏下吟唱讚美詩，其中有的曲調的確優美動聽，列入世界名曲也當之無愧。我想強調的是那些讚美詩所蘊含的質樸謙卑精神，聲聲薰陶著信徒們的崇高心靈，那才配稱為音樂。而今天我們這群赤手空拳的囚徒，在周邊的刺刀槍口的脅迫之下，去扮出一副高聲歌唱的樣子，叫罵般踐踏自己的理想和信念，這種是非顛倒善惡換位的醜惡現狀，難道不值得我這血性男子放聲嚎啕嗎？但我不敢這樣盡情慟哭，只能默默流淚，因為我害怕遍體鱗傷。

沒幾天，殷仲岷對我們共同的一位私交說：「我發現張先癡唱語錄歌時從來不張嘴」，這句話把我嚇了一跳。須知在危機四伏的勞改隊（甚至毛澤東時代），一句衝口而出的玩笑話，演變成一場頭破血流的政治災難也不足為奇。以後我就開始唱了，因為我怕因抵觸語錄歌曲罪而遍體鱗傷。

後來「文化大革命」愈演愈烈，監管獄吏凸顯自己的立場堅定，對犯人的管理也跟著升級。除了已規定的監規紀律七章四十二條外，又加上了「五報告十不准」的嚴管新招。更加上獄吏們為顯示自己的威力無窮心血來潮的臨時規定，比方說其中有這樣一條：「路遇幹部或軍人，十米以內必須立正報告，並側身路邊讓他們走過」。我的一位好友，達縣人，名叫黃成良，他是我的同齡人。雖然他比我大三歲，但「刑齡」相同，都是十八年刑期的反革命。他是全隊聞名的迂夫子，老實人，戴著一副上千度的近視眼鏡，就是這樣，他讀《毛主席語錄》時，旁邊的人看見也會認為他是在親吻語錄，可見他視力差到什麼程度。

有一天他氣喘吁吁地擔著一挑紅苕行進在路上，迎面走來兩位徒手的「戰鬥力」（按犯人也常被稱為勞動力的公理換算，看守兵也可稱為「戰鬥力」），他卻什麼也沒有看見，直到耳光搧掉了他那副已有裂紋的眼鏡，一陣拳打腳踢充分體現了階級鬥爭的尖銳性，最後以階級敵人口吐鮮血的慘敗而告終。

一九八〇年我平反後曾專程到達縣去看望他，他做了一桌豐盛的家常菜來迎接我，還專門把全家兒孫叫回來，讓他們認識一下這位同甘共苦十餘年的張叔叔。席間談到那場痛打，他仍止不住老淚橫流。第二天我們同到照相館合影留念，然後殷殷惜別，沒想到我回單位才兩天，他兒子來電報稱他因患腦溢血而去世，我因為剛剛請假歸來，平反後上班不久，連續請假實在難以啟齒，未能前往弔唁，成為我愧對成良兄英靈的終身遺憾。

就在那所謂的兩條路線鬥爭尖銳複雜的當口，我由通木溪中隊部調到了上通木溪分隊，又稱二分隊，這分隊大約有一百五十人左右，旱地面積較大，水稻田少一些。不久我學會了犁田耙田，加上我身高一米七五，年齡三十多，一眼看去就是一個棒勞動力，終於成為水稻班的一員大力士，監管獄吏階級覺悟空前提高後對我說：「力氣大有什麼用，關鍵要看你的勞動態度。」我的勞動態度端正到十二萬分，比方說我耙田時，在田中遇到一塊大石頭，一般人把耙子提一下，邁過石頭就算了，而我想到這石頭挪開後還可以多栽幾窩秧苗，或者想到其他犯人犁田耙田遇到這石頭不小心甚至會損壞農具，所以只要勉強抱得動，我決不害怕弄得一身泥水，也不怕影響工效，總得將它拖到耙子上，讓耕牛拖到田坎邊，再將這石頭抱起來扔掉。

像這類壞人做的好事多得不勝枚舉，如果我今天忘了把它寫出來，世界上就沒人知道，目睹這類行為的見證者就只有我身邊的那條老水牛，但是水牛卻什麼也不能證明，因為它雖然學會了犁田卻永遠學不會說話。

後來，在較長期的勞改實踐中我又發現，凡屬於知識型的反革命犯，他們幹任何一種勞動都十分有責任心，比方說玉米間苗中耕，如果反革命犯在使用鋤頭時無意間鏟斷了一根健壯的玉米苗，他的心臟都會因誤殺無辜而緊縮一下，並深深感到遺憾，但這不是對他媽的黨和政府的遺憾，只是對這一株健壯玉米苗的遺憾。

許多刑事犯他們就較少有這類感受，如果他那天心情特別不好，興許他會故意地鏟斷若干株健壯苗，或者幹出其他破壞生產的事。反革命就不同，他寧可寫幾句諷刺打油詩來發洩，也決不願傷及無辜，即便它是一株沉默的玉米苗。

如果對應樣板戲裡各類反革命對生產的破壞，似乎我所接觸過的「同行」都嚴重失職。以上列舉的好事和壞事都是不可能有旁證的個人行為，為什麼按階級鬥爭的規律該幹壞事的人不幹，不該幹的人卻幹了，簡直讓我搞不懂。我對心理學一竅不通，我的弟妹們考大學因為我的關係沒一個能通過政治審查，有的進了大學還得哭哭啼啼地抱著鋪蓋回家，對於這種屬於心理學方面的有點高深的問題，到今天我的親朋中也沒有誰能作出回答，弄不好我得將這個問題帶進骨灰盒。

成天和各種類型勞改犯打交道的監管獄吏，他們在觀察中不是看不見「知識型反革命份子」的這種「頑固的責任心」（如帶著某種情緒來解釋甚至說成是「劣根性」）。因為獄吏們頭腦中有許多不能更改的條條框框，比方說「知識越多越反動」、「反革命決不會放下屠刀立地成佛」、「搗亂，失敗，再搗亂，再失敗，直至滅亡」，這些「一句頂一萬句」的「最高指示」在指導和判斷他們的是非觀，因此他們決不相信反革命份子會做出任何一件好事。

我們水稻班有幾個二十歲左右的盜竊犯，這類性質犯罪一般判刑都比較輕，與萬惡的反革命有天壤之別，也許他們危害的常常是平民老百姓吧。這類小青年偏偏喜歡和知識型反革命接近，可能是潛伏著的求知慾還在內心湧動。但如果這類年輕犯人出了問題，哪怕是偷了兩根紅苕被逮著，他曾接近過的知識型反革命肯定被株連，並且不是一般意義上的株連，而是株連成幕後指使者，俗稱為「搖鵝毛搧子的」，或簡潔點命名為「座山雕」，還可以進一步簡化成「黑手」。鬥爭會上監管獄吏暗藏殺機地宣佈：「這不是兩根紅苕的問題，這背後有陰謀、有黑手……」

我在勞改期中，遭遇類似「兩根紅苕陰謀」的飛來橫禍多得難以計數，所幸紅苕、玉米任獄吏們怎樣「上綱上線」，也不可能上成手榴彈原子彈，其數量也畢竟只有兩根也不可能上升到兩噸，一場「遍體鱗傷」的皮肉之苦決不算最壞的結果。如果偷紅苕者此番變了花樣竟然越獄逃跑，抓回來的鬥爭會上又打又捆追問幕後黑手，逃跑犯被捆在手臂上的繩子「咬」慌了，臨時編造謊言以圖自保，便按「階級鬥爭規律」誘導者暗示的方向，誣稱係本犯之黑手所策劃，不由本犯辨誣，取出早已備好的繩子捆起吊起來一個超級「遍體鱗傷」，品嚐品嚐痛不欲生這句成語的名不虛傳。

像我這種敢於以「資深勞改犯」自詡的老頭，如未曾把十幾套勞改服穿成巾巾吊吊是斷然不敢誇下這個海口的。憑我這非比尋常的勞改資歷，在這個魚龍混雜的群體中，自稱見多識廣估計也不會有人說我自吹自擂。就以自己被捆和目睹旁人被捆的數量和品質為例，被這種中國特色的殘酷刑罰折磨得呼媽喊娘跪地求饒大小便失禁者司空見慣不值一提。這裡只舉一個痛得無法忍受竟然快步衝向遠處一根方形石柱的銳角上，圖謀「以卵擊石般自我槍斃」一死了之，以至血濺滿地當場昏死，半月後傷癒出院。頭頂正中留下一條深深的凹槽長約七公分。此公姓涂名國華（我幾乎花了十天時間才終於想起他這個名字），江安縣人。在不准蓄留頭髮的犯人光頭上，只要天老爺一睜眼，就能看見他頭頂上那條永不消逝的傷口，他卻悄悄地對我說：「狗日的，老子沒想到腦殼那麼硬」。

像上述涂姓犯兄的「自我槍斃」創舉，似乎與「長痛不如短痛」的祖傳秘方不謀而合，我所記得的也僅此一例。我本人在被捆得痛不欲生時，也曾產生過類似「自我槍斃」的衝動，但終歸缺乏「臨門一腳」的魄力望而卻步，此後我與涂姓犯兄多有接觸，不排除我想從他那裡得到點「臨門一腳」的秘笈真傳，他回答我說：「你以為世界上什麼好事都可以學得會嗎」？緊接著是一聲嗤之以鼻的冷笑。

今天存活在中國大陸的古稀老人，如果請他們回憶一下童年時代印象最深刻的往事，八成都會談到一幫小夥伴相跟著奔跑到遍佈城鄉的臨時刑場，在那裡去看槍斃人的現場。那年代是所謂的建國初期，又據說蔣介石逃離大陸時，留下了大批軍、警、特人員，準備他日反攻大陸時裡應外合。對這類被稱為潛伏敵特焉能不鏟草除根？因而視城市的規模大小，鄉鎮人口的多寡，每隔三、五天，多則十來天都會召開所謂公判大會，一次公審十幾人，幾十人多則上百人的槍殺，街頭巷尾有大幅佈告，報紙上有醒目的大字標題，陳述著被殺者姓名年齡罪惡事實結論為「不殺不足以平民憤」等語，草草幾十個字就剝奪了一條條鮮活的生命。這種血腥殺戮對普通老百姓也構成一種恐怖威脅，讓他們知道新的統治者是嚴酷冷血的殺手，按毛氏教科書的說法：「這就叫歷史，是一個階級推翻一個階級的鬥爭史」。

關鍵是跟在行刑隊後面急匆匆奔跑的這群孩子，在他們不諳世事智力初開的幼小年歲時，讓血腥的「腦袋開花」去替代三字經「人之初」的啟蒙是絕對有害的，其中必有不少成為「文化大革命」中的「紅衛兵闖將」，造成一場深重的民族浩劫，不能說這裡面沒有暗含著體制的必然聯繫。

那時我十六歲，在解放軍部隊裡被「狼奶」餵養得鬥志昂揚，經常列隊進入會場作精神抖擻以揚軍威狀，聽主持會議者作報告時，該鼓掌時我熱烈鼓掌，該呼口號時我振臂高呼。從來沒想過這些被殺的編輯記者、老師教授、鄉紳名流多為傳承我中華文明的精英人士，有幾個是貨真價實的匪首特務？一九五七年我已二十三歲，不再像前些年那樣人云亦云鸚鵡學舌，中共開展整風號召「大鳴大放」，我也響應「知無不言」的要求，談了一點五十年代初槍斃人太多的個人看法，誰知話音剛落，我也就成了反黨、反人民、反社會主義的右派分子了。常人有所不知，如果你已經倒楣到如此地步，與你相關的的情感關係都會發生質的變化，你得口口聲聲以賤民的身份卑躬屈膝面對任何一個人，即使你明知他是個勢利小人或者白癡。你得隨時承認你是一個罪人，之所以還能吃飯幹活呼吸空氣，那是由於黨的寬宏量大給了你贖罪的機會，即使你心裡想的不過是他媽的「兩根紅苕」反革命而已，口頭上仍得承認罪大惡極死有餘辜。

據說「文化大革命形勢大好，不是小好」，而且越來越好。只是階級鬥爭更加尖銳更加複雜，犯人們從勞改實踐中也能體會到。稍有農業常識的人都知道，所謂大忙季節就是指栽秧和撻穀兩季，或者像讀書人說的春種和秋收。我被「槍斃」那天，正是秋收季節，加班加得早出晚歸，眾犯人累得鼻塌嘴歪，收工後倒在床上吹噗打鼾，一個個睡成死人模樣。半夜十二點過後，突然門邊一聲槍響，接著寢室門被軍用皮靴踢開，電筒光射進門的同時，幾十個飽含階級仇恨的男高音不斷吼叫著：「出來！滾出來！」驚恐的犯人匆匆忙忙的從室內擁出。門外兩側的士兵組成一條窄巷子，手執用棕繩編成的鞭子，對在巷子內奔突的犯人劈頭蓋腦的打將下去，顧不得你是接受改造還是反改造，奔完這段「鞭打巷」，有權威聲高叫：「到曬壩裡集合！」也就是到隊上晾曬穀子的三合土壩子裡集合，全體「驚弓之鳥」便向曬壩擁去，此時突然亮光一閃，「叭」的一聲槍響震在耳邊，對大多數沒有戰場經歷的犯人，這槍聲幾乎抽掉了他們的腳筋，渾身發軟，只差癱倒在地。

根據「狗急跳牆」的原理，高等動物在緊急情況下可以爆發出特大的力量以自救。今晚，這一隊作為高等動物的犯人終於用他們的爆發力完成了：「立正、向左看齊、向前看、報數」一系列平常總不能認真完成的軍事動作，你聽那一、二、三、四、五……的報數聲，吐詞多麼清晰洪亮，一個接一個多麼緊湊，簡直像一隊訓練有素的軍校學員，但他們也絕對地不像軍校學員，因為剛才那一聲槍響，加上深夜的寒風（涼山地區的氣候秋夜已經很冷）使眾犯人無一不在瑟瑟發抖，特別是那些從深山的茅棚裡剛剛抓來的資產階級份子（他們中許多人直到老死也沒有看到過一個真正的資產階級），兩腿篩糠，雙膝發軟，盡最大努力不讓自己癱倒下去。

列隊完成後，喊口令的指揮官手裡晃著手電筒的亮光開始講話，他大聲吼著說：「你們這些狗雜種，天天在盼望蔣介石反攻大陸，今天晚上我們要對你們『機槍點名』……」有的人不懂，有的人嚇壞了，有的人不相信。我就是不相信中的一個，因為我在一九五〇年六月從軍政大學畢業後，曾被分配到大足縣警衛營二連去擔任過文化教員。當時連隊裡從北方打到南方身經百戰的老兵比比皆是，我親耳聽他們閒聊中說過，若干年前在某種特殊情況下會對俘虜進行「機槍點名」，那只是藉口調動將俘虜們押解到一個山凹裡，突然一聲令下，預先埋伏好的輕重機槍一陣點名似的掃射便「把敵人消滅乾淨」，從沒聽說過像今晚這樣，先把敵人列隊集合先行宣佈然後執行「機槍點名」。雖然我不相信，但今晚來勢洶洶的突襲架式也不會是鬧著玩的。

果然指揮官（我估計他是個排長）從衣兜裡摸出幾張紙，電筒光射在紙上喊出了第一個人的名字：「楊根柱」。此人據說是來自瀘州市的歷史反革命，傳說他在國民黨軍隊裡當過營長，他也是經常被含沙射影的「座山雕」或「黑手」之一。但他是旱地班的成員，雖然同為反革命，我對他印象相當不好，最看不起他在「犯際關係」上的欺軟怕硬，本著勞改箴言「多一個敵人多一條絞索，多一個朋友多一個陷阱」的警示，我們無任何私人交往。他面對犯人的隊列站著，背後是十個左右的「戰鬥力」，一個手執籮索纏成的鞭子，眼睛裡燃燒著仇恨的火焰，突然一個士兵在這楊根柱身後一貓腰，然後猛一伸手抓住楊犯的腳踝，往後一拉，只聽得「噗通」一聲，楊根柱硬挺挺地撲倒在地。接著就「往死裡捆，往死裡綁」。捆綁完畢就用籮索纏成的鞭子在楊犯身上猛抽，並伴以軍用皮靴的踢踏，然後又令他站起，又再一次的拉倒、痛打，像這樣反覆了四次，直到第五次，這一次拉腳踝的士兵兩手用力不平衡（不排除故意這樣作），以至楊根柱側身倒地將他的左臉摔破出血，楊根柱也似乎被打得氣息奄奄。

終於指揮官的電筒再次射在一張紙上，按姓名年齡性別的順序宣讀了楊犯根柱的刑事判決書，其主要罪行除眾所周知的偽軍營長之外，也不過是獄吏們在晚點名或其他會場所講的那些「幕後支使者」

「黑手」之類的含沙射影，最後的判決出乎意外地竟然是判處死刑立即執行。眾犯人以為馬上就拖到一邊去槍斃，但卻沒有，只是揪他到這臨時會場的一邊去站著。

指揮官的電筒又射到一張紙上，喊出了張思友的名字，因為他是南充所轄的岳池縣人，算我的半個老鄉（我在南充劃為極右份子），稍微有些親近，記得他是歷史反革命，判刑二十年，但他已服刑了十九年，年齡也已六十歲出頭。因為患有胃病，人很消瘦體力不好，便在隊上擔任篾工，專門編些籮筐撮箕之類的生產工具。此人最大的特點是愛說些引人發笑的俏皮話，他不知道「史無前例的文化大革命」是不允許反革命份子開懷大笑的年代。常言道言多必失他的俏皮笑話也就讓他吃了苦頭，當晚一頓痛打以後也被判處死刑立即執行。

第三個叫到名字的是江其昌，他原是成都市一家印刷廠的切紙工人，反革命罪但刑期才幾年，幾天前吃中午飯的時候，他領得包穀粑一個（犯人主食，每人一個，重三兩多，絕對吃不飽）。這個江其昌一隻手拿著包穀粑，另一支手拿著筷子在包穀粑上敲著從飯堂中間走過，他一邊走一邊嚷著說：「這麼小的一隻包穀粑，別個咋個會要你參加聯合國嘛！」（那年代中華人民共和國還未恢復在聯合國的席位），雖然當晚挨了批鬥，今晚還得進一步清算，暴打一頓然後判處死刑、立即執行……。

直到第六名，終於喊到了我的名字，我也就照例撲倒、暴打，再撲倒、再暴打，只是在第三次撲倒的時候，我的下巴頦先落地，撞裂開了一條約四公分長的口子，暴打過程中，我的臉部又曾觸地，我自己流出的血也可能還有前面幾位犯兄流在地上的血把我染成了「紅臉關公」。興許各位「戰鬥力」打得有些累了，就沒有再第四次將我拉倒，宣讀完死刑判決書後將我弄去和前五名一起列隊等候。在我之後還有兩名倒楣鬼步上後塵，一共也就是八個判處死刑的份子。

指揮官最後對沒判死刑的一百多名犯人簡單的訓了話，也就是叫他們改惡從善，不要像這八個反改造一樣走上今天晚上這條抗拒改造的死路，然後令逃過了「機槍點名」的眾犯返回寢室。

我們八個死刑犯被眾「戰鬥力」推向地壩的邊緣，夜色中我也看得不十分清楚，彷彿有三、五個已無力行走，由「戰鬥力」拖曳著走去的。到了地壩邊緣，響起了一陣槍響，然後戰鬥力們大聲高呼：「同志們，我們佔領了×××高地，衝啊！」向幾公里外他們的營房住地衝回去了。

槍響了好一陣，我才發現我並沒有死，而且一動不動地站在原地，其他的幾個人則全部倒在了地上，但夜色中也似乎有人在動彈或發出呻吟聲，這時中隊部的犯人衛生員來到了，隊上的監管獄吏、分隊長李富貴也打著電筒來到了「刑場」，他令衛生員為我們幾個傷者包紮傷口，同時故意說了一句中共特色的此地無銀三百兩，使人感到分外噁心的話。他說：「怎麼搞的，我們一點也不知道」。實際上他的住房就緊挨在曬壩旁邊，他的聽力又無以倫比，有時犯人說悄悄話他都能聽見，夜深人靜的晚上，又是打槍又是吼鬧就差沒在他門上扔手榴彈，他能「一點也不知道嗎」？不過他知道，任憑他怎樣自欺欺人，被騙者也沒人敢揭穿他，這也就是當前的「文化大革命」運動需要追求的效果之一。

衛生員在我的傷口上縫了七針，在我的下巴頦上，從此留下了一條永不消逝的傷口。前文曾提到涂國華「以卵擊石」「自我槍斃」後，在頭頂上留下了一條「天老爺一睜眼就能看到的傷口」，我這條永遠對著地面的傷口，便是土地菩薩老倆口只要抬頭一看，便能一目了然我下巴底部的這條傷口，我和涂國華兩人，一條對天，一條對地，倒也相映成趣。

最令我奇怪的是，幾個月前，我在犁田時曾經被一頭荷蘭耕牛打掉了一顆下門牙，這缺口旁邊的兩顆牙齒也為此鬆動，其中一顆已經搖搖欲墜。就在今晚的「槍斃」過程中，它永遠地離開了它賴以生存的牙床，它什麼時候掉的，掉到哪裡去了，是被我不經意地按弱勢群體「打落牙齒和血吞」的民諺吞進了肚子裡，或者在昏昏迷迷中吐到了地上，我無論如何也回憶不起來。這也似乎可以證明，高等動物在精神緊張到某個臨界點以後，就會逆轉而成麻木狀態。我不知道醫生們是否認可我的這項分析，我只有用這種分析來安慰我那顆失蹤的牙齒。

大忙季節這八個勞動力就只能躺在床上呻吟，據說民間有童子尿喝了能治內傷的傳聞。但這勞改隊又不是少年犯管教所，哪裡有什麼童子，最小的也是二十歲出頭，無奈之下有幾個受傷犯人竟用自己的包穀粑，找這些年輕犯人換他們一泡假冒偽劣的童子尿，我看見他們一盅盅地喝，簡直犯了噁心，我一次也沒有喝過，因為我不相信那東西能治內傷。

八個人中，最不幸的是張思友，這老頭可能因為骨頭老化而脆性，他的胳膊打斷了，更不幸的是，他被死刑嚇成了一個瘋子，從此隊上少了一個手腳靈巧的篾工，卻多了一個裝瘋賣傻份子。更可悲的是他那群兒子兒孫，如果能有幸看見滿刑出獄的老爺子，見到的也只是一個語無倫次的瘋老頭。

曾多次有人問我：「在『槍斃』你之前，你在想什麼」？我回答說：「我想死。」在那些年代我真正有生不如死的感覺，曾經想到過自殺，我沒有這樣作的唯一原因，只覺得這樣會對不起我白髮蒼蒼的母親，我沒有理由摧殘我父母賦予我的生命，別人殺我是別人對不起我的母親，那是他的事。

一九八〇年我平反後，曾短暫的在南充絲二廠技工學校教書，有一天晚上，學校裡停電，我摸著黑去上廁所，突然從黑角裡竄出一個漢子，驚叫一聲後將我緊緊抱住，我卻鎮靜地一言不發，這個姓侯的同學想用這個惡作劇來嚇唬一下他的同學，一看是我，他顯得既尷尬又抱歉，事後他問我：「張老師，你怎麼一點也不害怕？」我回答說：「因為我死過。」

二〇〇一年十二月一日於成都
二〇一一年三月改定於新都寓中

八、難以忘懷的吃吃喝喝

——供各式美食家參考的史料

「中國的皇帝，印度的大莫臥兒，土耳其的帕迪夏，也不能向最下等的人說，我禁止你消化，禁止你上廁所，禁止你思想！」

（法）伏爾泰

從後遺症談起

在我的人生經歷中，有兩件事對我影響極大，一件事是一九五九年開始到一九六一年的三年「自然災害」；另一件便是反右運動後長達二十三年的勞教勞改。近幾年來，我發現許多「非官方文稿」，在提到這自然災害四個字的時候，不是加上一個意味深長的引號，就是在四個字的前面添上令人深思的「所謂的」三個字。作為親身經歷過那場災難的過來人，當然也是那場所謂災害的受害者，我可以作證說，那年代對自然災害這四個字的定位情況，決不是簡單的幾個字和一個把標點符號的問題，而是在自然災害四個字的前面加上了四個振聾發聵的定語，它們便是「特大的、嚴重的、百年未有的、持續三年的」這樣四組令人嘆服的形容詞，而且從中央到地方，各級報紙口徑統一規範，就像今天中共中央對三個代表或四項基本原則的字正腔圓一樣。

當時的我已經是一個「不准亂說亂動」的右派勞教份子，我除了具有全國五十多萬右派曾經「亂說亂動」過的共性之外，還有一種喜歡咬文嚼字的惡習，勞教隊也並不十分強調改造這方面的惡習。我便偷偷地想從豐富的漢語詞彙中，再找出一組形容詞來進一步強調該「自然災害」的深度和廣度，絞盡腦汁的結果發現，我找出的片語不是早已被這四個定語涵蓋，就是膚淺抽象缺乏說服力，從此我認定中共中央宣傳部絕對是一個業務上過得硬的單位。

生活在二十一世紀的芸芸眾生，許多人對饑餓、對貧困、對物資匱乏都缺乏想像力，我也不打算在這篇令人遺憾的文章裡去追述那些使人尷尬的往事。我想說的只是由於我的特殊經歷給我留下的後遺症及愈後情況。第一種病態表現我稱它為「自然災害後遺症」，這種病在我剛剛平反出獄的上世紀八十年代顯得特別嚴重，其主要症狀是凡是在「自然災害」年代緊缺的物資（除定量供應的糧油以外），如肥皂、火柴、蠟燭、打火石等日用必需品我便盡力購買囤積，以防再次遭遇「自然災害」時再度「遇害」。

我在一九八一年買過二十包蠟燭，密藏在家內一高閣中，經過若干酷夏的煎熬，這些蠟燭或變形扭曲，或黏連成團，變成一堆不能點燃的廢物；一九八三年，我買了兩整箱芙蓉牌肥皂，後來有了洗衣機，這些被近二十個春夏秋冬的蒸發乾燥，變成了壓縮餅乾似的鐵實皂塊，只是在搓洗衣領袖口時用一點點，估計我的子孫後代們在二十二世紀以前都不會缺肥皂用。其它如火柴食鹽打火石，在「後遺症」主使下省吃儉用買下批量「抗災物資」，今天白送出去都沒人領情。這些事例除了充分證明我這個「資深勞改犯」的鼠目寸光以外，也同時證明了那場所謂的自然災害，不論在生理上和心理上，對所有經歷者都留下了一定的創傷。有人說「時間是治療創傷的良藥」，看來頗有道理，再加上市場經濟帶來的眼花繚亂琳琅滿目，我的這種「自然災害後遺症」可以說基本康復，愈後良好。

我患的另一種後遺症就是至今還困擾著我的「勞改後遺症」，「自然災害」只害了我三年，勞改改了我二十三年，所以留下的後遺症就特別嚴重。這種病在我身上有兩類症狀，一類我稱它為「深夜型」；另一類是「白晝型」。深夜型後遺症的症狀主要是做惡夢，那些荒誕無稽卻又大同小異的惡夢不外乎兩種，可分為恐怖類和憂鬱類，恐怖類是多次夢見被槍斃，嚇得我驚恐萬狀大汗淋漓；憂鬱類總夢見自己在勞改隊服刑，刑期滿了監管獄吏又不通知我，我只好向他報告，而每次報告得到的答覆都是同樣一句話：「我們查一查」。似乎查了好幾年，我在夢裡也似乎著急了好多年，而且在夢裡也知道監規規定不准亂說亂動，我又不敢找當權者大吵大鬧，苦悶憂鬱難以言表。我一直擔心，這種熱鍋上的螞蟻常做的夢做得太多，會不會導致我在夢裡發瘋？

老實說，我對這種深夜型勞改後遺症並不十分害怕，它既不會造成社會影響，也不會危及人際關係，充其量驚醒了老婆被她罵上幾句，用我在勞改隊訓練有素的抗貶型（類似某些昆蟲的抗藥性）耳朵對付即可。而那種白晝型的「勞改後遺症」就太可怕了。它的病狀主要反映在對民以食為天中的「食」字，持有一種根深蒂固的成見。

例如若干年前令我五體投地的美國女歌星卡本特，因患厭食症而去世，這就更增加了我對她的崇拜，我崇拜她動人的歌聲，也崇拜她的厭食症。因為從「自然災害」開始到一九八〇年平反出獄，這意味著我曾經被饑餓帶來的痛苦折磨了幾乎四分之一個世紀，如果仁慈的上帝在那些可怕的日子裡賜福給我，讓我患上對食物見而生厭的厭食症，在這四分之一的世紀裡，我就絲毫感受不到饑餓帶來的痛苦，在全國人民為糧食定量標準不斷下降而愁眉苦臉的時候，我卻因為它適應了我厭食的需要而歡呼雀躍興高采烈，請不要責怪我在幸災樂禍，因為糧食標準的下降不是我造成的，責任應由「自然災害」來承擔。這些當然是過去的事情，今天提及是因為它和我的「白晝型憂鬱類勞改後遺症」有一定的關聯。

例如在豐衣足食的今天，我以家長的權威宣稱自己是家用潲水桶，全家人的殘湯剩水一律不准倒入垃圾桶，只准倒在我的碗裡，由我含笑吞服。凡有人違規倒入垃圾桶，我便指著他的鼻子吼道：「你知道老子在勞改隊吃的是些什麼嗎？」晚輩們只有低頭含淚。這種事發生在家裡，按家醜不可外揚的傳統美德倒也不會丟人現眼，在公眾場合就會出現尷尬。遺憾的卻是因我這種「白晝型憂鬱類勞改後遺症」引發的尷尬層出不窮。順手拈來昨晚發生的一例：

西元二〇〇二年二月二十二日晚，在成都市惜字宮街的晨明茶樓，由著名詩人、四川省作家協會副主席、改正右派孫靜軒作東，當然請的都是幾位有頭銜的老朋友，我這個白丁朋友也叨陪末座。幾圈小麻將打罷就喊吃飯，我和孫詩人都因年老牙衰，難以忍受雞鴨魚肉的折磨。他只要了三兩水餃，我只要了三兩抄手，我很快吃完了我這一份，孫詩人可能牌運不好，心態欠佳影響了食慾，竟剩下了餃子六個。我哪管這裡是什麼高檔茶樓，哪管周圍的什麼「頭銜」，只顧發揮我的潲水桶功能，拿將過來，含笑吞服，引起在場人士包括服務人員的側目而視。那年輕服務員幸好一言未發，她只要口吐半句無禮之言，我肯定會吼出那句著名口頭禪：「你知道本老頭在勞改隊吃些什麼嗎」？

使我異常憂慮的是，按理說我已出獄二十多年，在市場經濟條件下，我的物質生活已發生良性變化，而我這種「白晝型憂鬱類勞改後遺症」不僅沒有好轉，相反有日趨嚴重之態勢，其突出表現是我對美食家的敵視，甚至認為他們最適於領教冤假錯案，說白了，就是想讓他們到勞改隊去「美食」一番。從今天的情勢看來，我這個「嫁禍於人」的願望似乎很難實現了。可我並不甘心，暗自醞釀了這一篇文章。據我所知，一般美食家由於專業局限，對吃吃喝喝以外的文字不怎麼感興趣，便決定用〈難以忘懷的吃吃喝喝〉為題，更輔以「供各式美食家參考的史料」為副題來引誘美食家們的眼球，讓他們用視覺器官去品嚐勞改隊的「美味佳餚」。

不過，在提供這些史料之前，我曾經踟躕再三，因為我手頭正有一本四川省雷馬屏農場一九七七年印發的《勞改犯人守則》，這個「根據中華人民共和國勞動改造條例」的規定「特制定本守則」，共計七章四十二條，其中第六章「接見通訊」第三十九條原文如下：「接見家屬時，可以談有關個人改造情況，但不准涉及勞改隊的機密……」，第四十條又規定「私人發出信件嚴禁述及勞改隊內部情況……」，而我這篇回憶文章中涉及的全是我在雷馬屏農場勞改十四年中的吃吃喝喝的事情，它是否「涉及勞改隊的機密」我毫無把握，但屬於「勞改隊內部情況」則確定無疑。雖然今天的我早已是退休多年的「死老頭」（這是我妻子對我的愛稱），但我畢竟過去因「誤會」而長時期「參與了勞改實踐」（請為這個聰明詞語鼓掌一次），曾經是一個訓練有素的「資深勞改犯」，也像其他老犯一樣，對監規紀律的恐懼已進入「惡習不改」的境界，凡事都得用監規紀律加以衡量，因此動筆之前，必須首先明確界定所寫文字中，哪些是少說為佳的「勞改隊的機密」，哪些是不宜外洩的「勞改隊內部情況」，這樣折騰來折騰去，反而遲遲難以下筆。後來經過我長期思考後認定，如果吃吃喝喝都成了「機密」或者「內部情況」，那豈不會鬧成屙屎撒尿也成為機密和內部情況的大笑話，因此我才放下了包袱，敞開思想地暢所欲言。

光明正大地吃喝

這個小標題還著實讓我動了些腦筋，我想寫成「合法的吃喝」或者「政府規定的吃喝」似乎都不怎麼好。總之我想敘述的是在勞改農場，政府按國家糧食定量標準，結合各中隊的生產實際情況，由中隊炊事房分給犯人吃的那份飯菜。根據我十幾年的實際體驗，除了栽秧撻穀等大忙季節以外，分給犯人的那份飯菜數量，可以用「長期吃不飽，短期餓不死」這兩句話來概括勞改犯的食後感受。考慮到凡史料必須真實與全面，乃另辟章節分別敘述「閉一隻眼菜系」、「偷偷摸摸地吃喝」、「來自遠方的吃喝」等三大板塊，因為這三類吃喝畢竟也是犯人那複雜的吃喝問題的組成部份，萬萬不可疏漏。

我大約是一九六五年調到地處大涼山的雷馬屏勞改農場的，那時，由四個高智商定語修飾而成的「自然災害」已漸漸遠去。我當時所在的集訓隊的耕作區內有一片包穀地，這片地有一個令人談虎色變的地名叫死人溝，這個非比尋常的地名由來說來話長：一九五四年，彝族人民為抗拒所謂「解放」，曾經拿起簡陋的武器抗擊迎面殺來的解放軍，歷時將近兩年，因雙方實力懸殊和彝族人的群龍無首各家為戰，終於被解放軍以血腥手段鎮壓下去。

一些未犧牲的彝族戰士成為戰俘，被定下叛亂份子罪名判刑勞改，因為他們是當地彝族人某種潛在危險，便封閉關押在這個集訓隊裡（當時它不叫集訓隊而叫某某監獄），這批生不逢時的戰俘恰遇戰爭和「自然災害」的雙重蹂躪，百分之九十即六百餘人批量餓死。剛開始死的那一批，還正兒八經地按照彝族風俗進行火葬，後來越死越多，剩下的戰俘們也進入了「垂死掙扎」狀態，沒幾個有力氣到樹林裡去砍伐燒彝族死犯用的柴禾了。後死的這些倒楣鬼只好委屈他們加入漢族式的土葬行列，弄到這片荒地裡，草草掩埋，一了百了。正是見縫插針般埋得太多，這片斜坡荒地的名字就叫成了死人溝。若干年以後，這片地又種上了莊稼，我調來農場不久，曾經和一群犯人在這片地裡耕作過，我們在挖地的時候，還經常能挖到死人骨頭和彝族人特有的披氈的殘片。有了這些屍體轉化而成的有機肥料，那片地從不施肥，而一窩窩包穀卻綠油油的壯實無比，無可否認這是那批「死犯」用他們的屍體為包穀所作的最後奉獻。

正因為如此，我除了知道這個死人溝名稱的來由之外，也用不著再去打聽當年糧食標準的具體斤兩，只知道那是個能把活人吃死的斤兩。

和那批「肥料」相比，我可以說是個「勞改幸運兒」，我來到這個大型勞改農場時，這裡的糧食標準已經是每月三十斤了。獄吏們在會上對犯人「訓話教育」（這是勞改隊的規範用語）中，談到眾犯最最關心的吃飯問題時強調：在執行國家糧食標準的前提下，儘量做到「吃好吃巧吃衛生」。由這七個字組成的三種吃法，我認為已接近美食家的境界。不過我那時年輕力壯，食量特大，私下裡認為獄吏們的上列三種吃法如果簡化成獄吏們忽略了——更可能是故意忽略了的一種——那就是「吃飽」就真正落到了實處。因為在吃不飽的前提下，上列的三種吃法全都是為了掩蓋吃不飽這個狼狽的主體事實而玩弄的花言巧語。如果請著名作家陸文夫先生筆下的那位美食家親自上廚，給你烹調一桌「又好又巧又衛生」的滿漢全席，但每天只供應你吃一百克，或者進一步放寬政策讓你吃兩百克，吃上一個月，不需要任何外力說明，到時間你自然就變成了「肥料」。

每個月定量三十斤（在「自然災害」之前的一九五八年，我當時在勞教隊修鐵路，每月的定量是四十八斤，我還經常用工資去買零食吃），平均大約每天一斤，除去炊事犯人的多吃多占，有時還得除去炊事犯人的關係戶的多吃多占，再除去老鼠的多吃多占。實際每個犯人每頓三兩多一點，能讓我吃得半飽嗎？就以前文所舉的那三兩抄手加六個餃子為例，不算肉餡我最少也吃了四兩原糧。當年的我擔負著犁田耙田的重體力勞動，今天的我遊手好閒，除了寫點狗屁文章便終日在麻將桌上等死；當年的我三十多歲，如今我翻了一番已年近古稀。可以想像當年那三兩糧的「袖珍包穀粑」對我將是什麼不足掛齒的一碟小菜。

無意間寫下了袖珍包穀粑幾個字，它是雷馬屏農場犯人的主食，用三兩玉米粉蒸成的包穀粑其體積估計和林黛玉的拳頭不相上下，另外的主食偶爾還有紅苕洋芋和大米。紅苕洋芋在收穫季節原則上一天最少吃兩頓，因為這兩種產品的儲存不易，一旦發生腐爛國家將受損失。製熟後的紅苕洋芋存在著再分配方面的困難（因分配不公引起的犯人爭鬥類突發事件已使獄吏們窮於應付），便由炊事員按供應斤兩秤入一個特製的小竹簍裡，開飯時每人一簍，吃得那些胃病患者叫苦連天。大米飯每星期吃一頓，由犯人交上私用吃飯工具如茶盅飯盆，炊事員用適當量具將定量大米倒入各式餐具內，開飯時各犯取走自己的一份。這是犯人吃起最舒服的高級食品，只可惜它並不經餓，因此常有食量大的犯人用大米飯找那些老弱病殘犯人交換包穀粑的交易出現，相互差價的補償方法也由交易雙方自行議定，只要不因此產生「合同糾紛」，獄吏們也不聞不問。

實事求是地說，主食每月三十斤也並不很低，就拿已進入二十一世紀的現代生活標準來看，有的人說他可能還吃不了這麼多，這既是事實，也是實話（我這種特大食量是因為患有「後遺症」的病態，非正常現象）。那麼前勞改犯如今咬文嚼字者張某偏偏說不夠吃，是不是他又在發高燒胡言亂語混淆視聽？其實，出現這個矛盾的焦點在於副食品。在正常人（指勞改犯以外的人）的生活中，副食品「喧賓奪主」的事例頻頻在人們身邊發生。例如，一位餐桌上堆滿雞鴨魚肉殘骸的美食家，最後要的那一兩米飯常常是看「主食」兩個字的面子才勉強咽下喉管的；一個嘴上不離糖果餅乾巧克力果凍的「小皇帝」，很可能因為咽不下一口飯而挨上一巴掌；經常用麻油豬油蠔油牛油火鍋油當唇膏抹嘴皮的小姐，雖然很少問津主食，卻成天打主意減肥；如果你斗膽地向一位翹著奶油肚皮的官員問一句：「您一個月吃多少斤糧？」他回答的數字只要超過了三十斤，我這篇狗屁文章的稿費就全部輸給你，由於某種只可意會不可言傳的原因不予刊登，你也得自認倒楣。

上面列舉的美食家、「小皇帝」、官員和小姐所享用的食物糖果和油類，總之凡屬高脂肪高熱能的食物，偶爾能在六、七十年代的勞改犯人的夢境裡出現，實際生活中是絕對不會出現的。我在雷馬屏農場「改造」了十餘年，光明正大地吃的高級食品就是「四人幫」倒臺若干年後，確切地說是一九七九年的中秋節，炊事房給每個犯人配發的那一個鹹鴨蛋，那是一個多麼令人陶醉的蛋啊，它的色澤大小至今歷歷在目。

勞改犯人不是素食主義者，相反他們渴望吃肉也喜歡吃肉。從上世紀七十年代開始，也就是「自然災害」慢慢遠去以後，犯人有了豬肉的供應，這是個好消息，後面會有相關報導。

除了那一份有鹽無味的湯菜以外，再沒有別的副食品了，僅有那打了折扣的三十斤的國家定量口糧，能承受這些體力勞動者的生活重擔嗎？如果說能，這篇文章後面所敘述的事就一件也不會發生。

美食家不知道的菜

不能說勞改隊沒有副食，蔬菜便是一種，甚至食油鹽巴也是（七十年代食油的定量彷彿是每人每月二兩），記得「特大的嚴重的百年未有的持續三年的自然災害」剛剛開始困擾人們腸胃的時候，頂頭上司曾提過一個「低標準，瓜菜代」的口號，意思就是糧食標準降低了，就用瓜瓜菜菜填肚子。這就像一場演出，主角突然生病不能上臺，由配角去充當主角。這是一個典型的自欺欺人的口號，因為在主角生病的同時配角也病了，瓜菜在哪裡？沒有瓜菜的瓜菜代，結果等於「口號代」，如果口號能填飽肚子的話。

按理說，一座大型農場讓「瓜菜代」這個口號落到實處，應該說在客觀上不存在什麼困難，有土地有勞力有肥料。問題決不會那麼簡單，首先土地是國家的土地，中隊向分場，分場向總場，總場向省公安廳每月都得呈報土地使用情況，上級也會制定出蔬菜面積占耕地面積的百分比，超出這個百分比，有右傾嫌疑，縮小這個百分比，有「左」傾傾向，這就看下一場運動的矛頭所向了。他們那些久經考驗的大小獄吏們，誰願意用自己的政治生命押在「左」或「右」的賭注上？想增加蔬菜種植面積讓瓜菜真正

「代」起來就肯定沒門。此外勞動力和肥料說來簡單，實際比土地問題更為複雜，因為有的獄吏分管水稻，有的獄吏分管旱地，有的管茶林有的管蔬菜，誰都希望自己所管的那個門類卓有成效，因此爭肥料爭勞力搶季節矛盾百出。雖然表面上做出一副「團結對敵」的姿態，可內心卻各懷各胎。在這種人際關係中，誰又敢說一句多種點蔬菜，讓犯人吃飽點的右傾言論。

那麼犯人平常究竟吃些什麼菜呢？

有一種絕大部份南方人都十分熟悉的菜，我吃了十多年還不知道它的確切名稱，原因是它的名字太多。有人稱它為蓮花白，也有的叫它包心白，還有的叫它包包白和包白菜。為了史料的翔實可信，也為了本文的學術品位，必須找到由權威單位給它定下的正式名稱。經過一番努力，終於在我兒子讀幼稚園時用的那本《彩圖幼兒知識百科》（少年兒童出版社一九九四年上海版）的上卷第一六九頁上見到了它的彩圖，這才弄清楚它的學名叫捲心菜，這個菜對我們那個時代的勞改犯所作的貢獻太大了，如果蔬菜也可以評諾貝爾獎，我認為非它莫屬。

我這樣口出狂言，確有我認為很充分的理由如下：

（1）、它是世界上唯一一種能用它身體的不同部位為人類劃分等級的菜。菜農在收穫這種菜時，用刀砍下由嫩白色內葉包在一起的那一團，也就是人們到菜市去購買的包心白菜，當然也就是學名叫捲心菜的菜。很少有人知道這菜在生長過程中還將淘汰幾片深綠色的外葉，這外葉因纖維粗糙且略含澀味不能進入市場，難以躋身美食行列故為各式美食家所不屑一顧。農民則通常留下餵豬或者扔在地裡任其腐爛。我們那批生逢其時的勞改幸運兒就專吃這種深綠色的外殼菜葉，因為許多四川人稱捲心菜為蓮花白，勞改犯就稱這種菜叫「蓮花青」。獄吏及其家屬們只吃細嫩的蓮花白，犯人只吃粗澀的「蓮花青」，「一清二白」，等級分明決不含糊；

（2）、許多人不知道，這種使美食家出現嘔吐症狀的菜有一個特殊的品種，犯人稱為四季蓮花白（不好意思，我那本《彩圖幼兒知識百科》上查不到它的學名），顧名思義，也就是春夏秋冬都能種植和收穫的「蓮花青」。若干年後我有機會和許多「犯界」人士接觸，交談中得知，這種「蓮花青」的菜肴在四川各地的勞改農場都相當普及。有理由向培育出這種高產品種的蔬菜專家表示敬意，如果沒有這四季蓮花青，廣大勞改犯吃什麼菜？它雖然營養價值不高，但最少能降低千千萬萬犯人饑餓的程度，這份功勞，不應埋沒。

也許有好心人擔心，這麼多人專吃一種菜，地裡能產出這麼多嗎？為解除這些擔心，我得簡要介紹一下這捲心菜的一個生長特點：即當它底部粗糙的外葉被階級敵人吃掉以後，它最暴露在外的那幾片嫩白葉子會慢慢張開，由白色逐漸轉為青色，成為新一代「蓮花青」以便讓美食家繼續嘔吐下去；

（3）、「蓮花青」問鼎諾貝爾獎的第三條理由是它製作的簡便。和農村人剁豬草、城市人剁肉丸子一樣，在一公里以內的田野裡都能聽見勞改犯炊事員在剁蓮花青的聲音，那種類似軍樂隊擊打行軍鼓的聲音有板有眼，好像在為各式美食家演奏嘔吐進行曲。

說蓮花青這個菜製作簡便是因為它除了鹽巴以外不需任何佐料（因為沒有任何佐料，所以不需），通常是用水在甕子大鍋裡將其煮熟，然後再剁碎再加鹽炒，簡單明快，不像菜譜上油鹽醬醋胡椒花椒辣椒簡直是吃飽了撐出來的麻煩。

除了純粹的白癡，任何人只要具備將生東西煮熟的智力，他就能勝任勞改隊的炊事員，其業績足以使美食家們目瞪口待。

雖然我不是編寫菜譜，為防止萬一有人想冒險製作一份「蓮花青」時出現差錯，有必要強調注意事項。那就是決不能直接下鍋炒，因為它不是那種質地細嫩的菜，如果不經過長時間的煨煮，腸胃消化不了，就會出現吃「蓮花青」疴「蓮花青」的現象，使廚房和廁所劃了等號，那不僅是使美食家出現嘔吐症狀的問題，很可能轉化成人間悲劇的情節。

除「蓮花青」以外犯人還常吃蘿蔔葉子，這兩種菜我認為最適合於犯人吃，因為它們產量高耕作又十分簡便，是豬和犯人共用的一種佳餚。當然犯人偶爾也可以吃到蘿蔔黃瓜南瓜之類犯人心目中的「高級菜」。為使本史料更為精密確鑿，經運算求出以下比例：蓮花青作為犯人的主打菜占犯人總吃菜量的百分之七十二點八，蘿蔔葉占犯人總吃菜量百分之十八點二，以上兩種主菜約占犯人總用菜量的百分之九十一。其他百分之九為蘿蔔、南瓜、黃瓜四季豆等高級菜所共占（應餘百分之零點五為逢年過節或打牙祭充作配料的用菜如辣椒生薑蔥子蒜苗等等。）

全神貫注打牙祭

對犯人而言打牙祭就是吃豬肉，作為資深勞改犯，我反正不知道除豬肉外還有什麼可祭牙的東西。「自然災害」結束後的頭幾年，吃肉是很稀罕的事（清晰的記憶是自一九六一年底至一九六五年初的幾年內，我沒有吃過一片肉），像春節這樣重大的傳統節日，勞改隊也有可能吃得到肉，但份量決不會多於每人三市兩即一百五十克，以免發生犯人死吃濫脹拉肚子造成出工率下降的不良後果。估計是六十年代末或七十年代初，我所在的勞改單位開始有了豬肉定量供應，標準是每人每月一市斤，如果每星期打一次牙祭，整數四則可以告訴我們說，每次二兩五錢肉。

我相信任何一位美食家，不論他穿著什麼顏色的外套，只要他親臨一次勞改犯分肉的現場，看一看犯眾對那二兩五錢豬肉，嚴肅認真到無可挑剔的程度，美食家們必將會對自己所從事的美食事業感到由衷地自豪。你看那一桌八個犯人，十六隻瞪大了的眼睛，用無限深情的目光，反覆親吻著那冒著熱氣的半盆回鍋肉，牙齒在口腔裡發抖，唾液在喉管裡滾動。如果沒有犯人間約定俗成的分肉方案，在這盆肉的周圍任何頭破血流的場面都可能出現。

約定俗成的分肉過程大致分以下幾個步驟：

首先每個犯人將交出參與裝肉的小碗一個（就那麼幾片肉何需大碗），經值日犯人認真清點朗讀數目在場犯人核實確認只有八個碗後（歷史上出現過分了九份的教訓），再由值日犯人根據每片肉的大小肥瘦在盆內歸類，然後依次按大小調配肥瘦兼搭的方式夾入各小碗內（注意事項：只能用筷子不能用湯勺，以免有油珠混入某碗而出現不公），待肉片分完以後，再分炒在肉裡的蒜苗之類的雜菜，最後才用小湯勺分「殘湯剩水」（這四個字千萬別誤為貶義詞）。

有必要說明的是，勞改犯和美食界在對待肉這個雙方都很重視的食物上，存在著重大原則分歧，勞改犯偏愛肥肉，美食界珍惜瘦肉。如果有擅於搞中介的人士願意成立一個「肥瘦肉調劑中心」的經營單位，吃雙方的差價，我認為其利潤還相當可觀（此意見因不屬史料範疇，僅供相關人士作參考）。

在眾目睽睽之下，已將每人二兩五錢肉分入各犯小碗中，如果誰認為這樣就算完成了這次分肉任務，那就大錯而特錯了。誰能保證分肉的值日犯人沒有私人關係，沒有對他所熟悉的某一隻碗給予特殊優惠？為了進一步保證這個分肉的公平公開公正，最後還得選用拈鬮法，喊號法和轉身呼名法（這三種分肉法的「法名」係本文作者根據各法特點歸納而得，勞改犯沒有為各種分肉法定下專用名稱），現將上列「各法」的操作流程分別向美食家提供如下：

（1）拈鬮法：這是一種最簡單的方法，由值日犯人將同樣色質同樣大小的紙片寫上一至八的數位，攥成小紙團，另由任意一犯人將八碗分好的肉按一號至八號順序排列（有的在碗下以另一紙片寫明序號），擺放停當後，扔下小紙團，每犯拈走一紙團，打開展示該紙團上所寫號碼，經值日犯人核對無誤發予同號碼的那碗肉，至此才真正完成了這次分肉的任務。

在實施拈鬮法中有兩個注意事項：一是鬮的用紙應保證色質大小的同一，以防制鬮者打記號；其二是擲鬮者（常常與製鬮者為同一人）必須最後拈鬮，以防他以作弊手段，提前拈走他最希望得到的號碼。

（2）喊號法：此法與拈鬮法的區別在於犯人在拈得鬮後不能立即打開，同桌任何一個人均可任意調換八個肉碗的順序，確定某碗為一號（以下按二、三、四……），一直調換排列到同桌各犯都沒有意見後，由值日犯人任意喊出某個拿一號肉碗的號碼，此時才打開紙鬮對號，喊中號碼者首先取走一號肉碗，再按這個號碼的後續號依次取走。

（3）轉身呼名法：此法的特點是免去了製鬮的麻煩（為文盲犯人免去了煩惱），分好肉後，令一犯人調轉身去背朝肉碗，剩下的七個犯人對八個肉碗任意調整順序位置後，指著一個碗說：「這是一號」（也就是第一個人應取走的一碗肉）。這一切動作都是背朝肉碗的犯人所不能看見的，便由這名轉身犯人喊一個本桌犯人的名字，他取走第一號碗後，再按這個犯人身邊的順時針方向依次取走。

注意事項：各犯不得任意挪動自己已經站定的位置。

分肉之所以認真到如此程度，我認為有兩個原因，其一是犯人渴望吃肉，可以從物以稀為貴方面去理解；其二是犯人之間人際關係複雜，利用吃吃喝喝中的可乘之機，為人際關係牽線搭橋的事例常有出現，相互防範並總結經驗教訓以至分肉工序日趨完美。

關於排泄物的題外話

本段落因與美食無關，純係本文作者為賣弄知識而作，毫無學術價值，僅供業餘愛好者提神醒腦，懇請美食家們跳過這個段落，以免眼球受到污染。

從事農業勞動的人，無一不和糞水打交道，久而久之便會發現，吃的東西和屙的東西之間有很多被粗心大意者所忽視的聯繫。比方說吃得越好的人，屙的屎越臭，越臭的屎越肥（肥料的肥，不是肥瘦的肥）。在勞改隊，獄吏們的專用廁所的糞水就是各班組夢寐以求的肥料，我所在的中隊，就曾為爭搶那一池優質高效的獄吏屎，發生過蔬菜班和旱地班犯人在糞池邊打鬥的惡性事件，雖未造成人員傷亡，但也添了些麻煩，最後通過帶班獄吏間的協調才得以了結。

據說曾有一位研究社會學的學者宣稱：「從人們傾倒的垃圾中，可判斷出該人群的生活水准。」我覺得這話確有一定的道理。如果我把這句話篡改成「從人們排泄的糞便中，可判斷出該人群的生活檔次」，希望我這鸚鵡學舌的說法也不要招致反對。從前文寫到的有關爭搶獄吏屎的惡性事件中似乎可以證明此說不虛。與此形成鮮明對照的是犯人的排泄物，其色澤其臭度其肥效均只能相當於豬糞，犯人吃蓮花青和包穀粑，豬吃蓮花青和玉米粉，食物大同小異，同為脊椎動物，其排泄物也必然小異大同。

以上談到的是排泄物的品質問題，對排泄物的數量我認為也應該給予一定重視，在「自然災害」年代，與我同時「遇害」的同胞都曾經歷過「屙屎困難期」。一般都是三、五天解一次大便，而且得蹲在廁所裡，用盡力氣擠出一個五號電池大小的糞便，其硬度可以達到「擲地有聲」的要求，可見該「自然災害」的始作俑者，對無辜同胞的味覺器官、消化器官和排泄器官的傷害可謂全面徹底。

總之，對排泄物而言，其內在規律是沒有吃的就沒有屙的，吃孬的，屙孬的，在沒有化學肥料以前，這個規律甚至影響到農業產量，信不信由你。

我個人另外還有一點信不信由你的切身感受：

一九八六年，也就是我離開勞改隊六年以後，有一次我去到偏僻的南充市郊一個農戶的家裡，在進入這家農戶之前，要經過他家門前的一片蔬菜地，很可能這農戶剛剛為這片菜地施了糞水，蒸發出的是一陣陣豬糞的「香」味，那是植物發酵時蒸發出來的醋香醋香的味道，絕對是透人心脾的香味，我情不自禁地站在菜地邊嗅了半天，那股豬糞所特有的香味，那股我在漫長的勞改歲月裡聞慣了的香味，差點聞得我老淚橫流。

從此我認定，自稱「萬物之靈」的人類，即便是以巴黎香水當飲料，屙出來的東西也不會比一頭笨豬的排泄物可愛。

「閉一隻眼菜系」

前文向各式美食家大體介紹了我「參與勞改實踐」的那些年代的吃吃喝喝情況，只不過這些都是光明正大的吃喝，也就是政府配給犯人吃喝的東西。在我到這個勞改農場之前，該農場的吃喝情況，我沒有親身經歷，只能按不准亂說亂動的監規守則辦事，也就是所謂「明知不對，少說為佳」的犯人原則辦事。我離開這個勞改農場以後，據說情況有些改善，但同樣因為沒有親身經歷，也就同樣不能亂說亂動。不過我得鄭重聲明的是不論是前文提到的三十斤糧食標準，還是每月一斤豬肉的油葷標準，都是我在勞改隊（除在煤礦裡那一個多月以外）所享受到的最高標準。

我在前面那段「光明正大的吃喝」裡，曾經寫到過政府配發給犯人的這份吃食，是「長期吃不飽，短期餓不死」的糧食定量，又寫過「犯人如果能吃飽，我這篇文章後面敘述的事一件也不會發生」，現在我就得敘述這些以後發生的事。

首先我得介紹一種由我命名的「閉一隻眼菜系」，這個菜系的形成是因犯人所處的特殊地位所決定。凡犯人偷吃生產成品，必然會遭遇其「罪有應得」的皮肉之苦。若犯人吃的東西既非政府配發又非生產成品，即介乎於合法與非法之間，也就是可追究也可不追究之間，對以監管犯人為精神追求的獄吏而言，則是可以睜一隻眼加以追究、或者閉一隻眼裝著沒看見不予追究，這類不予追究的非生產成品食物就可列入這個閉一隻眼菜系。如大馬蜂蛹，可以因為它的成蟲經常螫傷犯人影響生產視為害蟲，可以吃掉，但吃的時候不論燒烤，不論煨煮都得用火，監規紀律雖未明文規定犯人不准煨煮燒烤食物，但第一章總則第二條規定「只許規規矩矩，不許亂說亂動」。有誰敢說煨煮燒烤不是一種亂動？不過在實際運作中，多數獄吏對這類非生產成品的吃喝，一般都採取睜一隻眼閉一隻眼的態度（但也有特別惡劣者例外），這就導致了「閉一隻眼菜系」的誕生，（在本菜系名稱尚未得到美食界鼓掌通過之前暫時使用）現將幾道系內主菜分別介紹如下：

（1）、黃鱔：從事水田勞作的人，必然不時遇到這種動物。當年的我，行動敏捷，出手麻利，凡黃鱔在我眼前出現，我必快步撲上，到達理想位置後，猛一貓腰伸出握拳右手將其緝夾於食指和中指之間。這一切動作必須在兩秒時間內完成，否則該黃鱔深入田底再難尋覓。經過若干成功和失敗的訓練，我的技藝日漸精湛，後來曾以所捕黃鱔兩尾，找篾工犯人換得小型笆簍一個，下田時拴在腰後，不論犁田耙田栽秧撻穀，我唯一的「業餘愛好」便是將所見黃鱔逮入笆簍之中，並可美其名曰有利生產。因為黃鱔有在田坎上打洞的習性，洞穿以後田水外泄，影響蓄水保水。當然明眼人一看便知，實際上是為逮黃鱔尋得一個冠冕堂皇的藉口，以便它能在「閉一隻眼菜系」中站穩腳跟。勿庸置疑，鱔魚是美食家和犯人都十分鍾愛的食品，區別在於美食家用於品味，而犯人則用以果腹罷了。

品味黃鱔和果腹黃鱔在製作方法上也大相徑庭，我在各式美食家所精心編著的各種食譜上，曾讀到過黃鱔的烹製方法，因涉及版權問題，張某不敢剽竊抄襲，況且只要看見食譜上那些複雜的配料名稱，我的「白晝型憂鬱類勞改後遺症」定會發作，頭昏腦脹，直接加害於這篇文章的寫作，故不贅述，我只就當年犯人在「閉一隻眼菜系」中所用方法向美食家介紹如下：

犯人稱這道菜叫「盤龍黃鱔」，因該菜製作完成時，每條黃鱔均會捲縮成蛇在冬眠洞中盤卷的姿勢，因得此名。其製作方法通常是下班後來到廚房灶前，先將黃鱔擊昏（逮住尾部，將其腦袋在身邊任何硬物上一摔即可），然後扔進火堆（考究一點的用南瓜葉包著燒烤，味道更上一層樓），待黃鱔在火中徐徐卷成「盤龍」時即完成烹製。

吃法：將鱔頭扯下扔掉，然後用指甲殼理開鱔腹，扔掉其腸肝肚肺和骨骼即可入口。

配料：不需任何配料，犯人也沒有配料。

注意事項：凡吃食三條黃鱔以上，排出小便即變為淺綠色，但不是病狀，萬勿大驚小怪驚動犯醫，他會把你臭罵一頓。

據回憶統計，本人所食黃鱔不會低於五十公斤，至今除勞改後遺症外，似乎尚未發現患有什麼怪病，可能與大量攝入黃鱔有關。

（2）、蛇：讀小學的時候老師就告訴我，蛇有毒蛇和無毒蛇之分，我在吃蛇的時候卻發現這兩類蛇的味道似乎毫無區別。小學老師還告訴我，許多動物都有天敵，若干年後我到了勞改隊，慢慢地我發現，許多動物的天敵竟然是人類。犯人是人類的一部份，也是蛇的天敵的一部份。

涼山地區常見的蛇有烏梢蛇、菜花蛇和青竹彪（我這本《彩圖幼兒知識百科》上，因沒有繪出這幾種蛇，它們的學名我無法核正，請原諒），其中青竹彪是毒蛇。這幾種蛇我都曾多次吃過，另外還吃過一些不知道名字的蛇（這是犯人與美食家的重大區別，美食家在未弄清楚菜名之前決不會動筷子）。我在找參考書的時候（當然還是那本眾所周知的《彩圖幼兒知識百科》），在該書上卷第五十一頁所繪彩圖中，卻意外地發現了一種我吃過多次卻不能向美食家提供名字的蛇，終於得知它的學名叫「橫紋斜鱗蛇」，事實上在饑不擇食的犯人心目中，吃進肚子最重要，不論它的名字是三個字或者五個字組成。

我認為任何一條蛇如果被犯人發現而能免於一死，這頭蛇可以說為蛇類創造了奇跡（水蛇除外），其驚險經歷，足夠給它的蛇子蛇孫吹一輩子牛皮。犯人們不論行進在出工收工的路上，或者在播種收穫的田地裡，只要有一人驚呼一聲「蛇！」在場犯人像在瞬刻之間中了魔法一樣，什麼饑餓，什麼疲勞，全都忘得一乾二淨，此刻唯一要做的事就是向大自然展示高等動物的爆發力。拿著鋤頭的用鋤頭，提著扁擔的用扁擔，沒拿鋤頭扁擔的抓石頭。總而言之一哄而上，衝鋒陷陣勇往直前，不到提著蛇屍凱旋而歸誓不甘心。

四川有句民諺說：「上山打鳥，見者有份。」把這句民諺用在犯人吃蛇的形式上，也許可以理解成凡參與打蛇的人（包括搖旗吶喊者）都可以分得一份。如果從前文「全神貫注打牙祭」那個段落裡，你對犯人分肉時那劍拔弩張的氣氛留下什麼印象的話，在吃蛇的時候你也許會驚異萬分，甚至懷疑他們是不是參與分肉的同一夥人。他們是那樣斯文有禮，那樣從容自如。一盆冒著熱氣用一條蛇煮成的蛇肉湯，有雞湯的色澤和鮮美，除鹽以外沒有任何佐料。有傳說稱蛇肉湯可以除風濕，有的人只要分得一小碗蛇湯就十分滿足。在打這條蛇的行動中功勳卓著者，不僅喝湯還可以吃蛇肉吃蛇蛋，這一切「論功行賞」都是自然形成，毋須討論評比審批，也從來沒發生過因吃蛇不公平而打架鬥毆的現象，倒真有點原始人分食獵物的味道。

我並不十分喜歡吃蛇肉，我喜歡吃肥肉，而蛇身上一片肥肉也沒有（有少許蛇油），我又從來不相信蛇肉湯可以治風濕這類未經科學論證的「民間傳說」。但我十分愛吃蛇蛋，一條母蛇常懷有六個左右的蛋，呈橢圓形，沒有雞蛋似的硬外殼，卻和雞蛋黃的味道無異，決不是吹牛，我吃下的蛇蛋不會少於一百隻。

我除了當水稻班班長以外，還兼任植物保護也就是打農藥防治農作物病蟲害（因為勞改隊沒有專職植保員也就沒有個名份，我到是一直幹了十多年）。不論犁田耙田還是打農藥基本上都屬於單獨勞動，這無疑為偷吃生產成品逮黃鱔逮蛇提供了方便。我曾經在一場與蛇發生的「遭遇戰」中，措手不及乃至於將一台手搖噴霧器的噴桿打斷（噴桿是一根約六十公分長的空心鐵管，因係單獨勞動，無人檢舉揭發，故未造成不良後果）；在年輕力壯的當年，我竟能背著幾十斤重的機動噴霧器，俯身下去逮住一條蛇（我通常是抓住蛇的尾部順勢揚起手臂在地上狠摔一下將蛇摔死，曾三次用此法得手）。引以為憾的是，我在犁田耙田中不低於十次遭遇水蛇，那傢伙在水中游速極快，而人在水田中奔跑速度卻大大減慢，這屬於「英雄」無用武之地性質的悲哀，一句請勿見笑的話，我從來沒逮住過一條水蛇。

我鄰床有一位當年就已年近花甲的歷史反革命份子，他叫了個響噹噹的名字，竟和二次世界大戰前英國首相的中文譯名一模一樣：張伯倫，中央大學畢業生。據說他解放前當過「三民主義青年團」雲南省書記，中共建政以後，他潛入涼山給彝族奴隸主當奴隸七、八年，躲脫了五十年代鎮壓反革命的必死無疑（其髮妻在該運動中被槍斃）。他的傳奇經歷足夠寫一本書，但是是一本與美食無關的書，沒必要在這篇有關吃喝的文章裡過多的嘮叨。他因為年老體弱，就在隊上負責牧放羊群的輕勞動，這位犯兄在上世紀七十年代，釋放國民黨縣團級以上在押犯人時他得以釋放，後在某縣政協獲得頭銜。他迷信蛇膽可以養眼睛，我們私下達成協議，我以每顆蛇膽向他換取一個包穀粑，這個有效協議執行到他釋放出獄，我在床上目睹他吞下二十顆左右蛇膽的同時，他也在一旁目睹我吞下了二十個左右的包穀粑。

蛇湯製作法：以細麻繩將死蛇頸部繫牢，拴於樹丫上，以鋒利小刀將麻繩下三公分左右的蛇皮剝開作環狀，強力插入左右手之拇指，奮力向蛇尾部拉下，即可剮下完整蛇皮一張，若係烏梢蛇且蛇體粗壯，其皮可製作二胡、三弦等傳統樂器，充苦中作樂之用。剮皮後除去腸肝肚肺置盆中煮熟加鹽即食。

配料：除鹽以外不需任何配料（參閱注意事項A）。

注意事項：A、萬不可為除卻蛇體的腥臭而去菜地盜竊蔥蒜等，一經發現，作案者受批鬥雖能以抗貶型耳朵抵抗，蛇被沒收的結果會使你遭遇前功盡棄的頹喪。B、有可能在死蛇喉部儲有青蛙等未消化食物，萬不可誤為副產品一併煮食，極易中毒。C、蛇腥臭極重，剮蛇者手上臭味數日不散，可藉口有傷，找犯醫索碘酒棉簽擦除。

（3）、羊胎盤：在「閉一隻眼菜系」中，此菜頗具代表性，因為它可以說是生產成品，也可以說不是，因為產品是小羊，而不是羊胎盤。但如果那晚鬥爭對象是一個曾經吃過羊胎盤的「反改造份子」，那它就肯定變成該犯罪行的生產成品，因為它畢竟是公家的羊生出來的「產品」。

農場地域遼闊，其中必有許多荒山野嶺，這可以說是很理想的牧羊之地，養羊主要用於積肥，不是用於食用（除非是死羊），羊糞是很好的肥料。

我在這座農場一直在桂花大隊，這個大隊下轄五個中隊，另外還有兩個隸屬於中隊的分隊（兩個相對獨立的伙食單位），在十四年的服刑期中，我在不同的三個中隊和一個分隊待過一段或長或短的時間。如前所敘，在我這種單獨勞動較多的情況下，溜到羊棚去吃一份羊胎盤是輕而易舉的事，更何況那位借英國首相之名以壯聲威的犯兄，他曾多次將煮好的羊胎盤帶回寢室贈我果腹。我在前些日子寫就的那篇〈我被「槍斃」的前前後後〉（編按：見本書第七章）的文章中，曾提到過我的一位犯人朋友黃成良，在他滿刑前幾年就一直擔任另一個中隊的勞改羊倌一職，我曾多次蒙他「宴」請。「宴席」上的主菜當然是羊胎盤，宴會主題不外乎恭賀某位羊媽媽喜得貴子或者又添千金，說白了也就是吃掉隨貴子和千金而下的胎盤。我對這道菜一直存在著遺憾，事實上我對一切不能將肚皮脹飽的食物都懷有這種相同的遺憾。

老實說，若不是受饑餓的驅使，我是不會吃那東西的，如果在吃之前經由自己親自動手洗滌的話，食慾更會受挫。所謂胎盤似乎是一團薄膜上粘附著一個個小葡萄似的血塊，此外便是些無名液體（不知是不是醫學上所稱羊水），再就是羊胎落地時沾上的羊糞和枯草。雖然這些穢物都被洗去，但記憶力卻常常把它們召喚回來，讓它們去充當「食慾殺手」的角色，只不過這些「食慾殺手」都是饑餓這個惡魔的手下敗將。羊胎盤仍然是美味佳餚，雖然煮熟後其重量不足半斤，雖然除鹽巴以外沒有其他調味品。

我從未動手烹製過這道菜，有關配料及注意事項均從略。

（4）、山菌：像吃過各種各樣不知名的蛇一樣，我也吃過多種多樣不知名的山菌，此外還有木耳和一種長在石板上類似木耳、犯人稱為「地木耳」的玩意兒，不過木耳、地木耳這類「淺嚐輒止」的玩意兒是與「飽」字無緣的。

真正把我脹得「天翻地覆慨而慷」的就是那一盆盆不知名的山菌，其色澤和外形都有些類似市場上出售的香菇。這地處大涼山的國營勞改農場，四周被原始森林包圍著。森林就是生產菌子的好地方，有時運氣好，能碰上一株倒在地上的死樹上，密密麻麻地長著幾十斤山菌。有經驗的犯人曾告訴過我，凡長在樹上的菌子都是無毒的，這個好消息為鬆開褲帶死吃爛脹奏響了開始曲。犯人又有很多進入原始森林的機會，例如伐木或運木料，例如砍竹子運竹子，例如工休天找個冠冕堂皇的藉口（如砍扁擔鋤把之類），在生長山菌的旺季的某個工休日，請假上林子裡走一趟，採集到批量的山菌易如反掌。

原始森林都在勞改隊耕作區之外，距隊部較遠，進入森林就得花上近兩個小時，如果中午回隊部吃一頓午飯，基本上就沒有了勞動時間。進森林勞動的犯人，都得帶上中午的包穀粑和菜，在森林裡自己生火煮熟（涼山是多雨地帶，森林裡潮濕無比，不存在森林火災之類的潛在危險）。我從跨入森林的第一步就開始在目光所及之處搜尋山菌的蹤跡，不少次取得成果，有兩三次獲得豐碩成果，數量幾乎近半洗臉盆（臉盆也就是犯人的鍋），我脹得發嘔，我認為這種食品雖然味道鮮美但不易消化。此說有生活經驗可以作證，山林裡犯人常常在山泉上解大便，以避免污染空氣和工地。翻滾的泉水中會發現被衝散的糞便，盡是些山菌的肢體在浪花中翻滾便足以證明，它們根本未被消化吸收，除了滿足你「脹飽」的原始慾望以外，並沒有提供什麼具有營養價值的東西。

估計我在勞改農場吃下的山菌不會低於三十公斤，雖然它們不曾給我什麼營養，但卻給了我脹飽的感覺，那的確是一種不可多得的舒服感。

寫到這裡，我不得不借此機會向一位救命恩人表達我由衷的感激之情，此人名叫袁世建，四川屏山縣人，他是一位中醫師。我的祖父在我的家鄉還是一位很有名氣的中醫，我的父親卻不知為什麼不相信中醫，我也不相信中醫，但我不是受父親的影響，決定性的因素是受魯迅先生的影響，更確切地說是兒時聽我父親說過「中醫不科學」的話以後，在魯迅的作品中對中醫的貶抑話語中似乎得到了進一步證實。因此直到年近古稀的今天，我唯一吃過的中草藥就是袁世建向我提供的一碗水藥。

曾經在犯人們海闊天空的吹牛中，引用魯迅先生的話對中醫進行嘲諷，那天，袁世建正坐在我對面的床上微笑著，那時他還是一個入監不久、寡言少語的新犯，不知為什麼他意味深長地微笑卻給我留下了極深的印象。三年以後，我因為吃山菌太多患上了腸炎，解大便時隨著糞便排出些粘膜似的液體，更可怕的是每夜四五次的上廁所都是深夜一時以後，在廁所裡小腹陣陣絞痛，令我不斷呻吟，白天卻一切正常像無病的人一樣。每年十月份也就是大吃山菌的季節就會發作，歷時一個月又會慢慢好轉，這段時間對我身體的摧殘十分嚴重。在犯醫那裡索來什麼痢特靈，什麼腸胃消炎片吃多少也不起作用。又過了三年後，又到了可怕的十月，這週期性的腸炎正在使我垂頭喪氣的日子裡，一天中午，袁世建用他的頭號大茶盅煮了一盅草藥水給我，微笑著對我說：「我知道你不相信中草藥，你不妨按病急亂投醫的說法把這盅水喝下去，看能不能解決問題。」我看水裡面有菖蒲、香樟樹葉和一些不知名的草根，舔嚐一下也不苦不臭，果真就按照病急亂投醫的說法，一口吞服下去，其神奇之處在於從當晚起直到四十年後的今天，我再也沒有患過那可怕的腸炎，雖然我愛吃山菌如故。

不久，袁世建滿刑留在農場醫院當醫生，臨別前他送給我一個空白信封，上面貼好了一張八分錢的郵票，在勞改隊這張能寄一封家信的郵票可換一個包穀粑。信封裡有一張二指寬的紙條，上面寫著兩味中藥的名稱，同時對我說：「在有條件的時候，你每天喝一碗用這兩味藥熬的水，保證你延年益壽。」為了他的好心，這個藥單我保存了一段時間，後來終於丟失，只依稀記得那頭一味藥的名字彷彿是桔梗，第二味無論如何也記不起來，因為在那些年代，我認為我的命運和延年益壽這類幸福的詞彙不會發生任何聯繫，況且治好我腸炎的湯藥並沒有治好我對中藥的偏見。

不過，前犯人今著名中醫師袁世建先生，在我這個無恩無德於他，甚至在海闊天空的吹牛中，間接地傷害過他的人身上所表現的行為，倒真正給了我一個自慚形穢的機會。

我相信他會健康長壽的，不論他今天在哪裡。

（5）、天麻：雷馬屏農場有一種比較特殊的勞動項目，名叫燒灰。在二十一世紀強化環境意識的今天回憶起來，這種勞動對生態環境的破壞可以說是致命的。其具體操作過程大體是這樣，以兩個人為一小組，選擇一片山林（不是原始森林，大概叫次生林）地帶，先在這片山林的底部選擇一個二、三平方米的平臺，平臺中部挖一個長五十公分，寬二十餘公分，深十餘公分的火槽。上午二人把平臺上方的這片林子裡的幼樹、竹子全部砍倒後，用一根樹杈將這些倒下的樹竹全部叉往平臺上，堆成一個長方形的柴堆，並不斷用腳將這些柴禾踩踏壓緊。下午便用鐮鋤將這片林子的表皮泥土、包括落葉樹根全部鏟到柴堆上堆積，收工前從火槽中遞進火種使其燃燒。一天後，將未燃盡的餘柴收攏，再加上些腐質土堆到柴堆上重新點火，第三天用竹篩篩去餘燼中的植物殘渣，篩子下面的灰土就被認為是肥料。這種勞動的名稱就叫作燒灰，通常在農閒的冬季進行，時間長達二至三個月。它的特點主要是兩個人一組的勞動（常常是關係好的兩個人設法編在一起），避免了「耳目眾多」的種種複雜；此外是遠離隊部和自由用火。

這兩個特點為「閉一隻眼菜系」提供了極大的用武之地，比方說在鏟地皮的時候並不難鏟到一種名叫天麻的中草藥，我們鏟得的都是冬季的天麻，據說這種天麻叫夢麻（有點詩意，天麻也會做夢），因為春天開始出土的天麻往往是空心的，從犯人要求「脹飽」肚子的願望來看，空心的東西顯然比實心的效果差得多。又據說天麻能治頭暈病，我從來不相信中醫，況且頭也從來不暈，因此在我和「聯手」（勞改隊對共同操作者的單人稱謂）幾度挖到天麻除了用來飽肚子以外並無他用，我們曾在一塊石板下刨出二、三十個大天麻，又據說這叫窩子麻，特別珍貴。但是作為食物，它那股澀味只能讓人舌頭不舒服，如果有人用等量的紅苕和我交換，我將十分感謝他。我相信美食家們在各種佐料的包裹下，偶爾吞咽一兩片到是可能的，如果像犯人啃紅苕那樣用它來脹飽肚皮則是絕對不可能的。因為天麻的名聲顯赫，又捨不得丟，我就將難以下嚥的帶回去放在床頭「待價而沽」。幾天以後，晚上解小便回來，竟發現床頭上閃出一團團綠熒熒的光，用手一摸，這「光」竟沾滿手指，原來天麻已開始腐爛，這東西因含磷太多，民間所謂山林間的鬼火似乎和它有某些親緣關係。

嚴格說來，它不應該進入食譜，只可列入藥膳。但當年的犯人，那裡去管這些屬於美食家應該管的事。

（6）、蜂蛹：不知道這個名稱是否規範，反正是大馬蜂的幼蟲，勞改犯稱為「蜂兒子」。這道菜有點恐怖，吃它的時候並不恐怖，據說還富含蛋白質，營養價值極高。只是要取得這道菜的原料——蜂兒子的過程，的確相當恐怖，這是些絕不會為美食家所知道的事。

有一句眾所周知的歇後語說「捅了馬蜂窩」，它的意思便是引來麻煩多多。凡捅它窩者一經馬蜂發現便傾巢出動群起而攻之，馬蜂螫死人也不算什麼稀奇事，但蜂兒子的營養價值和香味更是誘人。就在我所在的勞改隊的山野林間，暗藏著眾多的馬蜂窩，白天被在山間勞作的犯人發現後，夜晚準備好煤油火把，視該馬蜂窩的高度，或爬到樹上、或站在地上直接用長竹竿支起一個蘸滿煤油的燃燒物直抵馬蜂窩，燒死或燒傷大部份睡夢中的馬蜂，所餘殘兵敗將也就失去戰鬥意志，只有讓這些饞嘴犯人端走其勝利果實。

上面列舉的是一個皆大歡喜的結局，也有過不少犯人被蜂群螫得傷痕累累抱頭鼠竄的事例，不過據我所知，這些曾經高奏凱歌的蜂群最終還是敗在了人類智慧之下。

記得是一九七五年，我當時在上通木溪分隊勞改，隊上有一位王姓餵牛班班長，合江縣人，農民出身，他常年在牛飼料的餵養下（耕牛有玉米粉供應）體魄異常健壯，那時他三十多歲，精力旺盛。在一次放牛割草中他發現了一個特大型的馬蜂窩，共有七層蜂巢，最大直徑近五十公分，在蜂群的心目中，它幾乎就是紐約世貿中心那座被恐怖份子炸掉的大廈。這位曾多次「捅馬蜂窩」的勝利者，自恃經驗豐富，勇氣過人。那一天，他身著棉衣，頭戴棉帽，緊紮領口袖口，總之不露一絲肌肉在外讓馬蜂螫咬，面部更以塑膠薄膜遮掩，僅以針刺若干小孔以利呼吸，他自認為以這一流裝備去捅這個超級馬蜂窩不會有問題，竟於大白天來到岩邊一株樹側，點燃準備好的火把伸向蜂巢，頃刻之間，視死如歸的蜂群紛紛向他飛來，在他頭上身上爬來爬去，想尋找螫咬的部位。個別的已使他受到兩三下攻擊，但他忍受著劇痛，終於燒掉並捅下了這個超級馬蜂窩，就在他攜帶馬蜂窩回隊的途中，頭上和身上附著的馬蜂仍在尋找衣領袖口的縫隙，也有的馬蜂取得了成功，更有幾隻智力超群的馬蜂將他臉上的薄膜咬爛最終達到螫咬的目的，報了「家破蜂亡」的血海深仇。

第二天我曾到牛棚去見到過這位鬥蜂勇士，只見他坐在床上哆嗦不已，頭臉腫脹到「面目全非」的地步。也幸好餵牛犯人與獸醫犯人的關係不錯，那獸醫為他找來一些針藥不斷注射，才讓大難不死四個可遇不可求的字在他身上得以應驗。不過傷癒後的王班長，一改過去那咄咄逼人的架勢，似乎蜂群用視死如歸的英雄氣慨告訴了他一條樸素的真理：除了死神以外，世間並沒有永恆的勝利者。

可能是季節原因，其實這個超級蜂巢裡蜂蛹並不多，有關犯人只吃到十餘隻，王班長更是一隻也沒吃，真令人產生得不償失的感覺。據獸醫介紹，如果搶救不及時，傷者甚至有生命危險。其實一般餵牛犯人受饑餓威脅並不很大，因此，我懷疑這位王班長身上有一種「勞改英雄主義」（此詞係本文作者臨時杜撰）在作怪。

本人對蠶蛹蜂蛹等食品均有過敏反應，一吃便會嘔吐不止，故從未捅過馬蜂窩，也難以向美食界提供有關蜂蛹的烹飪製作吃法方面的資料，只能提供一點捅馬蜂窩的教訓，讓美食家知道他品嚐的東西的來之不易。

（７）、青蛙和「木槐」：涼山地區青蛙並不很多，可能是因為稻田中過度使用ＤＤＴ、六六六等劇毒農藥導致生態失調，我只吃過不足掛齒的十幾隻。僅就我周邊犯人在吃食青蛙中所遭遇的慘痛教訓，向美食家介紹兩例，以免你們在研究中重蹈覆轍：一是青蛙皮苦澀無比，曾有一個老年犯人，認為剮下的青蛙皮扔掉可惜，撿而烹之，拿到口中一咬，只聽他大叫一聲，因其苦澀無比而急急外吐，後悔不已；另一則教訓是與我同在水稻班的周姓犯人，他看見水田中漂浮著一片片蛙卵，白色透明，中有小黑點，煞是可愛。聯想到雞蛋鴨蛋蛇蛋都富含蛋白脂肪，這青蛙蛋又豈能例外，便將片片蛙卵撈起，煮了一小盅，放了點鹽巴含笑吞服，結果狂瀉數日，走路都打偏偏，這可能是動物為了綿延種群，在卵中放了某種毒素所致。

我在雷馬屏農場曾吃過很多很多被犯人稱為「木槐」（讀音而已，估計不應該是這兩個字）的蛙科動物，這可能是「閉一隻眼菜系」中，最高檔次的一道菜（奇怪的是犯人通常把它當飯吃），為了求得它的學名，使美食家便於研究，我再次翻開那本《彩圖幼兒知識百科》，在蛙類中未能找到「木槐」的彩圖，失望之餘，我發現我兒子讀小學時還用過一本《最新二十一世紀少年兒童百科》的大型畫冊（浙江少年兒童出版社，一九九六年第三次印刷），其中第一三二頁上，共繪有十多種蛙類動物，只可惜那些蛙類與我要找的「木槐」不是顏色不對，就是大小不符，唯有牛蛙倒勉強可以對上號，只是在說明中，該書又說它原產非洲，離我所在亞洲的大涼山勞改隊簡直十萬八千里。在黔驢技窮的情況下，我只好說這「木槐」非常像前些年從古巴引進的牛蛙。牛蛙是美食家關注的菜肴，而我關注的偏偏是美食家最看不起的菜肴。所以引進了這麼多年，我至今沒吃過甚至也沒見過一隻牛蛙。我敢肯定的只有一點，我當年吃過的「木槐」和美食家盤中的牛蛙決不是一樣的味道，原因再簡單不過，因為我當年是勞改犯。

涼山裡有很多溪流，每年夏秋之交，溪流裡就會出現大量的貌似牛蛙的「木槐」，成年的「木槐」體重三兩左右，它們晝伏夜出，一個個蹲伏在石塊上，捕捉林間飛蟲為生，估計從「自然災害」開始，饑餓的中國同胞在每一個角落去探尋或開發食物資源中，發現了大自然給人類的這一饋贈，囚禁在大涼山裡的勞改犯，也從中撿到一份便宜。

每個勞改中隊所轄耕作區縱橫數公里，如果耕牛都飼養在中隊部，犯人上山犁田，從牛棚裡牽出耕牛到他當天所耕作的田塊，按一般水牛那吊二郎當的步行速度，最遠的甚至可能到達耕地時已是吃午飯的時間，其結果是這一天的工效就等於零，也等於犁田的犯人變成了陪牛散步的犯人，這樣對農事生產不利，對犯人的勞改更不利，必須另想辦法。足智多謀的管理幹部便想出一個辦法，根據隊上田土分佈情況，修建些簡易牛棚，將耕牛就近餵養在田土邊。在犯人中精選一些刑期較短案情性質比較輕微的傢伙住在牛棚裡，每個牛棚住兩個餵牛犯人，各管兩頭耕牛以便相互監督。每個中隊都有幾個這樣的牛棚，別看這充斥著牛屎牛尿臭味的牛棚，它既是犯人的酒吧，也是犯人的茶樓，有時甚至是餐廳。

我是水稻班長，顯然已進入犯人中的「上流社會」，加上犁田犁土涉及用牛的勞動都與本班長的職責有所關聯，出入牛棚——也可以說出入茶樓餐廳，洽談用牛業務也是正常現象。當然私下裡在茶樓裡吃喝玩樂一番，占一些小便宜，就像今天某些貪官污吏所作所為一模一樣，也不算什麼不可理喻的事。幸好牛棚裡僅有的異性不過是兩頭母牛，否則象一般地方官員那樣藉口社交活動，演繹出一些風流韻事出來也將不足為奇。

兩個住在一起的餵牛犯人，利用遠離獄吏視線，獨居曠野的地理人文優勢，每年夏秋之交的深夜，這兩個餵牛犯人，一個提一捆火把，一個提一根麻袋，潛入山林間的溪流，自下而上一路搜尋。這「木槐」愚蠢得令人同情，竟然在亮晃晃的火把面前毫無自衛反應，鼓著一雙眼睛，似乎是心甘情願地到麻袋裡去打擠。一夜下來，麻袋裡少則幾斤多則十餘斤活蹦亂跳的「木槐」光臨牛棚，和我這類犯人「官員」光臨的目的截然相反的是，我來吃它們，它們來被我吃。

有一句流傳甚廣的民諺說，世界上沒有白吃的午餐，話說到了這個份上，我如果不談出一點除吃吃喝喝以外的「勞改隊內部情況」肯定會造成一些誤解。因為在前文中我無意間透露出我是一個犯人「官員」，即水稻班班長。和世界上一切帶「長」的官員不同的是，它是犯人中最小的官同時也是最大的官，他還是可以讓任何一個獄吏（包括他們的妻室兒女）任意支配任意辱罵的官（特別在「史無前例的文化大革命」期間）。

那麼在「閉一隻眼菜系」中，包括「木槐」在內的高檔菜肴我憑什麼享用，又憑什麼進出牛棚這類勞改隊裡的高檔「酒吧」「茶樓」「餐廳」，去吃那些免費的午餐？在人之將死的今天，我不能不作出一個交代。

在令人眼花繚亂的二十一世紀中國文壇上，沒幾個人知道寫狗屁文章的在下張某，而在張某當年所在的勞改中隊的一百多號犯人中（其中百分之七十是文盲和半文盲），張某堪稱一代文豪，犯人每年年終總評，半年大評等等常年進行的評比運動，都得呈交思想改造總結之類的書面材料，裝入檔案袋以備某個需要「老賬新賬一起算」時查用。那些謊話連篇無恥吹捧自我謾罵的文稿，全中隊可能有一半出自本犯之手，還有些反省書檢討書認罪書保證書均為本犯拿手好戲。特別那些「不能洩漏勞改隊機密」和「涉及勞改隊內部情況」的寄出信件，更讓我斟字酌句費盡心機。經年累月的舞文弄墨，手藝也日漸精湛，可以毫不吹噓地說，某些類別的書面材料我甚至達到申請專利的水准。

在一些催交材料的緊張日子裡，也曾出現過供不應求的市場緊張，我寫材料的市場價格也會出現飆升，如我替某犯寫總結一份，他替我犁田一畝，又如我替某犯寫檢討一張，他替我挑運肥料二百斤類似的「價格調整」，這時我攜帶紙筆上山「出工」，草草幾筆，按某種文稿公式，稍稍更換姓名時間地點和相關過程，即可「一手交『田』，一手交『貨』」。所贏得的時間，我自可逮黃鱔捉青蛙為填飽肚子而奔波去了。

現在重新說到「木槐」，它富含動物蛋白，味道鮮美，在「閉一隻眼菜系」中首屈一指，但捕捉

「木槐」畢竟屬於可追究也可不追究範圍。就算不追究非生產成品「木槐」的來源，只就你們深夜外出，擅自離開勞改場所這一違犯監規紀律的行為寫一份檢討，總算寬大處理了吧。我吃過「木槐」，按吃人的嘴軟這一傳統美德，勿須作檢討者「檢討」一言半語，我這支幾乎擁有檢討專利的生花妙筆，自會替他深刻檢討。

（8）、猴肉、熊肉、狗肉、貓肉和老鼠肉：犯人每月發零花錢二元（「文革」期間降為八角，我離開時已上升到二元五角），這點錢除了國家規定憑票證購買的如肉油糖等，因犯人不發任何票證無法購買之外，其他日用品可委託出差到西寧（雷波縣的一個鄉，雷馬屏農場場部所在地）的犯人購買，工休天獄吏偶爾也會帶上指定的犯人專門去採購一些牙膏肥皂之類的日用品。但是歸根結底，這二元錢最主要的用途還是花在吃上，其理由古人早已回答：「民以食為天。」

彝族有一個特點，就像回族不吃豬肉一樣，彝族人也是絕對不吃狗肉的，不同的是回族不養豬而彝族卻要養狗，用作看守門戶和牧放羊群。在彝族老鄉知道漢族犯人要吃狗肉的時候，除了更增加一份鄙夷之外，也願把那些不中意的狗賣給犯人。他們養的狗多為個頭不太大的品種，價格十元左右，幾個犯人湊錢「打平夥」，買一隻來共用的事並不鮮見。因為涼山地廣人稀，有時一連幾天也見不著一個過路的彝族人，所以買狗的機會不很多，就連我這個終日為吃而費盡心機的傢伙，最多也只有十多條狗從我的腸胃中穿過。

熊肉也是彝族老鄉背來賣的，因為這傢伙肉多體重，不是三、五個犯人湊錢買得起的。當有熊肉到來時，路邊留幾個犯人和彝族老鄉討價還價，另外的犯人中必有志願者一路飛奔去找獄吏最賞識的班長或積極份子，要他們出面去向監管獄吏請示報告（如果是獄吏恨之入骨的「反改造份子」出面請示，他挨兩耳光倒是小事，害得犯眾失去此番機會吃不成就太可惜了），記憶中只有一次被否決（原因不詳，似乎無人挨耳光）。這種「通天熊肉」就直接背進廚房，由炊事犯人弄好後按打牙祭的分肉方式進行到底，最後按人頭分攤熊肉費用，參與吃肉的各犯自覺交納。

老鼠肉只吃過一次，那是在一個西昌籍餵牛犯人操辦的「生日慶宴」上，據說該「壽犯」在家時曾以打獵為生。某日，我在他的牛棚裡烤火擺龍門陣，偶然發現火塘上面吊著一串串肉類的東西，他對我說這是耗子肉（四川方言稱老鼠為耗子），原來他會製作一種捕捉耗子的工具，逮得的耗子剝皮後在火塘上燻乾，像農民燻製臘肉一樣，「等幾天我招待你。」他悄聲對我說。其實牛棚裡就只有我們兩個人，很可能是勞改犯當久了，心理上有了某種變態，凡屬於這類拉拉扯扯吃吃喝喝的勾當，即使身邊沒有第三者，也習以為常地用悄悄話的方式表達，語音的輕微似乎已注明了機密的等級。

原來那天是他的生日，同一牛棚的兩個餵牛犯加上我這唯一的賓客，弄了一大品碗乾煎耗子肉（此菜名係本人杜撰），還有蘿蔔乾、花生米，意外的是還有一瓶燒酒。我是從不喝酒的人，那天看在耗子肉份上，也呷了兩口。

我覺得那天吃的耗子肉和煙燻臘肉的瘦肉沒什麼區別，甚至更香，臨離開時，西昌籍餵牛犯在門邊說的又一句用悄悄話注明機密等級的話把我嚇了一跳，他說：「煙燻過的耗子肉完全可以生吃。」

在我吃吃喝喝的經歷中，從來沒有碰到過比那次吃猴肉更令人掃興的事了。中午收工的時候，我看見本隊的一堆犯人站在路邊圍著一個彝族老鄉在議論著什麼，看樣子似乎又在買什麼「進口貨」（這是當年對食物的通稱），走到近前，才知道彝族老鄉背來了兩隻猴子，一隻母猴和它的幼仔。有人問我：「隊長（犯人對獄吏的稱謂）同意了，你參不參加？」我脫口而出：「當然參加。」

那時買賣雙方還在商討最後一個問題，買方只買母猴，不買小猴（小猴小得可憐，沒什麼吃頭），賣方要兩隻猴子一起賣，一番好說歹說，最後賣方作了讓步，這時小猴正緊緊抓住它母親的胸口，當賣方強行從母猴胸前拉開小猴的時候，小猴越發抓得緊，最後當它從母體上離開時，我看見小猴的手上竟捏著一小撮母猴身上的毛，可見母子二猴的難捨難分。二猴分開後還相互對望著，發出吱吱吱的慘叫聲，似乎在訴說生離死別的痛苦，又似乎是向人類哀告請求，別讓它們母子分離，其慘狀簡直不忍目睹。

吃完飯，午休片刻旋即出工，我剛剛走到簡易公路上，便看見那燙掉毛的母猴被吊在樹上，等待那性急的犯人去開腸剖肚，走近一看，幾乎看不出它是一隻猴子，而更像一個裸體少女吊在樹上，其景象簡直令人不寒而慄，整個下午我想著這母子二猴的慘狀，心中不是滋味。

收工回來，有人來收猴肉錢，每人五角，我本想退出，但這個行為在勞改隊極容易成為眾矢之的，我還是交了五角錢。只是喊交餐具分猴肉的時候，我才宣佈我放棄。

在場的人，無一不認為自己的耳朵出了毛病。

（9）、爛洋芋：吃爛洋芋不能稱為我的專利，只能說是我的一個專長。

反正從我能記事的時候起，我就喜歡吃臭東西（除屎以外），如臭豆腐臭鹽蛋臭皮蛋臭肉我無不趨之若鶩。遙想風華正茂的當年，服役於解放軍某部，伙食上動輒以皮蛋佐餐，某日，我發現炊事員在廚房門邊剝皮蛋，敲開一看，如發現是臭皮蛋就立即扔掉，我便上前曉之以反對浪費提倡節約的大道理，叫他今後將爛皮蛋全部留給我，那一段歲月，我過足了臭癮。直到今天，凡家族內兄弟姊妹中某家自製鹹鴨蛋失敗，做成了臭鹹蛋時，必有電話向我報喜，我也將於最短時間取得這批他們認為臭而不可聞也的廢品，可以供我大過臭癮。平反出獄後，有一次我到某縣出差，特意去商場買下一瓶王致和臭腐乳，在長途汽車上不小心碰破了瓶角，一時間臭水溢出，臭氣繚繞於車廂之內。車上所坐先生小姐，碩士學士，無不怨聲載道叫苦不迭，而我卻在這股臭氣的誘導下，聯想到臭豆腐的鮮香，精神為之一振，使該次旅行成為我美好的回憶之一。

進入勞改隊以後，我除了身受一般犯人所蒙受的精神和肉體的痛苦之外，我還得添加一份吃不到臭肉臭蛋臭豆腐的痛苦。有一天我在用農藥處理洋芋種塊時，發現有幾個爛洋芋，我順手拿起一個聞了聞這爛洋芋的氣味，似覺有幾分可親。具體地說它使我想起了臭肉臭皮蛋臭豆腐的「香」味，收工時我就帶走了幾個爛洋芋，採取與盤龍黃鱔相似的烹製方法，裹上幾層瓜葉，扔進廚房的火爐之中，經十餘分鐘的燒烤後取出，除卻表皮面上沾著的炭渣炭灰便送入口腔，頓時一股臭皮蛋的美滋美味簡直令我陶醉，而且全隊犯人中只有我一人敢於吃願意吃和喜歡吃這種燒烤爛洋芋。眾所周知，凡屬帶有競爭性質的事物能高居壟斷地位者必能撿得很多便宜，此後若干年，我一直獨享爛洋芋的美味。有時我竟消受不完，也曾向幾位自稱進勞改隊之前也是臭豆腐愛好者的犯兄犯弟進行推薦，他們多半吃一兩次便中途退卻，像我這樣十餘年如一日一直吃爛洋芋到底的人，我還沒見到第二個。

我從來不相信什麼特異功能，而且愛吃什麼東西也不應該屬於功能方面的問題，因此我對自己味覺器官是否正常都產生了懷疑。

幸好美食家們的味覺器官與我不同，不然麻煩就大了。

（10）、筍子蟲和打屁蟲：這兩種蟲是許多犯人共用的一道菜，我偶爾逮著也只是送給愛好者去享用，因為我心理上接受不了這種類似茹毛飲血的吃食，特別是打屁蟲散發的那一股惡臭簡直令人不忍聞嗅，據身旁咀嚼者介紹，吃它時不但毫無臭味，並且有少許芳香。這種灰褐色的扁形小蟲，春夏季節不時出沒在犯人們席地而坐的草叢中，它不像生著複眼的蒼蠅蜻蜓，捕捉者剛剛走近，它們便振翅飛逃。打屁蟲似乎自恃備有「毒氣」這一防身法寶，它慢條斯理的在犯人身邊的草葉上踱著方步，逮著它的犯人一臉奸笑，用姆指和食指分別攥緊它的腹部和背部，然後加力擠壓，只見那打屁蟲的肛門上有一絲白色液體射出完畢後（估計是該蟲製造「毒氣」的原料），即可放入口腔慢慢品嚐。

筍子蟲生長在竹林裡，蟲體大如成人小姆指，長約三公分，淺咖啡色，因嗜吃竹筍而被冠名。通常是燒熟了吃，但亦可生吃，據說味道近似炒花生。

上列二蟲均為閉一隻眼菜系中的常見菜，雖然我未親口品嚐，也一併提供給美食界參考。

來自遠方的特殊吃喝

勞改犯人守則第六章「接見通訊」第三十八條原文如下：「接見家屬每月不超過二次，每次不超過三十分鐘，特殊情況經批准可以適當延長。」第四十一條又規定：「收受物品必須經國家工作人員檢查，非必要物品禁止送入……」。根據以上援引條文可以得知，如果一個家屬，經過舟車勞頓，然後來到四川的老少邊窮地區的大涼山雷波縣西寧鄉，再翻山越嶺步行數小時到某勞改單位去探視在押犯親人，結果時間「不超過三十分鐘」那將是一種什麼滋味。幸好在實際運作中，只要在接見交談時，沒有什麼「不合時宜」的言詞，交談雙方就可能享受「經批准可以適當延長」的恩澤，但決不可能延長到天黑以前。我在這個農場待了十四年多，目睹遠方親人的探視決不會超過十人次，我能清晰記憶的探視只有四次，其餘六次是我擔心遺忘而估算的，有把握的是，只可能高估而不可能低估，因為極少的探視對封閉著的犯人來說都屬於很有刺激性的頭版頭條新聞，不會輕易淡忘。

由探訪親人和郵寄包裹帶入勞改隊的吃食極其有限，因為在「左」風猖獗的年代，大陸同胞雖然不至於像當年報紙上所說的「生活在水深火熱之中的臺灣同胞」那樣可憐，但生活必需品的憑票供應，最少也說明我們暫時還未進入豐衣足食各取所需的「共產主義天堂」。家裡人的肉都不夠吃，哪裡來肉寄給勞改隊的親人？即便窮困家裡人千方百計省吃儉用捎上一點，也得由獄吏們檢查是否合符「非必要物品禁止送入」這一條的規定。按獄吏們口徑統一的高調說法：「勞改犯在黨和政府的關懷下有吃有穿，每個月還有兩元錢零花錢，還有什麼『必要物品』需要『送入』？」不過從我見到的實際情況看，絕大部份捎來的東西都沒有拒收，除非收物者是那些令獄吏們切齒痛恨的所謂反改造份子。

但是，如果在獄吏們檢查寄出信件中發現，有犯人主動寫信找家人索要非「必要物品」（多為肉類食品），必將招來批鬥，故有經驗的犯人通常自會委託餵牛犯人借到西寧割草的機會，將相關「私信」投入郵局內的信箱。

「私信」帶來的重要成效是招來家人千方百計寄入糧票，糧票可以買掛麵，以下是有關掛麵的故事：

一九五四年，我由部隊轉業到中共南充縣委辦公室工作。第一天下鄉就是到該縣木老鄉去宣傳糧食統購統銷政策。我下到村上住在一個貧農家裡，也就在他家裡搭夥食。吃晚飯的時候，主婦端了一碗麵條放在餐桌上，我端起這碗麵就吃將起來，我的這一舉動很快地成為該村的特大新聞，伴著笑聲傳到了家家戶戶，因為我不知道這一碗麵是那頓晚飯中全家人共用的菜肴之一。那年頭「自然災害」還在遙遠的未來等待著，農民們還享受著土地改革的餘溫。我在那個村裡住了一段時間才發現，當地確有以麵代菜的民俗（順便提醒美食家們注意這一「地方特色」的吃法）。在有條件弄到糧票的時候，勞改犯也可能弄一頓麵條吃，把它當成下包穀粑的菜吃，就像前面寫到的那些村民一樣。

我在雷馬屏農場勞改的時候，我的大妹妹正在青海省某某縣一個勞改隊擔任會計，妹夫則是該勞改隊的一把手，我們之間當然按中共階級路線的慣例劃清了界限。我母親替這位會計照看她日益增多的革命接班人，也住在那個勞改隊裡。老人家目睹著那些勞改犯缺吃少穿的生活情況，自然會想到她命途多舛的二兒子也和眼前這些犯人一樣掙扎著。兄弟姊妹間劃清界限似乎比較容易，要母親和兒子劃清界限就太困難了，老人家只有悄悄地抹著牽腸掛肚的淚水。

終於她用母愛的金鑰匙開啟了智慧之門，每一年她都得背著「當獄吏的女兒女婿」給我寄兩次傷濕止痛膏，這種止痛膏就是經藥物處理過的幾片醫用膠布，用塑膠紙隔離後裝在一個個小紙袋裡，那些年代的市場上到處有售。因其輕巧，直接裝在掛號信裡就可以寄出，檢查者從未發現，在包裝完好的傷濕止痛膏中間，每每會夾藏著一張五斤的全國通用糧票。有了這恩重如山的糧票，只要添幾角錢就能托出差的犯人在街上買到掛麵饅頭等等食物，所以出獄後我常對朋友們說，我母親養育我到四十六歲（該年平反出獄）。沒有母親的關愛，特別是精神支撐，我很難活著走出令人不寒而慄的勞改隊。

平反以後，我理直氣壯地奪得了對母親的贍養權，將她的戶口遷到了我的身邊。雖然長年和母親生活在一起，即使在最快樂的日子裡，我也不敢提及寄糧票的事，以免讓不堪回首的陳年痛苦引出她縱橫老淚。

母親係江蘇南京市人，於二〇〇〇年十一月三十日在四川成都逝世，終年九十二歲，願她老人家在天堂裡安息。

為生存而偷吃

我在勞改隊曾經偷吃過各種生產成品，最狼狽的日子裡，甚至生南瓜生洋芋生包穀都偷吃過，因為涉及到讀過幾本書的人所不齒的偷字，在幹這類勾當之前，為克服心理障礙，也曾為自己臆造了一點「理論」。我對自己說：「一個人為了自己的生存（僅限於吃飽肚子）他採取的一切手段都是合理的，因為生存是他不可褫奪的最基本的權利」。我在我自己的「理論」指導下，為了吃飽肚子，幹下的種種勾當可以說罄竹難書，其中也不乏可供美食家參考的資料，當然也不乏供美食家嘲笑的資料。應該承認，不論參考還是嘲笑，那也是他們不可褫奪的權利。

前面提到的生南瓜生洋芋生包穀，大凡吃這些東西的時候都是餓得難以忍受的時候，因此開始啃那幾口時，不但不覺得難吃，反而覺得清香可口。吃到後面就越吃越難受了，若強迫自己吃下去，甚至會想嘔吐。我吃這類生東西從來沒有吃飽過，生南瓜我只吃過一次，確實有味若嚼蠟的感覺，生的嫩包穀有一絲甜味，如果吃第二個時就覺得有一股生臭的味道，口感不好，據說有犯人一次吃下四個，連我都深表佩服。

我吃得最多的便是生洋芋，曾經有外行對我說，生洋芋麻口，那是天大的誤會，如果說可口，那同樣也是天大的誤會。我頭一次吃它是在挖洋芋的季節裡，那天我並沒有參加挖洋芋，幹的什麼活我已經回憶不起了，只記得收工以後又餓又累等待獄吏吹哨集合開飯，哨子終於吹響了，只是哨音中止後獄吏喊出的命令並非眾犯期待著的「集合，開飯！」，而是「每個人到大荒坡挑一百斤洋芋回來再開飯」的噩耗。在勞改隊，絕大部分勞動都是有定額的，已經回到工棚的這批犯人顯然都是完成了這個定額的人，而類似這一百斤洋芋之類的額外勞動，對我來說簡直是精神和肉體的雙重折磨，但是不能不去，也不敢不去，因為早就有「一句頂一萬句的最高指示」說過：「我們對敵人是從來不施仁政的」，雖然只是抗拒一百斤重擔的額外勞動，其性質同樣叫作抗拒改造。幾乎所有監獄的牆壁上，都有八個大字惡狠狠地盯著你，逼迫你「每日三省吾身」，那八個殺氣騰騰的字便是「抗拒改造，死路一條。」

出工棚一看，黃昏前的天空，竟下起了「助紂為虐」的濛濛細雨，為應付山路的溜溜滑滑，還得將鐵腳馬（這是一種下有四個短小鐵釘的防溜滑的工具）套在草鞋上，然後便和一群哭喪著臉的犯人一道，從保管室提出了籮篼扁擔。

大荒坡遠在七華里左右的山上，從開始爬坡起，肚皮裡空空洞洞的饑餓感使我手腳無力，每向上攀登一步都令我氣喘吁吁。這時天色更加昏暗，洋芋地裡有進進出出的黑影在走動，有人高呼：「挑洋芋的到這裡來。」我應聲走去，洋芋堆邊的犯人往我的籮篼裡裝滿了洋芋。

挑過擔子的人都知道，同樣是一百斤的擔子，晴天在乾燥的路上挑和雨天在溜滑的路上挑，絕對是兩個相去甚遠的概念，挑擔子的人將付出多得多的體力以應付偏偏倒倒。加上我剛從翻挖過的洋芋地裡走出，草鞋上附滿了泥土，肩上的沉重，腳下的溜滑，加上肚子裡的空空蕩蕩，使我舉步艱難，幾乎每走二十多步我都得擱下擔子休息片刻，這時，我打定了偷吃生洋芋的主意。

不遠處正有一塊水田，我擱下擔子，昏暗中我仍然注意了前後犯人的距離，以防相互監督的殺傷力。然後從籮篼裡取出兩個胖子洋芋，趁到水田坎上洗草鞋的機會，洗淨了兩位「胖子」身上的泥土，往衣兜裡揣上一個，手上的一個在勞改服上稍稍擦乾一下，隨即交給口腔處理。開始那兩大口我認為它的肉質有點像蘋果，遺憾的是它不酸不甜不苦不麻十足的淡而無味，絲毫引不起食慾。我感覺自己處於兩難的地位，一方面口腔拒絕這略帶生臭的食物；而空曠的肚皮又呼喚著食物。終於肚皮戰勝了口腔，我毫不勉強的吃了下去。剩下的一個我採取邊走邊吃的方式進行細嚼慢嚥，用美食家吃東西的風度完成這次「處女吃」。

兩個「胖子」，重量不會低於六兩，晚餐供應的包穀粑是三兩，我的滿足感便從這個簡單的數字中產生。

偷吃中的「小兒科」

小兒科是近代在四川出現的一個詞彙，它已不是醫療意義上的小兒科，而是特指那種小打小鬧不成氣候的行為，犯人中類似順手牽羊之類的小偷小摸也應該劃入小兒科。不過如果將這類小打小鬧地順手牽羊日積月累，也不失為積小勝而為大勝的一種方式，為改善自己腸胃的生存方式提供一些說明。

古人說：「工欲善其事，必先利其器。」政府發給犯人的對襟勞改服的右下角綴著一個小荷包，這荷包小得連一根玉米棒子都裝不下，以致使小偷小摸小到了「無用武之地」的程度，顯然有必要進行一番改造，才能適應「利其器」的要求。一般犯人都是在勞改服的右側的裡面，自己縫製一個方形大包包，其尺寸估計是三十公分見方，幾乎佈滿勞改服右襟的下半截，內裝兩公斤紅苕或五個玉米棒都不會出現「超載」現象，只不過這種「大腹便便」的顯而易見，如遇見幹部和積極份子肯定「有礙觀瞻」，顯然存在安全隱患。但犯人的求生慾望迫使他們想出更多，例如裝上這樣多贓物以後的衣物，或者裝在撮箕籮筐之類的生產工具裡，或者大搖大擺地提在手上，反正汗流浹背的犯人，夏天打赤膊冬天穿單衣在幹部眼中都是勞動賣力的表現，輕而易舉地將壞事變成了好事又何樂而不為？

在縫製這類大型衣兜方面，我卻與眾不同，四川農民習慣在腰前繫一個圍裙，俗稱「圍腰」。這種類似家庭主婦在廚房炒菜時圍在腰前的玩意，在勞改隊列為勞保用品而且長過膝蓋，可惜這種勞保用品只發給餵牛犯人鐵匠木匠篾匠各一條，我等從事大田生產的「通用型」犯人無須享受勞保。顯然這個裝備對從事農業勞動的犯人用處挺大，例如它可以保護衣服，可以揩手，長圍腰還可以撩起來擦汗揩鼻涕，我一直希望有一個圍腰，它有更重要的用途。

終於在一次領農藥時，有袋農藥竟是裝在一個麻布口袋裡，而且那麻袋的質地還不錯，我便用這個麻袋縫成了一個短圍腰，特別值得我無比自豪的是，這圍腰的襯布我也特別選用了質地很好的布，事實上把它縫成了一個五十公分寬四十公分高的大口袋，一切順手牽羊得來的「進口貨」都可以納入其中，容積之大，為全隊之冠。

偷得的包穀紅苕洋芋這類需要再加工的生產成品，其操作過程需要積累相當豐富的經驗才能保證不被發現，例如在嫩包穀成熟時，如果在本隊耕作區突然冒出縷縷青煙，兩公里以內的人都能估計到是犯人在燒包穀（那是相當可口的食物），但十有八九會有人從四面八方過來緝拿，要使燒包穀而不冒煙或少冒煙，最可靠的方法就是選用絕對乾燥的柴禾，而且速戰速決，難免燒過的包穀並未熟透，不過比生包穀已高級得多了。回憶起來我吃下的夾生包穀、夾生洋芋、夾生紅苕如果用車載斗量來形容，車載顯然不足，斗量則綽綽有餘。

在順手牽羊的吃食中，最令人嚮往的莫過於花生，可惜在它將成熟時，獄吏便安排老弱病殘犯在花生地一側防守，偶爾夜襲一次效果並不理想，因為缺乏經驗心驚膽戰所致。不過在挖花生的時候各犯乘機大顯神通，雖然有獄吏監守在旁，但人類的眼睛畢竟和蒼蠅的複眼不同，在監守獄吏批評教育某個盜竊成性的現行犯時，正是其它各犯各顯神通的大好時機，此時絕大部份犯人的嘴唇都擦上了泥色「唇膏」，那是剝吃花生的鐵證，這時只有用法不制眾這個成語來給自己壯膽。有經驗的犯人除了乘機剝食一些以外，或故意漏挖幾窩，或掘一深坑埋上一兩斤，總之挖空心思，無所不用其極，因此，在挖過的花生地裡，十餘天內的工餘時間，眾犯蜂擁而至，在地裡反覆挖掘，這時挖出的花生便可正兒八經地進入「閉一隻眼菜系」。

總而言之，我相信長得最壯實的大花生和發育不良的小花生（犯人稱為水米子）都是犯人吃了的，入庫的都是中等貨色，前者是偷來吃的，後者是廚房煮好了分發的，但畢竟是一年只有一次的「小兒科」。

冬天並不可怕

冬天並不可怕，這是對我這個勞改幸運兒而言的，對絕大多數犯人而言就不是那麼回事了。

在所有農作物都已收穫入庫的漫漫冬日，除了那填不飽肚子的袖珍包穀粑和乾菜葉，犯人還能吃到什麼？對以研究吃為業的美食家而言，他們做夢也不會想到這個問題。我說這句話並沒有責怪他們的意思，事實上他們吃得也很辛苦，甚至有時候為了擴大專業知識，還不得不吃一些不合口味的菜肴，這是值得尊重的敬業精神。

初冬季節，犯人還可以利用工休日和其它機會，到挖過洋芋、紅苕和花生的地裡去翻挖一番，碰碰運氣，間或也能挖出一些漏挖的殘餘產品，再利用燒灰或烤火的機會加工後，讓這些稀稀拉拉的閉一隻眼菜系來安慰一下自己的腸胃，反正有那個「長期吃不飽，短期餓不死」的糧食標準支撐著。

再說一遍，我是個勞改幸運兒，我的幸運來自二十世紀七〇年代中期，勞改隊開始使用塑膠薄膜的時候，那玩意用作水稻育秧還挺管用，但薄膜的品質似乎不怎麼過關，使用一年後，破損十分嚴重。如果使用一年就扔掉，投資顯然過高，不符合勤儉節約的精神。好在科學家發明了一種名叫「環巳酮」的化學製劑，往破損的薄膜上一抹，再剪一塊大小合適的薄膜往上一貼，就像給破衣服打補丁一樣，補好的薄膜來年還可以繼續使用。

我在隊上除了打農藥修理機動噴霧器以外還兼任了電工，哪怕幹部臥室裡的燈泡壞了，都得由我「深入禁區」給予更換。我甚至具有不顧生命危險，「自學成才」爬上電桿高空作業的本領。因此，在幹部的心目中，我是一個懂技術的犯人，當這位幹部領來這瓶「環巳酮」化學製劑時，這陌生而古怪的名字就告訴了他，這裡面肯定有技術，中隊裡懂技術的犯人就是張先癡，這就像電燈壞了就高呼張先癡一樣地順理成章。

在補薄膜中我發現，它唯一的「技術」就是在嚴寒的冬季不宜於補，而恰好冬季農閒，勞力不是那麼緊張又最適於幹這類輔助勞動。為了攻克這一技術難題，我提出了一個合理化建議：「利用隊上那一張裝飾品乒乓桌，在桌下燒一爐火，將桌面烤熱後將薄膜鋪在桌面上補。」（我在提這條建議時省略了裝飾品三個字，事實上這張符合技術尺寸的乒乓桌從來沒有一個乒乓球在它身上跳動過）。我這個帶有技術權威性質的建議很快便得到了採納。這條建議的合理性是顯而易見的，它不僅提高了薄膜的體溫，也提高了補薄膜者的體溫。升高了的體溫對抵抗冬日的饑餓是絕對有好處的，哪怕它只是消極的抵抗。

終於有了積極抵抗的辦法，薄膜放在保管室，我隔幾天都得到保管室去取一批。進入保管室之前，我得先向分管獄吏報告，說明我要取薄膜出來修補。獲得批准後，獄吏便去把保管室的門打開，站在門外等著我上二樓去抱一堆薄膜下來。我在保管室裡發現，有琳琅滿目的種子正向我微笑，其中最有魅力的笑容出自黃豆和四季豆，二者中又以四季豆的位置距薄膜最近。別擔心沒有口袋裝，那像布匹那樣折疊著的塑膠薄膜不是一個個現成的口袋嗎？我將就那些舀種子的土碗，隨意舀上三、五碗倒入「口袋」，抱到我補薄膜的房子裡，那時乒乓桌下的爐火燒得正旺。

以後發生的事你去問美食家，他自會告訴你。

每一年，我們這個隊都得到外隊去調撥四季豆種，那段時間我心情還有點緊張，因為擔心分管獄吏對豆種的去向進行一番偵破，乃至想到盜竊成性的張犯頭上，幸好這個不幸從來沒有發生。我倒不是害怕事發後的丟人現眼（我有刀槍不入的國防臉皮），我只是擔心沒有四季豆的漫漫冬日太難熬了。

四川有句農諺說：「好吃不留種，三年吃過大窟窿。」我絕對不止才吃三年，那將是一個更大的窟窿。只因為這裡是一座大型國營農場，再大的窟窿也微不足道。

死吃濫脹的另一面

現在偶爾能在一些「非官方文稿」上看到「三年自然災害」期中餓死人數的粗略統計，從三千多萬到四千多萬的其說不一，我認為三千多萬絕不會是過高的估計。不過這些統計數字似乎忽略了問題的另一面，在餓死三千萬同胞的同時，又有多少是脹死的呢？這是一個似乎有點荒唐的問題，但實際上它卻是一個合情合理的問題。

一九五九年，「自然災害」四個自欺欺人的字還在中共中央宣傳部「組裝」之中，修鐵路的口糧定量雖有所下降，但仍維持在每月四十二斤的水准上，只是市場上斷絕了副食品供應，勞教份子開始接受饑餓的煎熬。那時我正在勞教隊修內昆鐵路，半中攔腰突然「瞎指揮」的一聲令下，宣佈下馬，轉移工地去修成昆鐵路。出發前炊事房趕製了大批燒餅，作為勞教份子在轉移途中三天的乾糧，發給個人攜帶。那幾個偌大的白麵燒餅在臨時主人的掛包裡，讓饑餓的我等去忍受「牽腸掛肚」四個字的折磨。

有一位也是來自南充的李姓老兄，在成都分配時他調到了另一個中隊，到達成昆線的新工地時，有熟人傳來惡耗稱，這位李姓老兄用一天的時間吃完了三天的乾糧，終於提前「解除勞教」活活脹死在途中。還聽說有位來自蓬溪縣的任姓老兄，也幾乎以同樣手法在飽餐一頓的快感中結束了不幸的人生。後來在勞改隊，也聽說有犯人在挑運麥種途中，乘機大量生吃，後因口渴難熬大量飲水，膨脹的麥種將胃子脹暴致死，類似實例我腦子裡裝了不少，暫不例舉。

總之事物對立的兩面是極端的餓和極端的脹，最後在死神面前達到高度統一。我個人的體驗則是，在我的人生經歷中，餓得最慘的日子是在勞改隊，脹得最慘的時光也是在勞改隊。

永遠忘不了的一個細節是在勞教隊修鐵路期中，有天晚上吃稀飯，恰有一位「同學」（這是上面規定的勞教份子間的相互稱呼）患病，把他那份稀飯贈給了我，兩份稀飯幾乎裝滿我那個兒童洗臉盆。開始我蹲在地上吃，後來脹兇了只有站在地上吃，我的種種醜態可能被站在樓上的勞教隊長看見，他忽然大聲叫了一句：「張先癡，你不要脹死了！」不知為什麼，他這句並無惡意甚至帶著一點善意的話，回憶起來總覺得有幾分恐怖。

我敢向美食界保證，隨便脹到什麼程度，稀飯是脹不死人的，除非你掉在灌滿稀飯的游泳池裡而恰巧你又不會游泳。

不曾被牛肉脹死

大約是一九七三年，隊上要裝一台電動機，派犯人石匠抬來一塊石頭，用作電動機的底座。底座上要打四個對稱的炮眼，以便和電動機通過螺栓固定在一起。這四個炮眼除相距位置必須精確以外，炮眼也必須絕對垂直，如果歪斜了，螺栓便會歪斜，電動機就套不上去，這個技術要求可能比補塑膠薄膜更複雜，當然又是懂技術還修過鐵路的本犯作為最佳人選。

這四個只能垂直不能歪斜的炮眼又給我提供了一個「改惡從善」的機會，獄吏分配給你這樣的機會你能不接受嗎，你敢不接受嗎？況且掌炮釺是病號都可以幹的輕活，如果這個病號能保證這四個炮眼不歪不斜的話。

估計最後一個炮眼再需一小時便可大功告成的時候，突然二錘的鐵頭從錘把上滑脫，不偏不倚正砸在我右腳的大姆指上，我就像個傻瓜一樣忍受著劇痛，堅持完成了這個炮眼，這時我的腳已腫成一塊大麵包，在醫院裡醫生說：「粉碎性骨折。」

雖然腳出了毛病，手還可以勞動嘛，無微不至地關懷我的獄吏便派我到大隊部去學編蓑衣（一種用棕編成的防雨工具），這個活可以坐著幹，我便開始坐著勞改，我剛學會不久，原料棕片又用完了。這時我已可以不用腋下的兩根雙拐幫助走路，也就是說，我這個跛子除了沒法走著勞改以外，站著勞改也力所能及了。如前所敘，我修過鐵路，在開田改土勞動中早已展示過我打二錘的才華，本著物盡其用的原則，便派我去學打鐵，在這個鐵工房度過了我勞改生涯中最美好的一年時光。我一度認為，我實實在在是一塊當鐵匠的料，如果我平反後能當上一個正兒八經的鐵匠的話，就絕對不會墮落到如今，以排列令書刊檢察官不快的文章來消磨我風燭殘年的地步……。這些是美食家不愛聽的話，我還是談吃才是正經事。

首先，鐵匠的糧食標準是四十五斤，這勞改犯頂級定量標準無疑是振奮人心的好消息。其次爐火熊熊是全世界鐵匠作坊的共同特點，而我們這個鐵匠作坊在爐火上還放了一個大型銻鍋，其用途不言自明；更其次鐵匠爐上的三個勞改犯全是清一色的反革命犯，在勞改隊和反革命打交道比和一般刑事犯打交道省力得多，三個情投意合的反革命簡直像個「黨小組」，不過它是一個專門偷東西吃的「黨小組」。我的師傅和師兄都是農民出身，我甚至認為，經過「自然災害」三年「培訓」的農民，幾乎無一不是偷生產成品的全能冠軍，他們鎖定目標準確，出手麻利，而巧妙的掩蓋犯罪現場的本領更令我五體投地。不論蔬菜還是水果，在獄吏及其家屬們嚐鮮之前，鐵匠爐裡的三個反革命早已吃膩了。比方說像電燈泡那樣大的南瓜，像甜辣椒那樣大的茄子，這類稀世珍品，這些接近美食家想像力極限的美食，除了慈禧太后和打鐵的勞改犯，我不知道世界上還有誰品嚐過。

有一次我們中隊的一頭大水牛在山崖裡摔死了，因為體積太大，山路崎嶇難行，只好就地分割後運回，隊上挑選了一些犯人去執行這個任務，其中也有我的鐵匠師兄，臨行前他對著我擠擠眼睛微微一笑，我對這個地下工作者聯絡暗號似的動作的解讀是，「準備飽餐一頓牛肉吧！」

完全沒想到的是師兄竟會用一個破麻袋裝了二十多斤回來，另一個沒想到的是我們的師傅竟然不吃牛肉。我這位外號人稱韓麻子的師傅十分可愛，不是他臉上的大麻子可愛，而是他的性格可愛。有一天，不知哪位獄吏家的一頭企圖自殺的胖貓跑到鐵匠作坊裡來了，我師傅像敲打鐵塊一樣用手錘在它的頭上敲了一下，幫助這頭胖貓實現了它的自殺願望。後來那鍋貓肉我師傅吃得津津有味，我無論如何卻吃不進去，但按勞改隊的「犯俗」，凡這類帶有風險性的食物，你參與吃了就表明你願意入夥分擔一份風險，否則一旦東窗事發，沒吃的人很容易被懷疑為告密者，往後會有許多坡坡坎坎令你慢慢攀爬，因此我不得不動幾下筷子。怎麼一個連貓肉都能吃的人會不吃牛肉？「牛的命太苦了。」他說，音調裡透出一份淒惋。

那時正是炎熱的夏季，牛肉擱久了會臭。我和師兄一天三頓，頓頓都脹牛肉，包穀粑只有拿去送人，一連吃了幾天，吃得來發嘔，吃得來屙屎都變成醬油色。我們吃它的目的已經不是為了飽肚子，只僅僅是為了銷贓。

不曾被豬肉脹死

離開鐵工房以後，我回到上通木溪分隊繼續當水稻班班長，班上共有十五個犯人，其中有一個名叫黃金柱的重慶藉小夥子，記不起那天派什麼公差，反正他到場部去了一趟，回來後悄悄對我說，他在農場醫院背後，看見幾個武警看守兵，抬著一頭死豬到埋死犯人的墳地去埋，又補充說：「還是頭百多斤的大豬。」並直接建議：「找幾個人把它刨出來吃個夠。」這是一個多麼大膽又多麼迷人的建議，勞改犯吃點什麼死牛死羊死豬三、五年也能碰到一次，幾個人夥同吃一頭肥豬那可是千載難逢的大喜事。但這畢竟是一個嚴重的違紀事件，除了有餵牛犯人的配合，住在大寢室的犯人是不可能運一條豬回來，也不可能當眾把它煮熟，更不可能在眾目睽睽之下吃下去。我向黃金柱問清了埋死豬的方位，準備為自己缺乏脂肪的肚皮冒一次險。

我在前面那段介紹閉一隻眼菜系的文字裡，曾經寫到過牛棚這樣一個遠離隊部的存在，也談到餵牛犯人和水稻班的關係。我找到一個「品質可靠」的餵牛犯人，向他說了「千載難逢的大喜事」，他十分高興，表示願意協同配合，我便將死豬所埋的位置和地形特徵詳細轉述。因為埋的地點在人來人往的一條石板路旁邊，刨死豬也就只能在夜深人靜的時刻進行，他立即出發到「豬墳」去熟悉地形，以免出現黑燈瞎火中刨出一個死人的恐怖。

我說過「經過『自然災害』『培訓』的農民，個個都是偷東西吃的全能冠軍」這句話，勞改隊裡的餵牛犯人基本上全是農民出身，更何況其中許多人犯的就是盜竊罪，半夜裡去刨一條死豬簡直是一碟小菜。第二天剛剛起床，餵牛犯人趁到廚房領早飯的機會悄悄對我說：「弄巴適了，中午來一下，」「巴適」是四川方言，意思是弄好了。

此前我們班上的幾個得力骨幹早已得知死豬及有關細節，但勞改隊的人際關係也同樣是盤根錯節，極為複雜。如果只讓班上幾個「主心骨」吃肉，萬一走漏風聲，必然引起沒吃到肉的人的忌恨甚至報復，跑到幹部面前咕噥幾句，既可以出口悶氣，又可以在靠攏政府方面得分的雙贏好事肯定有人會幹。為了杜絕後患，我決定讓全班人共同享受這頭死豬，除一個人以外。

這個人就是前文提到過吃青蛙蛋後狂瀉數日的犯兄，因為他是一條蟲，蟲是我所在的勞改農場對一種類型犯人的貶稱，蟲只是簡稱，全稱是屁眼蟲，是那些專門打小報告者的共同外號。這條「蟲」食量特大，叫他參與吃肉他肯定會感激涕零，吃完了他也肯定會到幹部身前去深刻檢討，並檢舉所有在場者以爭取立功贖罪，我們不願意添這些麻煩。

本勞改班長的一份絕密性質的「紅頭子文件」，已通過得力骨幹們的口頭傳達到將參與吃肉者的耳中。當時的農事季節正是栽秧子的前幾天，犁田耙田給秧田施肥十分忙碌，我把中午將參與吃肉的人都安排在牛棚附近的田塊上勞動，唯獨把「蟲」安排去犁山下距隊部最遠的一片田塊，按勞動定額他最少也得犁五天，以防多疑的他干擾我們的食慾。

動手吃肉之前，本勞改班長出口成章宣佈了三大紀律：1、只准脹，一片肉也不准帶回隊裡；2、吃過肉的人一律不准走近餵豬房（萬一吃的是一頭瘟豬，傳染到本隊的豬圈裡，後果怎堪設想？）；3、萬一拉肚子，拉死了也不准請病假。

那一大鍋肥瘦兼搭香味撲鼻的豬肉，還有圍坐在地上對這鍋肉「群起而攻之」的景象，令我終生難忘，在場的絕大部份人都是十多年來，第一次沒按定量標準隨心所欲的挑肥選瘦。我擔心肉吃多了會發膩，還特地揣了兩枚生大蒜（已回憶不起其來歷）以作增加食慾的調劑物，最後脹到看見肥肉頭都發昏的時候，才中止了這場序幕。

這以後還過了幾天以肉當飯的日子，其中細節因事隔三十年已回憶不起，但最後一頓的情況卻歷歷在目。

因為涼山地區到栽秧季節時，氣候已逐漸轉暖，餵牛犯人緊急通報說，肉不能再擱了。我便通過得力骨幹向下傳達了「最新指示」：明天中午在老林邊上某某山溝處吃最後一頓肉。第二天清早，我安排

「蟲」繼續犁他沒犁完的田，其餘全班人馬每人撿一百斤牛糞用作包秧肥料，撿牛糞也就是漫山遍野四處遊蕩的勞動，圈內各犯心知肚明不在話下。

連續幾天的死吃濫脹，我的胃口已不如以往，但還是捨不得放棄這最後的機會，到達某山溝後，兩位得力骨幹早已用他們帶來的兩個大洗臉盆組裝成兩套鍋灶，全體犯人喜形於色，撿柴的撿柴燒火的燒火，勞動態度端正到十二萬分。不過半個多小時，眾犯用小樹枝折成的筷子，夾起大小不一的肉塊揮灑自如，但無論如何也吃不完。鍋面上浮著的豬油估計厚度在兩公分以上，誰都不忍心說出把它扔掉的話，有人委婉的要求是不是帶些回去，班長斬釘截鐵：「不准！」並令兩名得力骨幹把剩下的湯湯水水骨頭肉塊全部端入樹林倒掉。

我們準備分散下山，以免引起懷疑，這時班長突然發現一個陳姓犯人，在他那裝牛糞的撮箕一側，竟放著一個塑膠袋，袋子裡裝著一斤多冒著熱氣的化豬油。班長叫他拿過來，只見那班長接過豬油口袋，順勢揚手，扔進了十米以外的樹林，隨口一句十足的勞改句型：「老子吃掛麵還想擱點豬油嘞！」

眾所周知，這個可惡的班長正是鄙人。

眾所周知，這就是勞改隊的生存方式。

二〇〇二年三月二十四日於成都

七月十六日改定

九、大涼山裡的花花草草

(俄)克雷洛夫

貓爪子下的夜鶯，誰能唱出動聽的歌？

鐵棒的誤會

看起來，這篇拙文談的是花花草草方面的輕鬆話題，但是，按照「狗嘴裡吐不出象牙」這一話醜理端的原理，本文作者決不是寫輕鬆話題的材料，起碼在我仍然背負著沉重的「歷史包袱」的現在。佯裝的輕鬆和擠出來的笑臉一樣，只能給人以肉麻的感覺，我這把年紀了，沒必要再給自己增添歷史污點。

我因在反右鬥爭中劃為了極右份子，被判管制五年送勞動教養，勞教期中因不堪肉刑折磨，一怒之下，便逃離了勞教隊。捕回後，根據《中華人民共和國懲治反革命條例》第十一條之規定，以「叛國投敵」罪判處有期徒刑十八年。此前我早已在看守所獨居關押了三年多，一九六五年正式宣判後，被押解到四川大涼山裡的國營雷馬屏勞改農場服刑，至一九八〇年八月，也就是還差四個月就服滿全部刑期的時候，托中共中央十一屆三中全會的福，宣佈徹底平反，無罪釋放。

這篇文章標題所指的大涼山裡的花花草草，也不過是我在這個大型國營勞改農場裡，耳聞目睹的發生在勞改犯身上有關「性」方面的陳年舊話，如果研究植物或偏愛言情小說的先生女士，因受這個標題的誤導而開始閱讀，我勸你立即扔掉它，現在後悔還來得及。

勞改隊有一句流傳甚廣的話說：「勞改隊裡的耗子都是公的！」明眼人一看便知，這句話後面的感嘆號是我刻意加上的，因為這句話的本意，就是對沒有異性調劑的「禁慾」生活所發出的感歎。

這裡寫到的異性二字，顯然是指女犯而言的，其他的異性如獄吏們的家屬子女，或者女性獄吏當然是有的，只不過不是一個檔次的人，與門當戶對的傳統國粹一點也沾不上邊，除個別特殊情況發生偶然風波之外，充其量只能發生如臺灣「言必有『性』」的李敖先生所說的「意淫」事件。

無意間寫下了獄吏們的家屬六個字，突然聯想到一樁往事。這事似乎是發生在一九六七年左右，總之是文化大革命中，派性鬥爭十分火爆的日子裡。當時我正在桂花大隊通木溪中隊，像農場各個中隊的住房建築模式一樣，這個中隊的住房也是一個大型四合院。獄吏和家屬佔據著這四邊形的一個邊，只不過這個邊的地理位置居高臨下，比犯人所住監舍高六、七米而已。眾所周知，文革期中革命群眾分成了相互對立的造反派和保皇派，隊上的獄吏及其家屬當然是革命群眾，毫無疑問地也分成了對立的兩派。按當年「公安六條」的規定，勞改犯是不能參加文化大革命的，因此，他們這兩派是怎樣劃分又怎樣鬥爭，我那時作為犯人也得按「不在其位，不謀其政」的原則不聞不問。有一天，全體犯人正蹲在地壩上吃晚飯，忽然聽見獄吏們住的那幾套房子外面傳來兩個女人吵架的聲音，雙方的高聲對罵證明這一場鬥爭相當尖銳激烈，叫罵的具體內容因事隔三十多年早已淡忘，但其中有兩段令全體犯人哭笑不得的名言警句卻驅之不去：

甲：你癢就去找犯人嘛，犯人的雞巴硬得像鐵棒一樣。

乙：你咋個曉得的，你搞（四川方言，音讀告，試的意思）過的嗎？

從這兩句在對罵雙方都認為惡毒之極的言詞裡，透出了一個資訊——她們似乎認為犯人處於極度的性饑渴的狀態之下，那玩意肯定堅挺如鐵。我作為在叫罵中被涉及的「當事人」之一可以作證說，這是一個天大的誤會。

根據我的瞭解，也包括我的體驗，絕大部份犯人的性意識都處於「休眠」狀態，那玩意並不像那兩位女鬥士宣佈的那樣「硬得像鐵棒」，甚至連木棒也不像。有一句流傳甚廣我不知其出處的話，那便是真正顛撲不破的「飽暖思淫慾，饑寒起盜心」。犯人不論在生理上和精神上都處於高度「饑寒交迫」的狀態下，當然無緣思淫慾了。事實上除了「饑寒」之外，還有另外一位性慾殺手在犯人中肆虐，它的名字叫勞累，當犯人們被肩上那一百多斤的重擔壓得鼻塌嘴歪之後，倒在床上的第一件事就是鼾聲如雷，我深信世界上沒有人會在鼾聲中作愛，也就不會有人會在打著鼾的夢境中作愛。除了這些古今公認的殺手以外，還有一位幫兇，那就是外來條件的影響，這就如前面所引那句略帶苦澀的感歎所說的「勞改隊裡的耗子都是公的！」在這種同性相斥的環境條件下，沒有可「追」之「星」的外來影響，性慾的「休眠」應該是合乎情理的。

國外有一句名言說：「有規則就有例外。」我的意思是說有絕大部份「休眠」者的存在，也就有「非休眠」者的例外，這例外絕大部分都發生在犯人中的「上層人士」之中，如衛生員、炊事員、鐵匠和餵牛犯人，這類犯人是從犯人中篩選出來的精英份子，用一句通俗易懂的話說，他們甚至可以看作是壞人中的好人。他們一般不和從事大田生產的犯人住在一間大型宿舍裡，對兩性關係而言，住宿條件的重要性是不言而喻的。因為這類犯人的單獨居住，便給了他們想入非非的餘地，也由於這類犯人是從事單獨勞動（這是勞改隊的專用詞彙，意指一個人從事的勞動），也給了他們把想入非非化為某種作為的機會，再加上他們在犯人中屬於能經常打飽嗝的幸運兒，按「飽暖思淫慾」的公理推算，在他們身上發生點風流故事的機率，顯然比一般從事大田作業的犯人高得多。

同性戀誤會

現在回憶起我過去對同性戀的看法，簡直是荒誕無稽，它只證明了我的愚昧，只證明我的認識依然停留在裝模作樣的「黨文化」黑箱中茫然無知，它只會令我害臊。前些日子，我購得李銀河博士所著《同性戀文化》一書，草草看了一遍後才知道，這是一個十分複雜的社會問題，也是占人口一定比例的部份人的性取向問題，本不應大驚小怪如臨大敵。但在我身體發育日趨成熟的上世紀五十年代初，公判大會上頻頻亮相的流氓壞份子，便是這些同性戀者的代名詞，他們的所作所為被稱為流氓犯罪，我對「黨和政府」對這些品質惡劣者的處理竟深信不疑的由衷贊同，殊不知這些人同我一樣，也同樣是冤假錯案的受害者。

前些日子我十分吃驚地從報紙上讀到，有的國家成立了同性戀組織以維護該群體的權益，有的國家甚至立法允許同性戀者結婚，而那些國家也並非未曾開化的蠻荒之地，該國的政治家也並不見得就是些渾渾噩噩的糊涂蟲，他們的施政方針我還經常在暗自叫好，反而引起了我的反思。

記得一九五八年處理右派份子時，也同時處理了一些壞份子，這裡面就包括了同性戀者。設在成都市新生巷四號的所謂「轉運站」，被判勞教的右派份子分批次在這裡集中進行調配時，我生平第一次近距離地見到了一個同性戀者。不過他當時的名字不叫同性戀者，而叫壞份子，因為搞雞姦而送勞動教養。他不論說話走路都是一副忸忸怩怩的女人姿態，加上我根本不知道人類之中有這樣一類群體，將其視為是道德敗壞的典型代表，因此對他反感之極，剛剛進入敵人行列的我在內心氣憤地對自己說：「作為一個政治犯，我怎麼能和這種人關在一起？」其實他唯一的過錯，只是和大多數人的性取向不同而已，現在想來，這事情就像有的人喜歡抽煙另外的人喜歡喝酒一樣不足為奇。

有這類被稱為「壞份子」的同性戀者送去勞教，也必然有這類「壞份子」被判刑勞改，這是同一性質的問題的表現形式上的區別。同性戀在勞改犯人中也是最受歧視的一類人，他們和一般犯人的不同在於，除了受法律的懲處以外，還得接受「道德敗壞，品質惡劣」之類的責難，我本人也是這類「愚昧的衛道士」中的一員。犯人們稱他們為屁眼蟲（簡稱為蟲），而對那些人人痛恨的告密者也稱為屁眼蟲或蟲，此外也可以稱為么童、么雞，還有個名字叫「那家人」（意為另類人）。犯人間吵架或開玩笑均以這類詞語對對方進行辱罵或者戲謔，由此可見同性戀者在勞改隊裡聲名之狼藉。

一九七五年左右，我當時在通木溪中隊所轄的二分隊服刑，這個分隊約有一百五十名犯人，其中就有兩個同性戀者，他們的犯罪性質都定為流氓罪（俗稱壞份子，在地富反壞右即五類份子中排行老四，比排行老五的右派份子高一個檔次，壞份子中也包括偷摸扒騙奸類份子）。一個姓彭，一個姓章，姓章的已年近四十，彷彿記得是個小城鎮居民，姓彭的是個農民，幾乎是個文盲，年齡大約二十四、五歲。這個人從外觀上看給人的印象是比較老實，事實上他幹農活的確也任勞任怨，從不偷奸耍猾。但在生活作風上就改不了同性戀方面的習性，常常利用機會和姓章的「戀」上一番，當年的犯人不興睡單人床，是一種大通鋪，分上鋪和下鋪，姓彭的睡的是上鋪，他的下鋪便是他所在的旱地班的班長李治民。

某夜，李治民在睡夢中總覺得床在震動，有些異樣，驚醒後他越發感覺上鋪上的動盪激烈異常，便起身站在床邊查看究竟。這時他發現不知什麼時候，對面床上睡的章姓同性戀來到了彭姓同性戀的床上，彭正爬在章的背上使勁抽動搞雞姦。李班長叫著他的名字並用拳頭打他的背叫他「下來！」他竟然堅持到他認為應該下來的時候才下來。第二天晚上，將他捆綁起來，開他的鬥爭會，有犯人問他：「為什麼李班長叫你下來你還不下來？」他回答的一句大實話，給我留下了極深的印象。他說：「那個時候，就是拿把刀在我背上砍，我也不會下來。」如果沒有這句大實話，我興許不會寫下這段文字。

好在對這類型錯誤的處理，一般都是捆綁吊打一番了事，因為它畢竟不像反動言論那樣大是大非得令人咬牙切齒。如沒有其他性質的現行破壞活動，在勞改隊照例進行的半年大評或年終總評的總結大會上，記大過一次也就罷了。

「另類同性戀」

既然同性戀者是人類中的一個特殊群體，這個群體在犯人中存在，監管犯人的獄吏中也必然存在，獄吏中的同性戀者，被我稱為「另類同性戀」，因為獄吏和犯人幾乎是兩個世界的人。不過，在那個不把人當人的毛澤東時代，「統治精英們」似乎從來不把同性戀看作是心理上的特殊問題，而堅持認為是道德品質問題，一經發現，後果同樣十分嚴重。

七十年代中期，依稀記得是文化大革命的高潮中，全國搞了個「一打三反」運動，我所在的桂花大隊和中山坪分場一起在場部開了一個大會，勞改隊開大會必然會有犯人加刑、減刑甚至提前釋放、判處死刑等事情出現，而那次大會上特別引人注目的是，竟然對一個中山坪分場的獄吏分隊長也判刑六年，確實有點轟動效應。現在回憶起來才明白，這位犯流氓罪的分隊長不外乎是個同性戀者而已。在大會上會議主持者宣讀了他的判決書，振振有詞的罪行中，其亮點最令人們不可思議的是，他找了個犯人和他搞雞姦，同時要這個犯人和他的妻子作愛，這簡直像天方夜談一樣離奇的事，竟然能夠發生在階級鬥爭十分尖銳複雜的年代，發生在階級鬥爭尖銳複雜的勞改犯和獄吏之間。

在局外的獄吏看來，「該犯」簡直是丟人現眼的害群之馬，在犯人看來可謂暗自叫好揚眉吐氣，似乎從性關係上報了犯眾心中的一箭之仇。如果懂得同性戀者的性心理取向的特徵，勝敗雙方都沒文章可做，唯一值得同情的，倒是那位賠了夫人又折兵的同性戀分隊長了。

我有一個在勞改隊認識至今還經常見面的老熟人，他母親是華西醫科大學的教授，父親是個從軍隊轉業到電業局工作的右派份子，因為這個背景，我們似乎有點沾親帶故，無話不談。他是下鄉當知青時打群架傷了人而判刑勞改的，那時他二十出頭，少年英俊，在某個中隊當炊事員，在勞改隊當炊事員無異於讓你當一隻糧倉裡的老鼠，自然會上升到「飽暖思淫慾」的勞改犯上流群體，快樂無比。炊事員的頂頭上司是事務長，事務長就是可以任意指揮犯人的獄吏，這位事務長就是一位同性戀者，每隔三、五天事務長都得叫炊事班長替他洗澡搓背，因為獄吏戴著國家幹部的桂冠多少有些神聖色彩，眾炊事犯並未引起任何不尊不敬的猜想，有一次炊事班長忽然生病，臥床數日，事務長竟叫這個右派兒子炊事犯人去替他洗澡搓背，右派兒子只得遵命前往赤膊上陣。誰知洗澡中該事務長竟對他一陣摸摸搞搞，甚至觸及其身體的要害部位，右派兒子知道遇到了一條「蟲」推託頭昏，拔腿便逃。

此事事關重大，右派兒子除私下向我談及以外，並未向任何局外人談及，聯想到原炊事班長的長期替他洗澡搓背，個中細節不難揣想，萬一走漏風聲，這類空口無憑查無實據的事，弄出個兩敗俱傷的結局也並不美妙。

近似亂「倫」

我曾經三度進入涼山，即當兵時，勞教時和勞改時，前前後後在那裡生活了近二十年。我對涼山彝族的瞭解，主要得益於我當兵的年代，那時我可以和彝族老鄉自由交往，也真交過些彝族朋友，五十年代反右運動前，我曾發表過的幾篇至今令我害臊不已的「文學作品」，無一不是寫彝族的。

過去的涼山被「黨文化」定性為奴隸社會，彝族人分黑彝和白彝，黑彝俗稱黑骨頭，即奴隸主，白彝也稱白骨頭，俗稱娃子即奴隸。這兩個對立的階級涇渭分明，其不可逾越的身份界限不勝枚舉，絕非三言兩語說得明白。這裡只就其情愛方面的習俗，介紹個一鱗半爪：例如黑彝和白彝決不允許通婚，如果發現通姦行為，則必對其當事男女雙雙處死，其處死方式既不像萬惡的封建社會那樣砍頭，也不像先進的社會主義那樣槍斃，而是以奴隸社會的方式，令其雙雙跳崖身亡。

上述實例說明，在兩個階級尖銳對立的情況下，其情愛界限竟可以嚴格到以生命劃線的程度，的確令人毛骨悚然。而二十世紀的中國勞改隊中，犯人和獄吏之間的階級對立，其本質與涼山彝族的黑彝和白彝幾乎同出一轍異曲同工。那麼女性監管獄吏和男性犯人之間，如發生不是亂倫而近似亂「倫」的通姦行為，又將何以了結，這確實是個撞擊人們好奇心的問題。

西元一九七七年，我已調離了通木溪中隊而去到另一個中隊（我故意隱去其隊名是因為我不願意傷害至今還健在的當事人，這畢竟涉及別人的隱私），隊上有一位擔任保管的女性獄吏，其丈夫當時在外地工作，這位女性獄吏難耐獨守空房的寂寞，就和一個年輕的犯人帥哥發生了近似亂「倫」的婚外性行為，這個犯人被收監（即送往集訓隊嚴管關押反省），這則桃色新聞把「性休眠」狀態下的勞改犯扎扎實實地刺激了一下，一個個羨慕得嘴角流油讚不絕口。

這個我認識的犯人是茶林班成員，在採茶季節，雖然犯人同樣是集體勞動，但茶林並不完全集中，難免有些田邊地角栽有少量茶樹，有時只夠一個人採摘。有一天正是這位女性獄吏「帶班」（勞改俗語，即獄吏帶領犯人到田間勞動並加以監管之意），恰好這位交桃花運的犯人去採摘地邊的那十幾窩茶樹上的茶葉。這時，帶隊班獄吏去到他的身邊和他「個別談話」。這種談話在勞改隊十分普遍，或獄吏瞭解犯人的思想情況，或挑撥離間犯人勾心鬥角，或聽取犯人「屁眼蟲」打小報告檢舉揭發他人等等，因此也不足以為奇。但是在以後的日子裡，這種「個別談話」一而再再而四的發生，在「運交桃花」者的性意識從「休眠」狀態中喚醒的同時，周邊犯人的懷疑心也開始膨脹，但膨脹歸膨脹，除非發了瘋，誰敢去檢舉獄吏行為不檢之類的問題，那才是吃不了兜著走的麻煩。

事情是這樣進展的，獄吏所住的宿舍和犯人宿舍是相對的兩排平房，中間隔著一個長約四十多米的三合土曬壩，這位當事人女獄吏所住的保管室在靠近獄吏宿舍的一側。如果該女獄吏需要於當夜「約見」這位「運交桃花」的犯人時，她將會在這位犯人站在曬壩對面、即犯人宿舍的階沿上時，女獄吏將站在曬壩裡，掏出手絹在半空中抖動一下，彷彿在抖掉手絹上的灰塵似的。「運交桃花」者看到這個他倆事先約定的「信號」以後，便會向她微微點頭以示「明白」。當晚他將潛入這位女獄吏的寢室內，首先迎接他的是一大碗紅燒肉或者回鍋肉，對饑餓中的犯人而言，這是保證他「鬥志昂揚」的物質基礎。據「運交桃花」者事後透露，他每次都是在蚊帳裡吃的，吃完以後在蚊帳裡發生的種種激動人心的事，因為我不願意讓拙文蒙受淫穢嫌疑，只得按下不表。

四川有句民諺說「久走夜路總要撞到鬼」，意思是壞事反覆幹了多次總有敗露的時候，如果「運交桃花」者真正撞到的是「鬼」可能要幸運得多。只因為那晚他二人可能纏綿過久難捨難分，一覺醒來時已接近天亮，「運交桃花」一出門就看見了中隊長那一雙因驚愕而瞪大了的眼睛，他的桃花運也就變成了梅（霉）花運，他再也沒有在這個中隊裡出現過。

後來這位「梅花運」在集訓隊嚴管反省了一年多，也就是令他坦白交代這件事的起根發脈，幸好他是個一般刑事犯，絲毫也不涉及敵我界限的政治問題，加上係女方主動，對他的處理方式體現的是另一種「中國特色」，據他本人透露說，審訊他的人最後告訴他：「這件事你下去只要不在犯人中散佈，我們便不給你加刑，如果亂說，非加刑不可。」——如果他真沒有說過什麼，我這段文章就一個字也寫不出來了。

不知別人信不信這種把法律作為交換條件的說法，我要說我相信確有這個說法，因為極權中國的法律不過是統治者把玩在手上的魔方罷了。

名為隊長的罪犯

他是監管我的最高首長——勞改農場某中隊的中隊長。抗日戰爭時在其家鄉的「痞子運動」中參加了八路軍，論軍齡資歷，他比這個農場那位參加過長征的場長常勝，也短不了兩年，論年齡也比那位年近古稀的場長小不了兩歲。如果按論資排輩的中共潛規則選拔幹部，就任個廳局級左右的官階職務也是夠格的，雖然他欠缺點文化，但場長的文化似乎也比他高不到那裡去，其爬不上去的真正原因是他確有下述「內傷」。

我所在的中隊是個反革命中隊，上世紀七十年代後期我調入這個中隊，那時這個中隊已有了少量的一般刑事犯。眾所周知，反革命罪判的刑都比較重，十五年以上的有期徒刑者比比皆是，因此在這個隊服刑多年的的老反革命犯也比比皆是，這位隊長的情愛經歷經過這些老犯代代相傳，直到我們這代被稱為「新生反革命份子」的耳朵裡。

五十年代初開始組建這座勞改農場時，這位山西籍的轉業老兵就在這個農場的某中隊當中隊長了。那時他已三十多歲，尚未成家，農場的周邊都是彝族人，當年的彝族的族規是決不允許和漢人通婚的。農場裡又沒有幾個女性獄吏，即便有一兩個也都是名花有主，輪不到這位年齡偏高文化偏低儀表偏差官階偏小的大齡單身漢。他苦苦的熬過了三、四年，五十年代中期以後，農場開始有了刑滿就業人員，並成立了就業中隊，這位隊長調到就業中隊當一把手。

隨著中共建政之初、那名目繁多的鎮壓打擊運動層出不窮，判刑勞改的犯人日益增多，農場規模日漸膨脹，修房造屋等基本建設急需一些專業技術人員。五十年代初能滿刑的肯定都是刑期較短的輕刑犯，其中如有這類技術專長者，農場便要求他們留在農場當就業人員，他們中少數個別具有關鍵專長者甚至允許他們把家屬接來，其冠冕堂皇的說法是共同參加農場建設，以免這些技術骨幹背著家庭包袱三心二意，或者經常請假回家探親，影響生產。我們這位隊長所掌管的就業人員中就有一位會燒磚瓦的所謂「掌窯師」，除了接來他的妻子以外，也把他那十一、二歲的女兒帶來了。

這位中隊長終於瞅見一個嚮往已久的「獵物」，於是在某個陰森可怕的日子裡，將這個天真無邪的小女孩引誘到一個廢棄的磚瓦窯裡，對其進行了姦污。事後，孩子的父母在忍無可忍的情況下向上級反映了這件令人髮指的獸行，只因為受辱者是一個「政治賤民」的女兒，這位中隊長還是保住了他那頂小小的烏紗帽。但在對黨外同僚嚴格保密的情況下，肯定也曾給予了某種象徵性的黨內處分（也就是前文所提到的「內傷」），同時也將這個被蹂躪過的家庭遣返回原藉以消弭不良影響。不過受害家庭周圍畢竟還有那麼多「同是天涯淪落人」，他們異口同聲的責罵雖然被高壓恫嚇，但悄聲耳語卻無法阻擋而使他臭名昭彰。

但是這一切似乎並不妨礙他繼續「教育改造」刑滿就業人員和勞改犯人，因為中共在骨子裡認為這畢竟是生活作風問題，並不關政治立場的大是大非。從邏輯推理中可以判斷，決定這個披著隊長外衣的「強姦幼女犯」命運的上司，很可能暗含受害者本身只是個卑微的就業人員家庭，對這個類型的賤民，不存在伸張正義的必要性。因此在我成為他治下的犯人時，他已在中隊長的崗位上幹了二十多年。在獄吏選拔提升方面這顯然是個反常現象，似乎向人們暗示在「磚瓦窯事件」中，這位犯有強姦幼女罪的中隊長，雖然在中共「以黨代法」的天條庇護下，他逃脫了法律懲處的「外傷」，但「內傷」也並不輕鬆。不過，這一切對他來說已並不重要了，真正對他具有劃時代意義的事，是他終於有了一位比他小二十多歲，且容貌可人的妻子，而且替他生了三個孩子。

坦率地說，如果不是為了這些無辜的孩子，我會在這篇文章裡指名道姓，為他流芳千古或者遺臭萬年獻一點綿薄之力。

不受譴責的第三者

這位名為隊長實為強姦幼女犯，卻還有一個發人深思的求偶過程，他的妻子的娘家在偏遠的農村，當她不滿當時法定婚齡十八歲的時候，由她的一位表親給她介紹了一個對象，這位男青年是這個農場的一位刑滿就業人員，而且在我們已經熟知的這位中隊長治下「繼續改造」。按當年婚姻習俗，在談論嫁娶之前，男女雙方必須見面交談，以避免婚姻法所嚴禁的包辦婚姻之嫌。這位表親就帶著女孩來到了雷馬屏農場，並按農場規定首先去到男方所在的中隊部，出示了鄉政府開具的身份證明並說明來意，中隊長看罷認為一切手續具備，當然沒有理由拒絕，也就同意了會面。

男女雙方畢竟都是家鄉人，很容易溝通，這場婚事在雙方都比較滿意的情況下便定了下來。當介紹人和女孩向中隊長致謝準備回家時，這位心懷鬼胎的中隊長卻破例要求他倆多住兩天，並聲稱伙食費用由他出資招待。這種天上落餡餅的好事也正合了女孩他們的心意，他們也希望和男青年更多些接觸加深瞭解，便愉快地答應了。

第二天，恰好是十多里以外的一個鄉鎮的趕場天，中隊長又熱情邀請兩位探親家屬到街上去轉一轉，兩位老實巴交的農村婦女連推託的言詞都說不出口，也就陪同前往。在煦煦攘攘的街上，中隊長刻意買了些針頭麻線之類的小玩意送給她們，特別令她們感動的是，那年頭剛剛開始使用布票買布，但布票還不十分緊張，中隊長不知從哪裡弄來那麼多布票，給女孩買了一套花衣服，又給表親買了幾尺布料，這一切在兩位農村女性看來，天上掉下的就不僅是餡餅簡直是黃金白銀，他倆對中隊長的慷慨大方揮金如土幾乎五體投地。

在回到中隊的路上，中隊長向他二人對就業人員這類人的犯罪本質問題作了介紹，並說像你們這種出身單純歷史清白的貧農是黨在農村的依靠對象，應該和這類人劃清界限，和這類人談婚論嫁連子孫後代都低人一等，說得兩位農村婦女無話可說。在快抵達隊部的時候，他請女孩先走一步，說他有話想和表親單獨談談。

女孩先回去了，中隊長向這位充當媒婆的表親攤牌，希望她能幫忙撮合他與女孩的婚姻，事成後必有重謝。

第二天清晨，他倆甚至和那位相親的男青年招呼都沒打就匆匆離去，回到家裡，這表親對女孩的父母將那位男青年說得一無是處，而將中隊長涂抹得十全十美，說：「管兩百多人的大官能看得起你們的女兒，簡直是祖墳上長了彎彎樹。」母親私下裡問女兒對那個中隊長的印象如何時，女兒只小聲說了句：「我覺得有點老。」母親帶著這個問題向表親提出時，表親說：「看樣子是要比你女兒大八、九、十來歲，人家身體好嘛，再說人家當這麼大的官，年輕人當得下來不。」

其實這些所有的當事人沒有誰能弄清中隊長的真實年齡。

沒過幾個月，女兒剛滿法定婚齡十八歲的時候，中隊長按當地習俗給表親捎去一筆在農民看來數目可觀的禮金，又給女方父母送去一筆令鄉親們大開眼界的聘禮，很快的他們便正式結婚。

面對這場婚變的尷尬，原來相親的那個就業人員，在下面說了很多難聽的話，事實上隊上許多就業人員也見過這個來相親的女孩，嫌貧愛富的變卦招來的冷嘲熱諷不絕於耳沸沸揚揚。在這種情況下，英明正確的上級採取了十分高明的對策：首先將那位醋罎子未婚夫以攻擊污蔑罪判處三年管制，遣返回家（這是所有就業人員夢寐以求的好事）監督勞動；同時將這位中隊長調到十分遙遠的一個分場，也使這位新娘遠離了就業人員的鄙夷目光。

若干年後，我判刑入獄，又過了若干年，我調到了這位中隊長管轄的中隊，那時這女孩已是三個孩子的母親，年齡也已三十出頭，而那位老態龍鍾的中隊長，已年過花甲遠矣，只是那年頭不興退休，他一直當著中隊長。

我在這個中隊待了將近三年，幾乎天天都見到這位隊長夫人，因敵我界限分明，我和她從沒說過一句話，只知道在採摘茶葉的大忙季節，獄吏的家屬們勞動，掙一份工資貼補家用，她因手腳麻利累累奪得高分，令從事這項勞作的人等側目而視。

她和隊上的犯人衛生員多有接觸，這衛生員和我的關係不錯，他曾悄悄告訴我說，這位隊長夫人曾向他談過她和中隊長的羅曼史，其中已有部分如前所敘。還說過她對當年的婚姻選擇後悔不已，說她那時「年輕不懂事」；又說中隊長「比我爸還大七、八歲」「脾氣怪死人」。有時說著說著竟掉下淚來。

與花草無關的題外話

如果我不在這篇文章裡寫出下面這段與花草無關的題外話，讓這位中隊長在我和許多犯人面前的驚人之舉被一些花花草草所淹沒，說不定還會留下些遺憾，也只好冒違犯寫作常規之嫌，讓人們從另一個角度瞭解他的德性。

其實在我調入這個中隊前六年，我就認識了這位中隊長，而且印象極為深刻。

那時正是文化大革命轟轟烈烈進行中的一九七〇年左右，我正在另外一個中隊服刑勞改，那段歲月裡的幹部們軍人們家屬們甚至他們未成年的兒女們，一個個不苟言笑，表情嚴肅無比，似乎正從事著人類最最莊嚴的事業，他們一天到晚進出匆忙，個個都在為料理著國家興亡的頭等大事而盡心盡力。

某天，全隊犯人剛剛吃完晚飯，突然聽到集合的哨音，犯人們來到曬壩，整隊完畢後，便看見從公路方向走來一群殺氣騰騰的看守兵戰士，後面就跟著這位披著人皮的中隊長，他率領著幾個犯人抬著個什麼東西。待這群來人走到隊列前面時，我才看清楚，原來抬的是一副簡易擔架，擔架上還躺著一個受了槍傷的犯人，他的一支褲腿的下部全被鮮血浸染。

令我等無比震驚的是，當擔架抬到隊列正前方時，抬擔架的犯人並沒有按常規方式，將躺著傷患的擔架輕輕放到地上，而是從抬擔架者的手上故意的直接摔在地上，我肯定這個動作是該中隊長的刻意安排。然後這位中隊長開始了殺一儆百的講話，他說這是一個逃跑犯，沒有將他擊斃只能算他運氣好，這種人死得越多越好。他最後揮著拳頭講的那幾句話簡直令我打起了寒噤，並因為這個寒噤而使我終生難忘。他大聲說：「打傷了，我們也要給他醫，但得給醫生打招呼，做手術取子彈不准打麻藥。」這是多麼坦率又多麼真誠的革命人道主義啊。

按照當年的政治術語這叫作游鬥，全大隊有五個中隊，也就是說抬這位傷患的擔架，要這樣摔到地上五次。

擔架上的人我很熟悉，過去我們曾在同一個中隊待過，後來他調到這個「強姦幼女犯」治下的中隊長。和我一樣，傷者也是由右派升級而判刑勞改的，他原是成都電訊工程學院的助教或者講師記憶裡不十分清晰，江蘇人。一九七九年他平反時，曾利用我的工休日專程找了個藉口到我所在的隊上，來向我通報他平反出獄的好消息，我們交談了很久。那時我才知道，槍擊他那次他並不是準備逃跑，只是因為當晚要開他的鬥爭會，他害怕酷刑折磨，想跑到山上去跳崖自殺。這位披著人皮的中隊長帶著幾個勞改極積份子在一個岩洞裡發現了他，想不到在距離他不到三米的近距離，對著他的小腿開了一槍，讓這位立場堅定的中隊長，在尖銳複雜的階級鬥爭中又立下了新功。

不論統治當局利用什麼藉口，將你抓進了不准說不的勞改隊，你千萬得提防以下兩種類型的獄吏：一類是知道他自已具有出身家庭、個人歷史方面的先天不足，卻一心想從他治下的不幸者中，去尋找一塊能修補這個缺陷的墊腳石，這種急於自保的利己主義者，在「為達目的不擇手段」的原則上，正和黨中央保持著高度的一致；另一類則是從「痞子運動」中湧現出來的惡棍，就如剛才提到的這位中隊長。勞改隊裡絕大部分驚世駭俗、可圈可點的血腥場面，都是由這兩種類型的獄吏所編導。

勞改犯的不幸在於，體制又偏偏給他們提供了大有作為的廣闊天地。

門當戶對

門當戶對是一個古老的詞彙，多多少少地反映了婚姻關係上的等價交換，研究它的產生和功能，那是社會學家的事情，像我這類根據自己的生活體驗，寫些不入流文章的業餘作者，只能膚淺地談一點想法。

我曾經思考過一個問題，並擅自對這個問題作出了答案。問題是這樣的，如果「禍國殃民的四人幫」不被打倒，按「四人幫」設計的國家走向發展下去，中國真正能成為沒有階級沒有剝削的人間天堂嗎？我相信沒有人會相信這座天堂在我焚屍揚灰後就會出現。但我相信，中國如果仍然「以階級鬥爭為綱」鬥下去，最終必將出現類似印度那樣的名為賤民的社會群體，也可以稱之為社會階層，這個階層甚至逐步發展成我們這個多民族國家中的一個新的族群。那時已上升成為世襲貴族的「四人幫」的幫子幫孫們將為這個新族群定下個什麼名稱我不得而知，我只知道實質上它是生活在社會底層的賤民。它的基本成員來自地富反壞右即「黑五類」，還有「走資本主義道路的當權派」，加上「臭老九」，更多的是這些人的親屬和子女。

雷馬屏農場有大量的犯人存在的同時，還有大量的刑滿就業人員，這類奉命繼續改造、但永遠也不可能改造好的「二勞改」（他們這樣自嘲），中山坪分場即二分場、和馬湖分場即三分場的一部份中隊，就是由刑滿就業人員組成，數量之多因涉及國家機密不能洩漏。這些人從法律意義上說已經是公民，但在實際生活中按他們自己謙虛的說法是「二等公民」，監管他們的仍然是農場的那些獄吏，早晚在「訓話教育」中不斷重複的一句口頭禪便是：「不要忘掉你們的身份。」印度國稱賤民為「不乾淨的人」，印度的貴族對看不順眼的賤民說：「不要忘掉你是個不乾淨的人。」這種異曲同工的神似簡直只是個翻譯技巧問題了。

今天，偶爾三、五個昔日一起勞改的老頭子聚一聚，打打麻將吹吹牛，如果旁邊有一兩個沒有勞改過的人，他們便會聽不懂我們之間的某些談話，因為我們用了些「勞改詞彙」，它也可以說是一種「民族特色」。據說形成一個民族，語言也是一個要素，似乎這「賤民族」在語言上也已有了一定的基礎，發展下去，前景可觀。至於形成一個民族的其他要素，如風俗習慣，地理環境也有了相應的特徵，因受本文主題所限，不再詳敘，但關於婚姻情況，也就是本文題目所指的花花草草則不可不談。

我所在的勞改農場的犯人和就業人員中，流行著一句順口溜：「你不嫌我勞改過，我不嫌你棕包腳。」其中「勞改過」三個字倒通俗易懂一目了然，這「棕包腳」三個字則為局外人所不知，不得不加以說明：因為這勞改農場周邊多為彝漢雜居區，除彝族外，也還住有一些漢族農民，山區農民十分貧寒，冬天沒有襪子穿，便以棕片包著腳以代替襪子，順口溜的下半句就是不嫌棄找個以棕片包腳的山妹子當老婆的意思，實際上仍然是按門當戶對的傳統習俗行事。

外國的童話裡曾有過公主下嫁乞丐的例外，那是天真善良的童話作者給賤民們的一種安慰，中國的古典戲曲裡也有過類似的吟唱。但是在現實生活中，當年那些服滿刑期的犯人、倒楣的右派、絕望的下鄉知青，誰能在童話中當上一位高幹的乘龍快婿？中國刺刀陰影下的安徒生們，沒有一個的想像力敢於進入這個浪漫的境界。

據我所知，我的許多右派朋友，勞改隊的熟人，他們確確實實在窮愁潦倒的歲月裡，在農村找到了自己的意中人，這本身就是一件發人深思的社會現象。正是那些淳樸善良、勤勞賢淑的農村婦女，用她們的溫柔體貼使許多絕望的人重新出現了生機，本應有許多美麗的愛情詩篇屬於她們，可惜得到的只是一個電影的片名，它叫《被愛情遺忘的角落》。

濫竽充數當教師

應該承認這樣一個事實，文化大革命期中，林彪的死和「四人幫」的倒臺，給當年千千萬萬「左」得發瘋的中國同胞服下了兩劑高純度的清醒劑，使許多因反胡風反右派反彭德懷而上升為「民族精英」的新秀們，終於認識到自己的桂冠竟是那樣的脆弱，一個莫須有的罪名就可以使他們在二十四小時內，從顯貴的雅座跌入囚徒的污水坑。人人自危，相互傾軋，羅織別人的罪名和被別人羅織罪名，都像兒戲似的脫口而出；沒有良心的愧疚，沒有道德的自責，更沒有理性的反省，整個社會的道德滑坡顛覆了傳統的人文精神，更凸現了毛澤東及其死黨所製造的這場災難的深重程度。嚴峻的現實迫使眾多有識之士對以往的愚昧盲從、五體投地開始自我批判甚至自嘲，特別是一些思想敏銳的年輕人，在「指點江山，激揚文字，糞土當年萬戶侯」時，開始學著用自己的頭腦思考，用自己的聲音說話。

共產黨的十一屆三中全會召開以後的一九七七年，勞改隊的右派份子陸陸續續地平反昭雪，我十八年刑期也所剩無幾。一九七八年冬，在農場醫院工作的一位年輕的外科醫生，一位勤於思考的共青團員，在幾位農場子弟中學畢業的待業青年慫恿下，竟主動獻策讓我用鉛筆在腰上畫兩條線，然後開處方令我去照愛克司光後，她給我作了肌肉撕裂的治療結論，讓我住院觀察。

當時醫院負責人之一的管理員，在集訓隊時當過我的指導員，在學習「二十三條」的政治運動中，這位一把手頂頭上司早已弄清了我身上的「政治毫毛」，也知道我的中學時代一度就讀於一所英國教會所辦的學校，老師中一半以上都是英國人。當然更知道我是個右派份子，也知道我的判決書上「為彭德懷鳴冤叫屈」等等殺手鐧現在已變成了銀樣臘槍頭。他在醫院見到我時十分驚異，我們作了短時間的談話。這位前指導員今管理員，根據我對他的瞭解，他實際上屬於那種「刀子嘴豆腐心」類型的人，城府已變得很深的我，對這類人和對口蜜腹劍型的人分別是兩張不同的面孔，他暗示我說：「解決問題都有一個過程。」

第二天，他把我從病房叫到辦公室，對我說，他準備組織全院醫務人員學習英語，叫我為他們每天授課一至二小時，從二十六個字母學起。我的英語水准雖然不高，但教「幼稚園」的水准還是有的，醫院還弄了一間三平米的房間作為我的「教研室」（這是我寫這篇文章時臨時取的名字，這間獨立的小房間我懷疑它最早是一個太平間，即停屍房），便把這一碟小菜定下來了，所謂的教英語畢竟為我的「休養生息」提供了一個正當理由。在「知識越多越反動」的理論餘威尚存的年代，這個舉措還是難能可貴的。

醫院裡的醫務人員和病員應分成三個等級，即所謂國家工作人員，就業人員和犯人，我一共教有二十多個「學生」，全部都是「國家工作人員」（按當年的規定，凡是沒判過刑的工作人員從院長到炊事員，都得稱為「國家工作人員」），年齡最大的已是四十歲以上，最小的還不足十八歲，有男有女。

根據我二十餘年被專政改造的經驗，許多管教幹部似乎都有一種姑且稱為虛榮心的心態，他們常常吹噓自己曾經管教過的人中，某人當過多大的官，某人曾經有過什麼學位，以此證明自己也非等閒之輩。不排除這位管理員在介紹我的情況時，在我身上增添了幾根彩色羽毛的可能性，因此，頭一天上課時，因為學生眾多，教室似乎嫌小了一點。當然來的「學生」中各人的目的不盡相同，甚至有人是帶著參觀動物園那種心態而來，前來看看這個「假洋鬼子」像不像《阿Q正傳》裡的那一個。有的人也是看管理員的面子而來，在這些心理願望一一得到滿足以後，我這個學習班裡的大部份「學生」，在還沒學會二十六個英文字母時，也就一天天地減少，直至無疾而終。

但是課堂裡的教學雖然終止了，仍然有少數個別的學生留了下來，也有些父母在醫院工作，子女在農場子弟校就讀的中學生，在其家長率領下，要求我為他們補課答疑，因此，這間三平米的「教研室」就一直為我所擁有。

奇花一朵

前面寫到的那一位讓我在腰間用鉛筆畫兩條線，以便在愛克司光下製造肌肉撕裂假像的女性外科醫生，可以說是一朵奇花。在勞改醫院，她敢於出主意讓一個犯人用作弊的方式逃避勞動，這本身就是一個可大可小的問題，那年她二十四歲，是一個在「文化大革命」中長大的女孩，她對我最大的啟示是使我想起德國詩人海涅的那兩句詩：「我播的是龍種／收穫的卻是跳蚤。」——左得發瘋的文化大革命熔爐，鑄就出右得發癡的年輕一代。

我和她之間決無任何涉及曖昧兩個字的感情糾葛，但她對我的信賴可以毫不誇張地說，不會亞於對她的父兄，以下的一件事可以證明。

有一天，這朵奇花來到「教研室」對我說，她已經請了假，明天將離開醫院。我問她要離開多久，她說可能很快就回來。接著她用悄悄話的吐詞方式對我說：「我只告訴你一個人，不要對旁人說，我要去結婚。」這個對任何一個女孩來說都應該是喜形於色的事，她臉上卻沒有一絲歡樂的雲彩，我當然不便多說，只淡淡地說了一句：「恭喜你。」

不足一個星期，她就回來了，新娘子臉上仍然沒有一絲歡樂的雲彩，她悄悄地給了我幾塊喜糖，還有一小包威化餅乾，這是我生平第一次吃這種餅乾「新品種」，記憶異常深刻。更深刻的記憶是關於她那位新郎的幾句談話，原來「奇花」的父親是涼山州某縣某局的負責人，新郎則是涼山州另一個縣的縣委書記的公子，是縣級機關的小車司機，這場婚姻似乎也符合門當戶對的遊戲規則，當我邊吃喜糖邊問「奇花」新郎的情況時，「奇花」那斬釘截鐵的回答令我目瞪口呆：「我肯定要和他離婚。」我當然按中國人的習慣，對出現裂痕的家庭下補藥而不下瀉藥的原則好言相勸，她卻用外科醫生的三句不離本行回答了我：「除非給他換一副大腦。」

有一次她到成都開會，我曾拜託她去四川音樂學院看過我的二妹，那年頭犯人所謂的看，不外乎從親人那裡帶回一些食物，她也不辭勞苦幫了忙。別以為這只是一件生活小事，發生在幹部和犯人之間，共青團員和反革命份子之間是沒有小事的，無一不是滿載政治風險的大是大非。

一九八〇年八月我收到平反通知書後，曾短暫地滯留在出監隊（這是刑滿犯人的必經之地），其間的某天，「奇花」曾叫她父親專程來到農場找我談話，這位和我年齡相仿的部門負責人，希望我能到他領導的那個部門去工作。因為我不想再待在涼山州，迫切地想與家人團聚，只得婉言謝絕，但他們父女的一片好意，卻令我銘感終生。

後來我得知，「奇花」因為人類始終無法攻破換大腦的技術難題，只得和那位有名無實的夫君離了婚。調離了農場後到了她父親所在的那個縣的人民醫院工作，還聽說她重新組織了家庭並有了一個可愛的女兒。

十年以後的一九九〇年，我正在省作家協會辦函授，一次我出差去了涼山州首府西昌，那裡距「奇花」所在的縣不遠，我曾幾次打電話到她所在單位，希望和她聯繫上，好去看她一下，因為我所得知的她的近況都來自於舊友的傳聞，萬一冒失前往而她又不在那裡豈不白費時間，但始終未能通上電話，我也只好悵悵而歸，可對她的感激之情一直綿延至今。

又一段與花草無關的題外話

「四人幫」倒臺以後，最令我吃驚的是那些十七、八歲的年輕人身上所發生的變化，以往這些對我輩犯人怒目而視的紅衛兵小將，不但偶爾會對我等展露笑容，甚至笑得十分親切友善。醫院裡有幾位這類出自獄吏家庭的小夥子，他們都是農場子弟中學的高中畢業生，都是只讀《毛主席語錄》一本書便完成了學業的新一代學子。其中一位夏姓小夥，他父親是子弟中學的語文教師，母親是醫院的藥劑師，這位暫時還未安排工作、閒置時間很多的待業青年，經常來到我的「教研室」侃侃而談，後來他又帶來兩位他的知心朋友，我們幾乎像忘掉了彼此政治身份的水火不融、而如同成語中所說的忘年之交那樣友好地相處著。

有一次，他們不知從哪裡借來一台一二〇型的海鷗牌照相機，三個在這邊遠山區長大的孩子都不會使用這個「洋玩意」，便讓我充當攝影師，一起去到一個小型發電站，讓我在那個「景點」替他們照了若干以窮山惡水為背景的照片，他們也給我照了一張，這是我勞教勞改二十三年留下的唯一的一張照片，珍藏至今。當然，勞改部門每隔三、五年也會為我照上兩張正面相和側面相，只是那種照片是用於驗明正身緝拿歸案之用，被存放在我那堆厚重的檔案袋裡，鬼知道那些「猙獰面目」現在密藏在什麼地方。

那年頭有一部名叫《追捕》的日本電影，曾經在樣板戲一枝獨秀的神州大地上，引發了一場驚世駭俗的藝術地震，它似乎喚醒了在審美上處於麻木狀態下的中國觀眾。特別是這幾位與我友好相處的「忘年之交」，他們簡直像著了魔一樣，不知看了多少遍，甚至影片中的某些臺詞都變成了他們的口頭禪。

某一天晚上，他們硬要拉我和他們一起到森工局（雷波縣森工局設在西寧鄉，也就是農場場部所在地）的籃球場去看這部似乎是百看不厭的電影。但這部缺乏正面教育意義，甚至有某種負面影響的外國電影，並未在犯人中隊中放映過，而且我作為犯人擅自離開勞改場所（哪怕它是醫院），顯然都是違犯監規紀律的錯誤，我怎敢擅自前往。三個勇敢的小夥子異口同聲的向我保證，在他們三人共同簇擁下絕對不會被「逮個正著」，讓我獲得一次非法看電影的嶄新體驗。在夜幕的包藏之下，我戰戰兢兢地在他們包圍之中，混進了放電影的壩子，看見銀幕上有一位出身高貴的日本小姐，和一個蒙受冤假錯案的日本逃犯在被追捕的險境中熱戀，這個在中國社會近乎神話的情節，竟鬼神莫測地巧合在我的命運裡，這個故事將留在下一個章節裡講述。

這幾位小夥子最令我難忘的事，是他們不知從那座「墓穴」裡，幫我借來許多如出土文物似的世界文學名著，像《戰爭與和平》、《約翰克里斯朵夫》，還有巴爾扎克和安徒生的作品，雖然大部份書我年輕時都曾囫圇吞棗地看過，二十多年後，特別我經受了精神和肉體的長期蹂躪以後，重讀這些昭示生命真諦的偉大作品，帶給我心靈的不僅是震撼，也有安慰。

永遠芳香的花朵

在他們提供給我重溫的書籍中，令我浮想連翩愛不釋手的竟是《安徒生童話》，葉君健老先生那雋永秀美的譯文簡直美不勝收，其中最能叩擊我心靈的還是那篇令我百讀不厭，令我五體投地，令我熱淚盈眶的〈光榮的荊棘路〉。

前文談到我在農場醫院辦英語學習班無疾而終的事，當「學生們」紛紛回歸原有的生活軌道，不再理睬這嘰哩哇啦的英國文字時，獨獨有一個年齡最小、當時還不足十九歲的鍾姓女護士堅持留了下來，直到我出院。

這女孩的父母都是勞改隊的監管犯人的獄吏，只是不在這個農場而在一個名為芙蓉煤礦的大型勞改企業。她這種出身類型，在血統論盛行的當年被稱為根紅苗正的紅五類，又據說這紅五類與我輩黑五類絕對是針鋒相對水火不融，而我和她的友誼卻綿延至今，甚至可以毫不誇張地說，她是我生命歷程中舉足輕重的女性之一。

那時，她利用工餘時間，每天堅持在我那間「教研室」學習兩小時，她的工作時間彈性較大，不像其他住院部的護士那樣輪流值班，在本職工作完成以後，可以自由支配的時間比較多，除了我給她授課，她還有很多時間複習自修，由於她的勤奮不懈，成績斐然可觀，她由一個停課鬧革命沒有學到多少文化的所謂中學畢業生，終於在八十年代末通過職稱考試合格，現在已是一名稱職的醫生，除了她的孜孜不倦以外，他那位當醫生的丈夫功不可沒。

和她單獨相處的日積月累，瞭解也漸漸加深，我十分喜歡她的單純天真，她對我生活經歷中所遭遇的不幸和今天所受的屈辱深深的同情。終於發展成身份懸殊得可怕，年齡差距大到不可思議的師生戀，我們之間發生的大事有以下幾樁：

最令我難忘的是我向她朗讀〈光榮的荊棘路〉的那一次，這篇不像童話的童話我幾乎可以背誦一些段落，特別是那最後的三段：

人類啊，當靈魂懂得了它的使命以後，你能體會到在這清醒的片刻中所感到的幸福嗎？在這片刻中，你在光榮的荊棘路上所得到的一切創傷——即使是你自己造成的——也會痊癒，恢復健康、力量和愉快；嘈音變成諧聲；人們可以在一個人身上看到上帝的仁慈，而這仁慈通過一個人普及到大眾。

光榮的荊棘路看起來像環繞著地球的一條燦爛的光帶。只有幸運的人才被送到這條帶上行走，才被指定為建築聯接上帝與人間的橋樑的、沒有薪水的總工程師。

歷史拍著它強大的翅膀，飛過許多世紀，同時在光榮的荊棘路的這個黑暗背景上，映出許多明朗的圖畫，來鼓起我們的勇氣，給予我們安慰，促進我們內心的平安。這條光榮的荊棘路，跟童話不同，並不在這個人世間走到一個輝煌和快樂的終點，但是他卻超越時代，走向永恆。

讀到這裡，我情不自禁地淚流滿面，泣不成聲，而此時的她正伏在我的懷裡抽噎著，這就是我們唯一的一次「親密接觸」。

另外，在我四十四歲生日那一天，她送給了我幾件生日禮物，特別令我感動的是禮物中有一本塑膠封面筆記本，在它的最後一頁上，她特意用彩色鉛筆畫了一束紅花，花間的彩帶上，寫了「I love you」（我愛你）幾個美麗的英文字。

這段時間，農場裡因右派升級而判刑的人陸陸續續平反出獄，我知道我問題的解決將只是個時間問題。平反的人中有些人是我的朋友，他們出獄以後，走訪過我在成都的二妹，讓家裡人出面到原判法院即溫江地區中級人民法院替我申訴，得到的答覆是令我鼓舞的：「案件是有問題，我們正在進一步核查中。」

我曾經寫過一篇題為〈恩恩愛愛與凄凄慘慘〉（編按：見本書第一章）的回憶文章，這篇文章有一個副題「獻給我失去的妻子」，便是紀念我的初戀情人、第一任妻子胡君的。她十九歲時嫁給了時年二十一歲的我，一年後我們有了一個兒子，又一年後開展了以「陽謀」自詡的反右運動，我首先被揪鬥，她在領導這場運動的辦公室裡作文字工作，竟然天真地寫了一份報告，向「組織上」證明我不是反黨反人民的右派份子，結果她第二天就當了右派，這很容易使我想起戰鬥英雄用身體去堵槍眼的壯烈場面。有人說家庭是社會的細胞，我們這個由三個人組成的細胞從此四分五裂天各一方，妻子埋名隱姓混入人民行列又混入我們家族序列冒充我的二妹，甚至在新疆當上了一名工人。我判刑十八年後，在前景日益險惡的情況下，我以二哥的名義再三去信勸她重新安排生活，終於在她二十八歲時用我二妹的名字重新組織了家庭並生下一兒一女。隨後在「文化大革命」中期，她埋名隱姓的事情被揭露，成為他所在工廠在「文化大革命」中的一項重大勝利成果，她也回歸到牛鬼蛇神的行列成為批鬥對象，同時其新任丈夫也得知她是個有夫之婦後，便以受騙上當為由，對她施以報復，使她受盡凌辱。

如果撇開政治因素，胡君的一切不幸都是我造成的，我欠她的太多太多。

這時有傳聞說，中央有政策規定，凡因右派問題而造成的家庭破裂，有關領導有責任幫助這些改正右派修復其家庭裂痕，當時許多右派家庭都上演著《鴛夢重溫》。我也暗暗下定決心，待我的問題落實以後，我將與胡君破鏡重圓。

在這種背景下，我必須給身邊這個天真無邪的女孩一個交待，我不能這樣對她的感情不負責任，經過我一番坦陳直言，便結束了這場短暫的師生戀。我當年是怎樣對她說的已回憶不起，十年以後，也就是一九八八年，我們雙方都組織了家庭以後，兩對夫妻偶然在成都鬧市區鹽市口街頭邂逅，當我向她介紹我結婚三年的妻子時，她告訴我，我和她分手時，我提出的理由是：「我們的年齡懸殊太大。」而我身邊的妻子，似乎比她還小一兩歲。事後，我們共同對此下的結論也只是兩個對中國人很有說服力的字：「緣份」。

八十年代初，她終於和在醫院服刑的一位犯人醫生秘密相戀，待這位老弟滿刑以後便與她正式結婚，那時這一則類似公主下嫁乞丐的「安徒生童話」，簡直像九一一恐怖事件那樣在農場引發一場地震。

二〇〇二年七月二十五日於成都寓中

十、我和幾群蝨子的分分合合

訴說苦難，並非受難者的驕傲；訴說苦難，目的在於終結苦難。

余杰《愛與痛的邊緣》

《現代漢語詞典》對蝨子一詞作了以下的注解：「昆蟲，灰白色，淺黃色或灰黑色，有短毛，頭小，沒有翅膀，腹部大，卵白色，橢圓形，常寄生在人和豬、牛等身上，吸食血液，能傳染斑疹傷寒和回歸熱等疾病」。

今天，蝨子距離人們生活似乎越來越遠了，特別是青少年一代，我相信認識熊貓的人肯定比認識蝨子的人多得多。熊貓因為其「稀世」而被稱為國寶，蝨子雖然少見卻永遠也不會成為國寶。

我曾較長時期和蝨子狼狽相處（決無狼狽為奸之意），我們之間，曾經有過些鮮為人知的交往，雖為個人隱私，卻願自我暴露……

一九四九年冬到次年春天，我參軍不久，在中國人民解放軍第二野戰軍三兵團十二軍隨營學校當一名學員。這所學校的功課就是行軍作戰，教室就是血肉橫飛的戰場。那時，我十六歲，據至今健在的老同學高重、黃毅等回憶，那時我身高還不足一米六，嗓音尖細，一副還沒發育成熟的樣子。不論值勤放哨、急行軍、夜行軍，我都能得到互助友愛的照顧。當年每個戰士必須纏在腿上的綁腿，常常是老戰士幫助我捆紮，否則難免在行走中鬆散灑落一地很難收拾。記不得是哪次遭遇戰中丟失了還是其它原因，只記得我是全連唯一沒有背包的戰士。老實說，那支笨重的中正式七九步槍，和上百發像指頭那樣粗長的子彈，已經使我這個剛剛脫下學生制服的新兵不堪重負了，失去背包未必不是一件減輕負擔的好事。

晚上宿營，戰友們都躺在稻草鋪就的地鋪上，我則嘻皮笑臉地鑽進任何一個被窩裡去為戰友暖腳。我們從不洗澡，很少換衣服，在緊張殘酷的戰爭環境裡，這是些很容易被忽略的生活小事。

不久，我染上了一身蝨子，看見我一臉惶惑，山東籍老班長告訴我：「這叫光榮蟲，不參加革命想長還長不上哩！」這光榮蟲的幽默在部隊裡倒也十分流行。可令人煩惱的是，這種專吸人血的小蟲子繁殖力極強，它們在我內衣內褲的褶縫裡傳宗接代，在我的皮膚上吃喝玩樂，甚至個別的虱中好漢，竟爬出衣領，在我的頸項上炫耀示眾，弄得我肉體和精神都很不舒服，我顧不得光榮不光榮，下決心解決這個問題。

第二天大清早，我脫下內衣內褲夾在腋下，在炊事員生火煮飯的時候，來到行軍鍋旁，假裝發揚互助精神，幫他們添柴燒火，乘機將星羅棋佈著蝨子的內衣內褲扔進熊熊烈火之中，只聽得那一陣劈劈啪啪蝨子的爆炸聲，我的快樂甚至波及到皮膚：「這就是吸血鬼的下場」，我在心裡說。

到了晚上，我才知道麻煩來了，因為我不可能穿著棉衣棉褲或者光著身子鑽進戰友的被窩，為難中，老班長從他的枕包裡抽出一套內衣褲，幫我度過了難關。只不過沒多久，它又成了光榮蟲生兒育女的新窩點，這不要緊，反正我已經有了消滅它們的好辦法。

後來，我們告別了戰爭，我也告別了光榮蟲。五十年代那欣欣向榮的景象令我陶醉，偶爾在洗澡換衣服時，想到那些令人毛骨悚然而又竊取了光榮稱號的蝨子、怎樣被我焚屍揚灰的頑童作為，頗有幾分洋洋自得。那年頭，在稍有教養的群體裡，長蝨子將被認為是一種羞辱，光榮蟲地位的置換證明著社會的進步，我想我永遠不會再讓這種討厭的蟲子來運載我的光榮感了。

二十出頭的小夥子，仍不免幼稚天真。

終於在一九五七年轟轟烈烈的反右派鬥爭中，我中了「陽謀」，被劃為極右份子，不久便送勞動教養。那年頭的勞教可不像今天的勞教，有一個一年至三年的時限，負責監管的公安人員在宣講政策時只是籠統地說：「好久改造好了好久解除勞教。」而我們感受到的是直到一九六一年秋天，我已勞教了三年多，兩百多人的一個中隊，只解除了一個經常替那幾個監管獄吏理髮的「份子」。這也不難理解，當他手執鋒利的修面刀，在獄吏們那險要的喉頭刮來刮去的時候，難道還不足以檢驗他的改惡從善嗎？不過右派們心知肚明，他判勞教的原因並不屬於「你死我活敵我矛盾」的右派問題，而是比這個鬥爭輕一個檔次的偷、摸、扒、騙類的壞份子，也就是所謂的「人民內部矛盾」問題。他解除勞教以後，因佔有「耗子洞耗子才鑽得過」的技術優勢，很快地成為了獄吏們對右派實施監控的幫兇爪牙，在和各種類型的所謂「反改造份子」的鬥爭中，他心狠手辣詭計多端，倍受獄吏們贊許。

在勞教前景嚴峻的困惑中，一樁突發事件，改變了我的生活走向。那是所謂「自然災害」餘威未盡的一九六一年九月某日，我因不堪饑餓煎熬，便找住地附近的農民買了一碗稀飯充饑，被這個「解除勞教的積極份子」逮了個正著。事發當時，我怎捨得讓他奪走我即將裹腹的這碗來之不易的米飯，爭吵抗拒更增添了所謂違犯紀律的嚴重性。當晚的鬥爭會上，我被捆綁受刑，具體執行這次捆綁的「大力士」，正是我極為鄙視的「積極份子」，他豈肯放棄這個提高他「威信」的機會，當然會使盡全身解數，將我捆綁得死去活來。

我氣憤至極，便決心逃跑以抗議肉刑，心想抓回來判個三、五年有期徒刑，到滿刑時我也才三十歲出頭，反正有期徒刑總比無期勞教強。似乎已經深思熟慮，我便風風火火地逃離了勞教隊。

我所在的勞教隊名叫四川省公安廳築路支隊一〇八中隊，這個支隊三年多來一直在修鐵路，前三年所修的內（江）昆（明）和成（都）昆（明）兩條鐵路都是中途下馬，半途而廢。事發的當時，我們正修築的是廣（元）旺（蒼）鐵路，我從駐地旺蒼縣快活場出發，經過四天的驚險歷程，在我逃到重慶的當晚，因食物中毒交錯了偽造證件而被查夜的公安抓獲，我沒有必要在審訊中交待右派勞教份子的不利身份，便作為社會遊民被派出所送到郵局巷遊民收容所。在等候登記時，側邊有經驗的遊民悄悄告訴我：關押一段時間後要送回原籍。我想，不論是送回我那右派誕生地還是勞教隊，都將是好馬不願吃的回頭草。我便用童年時代學會的湖北家鄉話，向審訊者編造了一套真真假假的湖北經歷，並誑稱是來川做打火石生意的，這在當年屬輕微投機倒把行為，視情節可處三年以下有期徒刑。

所謂三年自然災害在餓死幾千萬中國同胞的同時，也顛覆著中華民族的傳統道德，社會現象正證明著「饑寒起盜心」的顛撲不破，各類作案者充斥大街小巷，一旦這些失足者再一次失足，民政部門管轄的收容所將是比公安部門管轄的派出所更令他們嚮往的地方。因而這裡的熙來攘往，摩肩接踵就不難設想。幸好這幢樓房一九四九年以前是座大型倉庫，五米左右的室內空間高度和大開著的窗戶保證了人們的呼吸，否則這密集的人口中必有人會窒息而死。

每到晚上，遊民們列隊報數，數到第八名時就將這八個人編成一個當晚的睡覺單元，為首的將領得破棉被一床，破草席一張，八個人就一個緊貼一個橫躺在草席上，「床」與「床」之間留有三十公分間隙，算是夜間上廁所時的臨時通道。所幸當年中國同胞個個形容枯槁，骨瘦如柴，否則一床棉被無論如何也罩不下這八個成年男子。我和這些三教九流擁擠在被窩裡，無疑為蝨子的出境旅行提供了方便，我也就理所當然地染上了它，但有一點決不能含糊，那就是這一批新遷入的蝨子無論如何也不能再稱為光榮蟲了。

按重慶市有關當局的安排，凡四川省內的遊民將分批遣回原籍，外省籍的在積累到三、四十人的批量時，便送往綦江縣九鍋箐遊民改造農場，到那裡去一邊勞動一邊調查你的來龍去脈。在一個多月等待遣送的日子裡，在眾多小偷扒手層層包圍之中，我丟失了身邊的全部生活日用品，每天兩頓早晚各喝一碗玉米稀粥餓腸轆轆，又使我失去了十多公斤體重，換得的是一個湖北佬「九頭鳥」的稱號和幾百隻來歷不明的蝨子，我便帶著它們去到了遊民改造農場。這農場雖然冠有改造二字，但並無荷槍實彈的士兵把守，除連以上領導為正式幹部外，班、排頭目均為改造中表現良好的遊民。一周以後，摸清了來去路線，我帶著屬於自己的一身蝨子從那兒逃出，直奔天津企圖去投靠親友，後在天津被捕，勞教隊派人去將我押回。

這時，廣旺鐵路像此前所修的內昆、成昆鐵路一樣，再次中途下馬，築路支隊又遷移到灌縣（今都江堰市）修成（都）汶（川）鐵路，我就被關押在灌縣公安局陳家巷看守所。據說案情重大，乃單獨囚禁在黑牢裡，這兩平方米左右的小房間，白天漆黑無光，入夜則燈火通明，除了偶爾由看守兵押去審訊以外，我被鎖囚在這斗室內吃喝拉撒睡。在「只准規規矩矩，不准亂說亂動」的監規紀律嚴控下，我唯一能做的事也許就是逮蝨子，我的耐心堪稱一流，白天睡足覺，晚上在一百瓦的強光照射下，對僅有的一套發著汗臭的內衣褲進行拉網式的清剿，對每一個褶縫，每一處邊角，甚至每一個針眼都一而再再而四地搜索，為時四十餘天，親手掐死大小蝨子四百三十九隻（不包括虱卵）。享受到勝利者才能擁有的快感，在漫漫的黑暗中調劑了寂寞無奈。

今天，人們在電視上或生活中偶爾也會看到犯人，他們在儀表上都有一個共同的特點——全部剃著光頭。根據我國勞動改造條例而制定的監規紀律共七章四十二條，「文化大革命」時期又增加了「五報告十不准」，其內容詳盡到「保守勞改隊的機密」，卻無隻言片語涉及到犯人的髮型問題，也正因為有這樣重要的依據，我才能說六十年代灌縣看守所的犯人都可以蓄留頭髮。

具備了蓄留頭髮的條件以後，才能創造出一種特殊的懲罰犯人的方式：對那些有輕微違犯監規的犯人，那位名叫游道成的監管獄吏便大吼一聲：「剃花腦殼！」違規犯人便乖乖地去到訓話室，那裡有類似劊子手的「行刑」犯人在等著，他領來理髮推子，三下五除二地便在受刑者的頭上繪（推）出連印象派畫家都將為之驚歎的圖形——一個怪異絕頂的花腦殼。似乎是監管獄吏特別欣賞這種懲罰帶來的美感，因而隔幾天總會有一兩個花腦殼在犯人中展現，為枯燥的監獄生活增色添彩。我曾經懷疑過，這個看守所能例外地允許犯人蓄留頭髮，是不是為了滿足這位獄吏對這種藝術形式的偏愛，或者是他精神的空虛需要以這種「行為藝術來加以填補」。只不過他的偏愛給我帶來的卻是難言之苦。因為留著頭髮，等於給蝨子提供了保護區，我不可能擁有鏡子或者能照見自己犯容的一盆水，又怎麼可能捕捉深藏在自己發叢中的蝨子，更何況它們的個頭甚至不會大過一粒芝麻。

我咬牙切齒地忍受著它們在我的頭上快樂逍遙。

凡力所能及之處的蝨子都被我逮光了，更顯得百無聊賴。這時，只要看守兵撥開直徑二十公分的圓形窺視窗查房，我就要求看報學習，這個「促進思想改造」的要求不具備亂說亂動的風險，但從未得到恩准。直到某個吉日良辰，某位看守兵竟然從窺視窗裡給我塞進一份八開小報。仔細一看，原來是四川省公安廳勞改局編印的一份《新生報》，顧名思義，這是專門提供給勞教份子以上，死刑犯以下極需獲得新生的人等學習的報紙，這份幾十分鐘就能看完的、充斥著假話空話的報紙，是我唯一能看到的文字，它具備著物以稀為貴的價值，我連續看了十多天。

某夜，我坐在「床」上，用雙膝托起這張報紙，正企圖從字裡行間找出點錯別字或病句，以鍛煉提高我的文化素質，突然感到頭皮發癢，我下意識地伸手到頭上抓搔，忽聽得報紙上「叭」的一響，在響聲指引下，我眼睛一亮，赫然一個虱界的「相撲運動員」在報紙上蠕動。這一意外發現對我所作的貢獻，決不會亞於牛頓看見蘋果落地而後對人類作出的貢獻。我無比激動地處死了「相撲運動員」，然後立即張開十指，狠狠地在頭髮中抓搔，剎時刻出現的是「大珠小珠落玉盤」的驚心動魄，興奮中將這批失足者送下了黃泉。此後的一段時日，我每天都多次如此這般地搔頭消遣，到後來落下的蝨子越來越少，個頭也越來越小，估計發叢中最後一枚虱卵孵出的幼虱已被我擒殺，我才基本結束了這場掃蕩，其間共掐死蝨子一百四十四隻。多年來，我一直為自己滅儘自已頭上的蝨子而感到十分自豪，它也許是我這個碌碌無為的凡夫俗子一生中，唯一幹過的一件前無古人後無來者的「壯舉」（並非我故意褻瀆這崇高的詞彙，確實一時找不到更恰當的詞）。

八個月後，我調出了黑監，雖然仍舊是獨居關押，監房面積卻比黑監大兩三倍，光線也很充足，像本看守所全體關大監的犯人一樣，一目了然地睡在地板上。我還在為逮盡身上蝨子而沾沾自喜的時候，卻發現在我所睡地板的夾縫裡，正暗藏著一批吸血更兇猛且更為難以逮捉的害蟲，那就是臭蟲，也許因為它沒有寄生在人們衣服上的本領，雖然它身體的色彩像黨旗般鮮紅奪目，卻從未能享受到「光榮」二字的殊榮。相反人們用那個臭字的命名來使之「嗅」而生厭。在以後的歲月裡，我和它們又進行了一場錯綜複雜的鬥爭，只因與本篇主題無直接關聯，只得按下不表。

直到一九六五年，我判刑後不服，上訴失敗，只得背負著叛國投敵罪判處的十八年有期徒刑冤屈去到了勞改隊，輾轉來到地處大涼山的雷馬屏農場，因為其地理位置在雷波，馬邊，屏山三個縣交界處，便以這三個縣名的第一個字組成這個農場的簡稱（犯人中什麼型號的怪材都有，竟有人以雷馬屏三字的諧音暗自稱它為「你媽屁」農場相稱以洩憤）。這農場深藏在一片茂密的亞熱帶原始森林之中，它也是中國同胞在「人定勝天」的毀壞中，大自然最後堅守的一個森林據點，人類的足跡難以踏入。正如我們這批新犯押至農場的當晚，管教科長邵廷章在「訓話」時說的：「這是一座天然的監獄，四周的原始森林比高牆電網還管用。」插翅難飛的犯人在裡面主要從事農田和茶葉的種植。

這農場的每個中隊都配有幾名犯人木工，負責伐木為修房舍做農具之用。當然，這裡盛產的香樟木，獄吏們的箱箱櫃櫃桌椅板凳也用得著，這些零成本地方特產，也是捎往全國各地關係戶的高級禮品。

犯人每十天工休一天，但各式巧立名目的所謂「義務勞動」對這個休息日進行七折八扣，犯人們暗暗祈禱，希望這個工休日別遭遇「義務勞動」的突然襲擊，只可惜這種祈禱很難得到應驗，因為世界上沒有一種神靈是願意佑護囚犯的。可憐的犯人們在農忙時與天鬥爭有種種突擊任務，農閒時安排每人到伐木場運一根一百斤左右的圓木回來交隊上驗收。去伐木場，需要穿過茂密的樹叢，很少有人不被荊棘撕破衣服或刺傷皮肉，也很少有人不被螞蝗叮咬流血不止。年輕力壯者最少需時半天，老弱者到晚上班組還得派人打著火把去接他。

犯人一年發一套粗布單衣，三年發一套粗布棉衣（衣褲上都以紅色油漆印上「雷馬屏」三個赫然醒目的大紅字，以此標誌來與衣衫襤褸的「人民群眾」加以區分）。擅於借題發揮的獄吏對犯人們宣講說：「你們犯人用布的標準已超過了普通公民每年七尺的定量，算一算你們單衣棉衣棉布棉絮用了多少布票」。僅僅從布票的數量上看，這可能是事實，只不過這些布料質地之低劣有如農村家庭作坊的產品，也有的是所謂再生布的劣質產品，哪裡經得住肩挑背磨荊棘勾扯和汗污浸蝕，犯人的衣衫殘破就不難想像。但是，為了遮羞抗寒又不得不對衣服進行疤上重疤的縫綴修補，雖然沒有學過《步兵戰鬥條例》卻極富「利用地形地物」戰鬥經驗的蝨子們，做夢也想不到這些補丁形成的「防禦工事」，竟然是被吸食者的犯人們，在疲累中親手替它們「修築」的。

雖然我一度自認為在抵抗蝨子侵擾方面，曾經有過不俗的表現，但自從收到判決書後我便知道，這下半輩子將和蝨子們結下難解之緣了，因為被稱為犯人又命中註定生活在暴政施虐的中國大陸，我將長期和骯髒，疲累甚至卑賤聯繫在一起，而蝨子的生存也常常離不開這些詞彙。

在勞改農場，犯人睡的是大通鋪，一個挨著一個的睡眠方式，迫使犯人間形成一種相互監督的株連關係。這時，張姓蝨子和李姓蝨子相互串門打親家昆蟲間的交往在犯人鼾睡中其樂融融。更加上緊張繁重的勞動，使犯眾喪失捕捉蝨子的耐心，在個人的生存價值被徹底否定，尊嚴受到粗暴蹂躪的痛苦中，對作為身外之物的蝨子，多數犯人都失去了阿Q先賢那份逮蝨子的精神，採取滿不在乎聽之任之的消極態度，因此，蝨子家族的「蟲」丁興旺，應該是順理成章的了。

我進入農場不久，即發現這裡的犯人有一種內部約定的土政策，冬天的烤火柴各班組的犯人自行利用工餘時間收羅積累，一般是每個犯人供燒柴一晚，用於夜間進行認罪服法討論、相互揭發批鬥時烤火用。涼山是著名的「天無三日晴」的多雨地區，每晚學習時除了站著接受批鬥的犯人以外，其餘的都可以在千篇一律老生常談發言的同時，順便將白天打濕的衣服鞋子烤乾，我發現比我先到農場的老犯常常把烤燙了的衣服，在火苗上方大力抖動，這時必有少數隱蔽不當的蝨子，因高溫造成眩暈而跌入火坑，也會發出劈劈啪啪的爆炸聲。我認為他的這種操作方法和我早年火燒內衣內褲的作法有異曲同工之妙，相信在不久的將來，我身上的蝨子也會長成氣候，也可以用這種「高溫療法」加以對付，只是一定得掌握好火候，因為我再也找不到可以更換的內衣內褲了。

所幸的是，再沒見到過欣賞花腦殼怪癖的監管獄吏，犯人一律剃光頭，而且是用剃頭刀在頭皮上類似鏟草除根的方式刮出來的光頭。這也許是我這個「資深勞改犯」所發現的、唯一一樁政府和犯人實現了雙贏的「英明決策」，光頭給犯人製造了一個容易識別的生理特徵，萬一發生脫逃，追捕者易於在人頭攢動中一目了然的辨別真偽，便於緝拿歸案；另一方面對常受蝨子欺凌的犯人而言，剷除了蝨子的棲息之地，確保了犯人頭上的平安無事。有一句歇後語說：和尚頭上的蝨子——明擺著的，換一個說法便是，犯人頭上的蝨子，跑不脫的。

如果蝨子的習性只能棲息在人體的髮叢中，中國的勞改犯將受益不淺，可惜實際情況並非如此。在往後的十多年裡，可惡的蝨子一直依附著我，直到一九八〇年平反出獄。

在返回原單位的途中，我回到家裡看望年邁蒼蒼的高堂老母，闊別二十三年的母親噙著淚水按古老習俗的要求對我說：「快去洗澡換衣服，別把霉氣帶到家裡。」洗完澡換上家人準備的「非犯人服裝」（涉嫌生造詞彙一個），母親再一次按古老習俗的要求令我把帶回的衣服全部燒掉，以擺脫霉氣對我的困擾。我取來剪刀，剪下了衣服上「雷馬屏」三個紅漆大字準備加以珍藏，因為無論如何，它曾經是我生命的一部分。

勞改服在燃燒，蝨子在爆響，這響聲多像三十年前，那個十六歲的頑童共軍戰士，在行軍鍋旁聽到的聲音，只不過今天剛剛脫下勞改服的「前戰士」，經歷了腥風血雨的漫長摧殘，早已將他折騰成一個身心憔悴、而且遍體鱗傷的老頭子了。

不是為了蝨子，而是為了苦難，背著老母，我的淚水止不住地流淌，流淌……

二〇〇一年十一月於成都寓所

十一、頂頭上司們的是是非非

極權主義不同於以往歷史上曾經有過的暴政，因為極權主義不是為了人類中某部分人的利益，而是徹底地反對整個人類，反對一切人性，反對所有的文明。極權統治者的行為，不是暴虐，而是野蠻，是人性中罪惡面的肆無忌憚的發揮。

（美）漢娜・阿倫特

冷面管教股長唐康

對勞改隊一無所知或者知之甚少的人，像管教股長這類專業性很強的官銜，他們肯定是十分陌生的。顧名思義，擔任這個職務的人，就是專門負責管束教育犯人的所謂國家幹部，雖然勞改隊的所有獄吏（法定稱呼為國家幹部），不論是管生產管生活的都有責任管教犯人，但具體分工畢竟不同。

在我所服刑的四川省雷馬屏勞改農場裡，場部有管教科，那裡有比股長高一個檔次的管教科長，我所在的大隊，便出現了這位我今天要憶及的股長，而在我所在的中隊，還有一位股長下面的管教幹事，科長高高在上，除了在一年一度的公判大會上見到他主持會議以外，平時很難見到他。幹事就在身邊耳提面命朝夕敦促，但我卻對他印象十分淡漠，唯獨這位不遠不近的唐股長卻令我沒齒難忘。

按常規屬於大隊的管教股股長的唐康，應該住在大隊部，而他卻住在我們中隊，那是因為他的老伴在我們中隊當會計，一兒一女兩個孩子也住在母親身邊的緣故，反正從我所在的通木溪中隊，步行到大隊部所需時間也不過二十分鐘。

既然前文已將他的妻子稱為老伴，可見股長也並不年輕，一頭花白頭髮和橫陳在臉上的皺紋，足以證明他年齡已五十開外。因為我是犯人，他是獄吏，或者說我是被專政者，他是專政者，我們之間像兩個世界的人，不可能有任何私人交往。因此除了他的姓名和官銜以外，其他如年齡籍貫文化程度個人經歷等等，我並無可靠消息來源。

在我過去寫的一篇回憶文章中，曾經透露過一個「個人隱私」說，我一生中挨過兩記耳光。反右的鬥爭會上，被南充縣團委一位年輕但並不美麗的女憤青打過一記；「隱私」中的另一記便是這位股長恩賜的。今天我寫這篇文章的目的不是為了紀念這一記耳光，對一個任人踐踏的犯人來說，挨一記耳光就像被蚊子叮咬一口似的微不足道。真正值得我追憶的到是這位股長的那張臉，據說幾十年前，前蘇聯的電影大師伯恩斯坦訪問好萊塢的時候，曾有美國記者問他：「蘇聯人會笑嗎？」我的這位中國藉股長會不會笑我不知道，相處十多年，我從來沒看到他笑過一次則是千真萬確的事實。由此可以證明，面對數以千計的階級敵人，我們這位股長是絕對嚴肅認真堅決地作著鬥爭的。

從他說話的口音上判斷，他是河北人，並且是距北京不遠的河北人，這樣說的根據是他雖然說著普通話，但京味兒不足。像他這類由北方來到南方的幹部，當年被尊稱為南下幹部，用現代詞彙來表達就叫離休幹部。使我對他另眼看待的並非什麼南下什麼離休這類論資排輩的中共術語，而是在文盲半文盲比比皆是的獄吏中，他卻是個物以稀為貴的知識份子，從他對犯人的訓斥講話中，你能感覺到那股文縐縐的味道，下流話不多，連珠妙語則不少。

既然住在我們中隊，進進出出也順便關照一下中隊犯人的改造，多多少少可以增加些專政的力度。有一天，我因狂瀉不止，請了病假，蜷縮在上鋪上休息（農場犯人睡的大通鋪，分上下兩層）。他突然走進犯人的寢室，看見下鋪的床沿上坐著一個面色蒼白、正在輕聲呻吟著的犯人，這犯人的腳邊有一個木盒算是犯人用的痰盂，裡面盛著消毒用的石灰，石灰上面則是東一團西一塊的鮮血，股長那不苟言笑的鐵面對著面色蒼白的犯人問道：「你為什麼不出工？」犯人扶著床沿緩緩站起來，用顫抖著的手指著痰盂說：「報告股長，我在吐血。」股長手指著木盒痰盂說：「好，你今天就在家吐血，你的任務就是把這個痰盂吐滿。」這時我趕緊將伸在上鋪邊緣的腳向裡收縮，深害怕他發現上鋪裡還有一個我，萬一他針對我的病情下達任務，令我當天將糞池瀉滿，對我來說，又將是一個難題，而我身邊的難題早已堆積如山了。

古人說，物傷其類，或者如成語所說兔死狐悲，這位股長也是讀書人出身，他一手漂亮的毛筆字和滿口的引經據典足以證明此說不虛。他給我的最大啟示是，讀書人憑他的滿腹經綸和看問題的入木三分，一旦下決心收拾另類讀書人，其辛辣程度肯定比沒讀過書的人厲害得多，其中某些典型事例，甚至可奏終生難忘之效。

我曾經在中隊負責植物保護噴灑農藥的勞動，經常使用一台機動噴霧器，它是以汽油為燃料的小型內燃機，運轉時機體溫度很高。有一次我因為操作不慎，左胳膊被機體上的消聲器燙起了一個大型水泡，在四下無人的田野，只好用一塊擦拭機器的破布將傷口包紮起來以便繼續勞動。傍晚收工時，我背著這部機動噴霧器向隊部走去，在臨近隊部的路上，突然碰見了這位足智多謀的股長，他似乎正站在路旁等我，可我並不知道，更不知道他明察秋毫的革命警惕性已鎖定了我身體上的某個部位。

按規定犯人在路遇獄吏時必須遠離，以避免發生恐怖襲擊行兇報復之類的突發事件。也許我的繞道行走更刺激了他的革命警惕性。突然他大聲喝令：「站住！」我立即遵旨站在路邊，他向我身前靠近了兩步，指著我纏著胳膊的破布問道：「你這是什麼聯絡符號？」這可能是我一生中遇到的一個最為意想不到的問題，我除了對股長的聯想能力五體投地之外，便只好向他解釋說明原由，他卻似乎一句也聽不進去，反而用更大的嗓門吼道：「我問的是你這是什麼聯絡符號？」我頓時感到「秀才遇到兵，有理說不清」這句民諺具有極大的片面性，因為今天使我有理說不清的並不是蠻不講理的兵，而是一位蠻不講理的「秀才」。我只好解開充作繃帶用的破布，將傷口亮給他看，他淡淡地瞟了一眼後未置可否，卻拋出一句咬牙切齒的話：「你給我小心點。」掌握著犯人生死大權的管教股長的這句恫嚇，是可以讓犯人患神經衰弱症的。

不久，爆發了「史無前例的文化大革命」，獄吏們也分成相互對立的兩派，而且相互指稱對方執行的是反革命修正主義路線，其成員中還隱藏著大量階級敵人。有傳聞說，我的這位管教股長也被對立的一派指稱是漢奸，是汪精衛之類的賣國賊。不過，從我內心來說並不相信，雖然從年齡和籍貫上看，這位股長在中國大量出現漢奸的抗日戰爭年代已成年，而且生活在已經被侵華日軍佔領了的華北淪陷區，似乎具備了當漢奸的客觀條件。但我仍不相信，那是因為我親身經歷過中共建政以後，在各機關團體開展的三查三整、民主運動、內部肅反以及反右鬥爭等等，一系列以乾淨徹底揪出隱藏在機關內部的階級異己份子為目的的政治運動，其決心之大，工作之精細，乃至這位股長縱有天大的本領，要成為漏網之魚的概率也幾乎為零。

在他被誣為漢奸的那些時日，他似乎顯得益發蒼老，背也駝了下去，鐵青的臉也更加鐵青，但我並不同情他，雖然挨冤枉是個值得同情的事。那是因為我是犯人，犯人是沒有資格同情獄吏的，更何況我認為他對犯人過份刻薄。

那時正在「農業學大寨」的高潮中，犯人們在獄吏們的指令下，利用冬季的農閒，將某些坡地改為梯田，這就像修公路鐵路一樣，少不了開山放炮。我又奉命搖身一變成了一名炮工，這是因為獄吏們知道我在勞教隊修過三年鐵路，對開山放炮還有那麼點經驗的緣故。

　　我們所開的田塊在隊部背後的小山上，傍晚收工前，我裝了九個炮眼並且眼看著它們一一爆破完畢，便匆匆返回隊上，找廚房解救我的轆轆饑腸。

　　臨近隊部時，我突然聽見管教股長在隊部的院壩裡大聲吼叫著：「去炸嘛，炸倉庫嘛，炸樓房嘛……」路邊有犯人戰戰兢兢地告訴我，有一塊爆炸的飛石將股長房頂上的瓦片打穿了一個洞，這當然是不應該發生的意外事故。接著又聽見股長大吼一聲：「張先癡回來沒有？」我便立即收回去往廚房的腳步而改向隊部跑去。他一看見我就用曾經指過我胳膊上的破布的手指，指著我的鼻子吼道：「你放的什麼炮？你朝著我的房子炸，你他媽的也想搞階級報復。」我心想，如果我真有本領用這種普通的爆破方式，去命中預先選定的目標，可能我早已弄到國防部搞科研去了。因此我說：「報告股長，我不是故意的。」他卻衝上前來打了我一記耳光，其聲音十分清脆，我臉上有火辣辣的痛感。同時他用更大的嗓門吼道：「我看你還狡辯。」這時我不知從哪裡冒出來的勇氣，竟然也大聲吼道：「我是國家的犯人，不是你私人洩憤的工具，你憑什麼打我？」他被誣為漢奸一肚子氣，我他媽的被誣為反革命，更有一肚子氣，老子真想跟他拼個魚死網破。這時他那讀高中的兒子跑出屋來，將他死死抱住，他那老伴也就是我們隊上的會計（她卻是全體犯人擁戴的「善菩薩」），一邊掀我離去，一邊悄悄對我說：「不要理他，他心情不好。」當然，不願給蚊子再叮一口的我也就嘰嘰咕咕地走向了廚房，因為被蚊子叮咬不致影響食慾是眾所周知的常識。

　　事後我得知，這位股長因政治經濟文化種種複雜的原因，加上文化大革命的特殊背景，他和我們中隊的獄吏關係非常不好，以致獄吏們所住的院內近十戶人家，連出來打圓場的「革命同志」一個都沒有，眼睜睜的讓一個可憐蟲打了另一個可憐蟲一記十分動聽的耳光。我不知道這一記耳光是不是能使這位股長心情變得稍稍好一點，不過最少也給了他一個補償，證明了他依然是一個有資格打人的人上人。

首任分隊長蔡楷雲

一九六五年秋，我從一座勞改煤礦調進了這個大型勞改農場，首先被送到集訓隊，集訓隊是專門集訓各中隊捆來的反改造份子的嚴管中隊，也兼有入監隊的功能。讓這些新來的犯人熟悉一下本農場的生存環境，習慣一下勞改隊的奇風異俗。監管獄吏們也可以通過集訓，觀察一下這批新犯的基本情況，特別是有無逃跑意圖之類的可疑動向。

集訓隊和一般中隊的最大不同，主要是出工時有荷槍實彈的武警看守兵在周邊站崗監督，即便是到附近大小便，也必須向看守兵報告，得到批准後方可前往。另外出工收工都必須列隊報數，詳細清點人數，這些規矩在一般生產中隊都不存在。

在集訓隊第一天參加的勞動是收割小麥，出工時給每個犯人發了一把鋸齒型的鐮刀，帶隊的是我所在分隊的分隊長，名叫蔡楷雲，是從部隊轉業到農場來的，他穿在身上的那套褪色軍裝足以證明這一判斷。我從來沒有從事過農業勞動，收割小麥是個十足的外行。他看見我笨腳笨手的樣子，便走過來叫我把鐮刀交給他，他拿著鐮刀俯身下去，親自割給我看，並給我講解割麥子的要領。他的確割得很快，顯然參軍前他已經是個農業勞動的行家裡手。

幾分鐘後，他把鐮刀交還給我，叫我按他教給的方式繼續割下去，我就開始獨立操作。一個多小時以後，突然從麥叢中飛出一個什麼不知名的蟲子，在我的左胳膊上猛螫了一口。這意外地刺激使我忘掉了我手上握有初次打交道的鐮刀，迅速地用右手去打死了這個蟲子，沒留神鐮刀砍在我的胳膊上，血流如注。我立即走向蔡隊長，向他展示了傷口並陳述了來龍去脈，他卻讓我領教了一次紅色幽默，反問了我一句：「你為什麼不向頸項上砍？」並令我坐在地邊反省。

別看這僅僅是一句用十個漢字和一個問號構成的簡單疑問句，它具體地讓我品嚐了一種嶄新滋味，即一旦在美麗的人道主義四個字的前面，冠上了革命的三個字以後的其味無窮。

這件偶然發生的事使我對這位蔡隊長產生了很壞的印象，認為他不該用如此惡毒的反問來回答我的意外工傷。而身邊的犯人特別是已經在集訓隊關押了一兩年的「老犯」，則對他多有好感，他們說蔡隊長從不打罵犯人，也不捆綁犯人。慢慢地我也發現，當其他分隊的犯人被捆得鬼哭神號呼媽喊娘的時候，我們這個分隊的犯人則安於現狀若無其事。別以為這是小事一樁，在號稱監獄裡的監獄的集訓隊，這個視腳鐐手銬捆綁吊打為家常便飯的地方，這份可憐的輕鬆，已經是犯人們夢寐以求的了。

當年這個農場供給犯人的被服裝備的情況大體是這樣的，一年一套單衣和一條內褲，三年一套棉衣，棉被則視破損情況發給。應該強調的是不論衣服被褥，其棉布質地極差，似農村作坊的劣質產品。且從不發給床單墊絮之類的「奢侈品」。每月發零花錢二元五角（這是最高數字，以後曾降為二元、一元五角和八角，四人幫倒臺後又恢復為二元五角）。另外每年發軍用布膠鞋一雙，犯人只是在大雪紛飛的冬季才捨得穿這雙「奢侈品」。

平常犯人都穿草鞋，這種用稻草編成的鞋現在已很難見到，我僅僅在成都市萬年場那座紀念抗日陣亡將士的銅像上看見了一雙，不過那是一雙銅質的。據說當年的四川兵就稱為草鞋兵，他們在輕巧的草鞋幫助下，一個個健步如飛，英勇無比地追打著穿著笨重皮靴的日本兵。發給犯人的草鞋當然不會是銅質的，所以穿不了幾天就分崩離析。所幸此物造價低廉，不像膠鞋那樣金貴，壞了可以再領，領不到時打打赤腳對逆來順受的勞改犯也毫無問題，因為在「勞改大辭典」裡（假如有這本書的話），你絕對找不到衣冠不整這類用於上流社會的詞彙（不必為「上流社會」這個在巴爾扎克作品中經常出現的詞彙而尷尬，中國作家很少用這個詞，如果我懂法語而且從事翻譯，將它譯成「領導層」三個字就更合中國讀者的閱讀習慣了）。我當時的裝備可以說比乞丐都不如，到農場時間很短，沒領過任何東西，眼看冬季來臨，我仍舊穿著草鞋，被雨夾雪凍得通紅的一雙赤腳還得挑著糞水在稀泥中掙扎，這副狼狽相肯定為終日帶領犯人勞動的蔡隊長所目睹。

有一個工休天（當年這個農場規定，犯人每十天休息一天，如果十天中的某日遭遇了暴雨，沒法出工，正式的休息天將賠償給那場暴雨），蔡隊長突然來到監舍裡，把我叫到寢室門外的窗邊問我：「你為什麼不穿鞋？」我答：「沒有。」他又問：「為什麼不買一雙？」我實話實說：「沒有錢。」他說：「你可以找其他犯人借借嘛。」別看這簡單的借字，犯人必須遵守的監規紀律共七章四十二條，其中第四章總題為《生活》，下列的第二十三條規定「……必須正確使用零花錢和技術津貼，不准互相私自借用……」，這等於是蔡隊長特批我違犯監規，在勞改隊特別是集訓隊這的確是難得的例外，他還告訴我說，現在百貨公司正在賣的一種球鞋七元多一雙，他可以幫我去買一雙，但是我又能找誰借這麼多錢呢？

這裡我必須簡要地提到一個我十分感激的朋友，他名叫劉渾揚，他以反革命罪判刑十五年，四川威遠縣人，此公與眾不同之處在於他舉手投足之間那股不卑不亢的凜然正氣，在污七八糟的勞改隊裡倒真像陷在爛泥裡的珍珠一樣的不可多得。他是我的鄰床，我們的關係十分友善，他是黃埔軍校十六或十七期畢業的已記不太清。因為剛才蔡隊長找我談話的窗邊，緊靠著我和劉渾揚的床頭，正躺在床上的劉渾揚將我和蔡隊長的談話聽得一清二楚。我一回到寢室，他就向我招手示意，我走近他時，便悄悄地塞了一遝錢給我，並說：「快去，蔡隊長在外頭等你。」原來我離開蔡隊長返回寢室的途中，他將頭伸出窗外，對蔡隊長說請他等一等，他可以借錢給我。我將劉渾揚借給我的八元錢交給了蔡隊長，當天下午，我就得到一雙對犯人來說簡直算是奢侈品檔次的球鞋，它也是我那破破爛爛的身外之物中最值錢的一件。

後來我分三個月還了劉渾揚五元錢，在我還欠他三元錢的時候，我卻調離了集訓隊，臨行時我為難之極，因為對犯人來說這三元錢決不是一個小數字。平時生活簡樸的劉渾揚省下這筆錢也極不容易，看見我左右為難一臉尷尬，劉渾揚卻走過來安慰我說：「不要為那三元錢的小事著急，我給你錢的時候，就是想買雙鞋送給你，後來你執意要還，我怕傷了你的自尊心才接受的。」為此事我曾經發誓終生不再借貸，此誓恪守了三十餘年，直到近年來因孩子入學面對高昂的學費才時有違犯，這是後話。

若干年後，在中央公佈特赦令，宣佈釋放在押的國民黨縣團級以上人員時，劉渾揚得以釋放，又過了幾年我平反出獄定居成都，找到一個從威遠縣林業局退休回成都定居的前勞改犯、今改正右派涂明遠處打聽到劉渾揚釋放後被安排在威遠縣文化館工作，我即寄掛號信與他聯繫，希望得到確實地址後前去看望他，得到的是「查無此人，原信退回」的結果。直到二十一世紀初，我突然在四川省黃浦軍校同學會編印的一本《通訊錄》上，看見劉渾揚三個字赫然在目，只是他的通訊地址是威遠縣的一個鄉村，我立即再寄掛號信聯繫，最後還是退回了事。我憑回憶估算，劉渾揚如然健在，他應該早已邁過九十高壽多矣，至今仍然健在的可能性日益減少而令我倍感失落。但是直到今天，劉渾揚的音容笑貌還不時在腦中浮現，而最深刻的印象卻只有一句話，那便是我曾私下對他說：「蔡隊長這個人還不錯」，劉渾揚淡淡一笑留下一句餘味無窮的話：「人好，可惜制度不好。」

離開集訓隊，我便調到了通木溪中隊，一年多以後，蔡隊長也調來這個中隊，但他不帶我所在的分隊，沒過多久，突然聽說他患了胃癌，而且是晚期，便住進了農場醫院。眾所周知，這癌症晚期意味著的是什麼，此後我只在公路邊見過一次已消瘦異常的他。

突然有消息傳來說，蔡隊長出院了，原來我們中隊有一個馮姓犯人，自稱有祖傳秘方可治人類一切不治之症，缺乏自然科學知識的蔡隊長竟然信以為真，就給中隊長打了招呼，讓這個年近五十的江湖術士不再參加班上的勞動，安排他每天到山裡去採集他需要的靈丹妙藥，在近一個月的時間裡，他似乎成了蔡隊長的專職醫生，每晚回來，這位江湖術士都會吹噓他在某個山崖裡心中想著一味什麼藥時，突然發現那味藥就在他腳邊；或者說他的靈丹妙藥在蔡隊長身上所奏的奇效，不出十天蔡隊長又會出現在我們面前，順便還得表述蔡隊長的妻子為他提供的大塊肥肉，令在場犯眾垂涎三尺。

沒過幾天，蔡隊長在醫院病逝，這對江湖術士是一個沉重的打擊，弄不好他將會為大塊肥肉付出沉重的代價，他因而垂頭喪氣忐忑不安，有些人也為他的冒失行為捏著一把汗。後來有消息傳來說，蔡隊長臨終前曾找領導談話，安排他的後事，順便向組織表示，要求他死後不要為難那個為他醫病的犯人時說了一句：「他沒有惡意。」

蔡隊長留給我最深刻的印象是，一個貨真價實的勞動人民，在外力還未能從根本上將他徹底異化以前，他肯定是淳樸善良的。

彝族分隊長張長清

這位分隊長雖然是地道的彝族人，卻能說一口流利的漢語，而且還有個漢族的姓氏，竟然也姓張，只不過這是從彝語翻譯成漢語後的張而已。他可能當了我七、八年的分隊長。坦率地說，在和我打過交道的眾多監管獄吏中，他是我最尊崇的一個，雖然他也和前面寫到的蔡隊長一樣，是職務最低下的類型。

在我過去寫就的一些文章中，曾多次提到我在當兵時和勞教時，都一度滯留在涼山。反右前我發表過的那些「不堪回首」的詩歌散文，也無一不是以涼山為背景的。特別是一九五三年進軍涼山時，我作為軍內的一名技術幹部，享有較多的自由空間，我利用這一優勢，和駐地附近的彝族人建立了良好的關係。除了熟知他們特有的風俗習慣以外，甚至還學會了一些彝族的日常用語和民歌，彝族朋友還給我取了個讀音為「木直襤褸」的彝族名字（這名字翻譯成漢語的意思是木直家的老虎），我和他們的頻繁交往有多種原因，積累生活素材用於寫作也是原因之一。

彝族的勞動人民和漢族的一樣，也是淳樸善良的，按中共的說法，彝族的社會形態在中共建政前是奴隸制，張隊長本人就是奴隸出身，年齡估計和我不相上下，他沒有文化，說話也不像某些能識文斷句的獄吏那樣轉彎抹角卻暗藏殺機。不妨舉一個實例，那就是我剛剛調到他的分隊時，有一次他對犯人訓話，教育犯人要聽黨的話，他用手指著牆壁、用外國人說中國話的調門說：「這塊牆壁是白的，共產黨說是黑的，你們就應該說是黑的。」我從來沒有聽過這樣直率這樣勇敢這樣動聽這樣可愛的語言，如果不是因為受這個犯人身份的約束，就為這句樸素的真理，我真恨不得立刻跑上去擁抱他。

就憑這一句頂一萬句的大實話，我也會認為在他治下當一名犯人雖然依舊倒楣，但畢竟還沒有透頂。在工間休息時，我們時常並肩坐在田邊地角擺龍門陣，關於彝族的民間傳說，關於彝族的奇風異俗，關於他年輕時狩獵中遭遇的驚險，都成為閒聊的話題，但絕口不提有關政治的話題，因為各自身份的涇渭分明，談這個嚴肅的話題時，臉上是不便展開笑容的。

除了民族不同以外，張隊長和其他勞改隊的獄吏還有個很大的區別，即他非常看重犯人的勞動表現，其他的獄吏也常常出現在犯人勞動場地，似乎在觀察犯人們勞動的情況，實際上正繃緊著聽覺神經，聽犯人們的談話內容，以便捕捉些反動思想的蛛絲馬跡，為自己的青雲直上弄一塊廉價的墊腳石。張隊長更喜歡蹲在遠遠的樹叢背後，觀察犯人勞動情況，是否在認真耕作，而我恰好在這方面是最能得分的人。不管有獄吏在場或者不在場，我都是踏踏實實地幹活，即便是犁田耙田，這類一個人幹的勞動，我也盡心盡力，因為我不想給張隊長添麻煩。

經過長時間的「眼見為實」，他力排其他獄吏對我的非議，力舉我這個反革命重刑犯當了水稻班的班長，協助我登上了「仕途」的頂峰。遺憾的是，若干年以後，也許是張隊長調走了的原因，我並未能擺脫那個名叫阿克頓勳爵的英國人下的定義：「權力導致腐敗，絕對的權力導致絕對的腐敗。」我這個犯人班長也開始大腐大敗。幸好在我的治下只有十五個窮途潦倒犯人，權力有限。雖然班長已是犯人能擔任的最高職位，但畢竟在「只准規規矩矩，不准亂說亂動」的監規紀律威脅下，只能幹些小偷小摸的雞鳴狗盜，在中國千千萬萬的貪官排行榜上，我只能勉強當個倒數第一名，這也是後話。

如前所敘，我在中隊還肩負著植物保護、噴灑農藥的任務，我從有關書籍上得知，更換農作物的品種，也可以得到增產增收的效果。本班長上任伊始，便建議更換了一個水稻新品種，不知道是風調雨順支撐了我的「官」運亨通，還是我的「官」運亨通支撐了風調雨順，總之水稻大豐收，畝產平均提高近二十斤，創下了歷史新高。張隊長喜上眉梢，翹著大拇指用彝語對我說：「瓦及瓦（好）！」年終總評中曾力薦我記功一次，只因我既無書面檢舉材料，又無口頭揭發，按勞改隊習慣用語叫「不靠攏人民政府」，這是勞改犯的致命硬傷（這一硬傷使我十七年的艱苦勞動而從未獲此殊榮，我絲毫也不遺憾，因為我換得了良心的平靜），甚至張隊長都替我忿忿不平。

張隊長在全民瘋狂的文化大革命中，佔據著得天獨厚的制高點。論出身他是比貧農還貧農的世襲奴隸，論社會關係他的三姑六表無一不是純奴隸，因為彝族的風俗是奴隸和奴隸主是決不能通婚的。中共在武力征服涼山以前，他不曾看見過一個國民黨，甚至在封閉的涼山根本見不到一個漢族人。因此他也不知道什麼叫作保甲長，更不可能與什麼三青團、中統軍統沾親帶故。上述原因使他和歷史問題這個可怕的詞彙絲毫掛不起鉤。說到當時提倡的破四舊，他既不知胡適也不知道當年被稱為孔老二的老頭子，他本人既非當權派也就沒法當走資派，我想就是讓張春橋姚文元這類文化殺手親自寫文章批判他，恐怕也很難寫出什麼有力度的玩意。

那年頭正是「毛左」利用文革瘋狂表演的歲月，在所謂「破四舊立四新」的移風易俗中，立出一種全新的民俗，即凡「人民」相見打招呼都得首先各背一條毛主席語錄，然後才說「今天天氣哈哈哈」之類的日常用語。例如到百貨公司買東西或者到飯館吃飯，就得先對售貨員背一段語錄，售貨員回答一句語錄後，才說買一把牙刷或者要一碗麵條。那晚在學習會上，他對全體犯人說，今天，他上街到理髮店理髮，服務員見有顧客進門，首先對著他背了一條「為人民服務」的語錄，他想到等一會將經受剃頭刀在脖子上刮來刮去的風險，就回了一句毛語錄說：「下定決心，不怕犧牲，排除萬難，去爭取勝利。」向我等犯眾證實他活學活用之貼切機智，說話中不時流露出自豪的神色，這便是他受愚弄而不自知的單純之處。

張隊長有三個兒子和一個女兒，幾年以後大兒子參了軍，剩下的兩個兒子一個女兒都在農場子弟校讀書，文化大革命中，孩子們都成了鬥志昂揚的紅衛兵小將。有一天他女兒不知為什麼生了氣，氣憤中她指著一個犯人罵道：「你這種犯人連狗都不如。」按彝族風俗把人罵成狗就是最大的侮辱（據我所知，彝族人鄙視狗的原因是因為狗要吃屎），恰好被張隊長聽見，他不但不讚賞女兒的立場堅定，相反衝上前去，當著眾犯的面狠狠抽了女兒一耳光，然後用彝語嘰哩咕嚕的罵著女兒，女兒就抽抽噎噎的哭著跑回了家。還有一次，張隊長的二兒子（一個十分頑皮的孩子），在曬壩裡罵一個犯人時被張隊長聽見，小頑童看見父親板著面孔朝他走來，知道危險逼近拔腿就跑，張隊長順手從地上撿起一把犯人自製的小板凳，朝這個小頑童砸去，板凳被砸得稀爛，如果擊中，後果不堪設想（當然不排除張隊長是故意嚇嚇這個小頑童，並不真要讓他頭破血流的可能性）。

這個農場有個奇怪的規定，在改革開放的今天看來，這個奇風異俗似的規定簡直令人難以置信，那便是犯人對男性獄吏的妻子一律稱為先生，這個在正常的社會生活中專對男士的尊稱，移植到這塊畸型封閉的「王國」裡，竟如此不倫不類的顛三倒四地改為專對上流女士，這也是勞改隊不同凡響的證據之一，不過勞改隊可不是咬文嚼字的地方，叫你怎麼喊你就怎麼喊。所以我們都稱張隊長那位四十多歲的妻子為吳先生，雖然這位彝族「先生」她是個善良的家庭主婦。

我在中隊裡還是一個業餘電工，凡隊裡的電燈壞了我都得前去修理，即便只是換一只燈泡。我每次到張隊長家裡去修電燈，張隊長肯定不在家，吳先生會讓我在他家的廚房裡狼吞虎嚥的吃一碗肉，吳先生還要悄悄叮嚀說：「下去不能說。」我知道這一切都是張隊長刻意安排的，他也是故意的不在家，因為這是高風險的事，萬一敗露如果他在場，就更加脫不了干係，沒想到這位少數民族也有這份心眼，難怪人說自衛是人類的本能之一。

最使我難忘的是在「文化大革命」的某個階段，新出版了一本名叫《歐陽海之歌》的書，據說是紀實性的小說。在全世界的小說幾乎都成為毒草的時候，這唯一的香花當然特別引人注目，我便找來看了。書中有一個細節說，歐陽海創造連打二錘八百下的驚人紀錄。我心中暗想，這位作者顯然缺乏打二錘的體驗，我在勞教隊修了三年多鐵路，一直在隧道中隊裡可稱專業炮工，不是吹牛，我是全中隊二錘打得最棒的一個。

這時我們正在農業學大寨的開田改土中，第二天我對張隊長說，昨天我看的一本書告訴我，有人創造連打八百錘二錘的紀錄，今天我要連打一千錘。在場的犯人提出打賭，幾個人湊合著賭了一條香煙（犯人所抽劣質煙，每包一角四分）和一個罐頭（價值兩元），工地上正有一塊巨石需要打一個炮眼，掌釺的是一位姓戴的新犯（這位老弟現已是成都某大公司叱吒風雲的老總，故姑隱其名），負責給炮眼裡灌水的是一個姓趙的年輕犯人。打賭的技術要求是一錘接一錘，中途不能休息，並且要邊打邊報錘數。我一口氣打完一千錘以後，便站在原地大呼一聲：「再奉送二十錘。」又接著打了二十錘，而我並沒有氣喘吁吁累成一團稀泥狀，還對著幾個輸家說兩句嘲弄的俏皮話。

這時，張隊長把我叫到身前，悄聲對我警告說：「不能打賭，不然要受批評的。」在「文化大革命」時期，這種屬於「四舊」的清規戒律多如牛毛，因而動輒得咎者，又豈止是九牛之一毛可以數計。過了一會，我大聲宣佈：「剛才的打賭不算，我們是說著玩的，」將這場賭局淡化了事。晚點名講評的時候，隊上那位左得令人髮指的方姓指導員破例地沒對我含沙射影恫嚇威懾，而是不點名的淡淡地說了一句：「有的人勞動關看來過得還不錯。」

我絲毫不稀罕這個不痛不癢的「表揚」，因為我從來認為中共把勞動比作一道「關口」，是愚弄人民、特別是知識份子的一個荒唐的藉口，我認為我從來就是個自覺的勞動者。只有對我暗藏殺機的這位方指導員，此番竟難為地從他口中吐出幾枚我付之一笑的「象牙」，不過張隊長的良苦用心仍令我感激。

真正令我高興的是那天晚上，張隊長家的電燈又壞了，而且還壞得十分嚴重。

一九八〇年我在另一個中隊收到了平反裁定書，這時我離開張隊長所在的中隊已兩年多，當我從南充的原單位返回農場辦一些手續時，專程去看望了張隊長，他像所有的彝族同胞一樣的喜愛飲酒，便特意給他帶了一瓶檔次並不高的酒以表敬意（我恨自己沒有錢買茅臺五糧液），另外給他女兒送了一樣南充的特產，一條絲裙。這微薄的禮物，不足以表達我對他敬重之情的萬一。如果我有發財的夢想，也是希望在美夢成真的時候，能用自己的經濟實力向一切有恩於我的好心人，表示一下感激之情。在我已年逾古稀的今天，終生不帶財運的我只有遺憾地說：「我的夢將永遠只是一個夢。」

唯一能自我安慰的是，這些好心人可能早已忘掉了他們所做的善事，他們本著自己的良心生活著。

這些良心構成了我們這個古老民族的美德——那是一座美德的萬里長城，它頑強而又不露聲色地抵禦著邪惡的入侵，不管這個邪惡戴著多麼神聖的面具。

不可遺漏的分隊長李富貴

我在這個農場服刑近十五年，而這位分隊長代表政府對我直接改造了近六年時間，如果這篇談論頂頭上司的文章把他遺漏，將是對我個人歷史不負責任的疏忽。

他是我所在中隊下轄的二分隊分隊長，也就是這個分隊唯一的獄吏。前文寫到的張隊長一度是三分隊的分隊長，這兩個分隊因距離中隊部較遠，便另行成立了伙食單位，但行政關係仍隸屬中隊部。後來三分隊撤銷，張隊長也調到了二分隊管水稻班（也就是我所在的班）。這位不可遺漏的分隊長管旱地班。後來兩人關係日益緊張，水火難容，只好又將張隊長調回中隊部（三年後我也調去），二分隊就由這位李富貴分隊長獨自掌管。

經過我仔細回憶篩選比較後可以認定，在我身邊停留過的眾多人物中，這位李富貴便是全世界對我恨的時間最長而又恨得最深的一個人。當年我在他治下服刑勞改時，在我身上堆積如山的貶義詞，絕大部份都是他不辭勞苦粉刷上去的。我唯一感到慶倖的是他沒有文化，貶義詞彙在腦袋裡存儲量不大，翻來覆去都只是那幾個老調重彈，殺傷力畢竟有限。如果他具備前文提到的管教股唐康股長那個檔次的文化素質，在六年的朝夕相處中，不斷用一些鮮活的貶義詞作為添加劑來飼養我，即使我死裡逃生未被氣死，也得變成個精神病患者，在無法自理生活的困境中，倒斃在這險象環生的荒山野嶺。

他是河南人，和蔡隊長一樣，他也是一位轉業軍人，不同的是這位李隊長是參加過所謂解放戰爭的老資格，蔡隊長卻是中共在四川建政後才參軍的「翻身農民」。這李隊長的左眼雖有眼球卻無視覺功能，剩下的右眼也是個次品在那兒瞎湊合。但他經常向犯人們炫耀說，他當兵時槍法極好，有百步穿楊之功。可我卻認為憑他那似有似無的視力，未必能在二十公尺內射中一頭大象。這些對他的貶義詞當年我一句也不敢說，只能讓它在自己的肚皮裡爛掉。

他特別喜歡別人給他拍馬屁，而且對馬屁的「濃度」要求也極高，其實某些馬屁的高濃度按物極必反規律已接近諷刺挖苦，顯然已為一般馬屁愛好者所難以承受，他卻怡然自得讓拍馬者繼續拍之，有時學習討論會偏離討論主題，甚至開成對他個人的「競拍會」，他也就趁此機會大過「馬屁癮」，反正他就是這方寸之地的唯一「皇上」。

旱地班有個五十多歲的龍姓犯人，綽號叫「馬屁博士」（此綽號是我取的），這隊長十分賞識他。他可以在發言中說這樣的話：「我們的李隊長論資格論能力當場長也當得下來，只是他願意留在最艱苦的基層才沒有上去……」這時被馬屁滋潤得十分舒服的李隊長的臉上，會泛出一絲不易察覺的微笑，似乎在表達「知我者，龍犯也」的感受；「馬屁博士」或者換個說法：「我深深感到，能夠在我們李隊長這樣高水准的領導下進行改造，是我一生中最大的幸福……」這位隊長在討論總結時便會說：「龍犯能認識到這些是不錯的，可總有那麼一兩個不接受改造的傢伙在下面搗鬼……」這時他的臉便會轉向我坐的方位，而那只瞎湊合的眼睛正對著我咄咄逼人。

只要分隊裡發生一個突發事件，大一點的如捕回了逃犯，小一點的如逮住偷吃生紅苕的反改造分子，肯定得開一次批鬥會，對過失者施行捆綁吊打之類的「大力挽救」（在勞改隊，這是一個使用頻率很高的詞彙，特別提請注意這大力二字的含金量），批鬥中這位李隊長會示意積極份子發言，喝令被鬥者交代出幕後支使者，這時的李隊長最希望被鬥者吐出的名字便是張先癡，有時迫不及待的他甚至誘導受刑者交代出他想像中的、由我主謀的這樁「陰謀故事」。如果最終未能達到他的目的，他便會在總結訓話時強調指出：「我們知道這背後有黑手，有搖鵝毛搧子的……」這時他的臉又會轉向我坐的方位，而那隻瞎湊合的眼睛又會對著我咄咄逼人。

當然這一切都發生在張隊長調來之前和調走以後。按理說他們倆都是貧苦人出身，都沒有文化，都熱愛毛主席，完全有可能團結起來共同對敵，可偏偏勢若水火互不相讓。這位李隊長強調「抓革命」，那位張隊長注重「促生產」；這位李隊長管旱地班盼望天晴，那位張隊長管水稻班期待下雨；張隊長在會上說：「張先癡的勞動表現不錯。」李隊長在會上講：「我們要注意不能讓一個傾向掩蓋了另一個傾向。」其表現似乎證明了「江山不可有二主」的古訓。由於他討厭的張隊長對我的認可，益發增添了他對我的敵視，這個可能性我認為也是存在的。

這位李隊長有時候也似乎很快樂，比方說在大背毛主席語錄的日子裡，他每每會指定些和他文化程度相當的半文盲站出來當眾背誦，如果背錯一字一句，將會被認為是篡改或者故意歪曲的政治錯誤，這壓力壓得背誦者戰戰兢兢，聲音顫抖頭上冒汗。此時這位李隊長會按亮手電筒，其光柱直射在背誦者的臉上，以便在這股強光的幫助下，讓李隊長那隻瞎湊合的眼睛，欣賞到背誦者那張因驚恐而變形的臉，而這位李隊長的臉上，也會泛出一絲心滿意足的獰笑。按常理，像李隊長這類沒文化的人對犯人中沒文化的人，在背誦語錄這類高難度的問題上，應該有點惻隱之心，但他卻以能蹂躪文盲同類為一種精神享受，這就像有文化的冷面管教股長，以能蹂躪我這個也認識方塊字的人為心理滿足一樣，這些異乎尋常的實例，也許能給某些專業的學者提供一個研究課題。

我曾經寫過一篇題為〈我被「槍斃」的前前後後〉（編按：見本書第七章）的回憶文章，讓我去承受這次死刑鬧劇的主謀便是這位「亡我之心不死」的李隊長。

十二、朋友之間的尷尷尬尬
——謹以此文獻給我至親至愛的朱老弟

（美）休斯　《自由》

「像自由這樣的字眼
差一點使我流出淚來——
你要是有我的經歷，
就知道我為什麼這樣！」

相識與相交

一九五八年三月，我這個被反右鬥爭折騰得精疲力盡的所謂極右份子，終於被四川省南充縣人民法院判處了五年管制送勞動教養，到了勞教隊以後，首先集中在自貢市上田壩進行了一番認罪服法遵守勞教紀律的學習，歷時十餘天。其間我留下最深刻的記憶是，不論集合開飯或者列隊點名清查人數，總之只要眾勞教份子奉令站成隊列，監管公安必將令一位有音樂細胞的「同學」（勞教份子之間的法定稱謂），站在隊前依音樂節拍揮舞雙臂，帶領大夥齊聲高唱當時最流行的政治歌曲，歌名叫《社會主義好》，其中有一句膾炙人口的歌詞是「右派份子想反也反不了」。讓我們這群右派唱著歌兒來作踐自己，我相信在場的監管公安們一定有一種特殊的快感。

我們這個剛剛成立的勞教單位，全稱為四川省公安廳勞動教養築路二支隊，這個單位彙集了大約八、九千名來自全省各地的勞教份子，其中右派占百分之七十五左右，其餘百分之二十五則是偷摸扒騙奸之類的壞份子。經過十天左右的入監（應為「入教」）學習以後，便從自貢出發，開赴到雲南省鹽津縣，那裡有一條內江至昆明的鐵路等待我們去修築。

我所在的中隊番號為二〇一中隊，也就是築路二支隊一中隊的簡稱。這個中隊全都是依法剝奪了政治權利的管制份子，不像其他中隊那些沒判管制的勞教份子，他們比我們高一個檔次。人們能感覺到的這個檔次也僅僅體現在選舉權上，據說是在法定選舉日那天，「勞教公民們」將領得一張印有五、六個人名的小字片，他們用自己神聖的選舉權，在這些陌生的名字中，選出幾個看起來比較順眼的人名，然後在這個名字的上方，畫一個圓不圓都無所謂的圓圈。以此證明他仍然是有權利、決定領導人的一個公民，甚至是國家的主人，我希望這些勞教幸運兒在畫過圓圈以後能有一種幸福的感覺。

管制中隊裡的「非公民」勞教份子，平均年齡比有公民權中隊的勞教份子高得多，因為其中絕大部份人多多少少都有點所謂的歷史問題，例如中共在大陸建政以前參加過國民黨、三青團、袍哥或者一貫道之類，當然是一般成員。眾所周知，那些反動黨團會道門的所謂骨幹，在前幾年清匪反霸、土地改革、鎮反、肅反等一系列運動中，關的關殺的殺，早已失去了在反右運動中「跳出來表演」的機會。

那時，我剛滿二十四歲，在這個中隊裡已屬於小老弟層次，隊上卻還有一個被我稱為朱老弟的，他才二十二歲，不排除年齡相近這個因素在起作用，我和他交往較多。更重要的原因是我和他都是文學愛好者，背包裡都帶有幾本愛不釋手的經典名著，這些著作的交換閱讀擺談讀後感之類的人之常情，便成為我們友誼的添加劑，雖然剛剛經過的反右運動，已經讓我們吃到過友誼二字的苦頭，但友誼的甜頭畢竟魅力萬千，一番審視以後，我終於和他成了知根知底的好朋友。

到達鹽津後，我們住在有二十戶左右住戶的一座小鎮上，地名叫黃桷槽，那裡有一條江，名叫橫江，我們從早到晚站在江水裡淘洗河沙，以備日後用於鐵路上的混凝土澆灌。

朱老弟起根發脈

中共中央在綜述右派份子特點時曾經指出，他們出現在那些「知識份子成堆的地方」。這位右派份子朱老弟的正式學歷充其量算是個初中一年級，很難和知識份子這個敏感詞嫁接，中共的宣傳資料中，通常在右派份子四個字前面加有「資產階級」的階級界定，朱老弟的祖父正因為在「世襲貧農」的位置上待了幾代人，才痛下決心令他這個長孫背上了書包，讓他讀完了小學。剛進初中，祖父突然病逝，辦完喪事後，朱老弟的父親再也支撐不了朱老弟的學雜費用，在對著他父親的靈位叩頭三響表示愧疚以後，就讓朱老弟輟學回家，令他幹些放牛割草的輕活，以便日後繼承父業，當一輩子老實巴交的農民。但此時的朱老弟已養成了學習習慣，不斷從他原來的老師同學那裡借來些書籍，利用空餘時間閱讀，除了因為買不起燈油家裡不准他夜間閱讀以外，像朱老弟騎在牛背上看書，母親煮飯時他負責添柴燒火，對著灶堂的火光看書，他父母親也從不制止。

一九四九年冬，位於四川中部的朱老弟的家鄉「解放」了，朱老弟見到了不拿群眾一針一線的解放軍，聽到他們高亢的軍歌，在得知這支軍隊是為窮苦人翻身作主人而戰鬥以後，十四歲的朱老弟只恨自己年紀太小個頭又不高，難以參加進去。沒幾天部隊開走，接著又來了一些穿灰制服的幹地方工作的「同志」，他們發動群眾，開展減租退押、清匪反霸，其中有一位姓張的北方人，經常找朱老弟的父親談話，瞭解一些他們村裡那些有錢人家的底細。在家裡，張「同志」常常看見朱老弟抱著書本閱讀，似乎對他產生了些好感，也順便問了問這個孩子的學習情況。父親告訴他：「家裡沒錢供他上學，只得讓他在家學著幹些些農活。」又說：「前幾天這娃想去當兵，解放軍嫌他小，沒要他，他還大哭了一場……」

又過了幾個月，清匪反霸工作結束，工作同志紛紛離去，行前這位張同志順便到朱老弟家與他父親話別，正準備起身離開，突然看見背著背篼打了豬草回家的朱老弟，張同志摸著他的小腦袋說：「快快長，長大了跟叔叔一起幹革命。」這一句多少帶有點逗孩子味道的話句，朱老弟卻當成一句嚴肅的承諾，深深地嵌入了他的小腦袋裡。

一年多以後，也就是一九五一年，眼看著朱老弟滿十六歲了。有一天，區上召開一次規模空前的大會，據說要槍斃五、六個惡霸反革命鄉保長，朱老弟和幾個小夥伴邀邀約約，步行二十多華里前去看熱鬧。那一天場鎮上人山人海摩肩接踵盛況空前，朱老弟也興奮無比，更使他興奮無比的是，大會上作報告的竟是摸過他腦袋的張同志，也就是今天人稱張書記的區委書記，這時朱老弟下定了決心，要找張書記也就是曾經自稱要和他一起幹革命的叔叔兌現他的承諾。

在區公所，朱老弟沒費多大力氣便找到了張書記，張書記笑盈盈地問他：「你為啥要參加革命？」朱老弟斬釘截鐵地回答：「為了我們窮人翻身求解放。」張書記的笑容更加燦爛，說出一個鏗鏘有力的好字卻立刻打住，繼續問道：「你父母同意了嗎？」朱老弟使出了他的殺手鐗：「反正你說過你要帶我參加革命的。」張書記也似是而非地記起了他那句脫口而出的承諾，沉思了一下說：「這樣吧，你先回去跟你父母談一談，他們同意了再來找我」。

三天以後朱老弟便成了這位張書記的通信員。

所謂通信員也就是送送信叫叫人順便打洗腳水倒洗臉水，照顧一下這位三十歲出頭、仍然單身的區委書記的個人生活，書記向剛剛到任的通信員強調了兩點：第一是保密，聽到的見到的機關單位裡的事決不能對外人亂說；其次空閒時讀書看報寫字，不要東跑西跑到處串門。朱老弟一一牢記認真執行，張書記對這個寡言少語思想單純又酷愛學習讀報的年輕人也十分滿意。朱老弟更有一種生活在朝氣蓬勃充滿活力氛圍中的快樂，他那張淳樸憨厚的笑臉上，寫滿了如魚得水的幸福。

一九五五年，張書記結婚後，調到縣委擔任組織部長，時年十九歲的朱老弟也被這位部長推薦到縣委宣傳部，當了一名通訊幹事，成為工資級別二十三級的國家幹部（多年以來，我們國家一直按黨政不分的革命傳統，將黨委機關的幹部和政府部門的幹部都稱為國家工作人員——今天已更名為公務員）。作為宣傳部的通訊幹事，朱老弟也開始給省報和地區報紙投寄些報導農村新氣象的稿件，偶爾也有幾篇刊登出來，縣級機關的同事竟有人戲稱他為青年作家，朱老弟雖然口頭上不承認，內心深處仍然有一股甜滋滋的暖流在暗暗湧動。

其實這股暖流並非僅僅來自那似是而非的青年作家桂冠，而是他和在縣婦聯工作的一位同齡女孩新近明確了戀愛關係。在那個「一切聽由黨安排」年代，即使是談戀愛也得經過領導同意認可，並且為完成這個認可還創造了一個「明確關係」的專用詞彙，其實質內容等同於全球皆有唯中共未置可否的訂婚關係。這位周姓女孩在學校裡的綽號就叫「周美人」，就憑這不同凡響的綽號你就可以把他和銀屏上任何一位楚楚動人的窈窕淑女掛上鉤，如果她那一口頑固不化的土腔土調稍微有點可塑性，去報考一所電影學院或戲劇學校，那些負責招生的老師肯定不會吝嗇他們的給分。

一年以後，已到婚齡的一對「郎才女貌」，按當年的婚姻程式向組織人事部門呈交了結婚報告，像他們這種歷史清白，家庭背景也無大礙的人當然順利批准，便決定在十月一日國慶日，這個有紀念意義的日子舉行婚禮。婚禮也真正的舉行得空前隆重，用隆重二字的原因是一對剛參加工作不久的小不點共青團員的婚禮，竟然由縣委組織部長主婚，宣傳部長證婚，加上統戰部團委婦聯工會辦公室的一、二把手，率領他們的眾多部下，幾乎傾巢出動濟濟一堂熱烈祝賀。眾賓客一致稱頌新郎新娘是才子佳人的完美結合（「文化大革命」以前，才子佳人還不是一個貶義詞）。這場婚禮也成為縣級機關未婚男女仰慕的規格。

誤入「奇」途

古人曾說：「天有不測風雲，人有旦夕禍福。」就在朱老弟春風得意的一九五七年春天，《人民日報》率先鼓噪說：全國人民在毛主席的號召下，為了幫助共產黨克服官僚主義，正掀起了一場大鳴大放的政治運動（也就是「青史留名」的整風運動）。各界人士正鳴放得轟轟烈烈熱火朝天的時候，突然方向一轉，《人民日報》又說有一小撮別有用心的右派份子，利用「我黨」整風之機，向「我黨」發起了猖狂進攻，「我黨」只好被迫反擊。接著許多鳴放中提過些尖銳意見的頭面人物，被中央和省級報紙進行了指名道姓的反擊批判，斥之為反動言論。那些在鳴放中被「言者無罪，聞者足戒」的承諾所感動，搜盡枯腸提意見的積極份子，幾乎在一夜之間，都變成了反黨反人民反社會主義的右派份子，眾右派後悔不迭，大呼上當，中了陰謀。

這時《人民日報》在那篇〈文匯報的資產階級方向必須批判〉的著名社論中（此文後被收入《毛澤東選集》），乾脆用「我是流氓我怕誰」的調門，冷笑著對右派們辯解說：「這是『陽謀』。」終於用一個「前無古人，後無來者」的生造詞彙，為自己的無恥行徑支了個下樓的臺階，使玩弄權謀的無恥之徒顯得更加無恥。與此同時，也使被批鬥得垂頭喪氣的眾右派進一步垂頭喪氣啞口無言。

「陽謀」論公佈後若干時日，才在朱老弟所在的縣級機關展開大鳴大放，這時縣級機關裡那些家庭出身不好的、有點歷史問題的、頂撞過領導的、喜歡吊二話的……總之一切與右派二字可能沾親帶故的份子人人自危心驚肉跳。縣委書記在動員大會上苦口婆心地交待政策說：「言者無罪，聞者足戒」，號召同志們敞開心扉大膽鳴放。但在小組討論時眾同志偏偏不鳴不放，充其量給伙食團或者收發室提兩句所謂建設性意見，而這些不痛不癢的雞毛蒜皮哪怕多如牛毛，也不可能造成聲勢，更不可能轟轟烈烈。

其間某日，張部長突然找朱老弟談話，態度依然和藹可親，說朱老弟進步很大，他十分滿意，最後希望朱老弟準備一下，明天在全縣的擴大幹部會議上（即縣、區、鄉三級幹部全體參加的大會，五十年代的專用詞彙叫「三級擴幹會」），希望朱老弟帶頭作一個大鳴大放的典型發言，以帶動全體幹部的鳴放，最後的兩句話至關重要，他說：「內容不妨尖銳一些，反正組織上知道。」

第二天，容納數百人的大禮堂裡人頭湧動座無虛席，今天的朱老弟經過六、七年的工作鍛練，早已不是那羞澀木訥的農村小夥子，只見他站在擴音器前一副慷慨激昂的姿態，說什麼「統購統銷過頭了，直接傷害了農民的利益。」又說什麼「農產品價格過低，解放後農民生活沒有得到根本改善，解大便還是和解放前一樣用篾片刮屁眼。」總之，一個多小時的連珠妙語，彈無虛發，在會場產生了巨大的反響，因為與會者或耳聞或目睹、都知道朱老弟是宣傳部裡才華橫溢的「青年作家」，使他贏得的掌聲更像暴風雨般的熱烈。在他發言之後，又有幾個冒失鬼步其後塵，在高音喇叭的幫助下慷慨激昂了一番。

朱老弟蒙難

看來這次鳴放會上的典型發言收到了良好效果，因為眾領導對朱老弟仍然是笑臉一張。

只是沒過幾天，在大禮堂又開了一次相同規模的大會，縣委書記在大會報告中說道：「前段時間同志們提了很多寶貴的意見，絕大部份意見都是善意的，中肯的，我們一定會認真研究著手改進。但是（其實這非同小可的但是二字下面是該加上著重符號的）也有的人乘我黨整風之機，向我們的黨、向人民、向社會主義制度發起了猖狂進攻，這是絕對不能容忍的……」接著書記舉了一些言論的實例，其中有幾句似乎與朱老弟的發言內容有些近似，使他的心情一度有點緊張。但因為另外也有人提過類似的問題，他想到不一定是指他而言，況且是張部長動員他作這次大會發言的，他認為有這樣一張護身符，任何災難都不會降臨到他的頭上。

朱老弟錯了，大錯而特錯地錯了。第二天清早，凡朱老弟目光所及之處，都有大字報在向他發問，或者「居心何在？」或者「這是為什麼？」或者「安的什麼心？」總之十萬個為什麼令他目瞪口待。更令他目瞪口呆的是周圍人的那一張張臉，一夜之間彷彿中了什麼魔法，全都變成了冷漠、鄙棄、蔑視，顏面上像結了一層冰一樣，使他一時適應不了，似乎突然來到了一群陌生人中間。

接著，朱老弟的頂頭上司也就是宣傳部長找他談話，部長說：「我們有些同志在鬥爭過程中，犯一些這樣那樣的錯誤並不奇怪，特別像你這樣的年輕人，工作上有了一點成績，就自以為了不起，目空一切，老子天下第一，結果就免不了摔跤子，反正毛主席早就說過，犯錯誤不要緊，改了就是好同志。」（對此，本文作者鄭重聲明如下：毛主席是不是這樣說的，對誰說的，我無法稽考，反正朱老弟是這樣向我轉述的，如有錯誤，概由朱老弟負責，請讀者明察。）然後部長十分嚴肅地說：「鑒於廣大同志的強烈要求，即日起你對你自己犯下的嚴重錯誤進行反省並作出徹底交代。」這時朱老弟的眼淚幾乎要奪眶而出，他囁嚅著說：「其實我並不想說，是張部長叫我說的。」一聽這話，宣傳部長呼地一聲從靠椅上站了起來，怒吼道：「你說什麼？你那些攻擊社會主義的言論是張部長叫你說的，真是這樣的嗎？你說話可得負責任。」朱老弟的眼淚終於順流而下，他顫抖著說：「不……是……」。

就這樣，一個嶄新的稱號授予了朱老弟，它的名字叫「反面教員」。縣委整風領導小組為指導運動專門辦了一張名為《整風導報》的八開小報，如果不發生這場風雲突變，這小報本是朱老弟們揮灑自如的自留地。而此時此刻在這張報紙上，縣級機關裡覬覦已久的「秀才」們，以連篇累牘的陳詞爛調堆砌成整版的批判稿，對朱老弟的大會發言進行逐字逐句的所謂解剖，文章中用以下定語對朱老弟加以修飾，如「反動嘴臉」、「猙獰面目」、「狼心狗肺」、「狼子野心」、「醜惡靈魂」、「反動伎倆」、「忘本變質」……等等等等，由此可見當時朱老弟聲名之狼藉。

這段時間朱老弟從早到晚站在會場中間挨鬥，伴隨著尖銳激烈的發言，濺在他臉上的唾沫星子足夠用來洗臉，振臂高呼的口號聲震耳欲聾，其間不乏精彩細節，但因為發生了以下兩件特別重要的事，只得按下不表。

第一件是朱老弟的妻子被動員前來對他進行批鬥，周美人紅腫著雙眼，用她那一口頑固不化的土腔土調，指責朱老弟忘本變質，成了資產階級的俘虜之類的老生常談，一聽便知這是奉旨而來，沒動真格的官樣文章。只是最後兩句略微有點刺激性，她說：「如果你不革面洗心重新作人，我肯定不會和你共同生活下去。」

第二件事是朱老弟對他的革命引路人，也就是張部長產生了極大的抵觸情緒，認為他對自己太不負責任，因此在寫反省交代材料時，故意用批評自己對黨不誠實的口吻，說他當通信員時，早已發現昔日的區委書記今日的張部長和一位有夫之婦有染。眾所周知，像這類男女雙方當事人單獨幹的勾當，除非當場被逮個正著，事後說什麼「經常出雙入對」又什麼「某夜見該婦人從書記臥室中閃出」之類的捕風捉影，只要男女當事人矢口否認，吃虧的往往是這位管閒事的第三者。何況是對身居要津的組織部長，更何況朱老弟也曾私下對一、三知己作為閒談內容在下面透露過（不排除這正是他此番蒙難的致命傷）。

兩年以後，也就是我和朱老弟在勞教隊結為好友共同反思時，這兩件事都有了結果。第一件事周美人雖然沒有和朱老弟「共同生活下去」，那只是因為他進了勞教隊而不是因為周美人和他離了婚；第二件事則複雜一些，人們常說有比較才有鑒別，在勞教隊，朱老弟用自己的案情和其他勞教份子的案情進行類比後發現，像他這種出身歷史清白，鳴放中只有一般右派言論的份子，連判個勞教似乎都略嫌過重，怎麼會另外加上了三年管制？因此，朱老弟認為是因為他抖落出張部長的生活作風問題而被大權在握的張部長公報私仇的結果，我對他說：「這話千萬別對旁人說。」因為這句話涉嫌不認罪服法，在勞教隊這四個字像瘟疫一樣地可怕。

路邊的同學

我和朱老弟不在一個小組（班），甚至不在一個大組（分隊），我們只是在下班後或工休天才有機會聚在一起。工休天照例有義務勞動，即每個勞教份子到一個指定的煤窯裡去挑八十斤生活用煤回來，換取那頓午飯。每逢這個聚在一起的機會，我必定與朱老弟同行，這來回近三十華里路程，是我和朱老弟談笑風生的旅途。我那時剛參加體力勞動不久，羊腸小徑上的八十斤對我來說並不是一個輕鬆的數字，而朱老弟從小練就了一身體力勞動的基本功，一百斤的重擔對他來說也只是小菜一碟，他每次都多挑一些，只是快到隊上時才背著眾多耳目（以防「小圈子」、「小集團」之類的涉嫌），才從他的擔子裡勻出一些給我，使我能順利地領到我那一份午飯。

管教公安動輒訓斥說我們「好逸惡勞」，我認為這對朱老弟特別不公平，因為不論體力勞動還是腦力勞動都是朱老弟的拿手好戲，那時有一種流行的說法，似乎只有通過體力勞動才能改造成為新人，對此我也有保留意見。因為據我所知，當年我們崇拜的馬克思並未參加過體力勞動，而且也並非出身工農家庭，他又是怎樣改造好了的呢？如果他沒有改造好，也就不可能創建一種我們那年頭都傻乎乎地信奉著的學說，並努力用這個學說去改造整個世界，甚至改造全體人類。當然，這些觀點都只能和朱老弟私下交換，因為我們知道勞教隊不是講道理的地方。

有一次，我們在運煤返回的途中，遇見一個放下擔子在路旁休息的中年勞教份子，他大汗淋漓氣喘吁吁反覆用一條髒手絹在臉上抹汗，他戴著的一副斷了一支「腿」的眼鏡，斷「腿」則用一根黑線挽上掛在一隻耳朵上，這個有點創意的狼狽相似乎別有風味，我也就多看了一眼，隨即挑著我的煤擔繼續前行。才數十米，又看見一個我認識的勞教份子在路旁休息，他叫羅相毅，貴州赤水縣人，是西南師範學院的學生，到勞教隊以後，他曾給他的老師、大名鼎鼎的吳宓教授寫了一封信，而吳教授竟毫不顧及「敵我界限」四個字的殺傷力，親筆給他寫了回信，我對吳宓教授暗自五體投地之餘，將此細節和羅相毅的名字一併刻入了腦際。他向我打招呼，待我和朱老弟回應了他的招呼，擱下了擔子，他便過來對我們說：「你們剛才看到那個戴爛眼鏡的『同學』沒有？」我說：「看見了。」羅相毅說：「他就是董時光！」

一九五七年四川省被揪出的數萬名右派份子中，我相信沒有一個具有董時光那種坦蕩，那份勇氣，也沒有能像他那樣佔據過《四川日報》那樣多的版面。除了一位寫了幾首詩被毛主席點了一下因而被大大提高了知名度的年輕詩人以外，真正具有最高知名度的應該是董時光。這位在美國取得學位、懷著一份愛國赤誠，謝絕了美國豐厚的物質享受，毅然於五十年代初返回大陸，任教於西南師範學院的愛國主義者，在鳴放中報紙上以整版篇幅，刊戴著他的大膽陳言，雖然話語中難免有偏激之詞（例如他說，

「你共產黨有四百萬軍隊，我董時光有正義感」就是一例），但總體來說他畢竟不是以反黨反社會主義反人民為目的的。當我和朱老弟單獨挑擔前進的途中，朱老弟悄聲對我說：「共產黨用這種方式對待一個知名學者，我認為是一種失策」。

一九六五年我判刑後，在一次勞改犯轉移工地的路途中，巧遇來自築路二支隊的「前同學」李壹，他因所謂書寫反動綱領被判刑十五年，「升級」成為今天的「同犯」。並肩行軍途中，這位畢業於哈爾濱軍醫學院搞X光專業的醫生親口對我說，在勞教隊醫院裡「董時光死在我的肩頭」，當時距董時光去世才四年，記憶不應有誤。

另有傳言說，在「自然災害」年代，董時光「病」死在一個名叫寧南鉛鋅礦的勞教隊醫院。又據說一九七九年左右，中、美兩國為對付共同的敵人蘇聯，曾經有過一段相互利用的蜜月期。其間有一位董時光的親屬在美國國務院工作，在一次美國政府訪問北京時，這位美籍華人隨團前來，他曾利用這個機會，私下裡向有關部門請求，給他點方便以前往董時光的墓地祭奠一番。我的天！這位從未喝過中共狼奶的炎黃子孫哪裡知道，在以階級性鬥掉了人性的專政機關裡，一個敵人的死亡本質上是一次專政者的勝利，難道還有必要為這個敵人料理什麼後事？

在廣袤的中國大地上，曾有過千千萬萬的勞教勞改場所，其周邊重疊著難以計數的小土堆，鬼知道哪一堆亂石中的哪一個小土堆，覆蓋著董時光的錚錚鐵骨。

在大紅字標題背後

凡在沒有公路的荒山野嶺中修鐵路，必須在動工之前先修一條能通汽車的簡易公路，專業詞彙叫

「便道」。因為鐵路動工以後，必有大量水泥鋼材木料炸藥等後勤物資陸續運到，如果沒有汽車運輸，這些堆積如山的笨重玩意怎能送到鐵路建設者的手中？

有好事者為修鐵路的基本工種概括成兩句順口溜說：「挑（擔子）、抬（石頭）、挖（泥巴土方）、打（炮眼）、拗（岩石，讀音為坳），外搭一放炮」。這成千上萬名昔日白面書生、今日勞教份子，誰擁有這些基本功？幸好同為四川省公安廳勞改局管轄的築路一支隊，全是由昔日勞改犯，今日刑滿就業人員組成，都是同一系統中人，從那裡叫幾個技術熟練的「傢伙」，過來指導指導也易如反掌。反正民諺早已說過：「除了讀書之外，世間沒有百日之功。」民諺的意思是學問深不可測，而其他各種勞動技能，沒有在一百天之內學不會的。果然一百天之內我們這批「份子」都學會了「擔抬推打拗，外搭一放炮」，幾個月便修通了這條沿著橫江岸邊的鐵路便道。

便道的對面，也就是橫江的另一側，便是我們的鐵路工地，它的名字叫黃桷槽一號隧道，黃桷槽不是一個場鎮，實際上只是一個住著十多戶人家的居民點，那裡還有一座二號隧道，是由也是勞教隊番號為十九隊開挖的，他們是有選舉權的「公民中隊」（此詞涉嫌生造），兩個中隊都住在自己修建的工棚裡，相距數十米，眾勞教份子各懷「鬼胎」，便少有來往。

這時是一九五九年春夏之交，在我的記憶裡，這一年和「文化大革命」中的幾年，是我國報紙用套紅大字作醒目標題最多的幾年，一九五九年的大躍進，天天紅色喜報頻傳，象徵高產的紅色衛星在報紙上頻頻亮相拉扯眼球，農作物畝產從幾萬斤到十幾萬斤，牛皮越吹越離譜。各省、自治區向毛主席和黨中央報告的大豐收喜訊，也就是一個比一個更大的牛皮天天以紅字標題在報上較勁。幾年以後在轟轟烈烈的「文化大革命」中，那一條條紅色的最新指示，這省那區成立革命委員會的大紅喜訊也就像當年的「衛星」一樣，在紅色大幅標題下震驚世界。

遺憾的是，這些用大紅標題宣揚的新聞，正掩蓋著我中華民族的空前浩劫：餓死三、四千萬同胞的大饑荒，還有自稱史無前例、而被後人指控為禍國殃民的「文化大革命」。這個反常現象怎不令人閉目深思。

我和朱老弟都是隧道裡的炮工，我倆仍然不在一個大組，加上隧道班實行早、中、晚三班倒進出隧道的收、出工方式，我們之間的交往大大減少。但只要有機會見面，便會一見如故，毫無顧忌的暢所欲言。他是農民出身，當右派份子之前我幹過三年農村工作，我們都知道一畝地如果堆積十萬斤以上的稻穀，其厚度決不會低於一米，也知道除非稻桿用鋼筋製成，即便將稻桿變成灌木也很難承受那人工堆砌的穀粒的重量，對此我們有共同的看法，更使我們惴惴不安的是，這些連常識都拒絕接受的謊言，卻一千次地重複著，竟然能在實事求是的大旗下招搖過市，老百姓在嗤之以鼻這些牛皮時說「鬼都要笑出屎」。這也許就是反右派鬥爭的「偉大成果」之一，令我和朱老弟感到無限悲哀。

至於風靡一時的所謂「土高爐」，報紙上的紅色大標題鼓吹說，煉出了多少多少噸優質鋼，因為我和朱老弟對冶金工業知之甚少，所以一言未發。近年來才知道，那只是用老百姓的菜刀火鉗「煉」出來的一堆堆廢鐵罷了。

應該強調的是，這些愚昧而又霸道的倒行逆施，對我們這群被「狼奶」餵養得暈暈乎乎的右派勞教份子來說，也不失為一副清醒劑，這裡被「改造」的畢竟是一群有些科學知識的右派份子，一個不可更改的鐵律是是科學永遠是迷信的死敵。

許多人開始了嶄新的反思，但有些話是不能四處張揚的，因為總有那麼幾個想通過檢舉別人為自己撈取好處的傢伙，在人群中東尋西覓，值得信賴的人百裡挑一。

朱老弟和我早已相互挑中。

我被懷疑

我勞動表現一貫很好，二錘打得特別棒，隧道裡我一直扮演「主攻手」的角色，監管公安對我似乎還不錯，我的勞教地位已接近「侯補班長」。但是我也存在著一個十分致命的弱點，即到那時為止，我還從來沒有用書面或口頭的形式，向監管公安們檢舉揭發其他勞教份子的「反改造言行」，這就是說，除勞動以外，可以證明自己靠攏政府的行動我還不曾作出，估計監管公安們對我還處在摸不清底細的狀態，突然一件意想不到的事情發生了：

黃桷槽一號隧道全長六百多米，像這種中等長度的隧道常常是從一座山的兩頭、也就是一條隧道的南北或者東西兩個洞口同時開挖，最後在中間會合貫通。我們二〇一中隊所開挖的這條隧道便是從北口和南口同時開挖的，我所在班組的施工地段是距離中隊部較遠的北口。

不久，南口的洞口突然發生了塌方，在進入隧道十多米處的頂部，因岩層結構不十分緊密，有少許地下水在裡面滲透，常常有泥土夾著石塊坍塌下墜，從隧道內抬頭向上看，頂部已形成了一個空洞，存在一定的安全隱患。因為隧道在未用混凝土灌頂以前，都是用木柱加橫樑，並且在與岩層接觸的縫隙中以「劈柴」（劈開了的短木柴，隧道裡的專用詞）填充塞緊，構成臨時拱架（隧道裡的專業用詞叫廂架），以免「頂篷」（隧道裡的專用詞）上方那些本身結構並不緊密，更加上不斷爆破的外力震動，使經常向下墜落的泥土石塊更加頻繁的墜落。那時正是多雨季節，地下水的滲透量明顯增多，塌方的面積也日益擴大，站在隧道裡向頭頂上方看去，那高達七、八米的空洞，已經不是用少許劈柴能填滿的了。對這類事故，按常規的處理方法是提前起拱，或者以拱石圈頂或者以混凝土灌成頂圈，都可以一勞永逸，但這些工程並非十天半月可以完成，眼前這些日子將怎樣施工呢？

這時，我所在的勞動班組正在這隧道的北口正常施工，突然一聲令下，將我獨自一人從北口調往南口。我暗自揣想，這南口的塌方和我這個打北口的掄二錘冠軍有什麼關係？而安排給我的工種簡直令我發愣，竟然通常是老弱病殘者擔任的「放安全哨」，專職監視塌方洞口的下墜物，如發現有巨石可能掉下時，則立即叫來木工，鋸一根長度合適的木料，以其一端抵著巨石，另一端抵在拱架上，以免那危石突然落下用加速度將拱架砸垮，甚至發生封住洞口的嚴重後果。為適應這特殊工種的需要，還專門給我配發了一隻射向塌方頂部的手電筒，隨時照射頭頂上那些可能掉在頭上的大小石塊。這是一個非常危險的差事，因為誰也摸不透大自然的脾氣，萬一它突然發作，大片垮坍，第一個砸死的必然是我。

為什麼在兩百多人中單單選中我來擔當這「敢死隊員」的角色?的確令人費解。

這段時間我身邊發生了兩件異乎尋常的事，它們也許能幫助我找到解開謎團的答案：

其一是我裝在衣兜裡的一個英文單詞本不知去向。剛投入勞教那段時間，我和許多勞教份子都懷著天真地幻想，想利用「坐牢」（廣義的）的機會，學點東西充實自己，我便選定英語作為主攻方向。為此，我就像學生時代那樣，隨時在荷包裡揣著一個抄有若干英語單詞的袖珍筆記本。此時突然不翼而飛，我又確信我是帶到隧道裡來了的，只是幹活時我將揣著英文生字本的外衣脫下放在廂架下面，除了偶爾有帶班的監管公安進出隧道，或者他們叫我用電筒照射一下頂部垮塌的情況外，身邊不會有其他人靠近，況且單詞本裡無錢無糧一般人拿去只能當作廢物一件，那麼誰拿去了？又為什麼拿去了？

其二是我們中隊那位名叫何體壽的監管公安，他的具體分工是「管教幹事」也就是「政工」，就憑這「政工」二字就可以判定他在社會生活中扮演的什麼角色。有一天在隧道裡，他帶著一聲冷笑，用十分神秘的口吻問我：「你最近幹了些什麼？」我據實回答：「除了幹活什麼也沒幹。」他卻用更加暗藏殺機的冷笑來證明他的來者不善。「哼！好好想想吧。」這又是一個令我生疑的謎團。

好幾次，這位管教政工在晚點名訓話時（監管公安對勞教份子講話一律稱為訓話，以此詞進一步強化該「話」的權威性），他都會說一句：「有些人幹了壞事還認為自己高明，幹得巧妙……」不同尋常的是，說這話的時候，他那雙立場鮮明的火眼金睛，總是盯著我的「醜惡嘴臉」，似乎在捕捉我臉上那做賊心虛的神色，雖然我毫不心虛地神態自若。

初解謎團

直覺告訴我，在我身上肯定發生了什麼特別的變故，有不祥的預感正籠罩著我。

大約是一九五九年夏季開始，糧食畝產十萬斤的牛皮終於因過份膨脹而被吹破，供應給我們的糧食標準不斷下降。早先因隧道工體力消耗大，糧食供應標準每月六十斤可能是全國之冠，那時不興什麼分飯制，反正不夠就去廚房裡添，共和國那巨大的糧倉是咱們的堅強後盾。幾個月後，這後盾也不「盾」了，糧食標準幾度下降，共和國出現了一種名叫飯票的新生事物。分發飯票實際上就是限制你一個月只能吃多少斤，我享用的是隧道工的最高標準，每月四十八斤，似乎不算很低。但因為與此同時，肉類、蔬菜和市場上的副食品也銷聲匿跡，饑餓便開始困擾我們的肚皮了。除了我和知心朋友在私下裡互吐煩惱發發牢騷以外，對其他人等則隻字不提，由於有一頂「攻擊國家糧食政策」的大帽子懸浮在我們的頭上，一句不滿的言論，甚至端著飯碗時做出一個遺憾的眼神，自有所謂的「積極份子」繪聲繪色甚至加油添醋的向監管公安密報，那頂「散佈反動言論」的帽子就會躲閃不及地扣在你那「頑固不化」的頭上，其綜合結論便叫繼續犯罪。

我在前些日子寫就的那篇題為〈恩恩愛愛與淒淒慘慘〉（編按：見本書第一章）的文字裡，曾提到過一位被我稱為蕭大哥的生死之交，文字中對他的言論思想都曾有所涉及，但對他的外形特徵卻隻字未提，就此機會在這裡加以補充。我和他相識相交長達四十八年，幾乎半個世紀，從我認識他開始直到上個月我回南充市去恭祝他八十四歲的華誕，他自始至終都是骨瘦如柴，他的腿肚子可能還沒有我的胳膊粗。我和他同時被「鬥」為右派，同一天被戴上手銬並同在一家法院、被判處一字不差的「管制五年送勞動教養」，且乘坐同一部汽車被同一支衝鋒槍押送到勞教隊相濡以沫。我和他不同的是我人高馬大力大無比飯量驚人，而他文弱書生身材矮小飯量不大。從外觀上看他這類弱不禁風者改造一百年也不可能成為貨真價實的體力勞動者。他當時所幹的工種是雜工，具體工作是對運往隧道起拱安砌的拱石，用一個竹刷把將這些石塊上沾附的泥土刷掉（因泥土拒絕與水泥沙漿黏合使拱體不易成為承重整體），這種輕勞動在隧道工的糧食定量標準為三十八斤，這龐大的數字對他那小小的飯量簡直不堪重負，如果政府規定糧食標準的同時，也規定必須把各自的定量吃完，不得結餘，說不准他還認為這項政策對他來說「太不人道」。

自詡「英明」的政府當然不會制定這「不人道」的政策，我也就沾了「英明」的光，每個月蕭大哥都會送給我少則五、六斤多則十斤左右的飯票以解救我的腸胃於危難之中，我也會從中抽出一部份贈給朱老弟，因為他和我一樣，都授予的是「大尉（胃）」軍銜。

不久後的某一天，上級機關築路支隊管教科派來兩位陌生公安來中隊部找我談話，其中一位甚至作了筆錄。我們隊上那位火眼金睛的管教政工也端坐一旁助陣，這架勢已有必要將意味著輕鬆交流談話二字，改為居心叵測的審訊二字。他們問我對反右鬥爭的認識如何？我當然只能按「教科書」原文背誦了一遍，又問我最近出過公差沒有，寫過什麼信沒有？我一一據實回答，我覺得越問越懸乎，甚至問我會不會用左手寫字，我仍然據實回答說：「從來沒試過。」

當我準備離去的時候，負責審訊的陌生公安似乎漫不經心地問了一句：「你為什麼對英語那麼感興趣？」這個在今天看來甚至帶有讚美色彩的問題，在我當右派的那個歲月，把它解讀為「你是否準備叛國投敵？」絕非是我的神經過敏危言聳聽。

最後問到的有關英語這個問題時，我終於明白，我的英語單詞本的去處，再想到會不會用左手寫字的問話，也似乎是「權威人士」想通過筆記本，查證一下我除了在檔案裡存有親筆寫就的反省書認罪書之外，還有沒有私下裡用其他字體寫字的本領，或者找到能證明這種本領的證物。

從此，我懂得了「為達目的，不擇手段」這八個字的貨真價實，為了所謂的「正義的革命事業」，哪怕當一次小偷，誰又敢說這個行為不光彩不奪目？

中秋之夜

有一件突然的變化迫使當局暫時中止了對我的審查，但是全隊的監管公安對我都是怒目而視，這對我是一件很痛苦的事。因為我和許多同時勞教的右派一樣，那時仍然相信在不遠的將來，我們通過誠實的勞動會成為新人，回到家裡和自己的妻兒團聚，依然任中共的迷魂湯在頭腦中發酵。監管公安們對我的怒目而視，證明將敵人的「敵」字變為「新」字的距離可能不止十萬八千里。

這件突然發生的事，便是內昆鐵路的全線下馬，停止修建。築路二支隊奉命遷到四川涼山州喜德縣去修建成（都）昆（明）鐵路，我們便坐上汽車日夜兼程的去到那裡。成昆鐵路上有一座長達五公里多，據說是全國最長的沙馬拉達隧道，它的附近還有許多短隧道，我們中隊負責開挖其中的一條，名叫耳普地的短隧道，全長五百餘米。

這時是一九六〇年秋，因饑餓而造成的水腫病正在神州大地上肆虐，我們在轉移工地的汽車上常常見到的行人，一個個拄著棍棒面色菜黃行走緩慢，時不時還會見到些橫臥在人行道上的餓殍，使我們這群封閉在「集裝箱」裡的勞教右派去體驗「觸目驚心」這四個字的重量。在我以往寫就的一些回憶文章裡，曾戲稱自己是一個「勞改幸運兒」，這個「幸運兒」就是相對於這些餓殍而言，我們因為從事的是修建鐵路打隧道而吃上每月四十餘斤的高標準，雖然長期吃不飽，但畢竟短期餓不死。

後來在報紙上連續不斷的宣揚中，我才得知，當時我國正遭遇著「特大的嚴重的百年未有的持續三年的自然災害」。我想除了用這四個「無以復加」的定語修飾而成的自然災害以外，其他任何一種自然災害，面對畝產十多萬斤的大躍進，面對成千上萬座幾乎被豐收糧脹破的糧倉，都是不足掛齒的一樁小事，都不會出現糧食短缺，讓幾千萬中國同胞變成肚皮緊貼著背脊的餓死鬼的非正常死亡，所以說製造「自然災害」的魔鬼簡直罪該萬死。

我們的糧食標準又進一步下降為三十五斤，肉類油類等副食品幾乎絕跡，就連顧慮「太不人道」的蕭大哥幾乎都打消了顧慮，我和朱老弟這類扛著「大尉（胃）」軍銜的人所遭遇的煩惱則更是不言而喻（後來我從一些資料上得知，像甘肅省等貧困地區，勞教右派的糧食標準還不足三十五斤的二分之一，他們只好用成千上萬批量死亡的方式「解除勞教」。進而想到我這個「勞改幸運兒」的定位絕非自謙之詞）。

涼山地區地廣人稀，突然湧來這眾多人馬，首先得解決居住問題，開始我們住在軍用帳篷裡，但一條隧道的建成，絕非一年半載的功夫，為長遠打算，便決定自力更生築土牆修建工棚，木料山上現存，黃泥遍地皆是，唯有這屋頂無法解決，便宣佈眾勞教右派分赴山溝河邊去割茅草，並定下每人每天六十斤的定額標準。

那一天是中秋節，至今年為止，我已經歷了六十八個中秋節，所有的中秋節都被我忘得一乾二淨，唯有這天的這一個中秋之夜，讓我銘記終生，而且回味無窮。

如前所敘，這天我們共同的任務是割草，這是我生平第一次割草。以往類似這種自由組合的勞動，都是我和朱老弟在一起幹，割草對放牛娃出身的他，可以說是易如反掌，而對於我這個在南京上海武漢長大的公子哥兒，簡直比登天還難。而涼山地區似乎並沒有成片的茅草供幾個人打夥割，這裡常見的一種草名叫芭茅花，這種草通常是東一窩西一窩，如兩個人一起跑去割結果必然是兩個人都割不了幾根，等於事倍功半兩敗俱傷。朱老弟知道割草對我來說是絕對的外行，他主動走近我說：「別擔心，我可以替你多割一些」。我們商定仍然按當年挑煤炭的方式，他在回隊的路邊等我，將兩人的草勻分一下再拿去過秤，兩人都可以順利過關。

現在回憶起來，我在割草那天犯有兩個錯誤，最主要的我自恃有朱老弟這一強大後盾，也就沒把它當成個有壓力的任務去認真完成，其次才是技術問題。在山坡上我發現有一種灌木上長著一串一串的如豌豆大小的紅色小果子，小時候隨大人到鄉下躲避日本飛機轟炸時曾經採來吃著玩。並據說是某朝某代的某位將軍在某次行軍途中斷了糧，這位將軍便下令士兵們採吃這種果子，從而克服了困難，此後人們就為這種小果子取了個名字叫「救軍糧」。這玩意在我割草的那遍山野裡東一窩西一窩還長了不少。眾所周知，餓鬼遇見食物就像色狼遇見美女，那種被稱為原始衝動的感情是一般凡夫俗子難以克制的。我這個「犯了錯誤」的凡夫俗子就只有在難以克制四個字前面加上一個更字，落實在行動上便是忘掉六十斤割草任務，扔下手中的鐮刀，抓下大把大把的「救軍糧」塞進我饑不擇食的口腔。

由於「原始衝動」的惡性膨脹，甚至於我那本應搜尋青草的目光也不務正業起來，專門四下張望尋找救軍糧，偏偏這玩意長得鮮紅奪目，大老遠都能看見，我當然不辭勞苦爬山涉水去讓救軍糧救我的肚皮。

乃至於我迷了路，乃至於將近傍晚八點鐘才找到我們那一群帳篷。路邊閃出了朱老弟，他說：「你咋個這麼晚才回來？我在這裡等了你兩個多小時，我是全隊最後一個過秤的」。

不一會晚點名的哨音吹響，眾份子集合列隊如儀，管教幹事在講評中對朱老弟大加表揚，他割了八十九斤，為全隊之冠，而我才割了十六斤，為全隊之尾。這位鬥志昂揚的管教幹事由於前敘那樁不明究底的「左手寫信事件」對我早已懷恨在心，決不會放棄這個我罪有應得機會，將他那諷刺挖苦的滿腹才華發揮得淋漓盡致。最後他說：「今天是中秋節，政府關心你們，給每人發兩個餅子，但不發給張先癡這個反改造份子。」

這是兩個用涼山盛產的蕎麵製成的餅子，有點甜味，每個一兩左右，在二十一世紀因為其粗劣早已被市場經濟扔進了歷史的垃圾堆，而在忍饑挨餓的當年，沒有人對它不垂涎三尺。那晚朱老弟卻找了個機會，把他領得的兩個悄悄地塞給了我，我當然不能接受，一番推讓之後，我們倆一人一個，別看這黑不溜秋的小餅子一個，它運載的友情卻無窮無盡。

當我倒在地鋪上，鑽進被窩準備睡覺的時候，鄰床的蕭大哥又從被窩裡塞了一個過來。

夢想不到

搬進工棚後不久，隧道正式開挖，我們回復到三班狀態，我和朱老弟的接觸有所減少，而管教幹事對我的「淋漓盡致」，不論數量和品質都有大幅度的提高，有時候中隊長指導員生產幹事也加入進來，變成二重唱甚至四重唱。

不論是「淋漓盡致」還是二重唱四重唱，其中心內容都似乎是我幹了一樁什麼壞事，而「自認為幹得很高明，總有一天會戳穿，紙是包不住火的」之類。朱老弟也曾私下問我究竟是咋回事，我說我也不知道，「他們以前還問過我會不會用左手寫字，我簡直搞不懂。」我這樣回答了朱老弟，他卻一言未發。

有一天，支隊部管教科來了一位監管公安找我談話，這位名叫韓幕韓的監管公安，態度十分和善，他問了我的改造情況，又問了我勞教前的工作情況，甚至我的生活經歷，幾乎談了一上午。不像是審訊因為他是單獨一對一的談話，又未作筆錄簡直令我丈二和尚摸不著頭腦，不知道這位韓幹事找我「閒聊」的意圖究竟是什麼？

吃罷午飯，仍然通知我不要出工，韓幹事繼續找我談話，他問我知不知道他這次找我談話是什麼原因，我實事求是的回答說：「不知道。」「你有沒有猜想過。」我說：「我根本無法猜想。」終於他對我說，有一封用我的名字給周總理寫的信，如果真是我寫的，只要我坦白交代，向政府認錯，嚴肅地自我批判，政府可以不作追究。但如果我確實幹了這件事而又拒不承認，今後查出來真是我寫的，可能會影響我的前途：「你應該知道，紙是包不住火的」。我斬釘截鐵地回答他：「我沒有寫，絕對地沒有寫。」因為這畢竟是一件大事，如果真正做了，它不可能像一句閒言碎語一樣被輕易忘卻。

最後他拿出紙筆，叫我當場用左手寫下北京國務院周總理八個字，寫完後，他仔細地看了又看，然後問道：「你估計你身邊的人誰最可能做這件事？」我默默地把我熟悉的周圍人等進行了一番梳理，我想到一個名字恰巧是最不能說出來的名字，那就是我兩肋插刀的朱老弟，幹這種冒失莽撞的事倒十分符合他年輕輕浮的性格特徵。但我如果說出這個名字，就意味著對友誼的背叛，那是萬萬不可能的。同時我想，如果是朱老弟寫的，他決不會用我的名字，因為這樣的結果，很可能直接或間接的傷害我，對朱老弟而言，也應該是最不願意做的事，我們畢竟是肝膽相照的朋友，他決不可能對我這樣不負責任。

我對韓幹事說，我估計不出來，況且我也沒看過信上的筆跡，無法推斷。這時，韓幹事從他的皮包裡取出了那封信，這封信共有三頁信箋，他把最後一頁遞給了我，這頁紙上除了此致敬禮和張先癡年月日之外，其他文字約占三分之一的篇幅，字跡是完全陌生的，筆法極為不自然，連我也相信是用左手寫的。

但是，這半截信中有幾句話卻讓我吃驚不已，在例舉處理右派過重的意見時，它不僅以董時光為例，而且寫道：「共產黨用這種方式對待一個知名學者，我認為是一種失策。」這分明是一年多以前，我和朱老弟在挑煤炭時碰到董時光後，他對我發出的感歎，其原汁原味歷歷在目，這時我百分之百的斷言這封信的作者非朱老弟莫屬。

我簡直懵了，我恨不得這封信上沒有這句足以讓我失去一個好朋友的話，然而這不容置疑的無情現實逼著我面對。

韓公安問我：「認出來沒有？」他的意思是「從字跡上你能判斷出是誰寫的嗎？」我假裝在思考，心裡想的是朱老弟那一臉無邪的微笑，回答說：「認不出來。」韓幹事叫我回工棚休息，仔細想一想，明天再回答他。

周美人來到

這件不大不小的事使我像突然被馬蜂螫了一樣大吃一驚，因為當年的我還比較單純，不像若干年後的我，在勞教勞改的油鍋裡炸了二十多年，變成了一根貨真價實的「老油條」。那年頭勞教份子給周恩來或其他領導人寫信伸冤，通常被判定為不認罪服法的表現，在勞教隊這就是萬惡之源。我覺得朱老弟此舉近乎對我的陷害，雖然不像某些告密者那出賣朋友，最少也應該算不夠朋友。但是我如果因此而向前來偵訊的韓公安指證說是朱老弟寫的，就必將給他帶來相當嚴重的後果，根據朱老弟那莽撞的性格，在知道了是我把這件事捅穿的以後，弄不好我就會變成那位有作風問題的組織部的張部長。也有可能由我和朱老弟連袂演出一台窩裡鬥或者叫狗咬狗的鬧劇，笑到最後的肯定不會是我和他。

第二天，我便用我不知道這四個字回覆了韓公安，這件無頭公案也就似乎不了了之，事後朱老弟曾兩次問過我有關細節我都推說我也搞不清楚。但老實說，這件事也影響了我和朱老弟的友誼純度，最少在我知心朋友的排行榜上，朱老弟的名字向後移了很多位。

似乎是築路二支隊患了一種搬遷病，成昆鐵路修了一年以後，又遭遇了內昆鐵路相同的下場，同樣是半途而廢，我們又搬遷到旺蒼縣，去修廣元到旺蒼的一條鐵路支線。離開涼山前，築路二支隊進行了一次人員大調整，凡屬蕭大哥之類的老弱病殘份子，一律調往一個名叫會東鉛鋅礦的勞改企業，到那裡去「安度晚年」。我和朱老弟之類的年輕力壯份子，則打爛原來的建制，和一些沒判管制的份子編成一個一〇八中隊。

轉眼進入了一九六一年，也就是說，我們已經勞教了三年多，只是當年的勞教沒有時限規定，有點和無期徒刑沾親帶故的味道。全隊二百多人，僅僅只有一個偷摸扒騙的壞份子解除了勞教，此人就不再和我們一起抬石頭挖泥巴，而是專門替監管公安們理髮修面，使眾公安的形象更加光輝燦爛。他擔負的另一項任務，便是協助監管公安和勞教份子作鬥爭，特別在捆綁吊打方面，他從不吝嗇他的體力。

經歷了三年「自然災害」的實踐體驗，又加上「無期徒刑」的不言自明，人們剛剛投入勞教時的那一份真誠悔改變成了面對嚴峻現實的一種反思。此外從邊遠山區遷到內地以後，不斷有家屬前來探視，他們帶來了廬山會議上彭德懷為餓死人的「鼓與呼」，最後挨整遭貶的「新聞」，它對我最大的啟示是使我對英明偉大這個頌揚詞彙產生了歧義。

我們的工地在旺蒼縣快活場，住地則在一個名叫候家扁的農民群居點裡，那裡有一條小河，不論出工和收工我們都得通過河上的一座便橋才能來往。那一天，一場暴雨過後山洪暴發，便橋被衝垮了，吃晚飯的時候，有人從河對面喊話說朱老弟的愛人來了，但她過不了河。朱老弟高興萬分，涉水過去，把她那位美人抱過河來，對力大無比的朱老弟而言，這當然也不算力不從心的事，按理說應該背過來而不應該抱，但他卻偏偏要抱，其中則另有緣由。

那時「自然災害」剛剛離去，但餘威尚存，吃仍然是人們魂牽夢繞的一個單詞。隊部照例為周美人單獨安排了房間，讓他們夫妻得以團聚。第二天朱老弟把我帶到他的「家」裡，周美人用她那一口頑固不化的土腔土調對我表示歡迎，並說：「小朱說你是他最好的朋友，希望你多多幫助他。」她從家鄉帶來了許多黃豆麵，便用小碗摻上開水弄了一碗乾糊糊給我，有甜味顯然放了些糖或者糖精，此時我發現她早已大腹便便身懷六甲，也難怪朱老弟不便背她過河只得抱她過河了。按照我當年血氣方剛的想法，肚子裡懷的肯定是個「雜種」，因為朱老弟這三年和我一天也沒有離開過，他決沒有機會為周美人播下一個正宗的後代。

應當承認，周美人確實名不虛傳，如果不是懷身大肚，她那雙水汪汪的大眼睛，修長的眉毛，紅潤的嘴唇，高挑的身材，一定窈窕可人，也必會引來若干男士的「注目禮」。按常理朱老弟有這樣一位佳人相依為命，應該是美滿幸福的，誰知那可怕的禍不單行四個字卻在他身上應驗，戴上一頂管制右派勞教份子的帽子以後，又緊隨其後添加了一頂綠帽子，而且這帽子也和右派帽子一樣，是一頂一旦戴上，便終生都摘不掉的帽子，這等於是加倍的痛苦和雙重的煩惱。

事後，朱老弟曾以變通的方式向我解釋說，他當右派後，周美人也受到影響，由縣婦聯調到一個區上當婦女幹事，該區區長是一個有婦之夫，竟然乘虛而入，誘姦了周美人而使她大腹便便，她這次來就是和朱老弟商談這個尷尬問題的。我當年的血氣方剛再次發作，對他說：「這種丟人現眼的女人要她幹什麼？」朱老弟卻以寬宏大量的口氣回答我說：「昨晚上她伏在我肩上哭了一個通宵……」我沒有回答他，只是在心中暗想，這朱老弟簡直不像個男子漢。

因此，在我頭腦間刻就的眾朋友的排行榜名單上，朱老弟的名次繼續下滑。乃至於一個月後，我逃出勞教隊，行動之前，有關我將逃跑的事早已沸沸揚揚，可以說隊上百分之五十以上的「份子」都知道，卻沒有告訴朱老弟，可見我幾乎把他列為不可繼續相交的人了。

恢復聯繫

我逃跑捕回後，在灌縣（今都江堰市）看守所關押了三年多，然後以叛國投敵罪判處有期徒刑十八年，服刑了十七年另八個月以後，於一九八〇年八月宣佈無罪釋放。此時的我已是一個四十六歲的「准老頭」了。記得平反後返回單位那次，客車開到南充，我正準備從開著的車門下車時，突然一個手提扁擔、站在門邊攬生意的中年農民向我發問：「老大爺！要不要人挑行李？」我簡直被老大爺這個陌生的稱謂驚待了，好一陣才清醒過來，對他搖頭示意不要，然後舉步下車。想起我離開這座車站時，我還是一個二十歲出頭的小夥子，僅僅做了一場惡夢，我就變成了「老大爺」，我終於知道凡暴君給草民設計的惡夢，絕對具有刻骨銘心的品質。

那時我很迂，一個不折不扣的「出土文物」，我天真地認為中國的問題是教育問題，我竟然主動要求由吃國家財政的行政幹部變為一個企業技工學校的基礎課教師，我站在講臺上慢慢品味「教育者必先受教育」一說的可信度，我教的那一群少男少女，在他們誕生的同時，國家就給他配置了一個「永遠捧不破」的鐵飯碗，學與不學，學得好或者學得不好都絲毫不會影響該飯碗的品質與大小，我費了九牛二虎之力的結果，只是證明了我的天真和愚蠢。

其間某一次，我們這個系統的的一位省級領導來到廠裡視察工作，這位四十多歲的女幹部，她的初戀情人是我們當地報紙的一名記者，在我當右派之前，我和這位記者是一對形影不離的好朋友。當廠領導帶她來到教育科時，我們幾位教師都從自己的座位上站立起來，科長逐一進行介紹，她也一一握手致意如儀。來到我的面前，科長指向我：「這位是張先癡老師」。她一邊伸出手和我握著，一邊嘴裡不斷地叨念著：「張先癡，張先癡……」我知道她在回憶她的初戀故事中有關張先癡三個字的篇章，為了不讓她為我一個人付出太多的時間，我只好輕輕地吐出三個字，也就是她初戀情人的姓名，她才「啊」了一聲如夢初醒，同時鬆開了握著的手。

當她從科長的辦公室走出，顯然準備離去的時候，特意回過頭來叫我：「老張，我們聊聊。」走出辦公室，她輕聲對我說：「老張哇，千萬別用五十年代的老眼光看你周圍的人，現在的人壞得很，壞得很！」這最後「壞得很」幾個字，她幾乎是用咬牙切齒的口氣說出來的，而帶給我的震驚肯定也是非同小可。因為她在我們廠領導的眼裡，幾乎是一個像模像樣的重量級官員，竟會對我這個平民百姓說出這樣的話。而這句發自她內心的忠告，也許就是她對「偉大的文化大革命」所作的總結，這樣說我認為並沒有歪曲她的原意。

一九八一年，四川省總工會要求省內四家老工廠寫工人運動史，我所在的南充絲二廠創建於清朝末年，也是全省四家點名的老廠之一，有人在領導面前替我鼓吹了一番，寫廠史的任務就交給了我。到一九八二年我便寫完了一本《南充絲二廠工人鬥爭史》。這是純粹依照工人與資本家作鬥爭的既定公式、按圖索驥的模式寫就的四、五萬字，除我和打字員以外，世界上再沒有人讀過它。那時，為體現三中全會落實知識份子政策的成果，在當年七月一日左右的《四川日報》上，為我寫這部所謂的工人鬥爭史登了一篇通訊，這篇幾百字的一般稿件竟用了〈張先癡寫出南充絲二廠工人鬥爭史〉這樣一個比較醒目的長副題，許多老朋友通過這個副題和我重新取得了聯繫，其中包括分別已經二十年、曾經與我有著非同尋常關係的朱老弟。

根據他的來信我分析後判定，也許因為周美人及其孩子生父等等複雜因素，避免閑言雜語影響他們的家庭關係甚至波及孩子的成長，十多年前周美人便調到了她伯父當縣長的那個縣，朱老弟一九六二年右派甄別時被清放出勞教隊，也到了周美人所在的縣，幹些修房造屋的體力活維持生計，當時他的名字叫「摘帽右派」，毫無疑問屬於低人一等的檔次。雖然日子過得清苦些，但畢竟一家人團團圓圓。他在信上告訴我，說他大女兒朱莉已二十一歲，去年參加了工作，在縣財政局當會計。我默算了一下，這孩子的生父就應該是那位拈花惹草的區長，周美人到旺蒼來探親，回去生下這孩子也比較順理成章，看來朱老弟接受了她，因為孩子畢竟無辜，我認為這件事他處理得還算明智。

就這樣我們一直通著信，一九八七年，我從南充市文聯借調到四川省作家協會負責《星星詩刊》函授部的工作，這時的朱老弟已經由他所在的縣政協秘書長升任政協副主席，我心中老是設想他當官後對下屬發號施令的樣子，可我始終認為那個設想有些不倫不類。

在一封信裡，他捎來一首短詩，並說寫詩的這位農村女孩極有培養前途，叫我無論如何協助發表，以鼓勵她繼續努力。我當時正負責主編函授部的教學刊物《新星》，每期都得選登一些學員的習作，我也就隨俗以權謀私，將這首介乎可登可不登水准的詩稍加修改登了出來，也算是我向他表達的一點不忘舊友的情意，隨後他又寄了幾次來，我也曾選用了一些，我記住了那女孩的名字叫方明，我甚至估計這方明是朱老弟在農村的一個親戚。

一九九一年，函授部工作結束，我又被一位舊友拖到北京去替他辦一份報紙，當了一個山寨版的副社長，我和朱老弟的聯繫再次中斷。

一九九四年我已六十歲，辦了退休手續便定居在成都，空閒時約幾個老朋友搓點小麻將，動動腦子以免在死前患上老年癡待症，給家人添麻煩。

這時朱老弟和我的陳年舊事，一天比一天遙遠，幾乎進入不堪回首的「遠古史」。

意外的長話

在勞教隊有一個我和朱老弟都認識的黃「同學」，在我們那一群具有相似命運的「同學」中，他可算是一位「成功人士」，其成功的重要標誌是，他不僅衣兜裡有赴美定居的綠卡，更在美國購有私人住房，但他並不屬於高幹子弟或靠父母背景才「先富起來」的類型，現在作為美籍華人，繼續以某公司董事長兼總經理的要職老驥伏櫪般的掙著銀兩。

一九八四年，這位「成功人士」剛剛在成都起步時，我曾經短暫的在他手下打工，當眼看著他快「發」起來的時候，我便離開了他，因為我在任何類型的「成功人士」面前，都有一種自慚形穢的感覺，深害怕自己身上的「穢」，濺到他們那身高檔西服上，常常在他皺眉頭之前，我就自會找個不顯山露水的地方去自慚形穢。

作為曾經共同赴難的老「同學」，他曾背著我對本單位的其他同事們說：「張先癡是一個真正的男子漢，就是很難駕馭。」雖然我和他相處時間不短，就憑他這句話，我認為他根本不瞭解我，不瞭解我對人處事的一項原則，那便是見到動輒想駕馭別人的人，我一定遠遠地避開他，因為我擔心他一旦將轡頭枷到我的肩上，我就得像一匹累死不討好的馬一樣由他駕馭，那肯定不是什麼有趣的事，不信你可以去問任何一頭挨過鞭子的馬，只是別去問一頭愛撒謊的馬。

一九九五年盛夏，家裡的電話鈴響了起來，一個陌生的聲音在電話上問我：「你是張先癡先生嗎？」我回答：「在下正是，請問您是哪一位？」「我是你的朱老弟呀……」

掐指一算，這時的朱老弟已經五十九歲了，像許多精明的中國官員一樣，在退休之前趁自己手中還有權可用，必將自己的「後事」安排得盡善盡美萬無一失。朱老弟早已在該市（原所在縣已提升為市）一家主流報社擔任總編輯一職，目前正以考察的名義，在北京滯留。「我要在全國所有的機場起降一次」。他在電話上這樣對我說，當然是公費旅遊者底氣十足的豪言壯語。「此刻我正在首都國際機場」，原來他在北京時會晤了那位黃姓「成功人士」，在他那裡打聽到了我的電話號碼，「恨不得馬上見到你，遺憾的是機場已經沒有到成都的機票，我準備先飛重慶，三天之內便到成都來看你……」

擱下電話我便陷入沉思：

難得朱老弟有這樣一份心意，闊別三十多年，他的影子在我的記憶中都已逐漸淡漠的時候，他還對我洋溢著那份熱情，特別像他這種在爾虞我詐的官場混了二十多年，竟然還知道人間有值得珍惜的情誼，值得懷念的舊友，用上難能可貴這為中國文化人所鍾愛的詞彙也決不過份。

但我一想到那樁「左手寫信事件」，就好像喉頭上卡著一個蒼蠅般噁心，這時我體會到，人世間屬於友誼愛情這類與純真二字聯繫在一起的無價之寶，確確實實是經不住玷污的人間精品，如果我們之間不曾發生過「左手寫信事件」，說不定我們會像一對同胞兄弟一樣密不可分。

難道朱老弟沒看出我在逃離勞教隊以前對他的冷淡嗎？難道他不知道那「左手寫信事件」不僅像一座不可逾越的懸崖峭壁，阻斷了我們之間的推心置腹，而且更像一劑致命的毒藥毒殺了我們之間相濡以沫的友誼，這是多麼令人遺憾的事，因為在人人自危的勞教隊，我和他之間能培植出那樣一簇友誼的鮮花可說已經是不可多得的了。

我心中暗想，這次朱老弟到來時會不會提到這件我一直耿耿於懷的事件，如果他不提，我是不是主動提一下，如果不明朗化，說不准我倒成為一個把友情當成兒戲的混帳東西。

重逢的留影

這一年，我愛人被其單位派往武漢工作，只有我和孩子在家，剛剛吃罷午飯孩子上學走了一會兒，我聽見有敲門聲，趕緊去開門，門外站著一男一女。面前的一位男士，我一眼就認出了是朱老弟，除了歲月在他臉上刻下條條皺紋以外，幾乎看不出多大的變化。他身後站著的是一位二十多歲的女孩，進門坐定斟茶以後，朱老弟介紹說：「她就是方明。」我以為接下去將會說「是我的秘書」，可他說出來的卻是「我們報社的一位記者。」朱老弟向她介紹我時，叫她稱我為張大哥，實際她的年齡只夠格當我的侄兒侄女，拔高她輩份也是為了表示他倆也是平輩之人，憑我這雙老奸巨猾的眼睛一看便知，這對男女之間必有某種非同一般的關係。

趁方明去洗手間的時候，朱老弟小聲告訴我：「她跟了我六年多了。」我在心中暗算，原來我在《新星》函授版上、以權謀私幫她發的幾首詩，實際上也為他們這場婚外戀起著牽線搭橋作用，不禁有點做賊心虛之感，立即問他，周美人知道嗎？他說當然知道，又說他在市裡有兩套房子，他和方明一直住在一起，周美人和兒孫們住另一套房子。

老實說，我對方明的印象不壞，簡直不像想像中那種濃妝豔抹搔首弄姿的「二奶」，一身職業婦女的素裝，舉止中洋溢著農村女孩的純樸自然，論容貌她當然與年輕時代的周美人無法相提並論，但一臉的青春光澤還是丰采奕然。

按我原定的計畫，這次重逢我將向朱老弟談出「左手寫信事件」給我留下的感情創傷，但當著方明的面這樣說顯然有損朱老弟的「領導威信」，反正朱老弟說過要陪我耍幾天，日後肯定還有機會，即便他倆終日形影不離，方明也總得再進洗手間。

朱老弟叫方明為我和他的重逢攝一張合影，我也取出我的相機，又讓方明替我和朱老弟合照了一張，以便留在我的相機裡，我又替他們這對涉嫌重婚者合照了一張，相片的右下方，相機自動記下了這個日子，它是九五年八月二十一日。

我們一邊喝茶，一邊談著些陳年往事，又談了今後的安排，朱老弟說他存有幾十萬元錢，計畫到成都來買兩套房子，準備把早已退休的周美人也遷到成都來；「我們在一起度過晚年。」說這話時他臉上洋溢著幸福的光澤。他看了看手錶說：「今晚上深圳電視臺的兩位記者請我在成都大酒店吃飯，乾脆你也一起去。」我用久跑江湖的口氣說：「現在社會上打著記者招牌的人多得很，誰知道是真是假，我不想去湊這個熱鬧。」朱老弟說：「有啥關係，不過是吃一頓飯嘛。」我看他執意要我去，便說：「這樣吧，如果你見著他們後，認為他們是幾個正派人，就給我打個電話，我就立即趕過來，反正也不太遠。」

永遠忘不了他站在門邊挺著胸脯說出的一句豪言壯語：「大哥，按你我的健康情況，再活個十多二十年沒問題，來日方長，我們在一起好好過……」。

天黑以後，幾位鄰居相約在我家打小麻將，九點鐘左右，有人敲門，打開一看，衝進來的竟是方明，她驚驚惶惶地對我說：「張大哥，不好了，朱老師不行了！」我吃了一驚，忙問她怎麼回事，她說，吃飯的時候，吃著吃著朱老師突然從椅子上摔到了地上……我問她：「人呢？」她說他和電視臺的幾個同志把他送到華西醫院去了，在下樓時我問方明：「什麼病這麼急。」方明說：「醫生說是腦溢血。」我聽見這如雷轟頂的三個字，周身泛起了雞皮疙瘩，想到他專程為我而來，好像我虧欠著他一份情意，頓時急出了一身冷汗。

我和方明叫了一部計程車，趕緊去到醫院。在急診室，我看見朱老弟躺在病床上，床頭上方好幾種「不知所云」的儀表在閃閃發亮，似乎並不預示著有什麼緊急情況發生。而此時的朱老弟，竟發出一陣陣平穩舒緩的鼾聲，我想他熟睡時也是這樣的吧。

不管鼾聲多麼舒緩平穩，常識早已告訴了我，腦溢血對一個老年人來說是個非常致命的病。我叫方明趕快去給周美人掛個電話，就說朱老弟突發腦溢血正在華西醫院搶救，希望她趕緊來成都。我急匆匆地去到醫生的辦公室，對醫生說，不管花多少錢，請你們盡力搶救（因為朱老弟幾小時前才對我說過他存了幾十萬元，我也就敢於用財大氣粗的調門說話），這位四十多歲的醫生用見慣不驚的口吻對我說：「老先生，我就對你實話實說了吧，反正我們這所醫院從來沒救活過這樣的病人」。作為一個外行，我已無話可說。

回到病房，方明告訴我，電話已打通：「師母說他們爭取明天早上九點鐘趕到。」現在留給我的唯一希望就是朱老弟能活到明天早上九點鐘，讓他妻子能和他見最後一面。

我對方明說：「我家裡還有一個九歲的兒子，他媽媽又不在家，我不得不回去照顧他，你就留在這兒陪朱老師一下行嗎？」方明卻拉著我的衣服說：「我害怕……」。話還沒說完，眼淚卻一串串地淌了出來，進而淚水化作了一聲嚎啕大哭……

是為朱老弟而哭嗎？為自己的前途茫茫而哭嗎？是為她與朱老弟的愛而哭嗎？……更使我大驚失色的是她竟在嚎啕中哭出一句：「人家這次來是專程向你道歉的呀！他說過他一生唯一有愧的事就是用你

的名義給周總理寫過一封信，而你待他又如兄弟呀……嗚……嗚……」簡直如晴天霹靂令我戰慄不已。我估計方明介入我和朱老弟之間已經很深很深，甚至也看出了我對朱老弟的不冷不熱，而這不冷不熱又恰好是我的錯，如果因此而導致了他的不幸，那我真有不可推卸的罪責了。

待她的哭聲稍停，我對她說：「你暫時在這裡待著，我回去找個人替我照看孩子，一小時以後我就回來。」

死亡如歌

朱老弟仍然沉睡著，鼾聲如歌，鼾聲如訴。

被疲憊征服了的方明已倒在一張空病床上睡去，此刻只有我和朱老弟單獨在一起，我坐在他身邊，握他熱烘烘的手，對著他的耳朵悄悄地說：「我的好兄弟，你是個了不起的男子漢，生活給了你那麼多苦難，你終於挺了過來，活到了六十歲，不容易呀，真正是不容易呀！」

我的朱老弟真正是不容易，從一個初中一年級的學生到一家報紙的總編輯容易嗎？從一個任人侮辱的勞教右派到一個不大也不小的所謂官員又容易嗎？從一個一貧如洗的放牛娃到一個中產階級的白領階層難道又是容易的嗎？

鼾聲正漸漸低微，此時正是凌晨四時左右，我知道死神正一步步向我的朱老弟逼進，便去到值班室，叫醒了在那兒打盹的值班醫生，那睡眼惺松的醫生來到朱老弟的床前，看了看床頭上的儀表，用掛在胸前的聽診器聽了聽朱老弟的心音，又用手電筒照著看了看朱老弟的眼球，然後用科學的冷峻調門對著我說：「正常的。」我卻用感情的激憤在心裡暗暗罵道：「去你的正常的，正常地活著或者正常地死亡難道是一回事嗎？」回答我的僅僅是醫生漸漸遠去的腳步聲。

我繼續握著朱老弟逐漸冷卻的手，用我的心對著他說：「我的好兄弟，你安心地去吧，你至愛的兄長此刻正陪伴著你，並且他心甘情願地永遠陪伴著你，在天堂他願和你一起引吭高歌，在地獄，他願和你一起在油鍋裡熬煎呀，我的至親至愛的好兄弟哇……」直到他漸漸冷卻。

當他徹底冷卻，我知道他已失去了生命，人世間再也不會有一個朱老弟出現，我再也耐不住的滿腹悲愴終於爆發，「嗚嗚嗚」的哭出聲來，哭聲驚醒了鄰床的方明，她站在我身邊也嚶嚶地哭著，眼看著我緊緊摟抱著朱老弟的屍體，在他的額頭上親吻著，她應該知道，我和朱老弟已經和好如初了。

人世間難道有比死亡更偉大的導師嗎？

國情如此

我過去不知道醫院裡有人專門幹料理死人的行道，這些人的行包裡裝的全是裝殮死人用的壽衣壽鞋，據這些有經驗的人說，剛死的人趁身體還未完全僵硬的時候，換壽衣穿壽鞋還比較方便，時間一久，屍體徹底僵硬想為死者換一件衣服也不可能了。我只能「趁屍體還未徹底僵硬之前」，接受他敲來的竹槓，按他索要的高價付了錢。心如刀絞地眼看著朱老弟赤身裸體的任由他熟諳的技術擺弄著。根據我國國情，我知道能到醫院來獲取這筆可觀利潤的農村人口，他們在醫院裡多多少少有點「關係」，或者運用金錢財物打通了關節才能掙得這份「辛苦錢」。

此刻的時間大約是凌晨六時左右，我估計不久朱老弟的家人就會趕到，有些話我想對方明談一談，因為她畢竟是朱老弟最貼心的人。我想這位不過二十多歲的農村姑娘，她還有半輩子的人生道路要走，況且她為朱老弟付出的是一個女人最寶貴的貞操和青春，朱老弟就這樣匆匆地走了，誰去管她的春去秋來？

我走近方明小聲對眼淚汪汪的她說：「小方，人活百年終有一死，我們也不必過份傷心。我知道你和我老弟的深情厚誼，也對得起他……」因為他倆畢竟不是合法夫妻，而朱老弟這些年掙得的幾十萬元錢，方明多多少少都有一份功勞，但是按法律規定她卻什麼也得不到，這似乎有點不公平，更何況她來自貧寒的農村。因此我接著說：「一會兒你師母就要來了，她知道我和你老師非同尋常的關係，有些話你不好開口我可以說，不論是經濟上的要求還是其他要求，我都可以用我的名義向她提出來。」方明紅腫著雙眼，一邊流淚一邊說：「他人都走了，這一切都無所謂了，我在朱老師身上已經學到了很多在書本上學不到的東西，我已經很知足了」。這樣一席話，使我對方明的人品更增長了幾分敬重，它使我想到「強將手下無弱兵」這樣一句古話。

到財務室交了費，讓他們將朱老弟的遺體裝進一個附有冷凍功能的玻璃棺材裡，又租下醫院附設的靈堂，以每只三十元的高價買下別無分號的花圈若干個擺放在靈堂裡。總之，朱老弟給我上的最後一課就是在生活實踐中感受「錢財如糞土」的方方面面。

昔日美人，如今老太

真正使我觸目驚心的事，是我看到朱老弟的老伴的那一剎，昔日那風姿綽約的周美人，如今她頭上是一堆稀稀拉拉的花白頭髮，滿臉皺紋，微微佝僂的駝背替代了往日的亭亭玉立，這是一幅慘不忍睹的畫面，如果說青春靚麗是上帝對美女的恩賜，那疾病和蒼老則是自然規律對美女的摧殘，她的確老了，老得我不得不稱她為周老太。

周老太看見我竟撲在我身上大聲號啕起來：「老張哇！嗚……你看我們老朱哇……嗚……他勞累了一輩子呀……還是這樣一個下場呀……嗚……嗚……」我扶她在靈堂門外的一張長條凳上坐下，同時以好言相勸：「老周，這次我老弟的走對我也是個教育，雖然我也十分傷心，但是一想到終有一天，我們也會和他一樣地死去，反而覺得平靜了許多。」朱老弟去世的當晚，我曾想到死亡是大自然賦予人類最美麗的恩賜，不管是錦衣玉食的達官貴人，還是蓬頭垢面的潦倒囚徒，唯有死亡對他們是一視同仁的。進而我想到歷史上那些暴君佞臣，活著時胡作非為，草菅人命，善良百姓奈何他不得，到頭來還是偉大無私的死神為倍受凌辱的無辜草民報了血海深仇，真恨不得高呼一聲死亡萬歲。

待周老太稍稍平靜，我對她說：「一般高血壓病都有些前期徵兆，你們為什麼不帶他到醫院去檢查一下？」周老太說：「這麼多年你還不瞭解他嗎？他一直認為他從小參加體力勞動，身體棒，事實上他也很難生病，沒想到一發病就走了，連一句話也沒有留下。」周老太一邊說一邊揩拭著眼角的淚水，我看她情緒有點緩和，便小心翼翼地向她提起方明的事，我問她對方明的印象如何？她說：「我家老朱成天在外邊跑，這裡開會那裡採訪，他年紀也不小了，身邊沒有個人我也不放心，再說我老成這副樣子，他帶出去拜得客嗎？更何況我也是疾病纏身，連我都要人照顧哪還管得了他。」她停頓了片刻接著說：「後來他找到方明，我看這鄉下女孩還比較老實，她也是真心待我家老朱，也就承認了這件事。」又說：「大家都是知根知底的老朋友，我也不瞞你說，我年輕時不懂事，受騙上當，也犯過些錯誤，我們老朱重話都沒說過我一句，我這輩子虧欠著他的呀……」說著她又掉下淚來，我也趁勢對她說：「難得你這樣通情達理，我看方明這孩子的確不錯，只是老朱這一走，方明的事就只有拜託你了。」周老太說：「老朱一走，好多事我也看淡了，什麼錢財，什麼地位都是身外之物，人要講良心，今後方明出嫁，工作我都會對她負責到底。」我說：「有你這句話，我也就放心了」。

這時從靈堂裡走出一個淚人兒，看她的樣子年齡三十開外不足四十歲，氣色中多少有一點昔日周美人的風采，我估計她就是朱老弟的大女兒，她一見到她的媽媽，雙腳一跪就撲進媽媽的懷抱發出了一聲驚天動地地號啕：「我再也沒有爸爸了，我的媽媽呀……」

在場的人，除了她的母親和我，再沒有人知道朱老弟並不是她的親生父親，而這一聲只配親生父親才能享用的發自肺腑的號啕，不知底細的女兒獻給了我的朱老弟，也開啟了我心靈中的狹隘之門，它證明了我的老弟有著一副多麼寬闊的胸襟，使我對他更添了一份敬愛。

過了一會兒，周老太才喚著女兒說：「莉兒，這就是你爸經常叨念的張伯伯，是他給你爸送的終，快給你伯伯磕磕頭。」女兒抬起頭來看了我一眼，便真的跪在我的膝下磕起頭來，我趕緊扶她起來坐在我和她媽媽中間。女兒告訴我說，她從小就聽爸爸告訴她，說你是他最好的朋友，說你倆相依為命親如手足，逮著一隻蚊子都要一人吃一支腿……一席話讓我追憶起我和朱老弟一起度過的坎坷歲月，想起他為我挑擔子的揮汗如雨，想起中秋之夜的兩個月餅，怎不令我老淚縱橫泣不成聲。

後事種種

我從沒有料理喪事的經驗，更不知道我們國家在這方面有些什麼政策法規，這次我才知道，我國有凡死人只能就地焚燒，不准運往外地的法規。而周老太卻堅持要將朱老弟的遺體運回老家，這絕對不是我這孤陋寡聞的糟老頭力所能及的事。周老太說她有辦法，原來她有一個侄女在成都某個區的人大擔任副主任，也算是個「說話有人聽」的領導。當今中國人通過親身感受早已體會到，我國的許多政策法規，官員們在制定它們的時候，似乎已經在這些政策法規裡裝配了某種神秘的軟體，因此，一旦這些政策法規妨礙它的制定者的行為時，或者簡要地說只要政策法規通過神秘軟識別了來者是一名官員時，該法規政策便會朝有利於該官員的方向自動「傾斜」（這是一個妙不可言的詞彙，近年來十分流行）。例如周老太的侄女是一位有頭銜的官員，死人不准運到外地的政策法規在她面前「傾斜」了一下，救護車載著大塊冰磚，保護著朱老弟的遺體，經數百公里之遙去到了朱老弟的戶口所在地。

據我估計，像朱老弟這類在當地為官多年、且最後成為當地一家主流報社的一把手之類的角色，其喪禮的規格肯定是盛況空前的，必定是車水馬龍冠蓋雲集。弔唁者中必有真誠的哀悼也會有虛假的應酬，有哀傷的啼哭也有鱷魚的淚滴，而這種氣氛決不是我這類凡夫俗子適於涉足的「生態環境」，加上我那讀小學的「老年得子」無人伺候，在求得親屬們的諒解後便沒有隨周老太、方明和朱莉等一行人同車扶靈前往。

我知道不少朱老弟的生前友好，便一一以電話向他們報喪，據事後得知，當年曾在一起勞教的幾位「改正右派」（這是一個高度規範化的詞彙，因為對右派不存在平反，只因為擴大化入圍而給予改正），如北京的「成功人士」，遂寧市委黨校的一位資深教師蔣含光，四川師範大學的一位老詩人黃稼，省建設銀行的李才義等。他們都曾拍去唁電致哀，我也曾拍有一封唁電，內容如下：

> 他是我至親至愛的兄弟，我們共同經歷了生命歷程中的「轉型期」，在絕境中我們相濡以沫，相依為命，同生共死，值得我永遠懷念。
>
> 他懂得寬容，珍惜友誼，因而也是我終身難忘的良師益友。
>
> 他不稱職的兄長
>
> 張先癡敬挽

這是我生平唯一發過的唁電，為了對朱老弟表示我的至愛。今後我也不會再發任何一封唁電，特順便在此向一切準備死在我前面的朋友們表示深深的歉意。

附記（一）

幾個月前，我曾寫過一篇題為〈我被「槍斃」的前前後後〉（編按：見本書第七章）的回憶文章，文中有個段落談到我平反出獄後，曾專程從南充去到達縣，看望一位名叫黃成良的勞改朋友。他特地為我備了一桌家常宴席，喚回滿堂兒孫，讓他們認識一下與老爺子同甘共苦十餘年的張老輩子，那時我剛剛脫下勞改服，手頭拮据，沒有照相機，只得和他一起去到街上，找一家照相館合影留念。誰知我剛剛返回南充，迎接我的竟是一份加急電報，這封由黃成良的兒子拍來的電報對我說，他父親已於我離去的當天患腦溢血去世。因為我剛剛來單位上班，為朋友的事反覆請假，實在難以啟齒，未能前往弔唁，使我留下愧對成良兄及其家屬的終身遺憾。

這次朱老弟的突然去世，和成良兄的去世似乎有若干相同之處：同樣是老友重逢，同樣是合影留念，又同樣是幾小時後，還同樣是腦溢血。「莫非我身上附有什麼妖氣之類的不祥物質，通過攝影這類的媒介傳遞到老友們的身上，使他們蒙受不幸？」對一切裝神弄鬼持拒絕態度的我，甚至對自己堅守的價值判斷也產生了動搖。

一九九七年有一位更老的朋友來到我家，進門的頭一句話便是：「你還認識我嗎？」用這種滄海桑田的口氣說話的人絕非等閒之輩，他叫趙國璧，我和他分別已整整四十年。

一九五三年，我服役於中國人民解放軍第三通信團，這位趙國璧在團部俱樂部擔任體育幹事，籃球打得之棒（「之棒」：四川方言，特別出色之意），在我的朋友中可以說所見不多。我是連隊文娛骨幹，少不了和他這位「文娛上司」多有接觸。他說話的口音裡，多多少少帶有些湖北話味道，更添了一份鄉音親切。原來他曾於一九四七年就讀於武漢大學，那時十三歲的我所就讀的武昌博文中學就在武漢大學不遠處，武漢大學的許多教授職工的孩子是我的同學，有些甚至和我同班甚至是好朋友，這些同學便常常帶我到珞珈山去玩耍，夏天到東湖去游泳。耳濡目染之中，對那些倜儻瀟灑的大學生還有那麼點崇拜。身邊的趙國璧彷彿讓我找回了兒時的偶像，他教會了我打橋牌，我倆就比較友好，雖然他幾乎比我年長十歲。

一九五四年我與他同時轉業，他安排在重慶市的一個商業部門，偶爾出差到我所在的南充，我當然得盡盡地主之誼。一九五七年反右前夕，我在編南充市文聯主辦的《百花》雜誌上的詩稿，他用趙戈壁的筆名在某期上發表了兩首短詩，成為文學「團夥」。當時胡風的所謂萬言書在文藝界「一石激起千層浪」，他來信叫我寄給他看看，我寄了一本給他。按五七年反右鬥爭的標準，只憑這一件寄胡風「萬言書」的事，「揪」兩個右派份子已經綽綽有餘了。

後來他被送往峨邊縣沙坪農場勞動教養，離了婚，再後來和我一樣，以似是而非的罪名判刑勞改，他在石棉礦服刑十二年。刑滿後和當地一位農村老太婆「夕陽紅」了，也算「嫁」給這位太婆了。

他來看我，我當然仍得盡盡地主之誼，約了幾位昔日所謂「戰友」，今日老態龍鍾相聚於某中低檔飯館咀嚼了一番。有好事者要求合影留念，這位趙國璧一定要和我單獨合影一張，我使出全身撒謊解數加以婉拒，甚至眾老態龍鍾都認為我不近人情，他們哪裡知道我心中有「鬼」，特別我悄聲問了問趙國璧：「你血壓高不高？」他說：「有點偏高。」我就更加不敢和他合影了。但我又不好意思說黃成良和朱老弟的前車之鑒，也不好意思說我擔心自己身上附有妖氣之類的無稽之談，因為這種說法使我近似於眾矢之的的恐怖份子，雖然我這種糟老頭子，即便身上捆滿原子彈也不會像一個恐怖份子。

我實在不忍心再失去老朋友了，我這些歷盡艱辛的朋友，他們每一個人幾乎都是一本歷史教科書，更重要的是，這種教科書在市場上絕對買不到，因為該書的內容正是「謊言和恐怖」，「兩手都要硬」的統治者，視為足以揭開其卑劣作為的實證。

附記（二）

由於經濟等原因，我家裡沒有訂任何一種報刊雜誌，偶爾得空便到收發室去撿點小便宜，看看別人訂的但尚未取走的報紙，前不久有兩則新聞引起我的注意。一則是法國公佈了他們國家現在仍然健在的、參加過第一次世界大戰的老兵人數，因為自然規律的原因其存活者肯定寥若晨星；另一則新聞說加拿大立法規定，給每個參加過第二次世界大戰的老兵每月配發兩粒「偉哥」，我不知道別人看了這則新聞的感慨如何，反正我認為這些國家的立法者的人道精神無微不至，具有坦蕩蕩的君子之風。

這兩則新聞又使我產生了另外一些聯想，我想我們國家的組織人事部門肯定能精確統計出我國參加過二萬五千里長征的老兵還有多少？參加過抗日戰爭的老兵還有多少？但不知有個什麼部門能否統計出一九五七年的右派份子現在活著的還有多少？我敢肯定的是沒有任何一個單位和部門去幹這無聊的事，因為掩蓋罪證是一切罪犯的自衛本能，除非他願意真誠悔罪。

假若我們國家有一位什麼能發言的代表，敢於提出一個給參加過二戰的老兵每人每月發一顆「偉哥」（比加拿大少一半）的提案或者建議，這位先生如果不立即被扭送精神病院，只能算他祖宗有德，原因非常簡單，簡單到一目了然的四個字，那就是戰無不勝的「國情不同」，我願意為這四個字獻上一個吻，只是希望它別嫌我的口臭。

有一本名叫《最後一個莫希幹人》的書，還很有點名氣，在這個書名的啟發之下，我想到了最後一個右派份子的鸚鵡學舌，我原以為最可能獲得這項「殊榮」的便是年輕健壯的朱老弟，沒想到他竟猝然早逝，使我頗感失落。不管是誰，終將有一個人去充當這個蠻有意思的角色，那時，萬一有一位想進精神病院的電視記者去採訪他，他將會說出一些什麼子孫們不懂的言詞，那倒是我無法揣想的了。

附記（三）

我竟然不知道當了官的朱老弟是否參加了共產黨，我並不十分在意這件事，就好像我不十分在意別人穿什麼顏色的外套一樣。事實上我的朋友中共產黨員也並不少，我為人處世有這樣一條原則：在生活實踐中，凡是將人性置於黨性之上的人都是我的朋友、或者可能成為我的朋友。反之，如將黨性置於人性之上，為了黨的利益將友情、親情和愛情都可以斷然拋棄的人，在我的心目中，他只是臭狗屎，雖然他外套的顏色是那麼鮮紅那麼耀眼。

朱老弟對友情的珍愛無與倫比！

二〇〇二年十二月二十日於成都寓所

二〇〇三年十一月二日改定

十三、勞改隊裡的奇奇怪怪

數十年歲月流逝，舔盡了往日的斑斑傷痕。有些島嶼在這個時期內已經動搖了，漂散了，在它們的表面上，已經飛濺著極地的遺忘之洋的浪花。於是，在未來世紀的某些時候，這個群島，它的空氣，以及凝凍在冰透鏡層裡的它的居民的殘骸，將變成好似那種難以置信的蠑螈。

（俄）索爾仁尼琴

犯人死而復活

除了在批鬥會上被「憤怒的群眾」當場打死的階級敵人以外，一般的人要成為勞改犯則必須翻越看守所這個門檻，用一個不十分恰當的比喻，它就像六七歲的孩童，從幼稚園升入小學之前，常常得先進學前班去過渡一下那樣。我之所以說這個比喻不恰當，是因為孩子們讀學前班是為了開啟智慧之門，為日後的成長奠定些基礎。而看守所關押的「未決犯」（係指未判決，不是未槍決之意）卻是要學會面對暴行怎樣一言不發。

我是一九六一年被抓進灌縣看守所的，我們這個被誣為反革命叛國投敵集團的案子在這家看守所裡共囚禁了四個同案犯，其中任世同已於十年前病故，餘下的三人至今倖存。除我以外，尚有溫江中學退休教師周茂岐（又名周天，原判刑十年），宜賓市司法局退休人員羅鐵夫（原判刑七年）。另外還有兩位「同案犯」，因他倆不曾在灌縣看守所關押過，與本文將涉及的內容無直接關聯故從略。我們這三個「同案犯」具有以下兩個共同點：其一全都是勞教期中的右派份子；其二如今我們的年齡都在七十五歲以上。我不厭其煩地列舉他們的姓名住址並強調大夥都是高齡老人，是擔心那令人遺憾的死無對證的成語在我們身上應驗，因為有許多被統治者刻意掩蓋的罪行，一旦成功地戴上了「和諧」的假面具，受騙者的想像力便將受到了致命的摧殘。

我們三人都被獨居關押了三年半以上，你能想像在這一千二百多天的日子裡，「沉默是金」不是一種自願的選擇、而是一種不能逃脫的懲罰，那將是一種怎樣的苦澀與無奈？你從早到晚都得獨自一人坐在地板上鋪就的「床」上「面壁思過」，長年累月照不到一絲陽光，吹不到一襲清風，通常在押犯人能享受走出監門、在院壩裡散步一小時放風的「人道」待遇，對我們獨居關押的特殊犯人都是一種奢望。除此以外，你還得接受「長期吃不飽，短期餓不死」的饑餓煎熬，在這三年多的日子裡，這座被「自然災害」害得骨瘦如柴的未決犯們，沒有吃過一片肉一份帶油腥味的菜，沒喝過一碗湯飲過一杯茶，它讓你四肢無力，讓你唉聲歎氣。最後你才品味出毛澤東在他那本「偉大語錄」中，向人類公認的普世人權提出的挑戰，他說：「我們對敵人是從來不施仁政的」，這句話的不以為恥，反以為榮。

在這種苦不堪言的日子裡，不論是被獨居關押的「關心政治的反革命犯（你在中國的監獄裡絕對找不到一個政治犯），還是集體關押的一般刑事犯，一個迫不及待的共同願望便是早日得到一張判決書，才能早日結束這被「看守」的日子，至於被判刑期的長短，流放的地點是勞改農場或者工礦，反正下半輩子任人擺佈的命運已被這張判決書敲定。

終於喜從天降，灌縣人民法院恩賜給我了一張判決書，判決書說我犯下反革命投敵叛國罪，判處有期徒刑十八年。請相信我，那時在我看來，刑期長短對我來說已不重要，當務之急是我必需吃飯，我想吃很多很多的飯。我必需儘快離開看守所去到勞改隊，在那裡我不但可以曬太陽而且可以和人說話。

我被分配到崇慶縣萬家煤礦服刑勞改，第一條好消息便是煤礦屬於井下操作，糧食定量為每月四十五斤，其他肉、食油和糖雖然不多畢竟都有，可說是餓死鬼們夢中的天堂。所以我過去曾經在一篇回憶文章中，十分自豪地稱自己是一個勞改幸運兒，看來絕非自塗脂粉。

這是一座中型勞改企業，估計全礦約五千犯人左右，在井下勞動的有負責採煤的挖班和負責把煤運出礦井的道班，還有一個打平巷（亦稱打路）的路班，此外便是那些電工炮工安全工等零星工種。井上還有一座近兩千人的焦場，其主要任務就是將原煤燒煉成焦炭。不論哪樣工種，都是手工勞動，整個煤礦也聽不見機械化的轟鳴聲，體現的就是用艱苦的體力勞動，改造資產階級反動思想的基本原則。那時我年紀輕，在肚皮吃飽了的情況下，我在看守所餓蝕了的肌肉很快得到恢復，幾十天後一個煤炭色的彪形大漢便出現在萬家煤礦的廁所和澡堂。

我被分配到路班，這個工種的勞動方式和我在勞教隊修鐵路打隧道大同小異，不外乎打二錘掌炮釺，對我來說重操故技得心應手。唯一的區別是隧道不論長短，途中均有電燈照明，而煤礦的電燈就頂在每個人的頭上，別看這是一件小事，裡面也有文章，這文章告訴我，勞改隊和勞教隊在險象環生方面，絕對像孿生兄弟般如出一轍。

起因是我在這裡遇到了一個勞教隊的熟人，此人在我的案子中與我還有點關係，按「犯界」的專用詞彙就叫同案犯。判刑後，我們先後來到萬家煤礦，但我和他並不在同一個中隊也就不在同一個礦區。按勞改隊的常規，這種人際關係原則上是禁止交往的，不過結案判處以後，偶爾有點接觸只要雙方不出問題好像也無大礙。那天恰好我與這個老熟人都上夜班，同一個班次的人進入礦井以後，在到達各自礦區之前必共同行進在主巷道上。在黑燈瞎火之中，只看見每個人頭上的礦燈在閃亮，如果人的腦袋能變成屁股，將這群人比喻成螢火蟲到是惟妙惟肖。這時有一隻自作聰明的「螢火蟲」在黑幕的掩護下，竟然飛向了另一隻「螢火蟲」身旁說悄悄話，這另一隻「螢火蟲」便是我那位老熟人，自作聰明的貶義詞當然只有由我來承受。

當晚的學習會上，鬥爭的矛頭就對准我這個剛剛投入勞改的新犯，才到煤礦不到一周我就成了眾矢之的，這可說是不祥之兆。幸好我們交談的內容，只涉及我們共同的幾位熟人的命運，與大是大非沒什麼關係。但這件事的性質，就象中華民國時代的寡婦偷了男人一樣，被認為失了節，名聲已敗。這恰似當晚批鬥我時，一位勞改積極份子指著我的鼻子所說的那樣：「你的反改造面目已暴露無遺。」

開完批鬥會接著上班，在主巷道行進途中，突然有一隻勇敢的「螢火蟲」「飛」到我耳邊說：「你注意我的姿勢。」我立即側臉看他，原來他在我耳邊說話的時候，正用一隻手端著他的礦工帽，帽子和腦袋已經分離，別人遠遠看去，只見他帽子上的礦燈直端端射向正前方，絲毫看不出遠離礦工帽的腦袋在交頭接耳。如果走在我左側的他，把礦工帽再向右移二十公分，別人甚至看不出我們是捱著肩膀行進著。最後這位勇敢的犯兄告訴我，人一定要學會適應環境，在這種生存條件下，首先學會的應該是自我保護，其次才是勞動技能。這位犯兄的雪中送炭，使我茅塞頓開受益匪淺。

沒兩天，礦井裡出了個不小的事故，據說是有人割斷了輸電用的電纜。這在井下顯然是個重大事故。按當年的思維習慣和偵破方式，肯定以階級鬥爭為綱從政治入手，嫌疑犯首先從原犯案情與政治有關的「犯類」（當然不能稱為政治犯，因為我國沒有政治犯）中尋找。對各式反革命和反改造份子，逐一問話尋找蛛絲馬跡，對我這個既是反革命又是反改造的問話更為「耐心細緻」，只是還沒來得及取得成果，一個更大的事故發生了，全礦上下，從監管獄吏到犯人，全都暈頭轉向。

這件事便是井下發生了空前規模的瓦斯爆炸，當場死亡九十九人，從礦井裡運出這九十九具屍體在禮堂的地上橫七豎八的陳列著，其景象著實令人毛骨悚然。據說若干年前礦井裡也幾度發生類似事件，死過數量不等的幾批犯人，掩埋前也是橫陳在這禮堂的地上，結果有些屍體被老鼠吃掉了鼻子耳朵，雖然對死人來說，面貌的醜俊已無多大意義，但「物傷其類」可能在活著的犯人中產生的不良影響，犯了專做表面文章的當局之大忌，似乎引起了某些監管獄吏的注意。當晚便派了一個犯人在禮堂裡巡視以嚇唬老鼠，臨近午夜，這守夜犯人可能打了一個盹，睜眼一看，忽然發現死人堆裡竟有一個「死人」站了起來並向他走來，這守夜犯人大叫一聲：「有鬼喲！」飛也似的跑往犯人宿舍中間的地壩裡手舞足蹈地狂叫，直到把他自己叫成了一個瘋子。

九十多具屍體中確有一具占百分之零點九幾的「假死」者，他奇跡般地活了過來的同時又製造出了一個瘋子，沒過幾天這個瘋子在出工的途中又從懸崖上摔下當場死去，有人說這是前世冤孽所致，甲命中註定要替乙死，甲就得死，乙就得活，這可能是一種「勞改宿命論」的說法，我當然不會相信這類無稽之談。有一種流傳甚廣的說法，挖煤工是死了沒有埋的人，頻繁的死人事故，造成了在井下勞動的犯人特別怕死則是事實，我就是怕死者之一。

這樁突發事件對我刺激很大，我不再認為吃得好一些就是好事，世界上似乎只有「禍兮福所依、福兮禍所伏」，才是硬道理。

不久我這個自我標榜的勞改幸運兒，被幸運地調往邊遠山區的一座勞改農場，雖然這裡生活艱苦，但是我卻自我安慰道：在這裡，只要天上不掉下殞石砸中我的腦袋，那就是世界上最安全的地方。

他想混進勞改隊

離開萬家煤礦，我們被押往國營雷馬屏農場，僅僅品嚐這雷馬屏三個字，你就應該知道這農場是個龐然大物。因為它跨越了雷波、馬邊和屏山三個縣，隱藏在人跡罕至的大涼山中，這裡土地貧瘠，地廣人稀且四季多雨，有人說這裡是「疴屎不生蛆的地方」，我覺得似乎也並不過分。

按這座農場的規矩，初初調進農場的犯人，必先編入集訓隊集中訓練一段時間。由荷槍實彈的看守兵「看著守著」你的一舉一動，讓你熟悉一下農場犯人的生活方式，然後才分配到生產中隊去勞動。所謂集訓隊，也就是集中全場各單位的反改造份子而加以「嚴控管教」之地也。千萬別以為集訓隊的犯人不生產不勞動成天閉門思過，這種事只可能發生在愚蠢的資產階級統治者建立的監獄裡。集訓隊的勞動並不輕鬆，同樣是按通過艱苦的體力勞動，改造犯人的資產階級反動思想這一基本原則辦事。這裡犯人的言談舉止、大便小便，全部在一側的持槍民警的視線之內，因此「只准規規矩矩，不准亂說亂動」，這兩句被高度概括的勞改經文在這兒的落實情況，肯定比其他中隊完美。

集訓隊實際上和看守所大同小異，高牆電網，腳鐐手銬，應有盡有。白天外出勞動，收工回監關押，夜晚上廁所必高叫報告，以便讓碉樓上的衛兵警覺，以防不測。犯人出工前先得列隊清點人數，外出路過崗哨亭之前，也必得高聲報數，這實際上就是在監內執勤的看守兵和帶犯人外出勞動的外勤看守兵的一種辦理交接手續的過程。收工回監也同樣得依次高聲報數，對看守兵來說，進出人數相符，證明外勤和內勤各自都未發生差錯，盡到了各自責任，對犯人來說也證明該犯千真萬確地存在。

那天中午，我們七十六個犯人出工抬石頭，收工回來時在哨兵眼皮底下依次報數，結果發現多出一個，變成七十七個，值班看守兵令我們重報，我們只得重新列隊再報一次，這樣反覆報了三次仍然多出一個。

顯然這也是另外一種性質的突發事件，一般的突發事件是逃跑掉一個，由七十六個犯人變成七十五個到偶有發生，而多出一個則簡直不可思議，因為很難設想有人願意混入勞改隊來受苦受累外搭受氣。恰好集訓隊又是個流動性很大的單位，相互間都不能全部認識，看守兵隨即對我們這幾十個犯人進行了一番目測，乍眼一看一個個骯贓邋遢灰頭土臉、五官不正賊眉賊眼，與經常看到的犯人無異。就這樣折騰來折騰去眼看時間已過了一小時，下午還得出工，餓慌了的眾犯一個個面帶苦色，當局便果斷決定，先回到監內，吃了飯再說。

開飯以後，暫緩出工，喚來了中隊長指導員管教幹事生產幹事事務長會計整套獄吏班子，再加上一個排的「戰鬥力」，全部聚集在操場。中隊長拿出花名冊逐一點名，點一個就站一個到另十米開外的一隊列，穿便服的獄吏和穿軍裝的士兵，一個個聚精會神目不轉睛，想看一看究竟會出現一個什麼樣的奇跡，結果硬有一個三十多歲的矮個子沒有點到名，鐵的事實證明他是一個「假冒偽劣」犯人。

勞改隊絕對不是來去自由的地方，你已經進來了，又怎能讓你輕易離去，萬一你是外隊犯人把你放走了豈不鬧成笑話。幸好集訓隊所集訓者為全農場的反改造份子，各分場各中隊和直屬單位或多或少均有人在這裡集訓反省，為了弄清這個矮個子的來龍去脈，特拿來高板凳一張，令矮個子站在凳上，要全隊犯人仔細辨認：「你們誰認識他？」「你們誰見過他？」

結果誰也不認識他，誰也沒見過他。

幾天以後，有一位經常標榜自己實事求是的獄吏，在「教育」犯人要「知好歹」時透露，那是一個想到勞改隊來混飯吃的農民，那獄吏說：「別抱怨你們吃不飽，那個農民想進來吃還吃不上哩。」這個說法似乎看來也並不荒謬。

十多年後，我成了這個農場的一名老犯，後來還進入了犯人的「上流社會」，也就是當上了勞改班長。長時間和眾犯朝夕相處「耳鬢廝磨」中，不少來自農村的犯人私下告訴我，勞改隊的生活並不比農村差。

一九七七年，我調往同屬桂花大隊的山西寨中隊，在這裡仍然擔任水稻班班長，這個班裡有一個來自簡陽農村的吳姓犯人，他有一個響噹噹的綽號叫吳大肚，這個綽號就突出了他肚皮大食量大的特點。當年勞改犯人所吃的主打蔬菜犯人稱作蓮花青，它是在人類可食的菜和無法吞咽的青草之間的一種農作物。這時的吳大肚正嘻笑顏開，他的飯盆和他的大肚皮成正比，任何人的殘湯剩水倒進他的大盆內，他都十分歡迎，有時他甚至願意用自已的主食包穀粑去換取大盆大盆的蓮花青。

此人寡言少語力氣特大，幹任何農活都十分賣力，而且是我見到過的真正出自內心感謝政府判他刑的人。他家附近有一個平泉勞改農場，規模龐大，勞改犯在裡面雖然常年吃不飽，卻對在荒月裡以草根樹皮維生的農民極富誘惑力，吳大肚仰慕已久，他想進去勞改又不得其門而入。七十年代初，在他家鄉的公路旁，也和全國各地一樣，立起了一座座毛主席語錄碑，上面鐫刻著奉若神明的「最高指示」。在一個春光明媚的吉日良辰，吳大肚手執一把二錘，用盡全身之力，對著一塊語錄碑好一陣猛砸，終於將它攔腰砸斷。大功告成後，吳大肚扛著二錘，將此作案工具送交公安機關投案自首，最後以現行反革命罪判刑二十年，拿著判決書等於拿著一張二十年不致立即餓死的飯票，他高興得幾乎要高呼吾皇萬歲的口號。

我一直認為吳大肚是個好人，他比前敘那個想混進勞改隊吃飯的矮個子農民勇敢得多，也果斷得多。遺憾的是，他畢竟只是一個被不合理的制度碾壓成的可憐蟲，這場悲劇的導演者無疑是喪失了人性的「大救星」。

「敵百蟲」的「鎧甲」

別以為幽默是那種高雅文人的專利，下面這則幽默出自上世紀七十年代中期的勞改犯之口，其作者是一個來自邊遠農村的文盲，一個不向權勢屈服的憤世嫉俗者，屬於文化不高境界高的類型。可惜我和他相處才五個多月就因為他被「收監」（即關入集訓隊）而杳無音信，否則我很可能變成他的「粉絲」。

我剛調來通木溪中隊二分隊不久，隊上出了一個逃跑犯，這個逃跑犯過去就是一個愛打小報告的「蟲」。「蟲」是這類犯人的簡稱，全稱叫「屁眼蟲」，這個只有口語的稱謂如果用規範的書面語來表述還相當困難，有些類似叛徒漢奸，在當今的互聯網時代又和「五毛黨」的貶義相近似。「蟲」這個稱謂在四川省內的勞改隊裡，早已無師自通約定俗成而且臭名昭彰，這些「蟲」類為犯眾所深惡痛絕也是人人皆知之事。剛才提到的那隻逃跑「蟲」，只在原始森林中待了一夜，第二天清早他便回到隊上投案自首了。按勞改隊慣例，當晚便開了他的鬥爭會，有幾個曾經被他的小報告咬傷了的犯人，利用這一有利時機，上前去抽了他幾記耳光，似乎是在響應政府號召與壞人壞事作鬥爭，實際上是按冤有頭債有主、一報還一報的勞改習俗行事。

該「蟲」生性愛吹牛，兩三天後的一個工休日，一群犯人坐在床邊聊天，「蟲」說，他逃跑出去的當晚，在森林裡，突然有一隻豹子和他狹路相逢，嚇得他渾身發抖站在岩邊動也不敢動，那豹子卻迎面向他走來，並用它的鼻孔對著「蟲」的腳板聞了幾下，便頭也不回的離他而去，似乎「蟲」身上暗藏有某種使豹子見而生畏的魔力。

我那憤世嫉俗的文盲老兄一本正經地接話下去：「它聞出你身上一點人氣也沒有，當然只好走開了。」我認為此公的幽默已有資格登上令人稱道的大雅之堂。

那時我早已是整個大隊略具名聲的植物保護員，肩負著噴灑農藥防治農作物病蟲害的勞改責任。我使用過的殺蟲劑種類繁多琳琅滿目，其中有一種名為「敵百蟲」的有機磷殺蟲劑廣譜殺蟲赫赫有名，我認為這位暗藏幽默細胞的犯兄，對他來說「敵百蟲」之名也算是名符其實，便將這個綽號贈給了他，意外的是此綽號竟很快得到犯眾的認可很快流傳開來。

「敵百蟲」犯兄的某些語言有一定深度似知識份子的入木三分，又有一些言詞，本該是當年號稱反革命的份子們的話中有話發人思考。實際上這兩頂帽子他都沾不上邊，不過他確實是個頗有來頭的「二進宮」（原為京劇曲目，勞改犯借用於對第二次判刑勞改者的尊稱，法定名稱叫累犯犯），當時的年齡也不過四十歲出頭。據說他第一次判刑是因為他和生產隊長的老婆通姦，三年後滿刑。像他這種生活作風問題的輕刑犯，且出身貧下中農沒有政治歷史問題的人，一般滿刑後是可以放回原藉的，但他卻被安排留隊就業。對此他心中十分不滿，以下談話在看出他的不滿情緒的同時，也看出他的詼諧自嘲。有犯人問他你滿刑後為啥不回家？他正兒八經地回答說：「我兒子不要我回去。」聽者不解地又發問：「為啥子？」回答者說：「他怕我日他的媽。」他的這些話醜理端實際上針對的是那些不准他回家的人，也就是決定他命運的獄吏，這比那些直白的罵法技高一籌。

他心懷不滿，又裝配了這樣一張尖利如刀的嘴巴，生活在危機四伏的勞改環境中，等待他的決不是心情舒暢。才就業一年多，又因不服管教被重新判刑兩年，這樣才讓我有機會對他留下些許印象，總的來說絕大多數犯人也和我一樣比較喜歡他。我和他相處才短短幾個月，如果沒有特殊原因，在光怪陸離、異人輩出的勞改隊，要給一個幾乎是陌生的人留下終生難忘的印象肯定是困難的。

因為他多次頂撞監管獄吏不服管教，又經常偷吃生產成品，對靠攏政府的勞改積極份子進行諷刺挖苦打擊報復。中隊部已決定對他進行收監處理，所謂收監，也就是開個鬥爭大會，發動犯人們七手八腳對他來一番捆綁吊打，最後交給前來押解的武裝看守兵，捆到集訓隊了事。

一切安排就緒，武裝看守兵也來到中隊部，坐在辦公室裡翹起二郎腿抽煙喝茶。這時集合哨子也已吹響多時，就是不見這位「主角」敵百蟲到場，積極份子甚至監管獄吏們四處搜尋也不見其蹤影。這時忽聽見有人在廁所裡高聲叫喊：「我在這裡！」當有關人士前往觀察究竟時，才發現他確實浸泡在糞池裡，從糞池中爬出來以後，他聲稱自已不小心跌入糞坑。隨即帶著一身糞水和蛆蟲去到了會場，引起各類人等屏住呼吸目瞪口待，憑他這一身糞便「鎧甲」，哪個勇士敢上前去動他一根毫毛？當一把手獄吏皺著眉頭叫他先去洗澡換衣服時，他露出一臉無奈悻悻地說他無衣服可換，後來只得從保管室給他找來一套新衣，這才派他的班長帶他去洗澡，班長替他找來洗澡水，在廁所旁邊安頓了一個臨時澡堂，讓他在那裡足足折騰了一個多小時，等到他一身臭氣走進會場時，已接近熄燈就寢的時間，明天清早犯人還得出工，只好簡化手續，免去了真假積極份子的拳打腳踢。直接宣佈對他進行收監反省的決定，連拿出繩子對「敵百蟲」進行捆綁的看守兵，也咬緊牙關屏住呼吸面有難色。

我覺得這位富有幽默天賦的犯兄，最後演出的這則壓軸幽默，仍然不失其行為藝術的精彩表演。乃至一年以後，當我遭遇與他相似的危機時，曾想到東施效顰跳入糞池也算一種苦肉計。只是在我臨跳下去的前一剎那，我突然想到那句「第一個用花形容美人的是天才，第二個就是蠢才」的名言，而我又實在不願意與蠢才二字結成團夥，只好停下腳步，回轉身去接受皮肉之苦。

號啕大哭的傢伙

「傢伙」是監管獄吏們稱呼犯人的人身代詞之一，其他還有「東西」、「貨色」等等。

一九七六年九月某日，我正在地方國營雷馬屏農場通木溪中隊服刑勞改，還當著什麼水稻班班長之類的小頭目。那時正是這個高寒山區收割水稻的大忙季節，也是水稻班長最苦最累的日子。我們由四個犯人組成的一架拌桶（收割水稻的工具），正在水稻田裡割的割打的打，累得鼻塌嘴歪。地點又在距中隊部最遠的一座小山背後，為了將我們撻下的穀子儘快送回隊上晾曬，我們這個桶還多配了一個搞挑運穀子的人，他的任務就是不斷挑濕穀子回隊，以便儘早進行晾曬，因為這個季節，雷馬屏的晴天是十分稀有的。

我是班長，全班犯人的勞動調配是我的職責，根據人類趨利避害的本能，我絕不會在我身邊安排一顆定時炸彈，一條專打小報告的「蟲」，哪怕他是個來來去去挑運穀子的「流動人口」，在勞改隊待了十多年了，我還看不清班上的人都是些什麼樣的角色嗎？

今天為我們挑運穀子的人名叫王京良，年齡四十左右，刑期十二年，反革命罪。反革命罪只判十二年已不可多得，五個人組成的一張拌桶，如果分成五個反革命犯，一不小心就能分成一架「世紀桶」——判二十年刑的反革命犯在勞改隊比比皆是，五個反革命，每人判二十年，剛好一百年一個世紀。

王京良是個工人階級，捕前在成都一家國營鐘錶廠當工人。當工人以前，他是成都街頭擺攤修表的個體戶，因為是承襲父業世代相繼，積累著父輩傳下的若干經驗，技術上存有某種優勢，在成都修表界也算小有點名氣。後來公私合營，國家把他「組織起來」，弄進了國營企業。這種人因為從小吃技術飯，對沒技術的人，不是看不起就是看不慣。加上他過去是自由自在的個體戶，現在是廠長車間主任小組長層層官僚管轄之下的「一顆螺絲釘」，企業像政治機器般運轉，不懂技術、靠吹牛拍馬吃飯的人，管理著真正幹活的人。對此王京良越來越不滿，少不了在車間裡發點牢騷吊點二話，這些支言片語必有積極份子及時向黨彙報，所謂的反動言論，日積月累在書記的筆記本裡已近極限，當時機成熟也就是某場政治運動需要抓個典型時，王京良便遭遇了新帳老帳一起算的厄運。不久，在「文化大革命」開始之際，王京良被指稱犯下「造謠煽動」的反革命罪，批鬥以後被判刑，送到了雷馬屏勞改農場。

受到判刑的打擊以後，王京良謹言慎行吸取教訓，但他從內心並不認為自己真的犯了什麼罪過。有一次監管獄吏批評某一個犯人說那人「見人說人話，見鬼說鬼話」，兩天後他私下對我說：「我經過兩天的考慮，覺得這個現象很正常，因為人鬼之間語言不同，又找不到二者之間的翻譯，不說鬼話怎樣交流？」能向我談這些話，證明王京良對我是信任的，事實上我們雖然沒達到推心置腹的程度，彼此的信任是一直存在的。在勞改隊這不僅很珍貴，而且很重要，識別人，在爾虞我詐的環境中特別重要。

那天，大約在下午四點鐘左右，田野裡的高音喇叭突然奏出了陣陣哀樂聲，我們知道伴著哀樂，播音員用沉重的語調宣讀的訃告，通常是某位「黨和國家領導人」逝世的消息，遠處發出的廣播聲聽來簡直只是哇哇哇的叫聲，聽不清每個音節吐的什麼詞。人們只能根據康生、朱德、周恩來一一死去的現狀分析，此番哀樂歌唱的莫不是中華民族最大的冤頭債主毛澤東。這肯定是在場的眾反革命勞改犯的共同期望，只是政治高壓艙裡的勞改犯沒有一個敢把這個期待說出來，原因一目了然，因為毛主席太偉大了，偉大到不該也不能死的地步。

又過了二十分鐘左右，王京良挑著空籮篼來到田坎上，我們把拌桶推到田邊，準備把剛撻下的穀子撮入王京良挑來的空籮篼裡，王京良向我遞了個眼神，示意叫我去一旁有話對我說，我叫同夥們趕緊往籮筐裡裝穀子，我和王京良去到五米左右的遠處。這時他小聲對我說：「告訴你一個好消息，但你只能蒙在被子裡笑——毛澤東死了。」直覺告訴我這是一件非同小可的事，它甚至預示著一個時代的終結，但是此時此刻面臨的局面卻相當嚴竣，也很關鍵，故謹言慎行十分必要。

同一架拌桶撻穀子的另外三個反革命，從我和王京良的異樣表情中已看出問題，有人說犯人都是「人精」，也許就反映在這些察顏觀色的本領上。「啥子事？」緊閉著的三張嘴卻用六隻眼睛向我提問，我如果一言不發也可以，但是在勞改隊付出的代價將是對友誼的褻瀆，我們都是久經考驗的勞改朋友，我不能辜負他們多年來對我的信任。回答說：「毛澤東死了，但任何人都只准蒙在被子裡面笑」——這句話有王京良剛才對我說的那句話的原汁原味，但我絕不能說出他是這句話的原創者，遵守這種在交談中決不涉及第三者姓名，本是一個勞改修養到位的老犯必須自覺遵守的潛規則。

收工的時候，我們一個個哭喪著臉從中隊部門前走過，我看見我們中隊的獄吏一把手指導員一雙眼睛已經哭腫，正在給立在門前的一個大型花圈上貼著白色紙花，其他的獄吏和家屬們也都眼淚汪汪，張羅著製作花圈的事，總之氣氛十分肅穆。

這時，從隊部院子的中央傳來陣陣呼天喊地的號啕大哭聲，其聲音之洪亮竟可以用悲痛欲絕四字來形容，但其聲調特點似與隊上任何獄吏的音色不同，出於好奇我就停下腳步多看了一眼，原來這個號啕大哭者竟是我夢想不到的王京良，其哭聲其動作因為誇張而給人一種做戲的感覺，但是誰又敢揭發他是在偽裝積極，當時我想：「他怎麼可以這樣？」

可是片刻以後我又想：「他為什麼不可以這樣？」在這個人妖顛倒、黑白不分的世道裡，他又為什麼不可以這樣。

真的比假的更倒楣

我平反出獄以後，一直在老難友中打聽這位難友的下落，因為我只記得他的家鄉所在縣名的前面是一個彭字，而成都附近就有彭山縣和彭州市，我不知道其中哪一個「彭」屬於他，雖然兩個彭我都託熟人去打聽過，結果都一樣：「沒聽說過這個人。」

他的名字叫雷朗生，其實知道他這個真名的勞改難友並不多，因為他那「羊兒瘋」的綽號在勞改隊實在太響亮了。

我調來這個名叫上通木溪分隊的時候，他已經是這裡的一名篾工，我見他一臉稚氣斯斯文文像個學生還頗有好感。篾工不上山去從事大田勞動，而是在「家」裡編些撮箕籮篼之類的生產工具，勞動量不大，通常是老弱病殘者擔任，一個隊最多兩三人。勞改犯將這類工種稱為「吃安胎」，意指孕婦在保胎期中不能幹重活，有點戲謔的意味，可列為勞改犯苦中作樂的一種調侃。有人對我說，這個雷朗生是個癲癇病患者，這種病，民間俗稱為羊兒瘋，發病的時候，患者常常突然倒地，渾身抽搐口吐白沫，有的甚至發出羊的咩咩叫聲，羊兒瘋的俗稱很可能因此而得名。如果一個人單獨在懸崖或水塘邊發病，因身邊無人施救便會有生命危險。

作為二十年刑期的反革命重刑犯，雷朗生的案情幾乎接近荒唐。一九五九年案發時他是四川省水利電力學校的應屆畢業生，因為對校方宣佈的畢業生工作分配方案心存不滿，在他離校的前夕，模仿此前他聽說過的案例，故意在校內廁所的牆上用鉛筆寫了一條「打倒毛澤東」的所謂反動標語。學校發現後，立即組織破案，經過一番排查，雷朗生列為重點懷疑對象之一。學校保衛科的幹部找他詢問時，向他反覆宣講「坦白從寬，抗拒從嚴」的政策。十八歲的雷朗生竟然信以為真，第一次問話就把犯罪過程甚至犯罪動機、添油加醋地描寫得合情合理，問話人給了他一些鼓勵，但仍然說他還有些問題沒交代清楚，叫他繼續回憶。又對他說：「要和錯誤思想徹底劃清界限，就必須忍痛割尾巴，把自已作過的想過的全都交代出來」，最後加上的兩句話打入了雷朗生的心扉：「早點說清楚，早點去到工作崗位。」在同班同學紛紛離校去到工作崗位的情況下，令雷朗生暫時搬到收發室隔壁的小房間裡住宿。缺乏生活經驗的他哪裡知道，此刻他早已在中共警方的嚴密監控之中。

雷朗生還在天真地冥思苦想，恨不得早點說清好去單位上班，除了交出作案工具鉛筆一支以外，還說他一直在策劃組織一個反動小集團，審訊者問他發展成員沒有？寫下過什麼綱領之類的文字沒有？他回答說，成員還沒來得及發展，綱領只是打了些腹稿，當即胡謅了兩條就算是所謂綱領的內容。最後審訊者叫他把今天交代的情況寫一寫，明天交上來。

當晚雷朗生熬更守夜寫完書面交代材料，一心想早些了結這樁事好到新單位去報到上班。第二天保衛科科長親自來到收發室看完這份材料後，從大皮包裡取出印泥盒，叫雷朗生逐頁蓋上了指紋。順便從皮包的另一個隔層中，抽出了一張早已填好了姓名日期的逮捕證，晴天霹靂般念讀了一遍即令雷朗生簽名並按上指紋，保衛科長對著雷朗生的淚眼說：「我們黨對你這樣的人也並不是一棍子打死的政策，仍然是給出路的」。說罷又從大皮包的背後取出一副亮鋥鋥的手銬，戴在了雷朗生抖動不已的手臂上，押著他走進了他的「出路」之所在——看守所和緊跟其後的勞改隊。

在中華人民共和國成立十周年的重大節日前夕，按中共慣例總要刻意製造出一種刺激人民的轟轟烈烈。雷朗生所在的縣城裡，召開了一次規模空前的公判大會，當場槍斃了三名據說是「不殺不足以平民憤的反革命份子」，同時還宣判了十三名五花大綁的「罪犯」，其中包括判刑二十年的「反革命集團首犯雷朗生」。

到勞改隊以後，他直接向監管獄吏發問：「你們不是說坦白從寬嗎，我的案子都是自己坦白的，為什麼還判二十年重刑？」那獄吏瞪著眼睛吼道：「如果不從寬早就把你狗日的殺掉了」。當晚的鬥爭會上，不認罪的雷朗生，被認了罪的幾個勞改積極份子好一陣拳打腳踢，做出一副與反改造份子誓不兩立的假像。隨後用一根麻繩緊緊捆住他的雙臂，因血液循環被阻造成錐心刺骨的疼痛迫使雷朗生呼媽喊娘，直到他認罪認錯跪地求饒為止。此後有好心人私下問他道：「你沒聽說過『坦白從寬，牢底坐穿；抗拒從嚴，回家過年』這句勞改格言嗎」？雷朗生無言以對，嚴竣的現實告訴他，一切後悔都為時已晚。

他下定決心用拖天混日的消極方式來接受這漫長的折磨，在我和雷朗生逐漸熟悉並相互信任的時候，他已經是全隊聞名的羊兒瘋了。他長年幹篾工輕勞動，體力消耗不大，而我在水稻班，幹著犁田耙田的重勞動，一直在「長期吃不飽，短期餓不死」的勞改犯糧食定量下掙扎度日，雷朗生隔三岔五還會私下遞給我一個他省下的包穀粑，我對他十分感激。有一天他悄悄對我說：「我的羊兒瘋是裝的。」我聽後大為吃驚，很難相信那口吐白沫，那咩咩的羊叫聲能裝得出來。雷朗生進一步告訴我，他到農場後，第一次上山出工的途中，便趁人不備，猛一拳打在自已的鼻子上，在鼻血長流的同時硬挺挺地撲倒在地上，通過舌齒的摩擦蠕動，以唾液為原料，製造若干白沫從嘴角溢出，偶爾也哼出兩聲咩咩聲，就這樣一個新的癲癇患者便出現了，不過三五個月還得重複「發作」一次以鞏固成果。在我和他同在一個中隊的幾年時光裡，也曾兩度遭遇他羊兒瘋發作的景象，兩次都是人高馬大的我把他背去他的床上休息，然後繪聲繪色張揚他可怕的「病」狀，我自認為還是配合默契表演到位，雖然我倆從來沒有排練過。

在我結識的成千上萬個犯人中，像雷朗生這樣裝病一舉成功者，可說是鳳毛麟角，少之又少，偶爾裝肚子痛腦殼痛請一天半天病假倒也可能，裝羊兒瘋能裝到二十年是需要點功夫的，不妨試試，你用自己的拳頭打出自已的鼻血是否輕而易舉？

同在一個隊上的另一個真羊兒瘋卻命在旦夕，在我已知道羊兒瘋可以假冒的情況下，還敢於肯定他是真羊兒瘋，我有一個十分充分的理由，裝羊兒瘋的人，決不會讓自己付出生命的代價。

這位真羊兒瘋患者和冒牌羊兒瘋雷朗生同在一個中隊，而且都沒有上山勞動，我們已經很熟悉的雷朗生是篾工，這位真羊兒瘋比雷朗生幸運得多，他是炊事員。上個世紀五十年代末到六十年代初，也就是經過「大躍進」運動，使我國糧食畝產突破萬斤不久，中國就經歷了一場被官方大肆渲染出來的「自然災害」，在那場據說由「自然」精心打造成的「災害」中，活活餓死的中國同胞在三千萬以上，這幾千萬餓死鬼在陰曹地府仍然得繼續挨餓，因為這些「鬼」中，找不到一個生前當過炊事員的內行。

我和這位真羊兒瘋沒什麼交往，因為犯人只要和炊事員交談，就有人懷疑你去拉關係開後門，企圖占伙食上的便宜，這類事在勞改隊是累見不鮮的眾矢之的，但決非我張某所願涉足。我只知道這個真羊兒瘋是個農民出身的刑事犯，乍看起來還比較老實，當炊事員兩年，似乎也沒有出現什麼劣跡。

那天打牙祭，對犯人來說，哪怕只有二兩多肉，也是一個盛大的節日。打牙祭那頓飯的菜湯，因為它曾經煮過一下肉而身價倍增，吃飯的中途，這位真羊兒瘋突然到飯堂門口宣佈說，還剩有些菜湯，各桌可拿菜盆到廚房裡去添。各桌的值日犯人端著菜盆去了廚房，卻由另一個炊事員掌勺分湯，他說，真羊兒瘋上廁所去了。

大概有一半犯人吃完了飯，突然另一個炊事員傳來一聲驚叫，說羊兒瘋倒在糞池裡了，叫大夥趕快去拉一下。我吃飯的位置就在廚房門邊，憑著天時地利，我自然跑在最前面。廚房背後的廁所只有兩名炊事犯專用，順便養著兩頭生活豬的簡易豬圈，豬圈邊橫有兩塊木板充作廁所裡的蹲位。我看見糞池邊上正倒插著一雙腳，那是真羊兒瘋發病時，他像跳水運動員那樣，一個入水式栽進糞池時留在水面的，我和身後的人盡力把他從糞池裡拖到了地上，這時羊兒瘋早已窒息斷氣。使我終生難忘的是，他的鼻孔裡塞滿了渣渣草草，人畜的糞便裡都有這類食物殘渣，他栽進糞池後，還在繼續呼吸，雖然呼進肺部的已是糞水而不是空氣，鼻孔又成了過濾各種糞渣的篩檢程式，所以那些渣渣草草都塞在了鼻孔裡，使他的死相令人毛骨悚然。

這時獄吏們來到了事發現場，犯人衛生員背著藥箱也來了。在獄吏面前，這位衛生員竟然對一個死去近半小時的人翻開了眼皮，看看他的瞳孔是否放大，他演完這些節目以後，又似乎發現死者的額頭有一塊擦傷，顯然是他發病栽下糞池時，頭部撞到了廁所踏板時留下的傷痕。奇怪的是衛生員用紅汞在這塊傷疤上涂抹了一番，然後用紗布敷料貼在了傷口上，甚至還慷慨地貼上了兩條膠布。如果一個活著的犯人受了這點皮外傷，充其量給你擦點碘酒紅汞，衛生員是絕對捨不得用當年彌足珍貴的紗布敷料和膠布的。事後有人告訴我，國家有規定，凡因傷死亡的犯人都得在傷口上用敷料，據說這是為了體現政府提倡的革命人道主義精神。

這件事發生在三十多年前的「文化大革命」期中，但每一想起，我就會對這種給死人的「人道」待遇勝於活人的作法納悶，這究竟說明什麼？難道需要向閻羅王證明，這些新鬼在陽間勞改時享受的是一種人道待遇嗎？或者是千萬年後來自烏有之鄉的考古學家，在「史前」的勞改場所出土的一具屍體頭部，發現連著這塊紗布敷料頭骨，然後作出合乎黨性要求的結論說：生活在毛澤東時代的勞改犯，被共產黨用革命的人道主義精神無微不至地關懷著。

「『落』教」產生的歧義

「『落』教」是不勝枚舉的四川方言中的常用詞彙之一，在人際關係複雜糾葛的勞改隊，這個詞彙的使用頻率很高，其重要性也非同一般。遺憾的是，我手頭並沒有俗語詞典之類的參考書，只憑經驗知道這個詞的讀音如此，寫法究竟是「落」還是「樂」（落與樂在四川話的發音中相同），我也毫無把握，恰好不論「『落』教」還是「『樂』教」這兩個音同字不同的詞彙，在四川方言中，還都勉強能釋義運用。這裡我只好任意選擇一個「落」字，在它的上面打一個深不可測的引號，任讀者們去胡思亂想。

我從一些正宗的四川人那裡得知，「『落』教」這個方言很可能與上個世紀三、四十年代，袍哥在四川的繁榮昌盛有關係。其含義似指「『落』教」者能按袍哥的遊戲規則行事，有褒義，反之，不「『落』教」則是貶義。因為事實上當年袍哥已和四川社會融為一體，「『落』教」與否可說是衡量人們生活准則的重要標準之一，這個方言在琳瑯滿目的四川方言之顯赫地位，應該是不言而喻的了。

自中共在大陸建政以後，通過一系列的政治運動，早已將這個文明古國折騰城一個把「其樂無窮」建立在「鬥」字基礎上的極權政體。毛澤東強調「以階級鬥爭為綱」，「最高指示」說：「八億人民，不鬥行嗎」？除了鬥爭哲學以外，中共不會允許其他什麼遊戲規則存在，其中當然也包括早已被打倒了的袍哥所提倡的「『落』教」，特別在據稱是階級鬥爭「特別尖銳特別複雜」的勞改隊，更不會允許「『落』教」去發出和諧的雜音。試想想，如果犯人相互一團和氣，批判會上失去了獄吏們稱道的「狗咬狗」的相互撕咬、沒有了中共所提倡的檢舉揭發，沒有了鬥爭會上的鼻青臉腫捆綁吊打，這無產階級專政的殺傷力又將如何體現？

可是廣義地說，勞改犯過的也是一種社會生活，雖然犯人的社會是一種畸形的社會，雖然這個社會被無法無天和監規紀律任意肆虐，但無論如何還是有另外一點空間。例如我所在的勞改農場規定，犯人每星期可以吃一頓大米飯（其餘吃包穀粑），按物以稀為貴的常理，米飯顯然比含有黴味的包穀粑可口，有的胃病患者需要給監管獄吏呈上書面報告，經批准後才能吃上一兩天大米飯，這類特殊恩准有一個附加條件，最少你不是一個聲名狼藉的反改造份子（這也說明不接受改造者的生存條件會分外困難）。有的胃病患者想用包穀粑去換易於消化的大米飯，而有的犯人卻因為大米飯不經餓，難以支撐肩上的重體力勞動，又想用大米飯去換包穀粑，這就出現了前文提到的「另外一點空間」。

這個空間的遊戲規則恰巧在監規紀律之外，而在各取所需基礎上的兩相情願之中，比方說雙方約定兩碗米飯換三個包穀粑，到時間就得按約定一手交粑一手交飯。換一種說法，凡遵守約定的就「『落』教」，違犯者就不「『落』教」。在勞改隊，大部份人（請注意只是大部份人）敢於違犯監規卻不敢不「『落』教」，因為違犯監規被鬥，雖然「大部份」發言者氣勢洶洶義正詞嚴，其實雙方心知肚明那是在演戲，是演給獄吏們看的鬧劇。如果不「『落』教」，違犯了犯人之間的遊戲規則，變成了不恥於犯人的狗屎堆甚至眾矢之的，那反而會動真格的，使你處在危機四伏之中，那麼你往後的道路上肯定會佈滿了地雷。

還有一種並不罕見的情況，例如三個犯人共同偷吃了生紅苕，其中一人在威脅下承認並供出共同作案的另外兩人，這個人也可以被認為不「『落』教」。如此看來，說不准不「『落』教」和叛徒二字還有點血緣關係。

這樣一來，「『落』教」對相互監督促進改造顯然起著破壞作用，這種東西必須剷除，因此獄吏們動輒將批評的矛頭對准「『落』教」的信徒或者是他認為的「『落』教」的提倡者，我這個臭名昭著的反革命重刑犯一直受到當局嚴密地監控。

彷彿是一九六九年左右，總之在「文化大革命」的高潮中，革命群眾分成了觀點對立的兩派。那時我所在的這個勞改分隊裡只有兩個都喚作分隊長的獄吏，這兩個獄吏恰好觀點對立不可調和。其中一個對我稍好一些，因為我勞動賣力他偶爾表揚我兩句；另一個就千方百計找我的毛病，以證明對方的觀點不正確，路線有錯誤。我的這種處境只有一句非洲民諺可比，他們說：「大象相鬥，被踐踏的是青草」。

某次，有兩個犯人因一樁小事發生爭執，衝突的原因與我還有點關係，我就用開玩笑的口吻指責其中一個不「『落』教」。說這話時我沒注意那位專挑我毛病的獄吏正路過我身後，當時他盯了我一眼後便悄然離去。晚上在學習會上，他列舉了若干反改造表現以後，突然話鋒一轉說：「我今天要叫你們當中文化最高的人來給我解釋一下，『『落』教』是什麼意思？」接著他叫了我的名字，雖然我的文化並不「最高」。

在我以往寫就的文稿中，曾幾次說到我有喜歡咬文嚼字的毛病，這一次我的這個毛病可以說嚴重發作，我說：「『樂』教，就是樂於接受人民政府的教育改造」。

一言難盡的「反革命」

「文化大革命」期中，主流媒體常常用下面這句豪言壯語宣傳我國的成就，眾媒體說：「敵人有的我們有，敵人沒有的我們也有。」我當時就偷偷地想，「敵人沒有的我們也有」的東西太多太多了，例如畝產十萬斤的超級謊言，又例如「五年超英，十年趕美」的空話大話。但是也有一種東西敵人有我們卻沒有，那就是政治犯，我們的『『敵人國家』』或多或少都有政治犯，我們這裡只有反革命刑事犯，沒有政治犯，一個也沒有，這也可能是我們這個文明古國為人類歷史創造的眾多奇跡之一。

比方說一九五七年的反右派運動，全國揪出了將近一百萬個右派份子，在「敵人國家」看來，那些送去勞教的右派或送往農村「監督勞動」的右派，不算政治犯也得算「准」政治犯了吧，但是我們宣佈說：「右派按其性質雖然屬於敵我矛盾，但仍按人民內部矛盾處理。」既是人民內部也就談不上什麼犯乃至什麼政治犯了。

那年頭我一不小心，由右派升級為反革命，由「按人民內部矛盾」處理的勞教份子、一躍而成敵我矛盾的反革命刑事犯。這時我開始推敲為什麼中國的反革命不被稱為政治犯？在不斷嘔吐狼奶的過程中我逐步發現，極權統治的一大特點，便是對各類名詞口號的定位運用、嚴肅到常人難以估量的程度。例如眾所周知，政治只是一個中性詞彙，要以「民主」或者「極權」這類定語來確認它的褒義和貶義，而政治犯這個毫無是非立場的名詞，簡直貌似好歹難辨的職業分類，把名詞術語幾乎奉為聖器的統治者當然不會採用。

回頭再看「黨文化」給其反對者怎樣下定義，革命是高喊入雲的褒義詞，反對革命的反革命份子不是壞蛋又是什麼？它比那敵我不分的「政治犯」三個字，更適合中國國情便一目了然。在案情性質形形色色的勞改隊裡，反革命是最受歧視的族類，獄吏們毫不掩飾他們的政治立場，公開宣揚「反革命和我黨是你死我活的鬥爭」，甚至啟發「偷、搶、騙、奸」等其他犯案類型的勞改犯，對反革命犯進行檢舉揭發，其成績顯著者，甚至可得到立功減刑的獎勵。

這樣在勞改隊便造就了一批最容易受傷的反革命份子，獄內人士稱之為反改造份子，其中最不幸的則是那些從深山的茅棚裡抓來的資產階級反革命，他們一般沒有文化，不善言詞缺乏自我辯護的能力，也不存在什麼階級仇恨，多數人都是在制度直接威脅了他們的生存底線時，才作出最原始的反抗。

記憶中身邊曾出現過以下幾個比較典型的人物：

一九六六年，我在這個農場的桂花大隊勞改，那年的冬季農閒期間，全大隊的犯人集中到桂花溪中隊開田改土「農業學大寨」。這時我認識了另一個中隊的一個綽號叫陳小娃的小夥子，他一臉稚氣估計還不足二十歲，認識他是出於好奇，當時雖然是初冬季節多數犯人仍然打赤腳穿草鞋。出工收工犯人們成群結隊行走在簡易公路上，我發現走在近側的這個陳小娃那雙異樣的腳板與常人不同，他的每根腳趾之間並沒有靠攏，而留有幾毫米的空隙，有人對我說，農村的孩子從小沒穿過鞋，腳板就發育成這個樣子。

想不到他年紀輕輕，竟然還是個反革命首犯，刑期為有期徒刑的頂峰，二十年。後來我一打聽，原來在「自然災害」的饑荒折騰以後，掙扎在饑寒線上的農村飽和著對中共統治的憤懣。他們同村的幾個年輕娃娃想到了改朝換代，以便改變自己的窮困潦倒的命運，決定用抓鬮的方式找出個人來當皇帝，結果，陳小娃運氣最好，抓上了皇帝的同時也抓到了二十年刑期。那年開田改土結束後我便回到自己所屬中隊，不到兩年，有消息傳來，這位從未登基的短命「皇帝」，因患肺結核加上營養不良又勞累過度而死，終年不足二十二歲。

其實，我所在的通木溪中隊也有這種類似的反革命份子，這個人是專門餵牛的犯人，名叫樊世成，貧農出身，綽號團長。據說這個二十歲年輕人，在土地改革時曾擔任兒童團團長，刑期八年。反革命罪卻只判幾年短刑的可說是勞改隊的「珍稀品種」，也足以證明他「反」得不怎麼樣。事實上他堂兄跟隨首犯組織了一個簡易的反革命集團（說它簡易是因為該集團成員中文化程度最高的是個高小畢業生，他甚至連綱領兩個字的含義都鬧不懂），案發後首犯槍斃，堂兄判無期徒刑，堂兄的一個重大罪行就是為集團發展了包括「團長」在內的兩名成員。「團長」本人除了和首犯等集團成員一起，於某一個月黑風高之夜，在一根田坎上喝過一杯宣誓血酒以外，什麼也沒幹，判決他的罪行是參加反革命集團「伺機而動」（這四個字他不懂，曾問過我，所以記憶猶新）。

震驚世界的「文化大革命」轟轟烈烈以後，也抓了些「新鮮血液」反革命到勞改隊來，我所在的班組也分來兩個，其中一個印象特別深刻，因為他的案情在我看來某些細節簡直近乎是笑話，雖然是一個令人搖頭歎息的笑話。

這位新犯是富順縣人，大約二十五、六歲，據他自己介紹說他出身在一個漁民世家，讀了幾天初中，後因父親生病喪失了勞動力，十六歲他就繼承父業開始打漁，反正學校已響應毛主席號召：「停課鬧革命」了。四川境內小河小溪很多，這類漁民就在這類小河上以船為家。這個行道有一個特點，就是經年累月在船上生活與外界接觸很少，為驅趕寂寞以慰藉他青春躁動，通過全家省吃儉用，買了一台能聽見外部世界的袖珍收音機，某次他無意間收聽到一個名叫「自由中國之聲」的臺灣電臺，這個電臺播講的內容和我國播送的大好形勢大不相同，久而久之他眼界大開越來越有興趣。

終日生活在孤陋寡聞環境中的他，並不知道他這是在「犯罪」，當年因偷聽「敵臺」而判刑勞改的大有人在，只是刑期一般都是七八年，他卻判了十二年，倒是別有一番原由。因為那個電臺在播音結束時說了一個通信地址，歡迎廣大聽眾去信聯繫，這位單純的漁民果然寫了一封信，並按當年中國人的通信方式，在書寫內容之前，必須先寫一段祝偉大領袖毛主席萬壽無疆的口號，他將這個口號靈活運用地作了修改，他寫道：「祝偉大的蔣委員長萬壽無疆！萬壽無疆！！萬壽無疆！！！」只是這六個驚嘆號他一個沒少打。

這些勞改犯和我們通過文學作品瞭解的政治犯大不相同，如中國的「七君子」、俄羅斯的十二月黨人，還有聞名遐邇的曼德拉、哈威爾、達賴喇嘛，正是這一顆顆在黑暗的夜空閃閃發光們的星斗，才將我們這個地球妝點得分外美麗。誰敢說在這廣袤無垠的天際中，沒有這些為自由而獻身者閃出的一絲光亮，才讓夜色更令人久久凝視。

沒有他們默默無聞的犧牲奉獻，歷史將用什麼來向子孫後代證明，人類在二十世紀遭遇的最大暴君該有多麼邪惡。

二〇〇三年六月三日四川成都寓中

二〇一〇年九月修訂於成都

代跋　一本當代中國的《古拉格群島》

吳茂華

在專制制度的天空下，耳聞目睹我的熟人友朋中，一生裡受過政治迫害、嚐過無產階級專政鐵拳頭的人不少，至少都有十七八位吧。據我觀察，這類歷盡滄桑、劫後餘生的「份子」們，身心創痛巨深，大都患有後遺症。或憤世或頹唐、或麻木或混沌，甚而跪下為奴向主求榮的亦不乏有人。而真正大徹大悟、靈魂站立不倒的是很少的。人皆是血肉之軀，天生軟弱不足深責，因為該戟指聲討的是戕害人心的始作俑者。

前不久認識一位張先癡老先生，白髮蒼顏，雙目瞀茫，說話神情冷峻，態度不卑不亢，言談舉止猶顯一股人生蒼涼。他說：我是極右份子，十八年重刑勞改犯。我知道，又遇見一個在血水淚水中浸泡過的冤獄還魂者。他送我一本人生自述的書《格拉古軼事》，封面的一幀照片上高牆鐵網，黑牢森森，下方寫著：你可能知道古拉格群島的故事，但格拉古呢？我想起張愛玲的一句話「因為懂得，所以慈悲」，說的是經歷過苦難的人對人生有其獨特的悲憫情懷。我想此話用在張先癡這樣受盡磨難、良知不泯，心智越發精粹的人身上恐怕是合適的。

世人說「人生無常」，指的是命運偶然不可知。但像張先癡這樣的人生遭遇卻具有鐵定的必然性，屬於非如此不可的命中註定。他的惡運開始於一九五一年鎮反，十七歲的少年在路邊親眼看見曾任國民黨中央委員，「反動」父親被綁赴刑場，四目相對一閃而過。人倫血緣，骨肉相連，如此慘酷場景，情何以堪？但這當過公子哥兒的年輕人，偏偏是嚮往共產黨、誓與反動家庭劃清界限的革命青年。嚮往進步、大義滅親，竟然使當兒子的無動於心，並及時回所在單位向上級彙報思想、表明革命態度。一個天真未鑿、歸順了新政權的小小「順民」，此時正自豪的在人民解放軍裡當一名士兵，無論如何也不會料到這將是他以後被專政二十三年苦難命運開始的第一環。

猶太歷史學家漢娜．阿倫特在其《極權主義的本質》一書裡，說到極權主義專制與人類歷史上專制主義有很大的區別。古今中外的皇帝或暴君統治，除了在戰爭中殺戮、或剪除謀反政敵而外，在和平時期一般不屠殺或迫害其所轄的生民百姓。「帝力於我有何哉？」是千百年來，只知生計不問政治的黎民之基本狀態。但極權專制不同，它按照一整套意識形態觀念，在人群中以種族、血緣、階級劃分製造出一部分「客觀上的敵人」，視其「非我族類」進行無情打擊。向想像中的敵人開戰，迫害無辜甚而擁護它的「順民」，這種國家主義的恐怖統治是前所未有史無前例的。張先癡的「反動」出身決定了他的「賤民」身份，導致他一九五五年被清洗出軍隊要害部門、以後劃為右派、勞教管制，乃至逃亡、重新被捕判十八年勞改重刑。環環相扣陳陳相因，使他無所逃於天地之間。這個和政治毫無瓜葛的小民、只想和新婚妻子過平順日子、夢想寫詩的人，歲月困頓，被無產階級的政治蹂躪了一輩子。張先癡以及千千萬萬「非我族類」的受難者，包括他被殺的父親，都是典型的「客觀上的敵人」，他們到底有何具體罪過呢？說到底僅僅是一種「觀念」的犧牲品。原來殺人並不都用兵器刀槍，概念殺人，思想奪命，導致冤獄遍地，二十世紀下半葉的中華大地，竟如此血淚斑斑而又荒謬絕倫。這千萬政治受難者，以血淚的生命體驗，來證明極權專制的國家，不是建立在物質上，而是建立在思想上、精神上。

張先癡二十三歲時大禍臨頭，因劃右派而被勞教。他面對的不僅是妻離子散的傷痛，更有勞教期間難耐的饑餓、挨肉刑的迫害，最令人恐懼絕望的是這不是判刑的勞教，卻似是而非的遙遙無期。把和他一類的各種「份子」集中管制，同樣的被剝奪人身自由，強迫勞動，卻並不在刑律之列，正是根據毛澤東宣導、一九五七年國務院發佈《關於勞動教養問題的決定》而實施。這種處置的惡劣叫法無定法，隨機任意，只有一個「表現良好，可酌情解除」模糊規定。也就是說如同將繩索套在猴子或狗的脖子上，繩頭牽在主人手中，長短鬆緊隨主人臉色心意。而猴子或狗除了乞憐，永遠看臉色行事而外，別無他路。這種暗無天日勞教制度不僅是不合法的問題，其非人道在於玩弄、試探人性中最脆弱的東西，以此來印證強化行使暴力者無邊的權力和權威。

勞教三年後的一九六一年，年輕的張先癡終於出逃，一個奴隸起來反抗命運，對抗那遮天蔽日黑暗體制，真有些蚍蜉撼樹、知其不可為而為之的悲壯。他給妻子寫信說道「我把自己解放了！」當時正值三年大饑餓時期，一個無戶口、糧食、無單位證明的逃犯怎樣活命呢？偌大中國，豈有他分寸容身之地！望星空雪野，山川陌路，茫茫天涯無歸處，這個曾經夢想當詩人的文學青年，如今淪落為盲流大軍一員，與小偷、妓女各色閒雜廝混在一起。為了活下去，流浪到西安到飯館裡偷飯菜吃，做假證明假火車票混火車，甚至為小偷打掩護，進出收容所與成堆蝨子為伍。當一個人被逼得失去所有的生路，於絕境中求生存，這是生命本能，也是生的權利。只是生命不堪承受之重，一個有文化的心靈，內心載著怎樣的煎熬與冤憤？杜鵑啼血，舉目問天，天不語呵……兩個月後，張先癡投奔難友的哥哥被出賣，在天津被捕，押回四川收監審訊後被公安專政機關定投敵叛國罪判刑十八年。

張先癡的投敵罪行是被指控到南斯拉夫大使館聯絡。他與鐵托集團何干？這從何說起？簡直是月球人在開玩笑！原來在他出逃期間，所在的勞教單位破獲了一個「列寧共產主義同盟」，碰巧與南斯拉夫鐵托的共產主義小組同名，而不知情的張先癡跑天津就理所當然被指為聯絡員。這種有罪推定的邏輯，就像癡人說夢、瘋子自語，虛擬得像科幻傳奇。但無產階級專政機關是受階級鬥爭意識形態的統領，而不是受法律和證據支配。意圖決定罪行，懷疑就是證據，這在當時政治環境中是很普遍的。列寧在其理論著作《國家與革命》裡就坦陳革命政權「直接憑藉暴力不受任何法律限制的政權」。所以，當一介小民張先癡獨自面對強大無比的國家暴力，只有被碾為齏粉的命運，不管他當右派、判勞教、還是判重刑十八年，都是不需要真正法律依據的。反動階級出身就是「依據」，「賤民」成為他一生的宿命。

王寶釧守十八年寒窯成就了戲劇舞臺上一段優美傳奇故事。張先癡坐十八年黑牢以他全部生命體驗，來證明馬克思致《德法年鑒》信中的一句名言：「專制制度必然具有獸行，並和人性是不相容的。獸的關係只能靠獸來維持。」監獄裡生不如死的歲月，是饑餓、侮辱、恐嚇、絕望、恐懼，家常便飯一樣充斥十八年的日子，寒來暑往、日落月升，點點滴滴填滿那強制勞動的每一天。血肉之軀，萬物之靈，大寫的人呵，生命像塵土一樣被踐踏，蟲豸一般被蹂躪。張先癡記述了大量黑獄場景細節，讀來令人驚心髮指、冷汗淋漓。掛一漏萬，茲錄一節：

> 半夜十二點左右，突然門邊一聲槍響，接著寢室門被軍用皮靴踢開，電筒光射進門洞時，幾十個飽含階級仇恨的男高音不斷吼叫著：「出來，滾出來！」驚恐的犯人匆忙從室內擁出，門外兩側士兵組成一條窄巷子，手執用棕繩編成的鞭子，對在巷子裡奔突的犯人劈頭蓋臉打下去，奔完這段『鞭打巷』，便向曬壩擁去。此時突然亮光一閃，『叭』的一聲槍響震在耳邊，對大多數沒有戰場經歷的犯人，這槍聲幾乎像抽掉了腳筋，渾身發軟，只差癱倒在地。犯人列隊完成後，喊口令的指揮官手裡晃著電筒的亮光開始講話，他大聲吼著說：『你們這些狗雜種，天天盼望蔣介石反攻大陸，今天晚上對你們『機槍點名』……果然指揮官喊出了第一個人的名字『王根

柱』！使他出列面對犯人隊伍站著。突然一個士兵在王根柱身後一貓腰，然後猛一伸手抓住王犯的腳踝往後一拉，只聽得『撲通』一聲，王根柱硬挺挺撲倒在地。接著就往死裡捆綁，用鞭子在身上猛抽，並伴以皮靴踢踏。然後又令他站起，再一次拉倒、痛打，像這樣反覆四五次，王根柱倒地左臉摔破出血，被打得氣息奄奄。

直到第六名，終於喊到了我，我也照例撲倒、暴打、再撲倒、再暴打。只是在第三次撲倒時，我的下巴頷先著地，裂開了一條約四公分長的口子，暴打過程中，我的臉部又曾觸地，我流出的血也還有前面幾人流在地上的血把我染成了紅臉關公。……宣讀完死刑判決書將我弄去列隊等候，我以後還有兩名倒楣鬼步上後塵，一共就是八個判處死刑分子。我們八個死刑犯被推向地壩邊緣，夜色中我也看不十分清楚，彷彿有三五個已無力行走，是被拖曳著走去的。到壩子邊緣，突然背後響起一陣槍聲……。槍響了好一陣，我才發覺我並沒有死，而且一動不動站在原地，其他幾人則全部倒在地上，夜色中似乎有人在動彈發出呻吟……。

赤裸裸的恐怖暴力，糟踐手無寸鐵的弱者，人類歷史上還有什麼比得上這種肆意蹂躪生命殘忍呢？是古代羅馬皇帝尼祿將人送進獅子籠一刻，還是奧斯威辛毒氣室裡猶太人湧向緊閉鐵門的瞬間！在二十世紀的現代中國，被階級鬥爭仇恨激發充滿了獸性的人，與無產階級的專政機關，在組織的命令下，居然可以這樣虐囚。強暴與卑劣，竟然公行於市。可憐這些虎口下的綿羊，貓掌中的驚鼠，誰能經得起泰山崩於前而色不變呢，驚懼觳觫之餘，其中一個老年囚犯張思友被打斷胳臂後嚇成了瘋子。

捉弄人的花樣也有較文雅的，群眾專政有時也使用精神戰術。在「早請示，晚彙報」文革期間，背誦領袖語錄是神聖儀式，勞改隊裡更是雷厲風行：「分隊長每每會指定一些和他文化程度相當的半文盲站出來當眾背誦，如果背錯一字一句，將會被認為是篡改或故意歪曲的政治錯誤。這壓力壓得背誦者戰戰兢兢，聲音顫抖，頭上冒汗。此時，分隊長會按亮手電筒，其光柱直射到背誦者的臉上，以便在強光的幫助下，讓他那雙瞎湊合的眼睛，欣賞到背誦者因驚懼而變形的臉，而這位隊長的臉上也會泛出一絲心滿意足的獰笑」。勞改隊裡一名戴姓文盲犯人，就因為把語錄「決不能讓他自由氾濫」，背成了「決不能讓他自由翻案」，當場受到眾犯人圍攻批鬥，被指故意歪曲領袖思想，會場上「一個個都變成了捍衛毛澤東的勇士」。戴犯遭幹部毒打後，壓力之下受驚過度精神失常，半夜從床上翻滾下來摔成重傷，一個多月後悲慘死去。

「天地不仁，以萬物為芻狗，聖人不仁，以百姓為芻狗」。糟踐眾生，將人變成鬥獸場裡的動物，使其互為刀俎魚肉，這是一種極有效統治術。極權專制制度下，草菅人命蟻螻不如，運動群眾如玩雜耍，又何需王法！其實不管是分隊長幹部還是犯人，他們並不真心信服什麼主義或領袖的思想，而是一些專制淫威下的普通人，喪失人性和分辨能力後匍匐在主流意識觀念下，成了集幫兇與受害者為一身的工具，成了群眾專政取之不竭的力量，奠定了極權主義統治的群眾基礎。

饑餓不是酷刑，但挨過餓都知道，那種饑火攻心、餓腸轆轆，無時無處不在，加之於人全身心的可怕感覺是難耐的。正因為它對人的肉身具有巨大的控制主宰力量，所以饑餓也成為無產階級專政下壓迫犯人的重要手段。常年讓犯人吃不飽、也餓不死，這不僅是有司當局在玩臨界點邊緣藝術，更是一個對待階級敵人實行有效管制的政治問題。張先癡被關在監獄時寫的一幅有關飯食的對聯，可供人想像當時所吃飯菜的的品質：打撈著湯底幾片孤苦的菜葉，捕捉著湯麵幾顆伶仃的油珠。常年幹超重體力的活路，吃著豬食狗飯不如的飯菜，一群蓬頭垢面的勞改犯，為了活下去，在勞動間歇時，在田野山林中尋找能填進肚子的東西。張先癡說他吃過的奇奇怪怪的東西，可供現代喜愛綠色食品的美食家作參考。據他書中所述，田裡長的生瓜菜不算，吞下肚的有生澀麻口的藥材天麻、馬蜂的蛹蟲、母羊下仔的胞衣，蛇和蛇蛋、青蛙和卵、筍子蟲和打屁蟲，較高級的還有熊肉、貓肉、狗肉、猴子肉、耗子肉等。羅列這一串菜單，使人想起茹毛飲血山頂洞人或北京猿人的生活。「生存，還是滅亡」？哈姆雷特的哲學難題，如今也成了張先癡們每天必須作出的選擇。

比起千千萬萬的死難者，張先癡是幸運的，從黑牢裡活著出來，不瘋不傻身心還算健康。在古稀之年，眼睛半盲的情況下，寫出了這樣一本黑牢記事，一本當代中國的《古拉格群島》，以他個人生命為文本，為二十世紀下半葉的中國政治、社會歷史作出了見證。小人物的生命是有價值的，歷史尊嚴不容權貴者謊言粉飾。趕不盡殺不絕的民間記錄者用他們的口和筆說出真相和事實，他們才有資格稱真正的史家。卡夫卡曾說道：「無論什麼人，只要你在活著的時候應付不了生活，就應該用一隻手推開籠罩在命運中的絕望。但同時，你可以用另一隻手記下在廢墟中看到的一切，因為你和別人看到的不同而且更多。總之，你在有生之年已經死了，但你卻是真正的獲救者。」

鄭板橋有詞云：難道天公，還箝恨口，不許長吁一兩聲？張先癡的《格拉古軼事》一書，終於使他長嘯一聲、長吁一聲。

二〇〇八年二月十四日於美國

後記

世界正在被厚顏無恥的信念淹沒，那信念就是，權力無所不能，正義一無所成。然而，在這個世界上，最令人悲哀的莫過於一個民族的文學生命被暴力所摧殘。它不單是禁止輿論自由，而是強制性地桎梏一個民族的心靈，並根除其記憶。在這樣情況下，整個民族就如同行屍走肉一般。

（俄）索爾仁尼琴

大約是上個世紀八十年代初，一位家喻戶曉的電影明星名叫趙丹，他得了癌症，而且是晚期，住在醫院裡等待死神。一次有記者採訪他，他躺在病床上侃侃而談，其中有一些「過頭話」，當然也是心裡話，或者是頂頭上司們不愛聽的話，說完了以後，他補充了一句意味深長，他說：「現在我什麼也不怕了」。

當年我在《人民日報》上讀到這則新聞的時候，雖然我還是個沒來得及平反的勞改犯，仍然對這位老先生的誠實感到欽佩。這則新聞提醒我一個事實，那就是不論是表演藝術大師趙丹，還是凡夫俗子的縈縈眾生，乃至我類「不恥於人類的狗屎堆」，都共同生活在一種恐懼之中，直到死神開始催他上路，人間的權力不可能再加害於他，他才「什麼也不怕了」，才敢於吐出一些肺腑之言，哪怕也不一定是全部的肺腑之言。

果然沒過幾天，才華橫溢的大藝術家趙丹去世了，又過了幾天，我也平反出獄了。至今又過了二十多年，可他留下的這句話，這句「現在我什麼也不怕了」的大實話，卻一直在鞭打著我，它告訴我，近半個世紀以來，不管我們怎樣標榜自己享受在民主自由之中，可實質上我們卻生活在一種恐懼的陰影之下：當「人民」的時候，像「趙丹們」一樣地怕犯錯誤、怕給人民的事業造成損失，也怕自己受處分；當了右派份子受了處分，又怕受更重的處分；當了勞教份子又怕受法律制裁；判了輕刑又怕判重刑，判了重刑又怕判死刑……。總之不管生活在哪種可怕的境遇之中，都會有一個比這個境遇更可怕的前景向你威脅暗示，令你如臨深淵如履薄冰，令你「夾起尾巴做人」。終於熬到了古稀之年，今天雖然暫時還沒患上什麼絕症，還未能進入「什麼也不怕了」的美妙時刻，但如古人所言指日可待則是不爭的事實

在指日可待這四個字的幫助下，我誠實地寫完了這本早就決心寫出的書。

我在毛志成先生的一篇文章裡讀到這樣一段至理名言：「文化史上一個十分醒目、舉世皆然的現象是：那些帶有『沒落』和所謂『反動』色彩的文化人，所創造的精神產品，幾乎構成了精神文化史的主框架，比起『趨時』、『暴發』者流弄出的東西，其質其量不知要高出多少倍！」這段話中的「沒落」、「反動」兩頂帽子，不用鬥士們恩賜，我也可以自己扣上，反正有趙丹先生打前站：「我什麼也不怕了」。

唯一使我忐忑不安的是，我沒有能力做到比那些「趨時」、「暴發」者流弄出來的東西「高出多少倍」，我只是相信我能做到並確實做到了和那些東西的截然不同，與「趨時」者各行其道，和「暴發」者各奔前程，因而使我略感欣慰。

感謝錢理群教授在百忙中為本書寫序，感謝陳士濂先生、岳建一先生、翔寬先生、妹夫周森和他的兒女小春小工和王宏給我的幫助和鼓勵。

感謝我那些昔日「右派」「反革命」、今日離退休的老傢伙們如黃稼、楊紹西、黃倫、艾風、李伍丁、吳遠度、李才義、官洪壽、劉文欽、丁華岑諸難兄難弟的關心。特別是密友孫靜軒、孫毅光兄弟（祝他倆的靈魂在天國安寧）用一句悄悄話把我從麻將桌上拖了下來，他倆說：「你是一座寶藏」。

我對電腦一竅不通，如果不遇到兩個善良崇高的電腦內行——沈燕麟先生和武蓉玲女士，不是他們給予我的無私地技術指導，這本書能否弄出來可能還是個問題。

同時感謝小朋友張玉芹在我雙目接近失明的情況下，幫我為本書做了最後的校勘。

感謝我的妻子楊文婷、女兒張翃、兒子張犁。上帝用血緣把我們聯在了一起，使我們在短暫的人世旅程中相親相愛，它便是我勇氣和力量的唯一源泉。

二〇〇三年五月二十七日成都寓中
二〇〇三年十一月十六日改

附：修訂版補白

本書原名《格拉古軼事》，暗喻其內容與描寫前蘇聯勞改營的《古拉格群島》相關，二〇〇七年我前往美國普林斯頓大學參加「反右運動五十周年理論研討會」時，收到了溪流出版社捎來的幾本樣書。中國人喜歡用老年得子的成語形容晚年時的一種精神慰藉，我當時的興奮激動恰如成語中那位得子的老人。只不過這本書在美國的銷量幾乎等於零，而在大陸卻又偶爾能見到一種錯別字連天的盜版，也算是有個交代。

本修訂版除了改動了一些錯別字以外，也刪除了〈我和三隻狗的恩恩怨怨〉這一篇，因為該文所敘是離開勞改隊以後的事——是與「格拉古」三字名不副實的；另外，我將吳茂華女士一篇有關本書的評論錄入以代跋，並在此向她表示感謝。另外一位我必須感謝的人就是我們張氏門中的後裔張玉芹小朋友，她在百忙中為本書做了最後的校勘，為我這個半盲老人提供了很大的便利。

我特別想對忘年交謝顯寧先生表示我由衷的謝意，因為我所患眼底出血症日趨嚴重，根本無視力對書稿進行校對，而熱心人又能校正正體字者更是寥如晨星，能遇上這位好心人，真是我的幸運，更是這本書的幸運。

二〇一〇年十月十日

目擊中國16　史地傳記類　PC0368

格拉古軼事
——勞改回憶錄之一

作　　者／張先癡
主　　編／蔡登山
責任編輯／廖妘甄
圖文排版／楊家齊
封面設計／陳怡捷

發 行 人／宋政坤
法律顧問／毛國樑　律師
印製出版／秀威資訊科技股份有限公司
114台北市內湖區瑞光路76巷65號1樓
電話：+886-2-2796-3638　傳真：+886-2-2796-1377
http://www.showwe.com.tw
劃撥帳號／19563868　戶名：秀威資訊科技股份有限公司
讀者服務信箱：service@showwe.com.tw
展售門市／國家書店（松江門市）
104台北市中山區松江路209號1樓
電話：+886-2-2518-0207　傳真：+886-2-2518-0778
網路訂購／秀威網路書店：http://www.bodbooks.com.tw
國家網路書店：http://www.govbooks.com.tw
圖書經銷／紅螞蟻圖書有限公司
台北市114內湖區舊宗路2段121巷19號（紅螞蟻資訊大樓）
電話：+886-2-2795-3656　傳真：+886-2-2795-4100

2013年11月　BOD一版
定價：600元

國家圖書館出版品預行編目

格拉古軼事：勞改回憶錄之一 / 張先癡著. -- 一版. -- 臺
北市：秀威資訊科技, 2013.11
面； 公分. -- (史地傳記類；PC0368)
BOD版
ISBN 978-986-326-209-1(平裝)

1. 張先癡 2. 文化大革命 3. 回憶錄

782.887 102022646

讀者回函卡

感謝您購買本書，為提升服務品質，請填妥以下資料，將讀者回函卡直接寄回或傳真本公司，收到您的寶貴意見後，我們會收藏記錄及檢討，謝謝！

如您需要了解本公司最新出版書目、購書優惠或企劃活動，歡迎您上網查詢或下載相關資料：http:// www.showwe.com.tw

您購買的書名：________________________________

出生日期：________年________月________日

學歷：□高中(含)以下　□大專　□研究所(含)以上

職業：□製造業　□金融業　□資訊業　□軍警　□傳播業　□自由業

□服務業　□公務員　□教職　□學生　□家管　□其它____

購書地點：□網路書店　□實體書店　□書展　□郵購　□贈閱　□其他

您從何得知本書的消息？

□網路書店　□實體書店　□網路搜尋　□電子報　□書訊　□雜誌

□傳播媒體　□親友推薦　□網站推薦　□部落格　□其他________

您對本書的評價：（請填代號　1.非常滿意　2.滿意　3.尚可　4.再改進）

封面設計____　版面編排____　內容____　文／譯筆____　價格____

讀完書後您覺得：

□很有收穫　□有收穫　□收穫不多　□沒收穫

對我們的建議：________________________________

____

____

____

請貼
郵票

11466
台北市內湖區瑞光路 76 巷 65 號 1 樓
秀威資訊科技股份有限公司 收
BOD 數位出版事業部

（請沿線對折寄回，謝謝！）

姓　　名：＿＿＿＿＿＿＿＿　年齡：＿＿＿＿　性別：□女　□男

郵遞區號：□□□□□

地　　址：＿＿＿＿＿＿＿＿＿＿＿＿＿＿＿＿＿＿＿＿

聯絡電話：（日）＿＿＿＿＿＿＿＿（夜）＿＿＿＿＿＿＿＿

E-mail：＿＿＿＿＿＿＿＿＿＿＿＿＿＿＿＿＿＿＿＿